Internationale Beziehungen für Dummies

Schummelseite

DAS (SEHR) KLEINE IB-ABC

- ✔ **Anarchie:** Für Kooperationschancen folgenreiche Struktur der Nichtexistenz einer den Staaten übergeordneten Autorität. Sie können internationale Vereinbarungen eingehen und einhalten, aber niemand kann sie dazu zwingen.
- ✔ **Club-Governance:** Format der Zusammenarbeit, das weniger formalisiert ist als die Zusammenarbeit im Rahmen von internationalen Organisationen. Clubs wie G7, G20 oder BRICS spielen eine zunehmende Rolle in den internationalen Beziehungen.
- ✔ **Entwicklungszusammenarbeit:** Zusammenarbeit zwischen Ländern und/oder Organisationen, um wirtschaftliche und politische Entwicklung zu fördern und Lebensbedingungen zu verbessern.
- ✔ **Frieden:** Gegenteil von Krieg; Zustand, in dem Konflikte ohne Gewalt gelöst und Unterschiede kooperativ bearbeitet werden; ist voraussetzungsreich und muss »gestiftet« werden.
- ✔ **Genfer Flüchtlingskonvention:** Wichtigste rechtliche Grundlage für den internationalen Flüchtlingsschutz.
- ✔ **Geopolitisierung:** Zunehmend rauer gewordener geoökonomischer Machtkampf zwischen den Großmächten mit der Folge geoökonomischer Spannungen und negativen Konsequenzen für die Weltwirtschaft.
- ✔ **Globalisierung:** Ereignisse in einem Teil der Welt beeinflussen Gesellschaften und Problembereiche in anderen Teilen der Welt; klassische Annahme von der Einheitlichkeit von Staatsgebiet, Staatsvolk und Staatsmacht gerät ins Wanken.
- ✔ **IB-Theorien:** Identifizieren Ursache und Wirkung internationaler Zusammenhänge; Analyse der Vielfalt internationaler Prozesse und Strukturen ist ohne solche Weltbilder nicht möglich. Große Widerparte sind realistische, liberale, institutionalistische und konstruktivistische Theorieansätze.
- ✔ **IGOS und INGOS:** Staatliche oder nichtstaatliche internationale Organisationen, deren Aktivitäten die Weltpolitik in zunehmender Weise prägen.
- ✔ **Kollektive Weltgüter:** Globale öffentliche Güter wie Luft, Handelswege oder Klima, die für das Wohlergehen aller Menschen entscheidend sind, deren Schutz aber besonderen kooperativen Herausforderungen unterliegt.
- ✔ **Kolonialismus:** Ausübung der politischen, wirtschaftlichen und kulturellen Kontrolle über ein anderes Land oder Gebiet, oft durch Besetzung und Ausbeutung von Ressourcen und Bevölkerung.
- ✔ **Krieg:** Militärische Auseinandersetzung zwischen Staaten, daneben zunehmend »neue Kriege« mit nichtstaatlichen Akteuren. Der Militärtheoretiker Carl von Clausewitz sprach 1832 vom Krieg als ein »wahres Chamäleon«; das heißt, Krieg stellt sich in immer neuen Formen dar.

Internationale Beziehungen für Dummies

Schummelseite

- **Las-Vegas-Regel:** »Was dort geschieht, verbleibt dort« – hat heute angesichts vielfältiger gegenseitiger Abhängigkeiten und Problemvernetzungen nur noch sehr bedingte Gültigkeit.
- **Menschenrechte:** Grundlegende Idee über eine angemessene Behandlung von Einzelpersonen oder Gruppen, die ihnen nach allgemeiner Auffassung aufgrund ihrer Existenz unabhängig vom politischen System oder kulturellen Kontext zusteht.
- **Multilateralismus:** Praxis der Koordination nationaler Politiken von Staaten durch Ad-hoc-Vereinbarungen oder Institutionen jenseits von Uni- und Bilateralismus. Zugleich Politikstil, bei dem die zwischenstaatlichen Beziehungen auf der Basis bestimmter allgemein akzeptierter Verhaltensregeln ablaufen.
- **Schutzverantwortung:** Umstrittenes Konstrukt zum militärischen Eingreifen von außen in die inneren Angelegenheiten von Staaten bei schwersten Menschenrechtsverletzungen.
- **Sicherheitsbegriff:** Sicherheiten und Unsicherheiten werden unterschiedlich wahrgenommen und gewichtet, Bedrohungen verschieden eingeschätzt, Gefahren identifiziert oder ignoriert.
- **Souveränität:** Recht eines Staates auf innere Selbstbestimmung und selbstbestimmte Interessenvertretung nach außen.
- **Staatlichkeit:** Grundlegende Kategorie in der internationalen Politik. Der Nationalstaat hat sich seit dem Westfälischen Frieden (1648) weltweit als Ordnungsmodell etabliert. Zugleich ist es durch zerfallende Staaten und eingeschränkte staatliche Handlungsfähigkeit unter Druck.
- **Thukydides-Falle:** Tendenz eines dominierenden Staates, eine aufsteigende Macht als Bedrohung zu sehen. Diese Dynamik beruht auf der Angst vor einem Machtverlust und einer möglichen Veränderung der regionalen oder globalen Machtverhältnisse, zu sehen aktuell am Beispiel USA-China.
- **Völkerrecht:** Prinzipien und Verhaltensregeln, an die sich Staaten gebunden fühlen und die sie deshalb in ihren gegenseitigen Beziehungen freiwillig beachten (können); in der Bindewirkung aber nicht vergleichbar mit nationalem Recht.
- **Welthandel:** Wuchs jahrzehntelang stärker als die Weltproduktion, Produkte und Dienstleistungen werden für einen weltweiten Bedarf hergestellt, Kapital kann frei über den Globus fließen und sucht sich die günstigsten Anlagebedingungen.
- **Weltordnung:** Summe grundlegender Spielregeln und Prinzipien der internationalen Beziehungen. Sie umfasst das internationale System, das die Beziehungen zwischen Staaten, internationalen Organisationen und anderen internationalen Akteuren strukturiert und reguliert.
- **Westfälische Ordnung:** Neuzeitliche internationale Politik beginnend mit dem Westfälischen Frieden von 1648 als Mit- beziehungsweise Gegeneinander souveräner Staaten. Heute sprechen viele von »post-westfälischer Ordnung«.

Internationale Beziehungen für Dummies

Johannes Varwick

Internationale Beziehungen

für dummies®

WILEY-VCH GmbH

Internationale Beziehungen für Dummies

Bibliografische Information der Deutschen Nationalbibliothek

Die Deutsche Nationalbibliothek verzeichnet diese Publikation in der Deutschen Nationalbibliografie; detaillierte bibliografische Daten sind im Internet über `http://dnb.d-nb.de` abrufbar.

1. Auflage 2025

Coverfoto: hasan - `stock.adobe.com`
Fachkorrektur: Professor Dr. Stefan Fröhlich
Korrektur: Petra Heubach-Erdmann
Satz: Straive, Chennai, India
Druck und Bindung:

Print ISBN: 978-3-527-72192-4
ePub ISBN: 978-3-527-84765-5

Über den Autor

Johannes Varwick (Jahrgang 1968) ist seit März 2013 Inhaber des Lehrstuhls für internationale Beziehungen und europäische Politik an der Martin-Luther-Universität Halle-Wittenberg. Darüber hinaus ist er seit Mai 2024 Präses des »Wissenschaftlichen Forums Internationale Sicherheit« (WIFIS) und seit Januar 2014 Herausgeber der Fachzeitschrift POLITIKUM.

Vor seiner Tätigkeit an der Universität Halle-Wittenberg war er unter anderem Professor für Politikwissenschaft an der Universität Erlangen-Nürnberg (2009–2013) und Juniorprofessor für europäische Integration an der Universität Kiel (2003–2009). Von 2000 bis 2003 war er wissenschaftlicher Assistent am Institut für internationale Politik der Helmut-Schmidt-Universität der Bundeswehr Hamburg, 1999–2000 Leiter des Bereichs europäische Sicherheitspolitik am Forschungsinstitut der »Deutschen Gesellschaft für Auswärtige Politik« (DGAP) in Berlin, zuvor Fellow am »Kulturwissenschaftlichen Institut« in Essen. Von 1991 bis 1995 studierte er Politikwissenschaft, Rechtswissenschaft und Wirtschaftspolitik in Münster und Leeds.

Johannes Varwick ist einer der sichtbarsten Experten für internationale Politik in Deutschland und hat zahlreiche Bücher zu Themen der internationalen Beziehungen und der Politikwissenschaft veröffentlicht. Er forscht zu internationaler Ordnungspolitik, internationaler Außen- und Sicherheitspolitik, internationalen Organisationen und Problemen des Multilateralismus.

Er ist Präsidiumsmitglied der »Deutschen Gesellschaft für die Vereinten Nationen« und Beiratsmitglied der »Clausewitz Gesellschaft«. Sein besonderes Engagement gilt der Politikberatung und der politischen Bildungsarbeit. Seine Beiträge erschienen unter anderem in Die ZEIT, der Frankfurter Allgemeinen Zeitung und der Berliner Zeitung und er ist regelmäßiger Autor in Der Freitag. Zudem tritt er als Experte im Radio (unter anderem im Deutschlandfunk und verschiedenen ARD-Sendern) sowie im Fernsehen (unter anderen in den Talkshows Maischberger, Illner und Lanz) auf.

Weitere Informationen finden Sie unter `www.johannes-varwick.de`. Aktuelle Fragen der internationalen Beziehungen kommentiert Professor Varwick täglich auf »X« unter `JohannesVarwick`.

Über den Autor

Auf einen Blick

Inhaltsverzeichnis

Einleitung

Wenn Sie morgens (oder mittags, auch nicht schlimm) aufwachen und sich über Politik informieren, dann stolpern Sie fast unvermeidlich auch über internationale Fragen. Beim Stolpern kann man leicht hinfallen. Darum geht's hier. Zunächst beschreibe ich, wie ich Sie mir als Leser vorstelle (wenn ich danebenliege, seien Sie mir nicht allzu lange böse), und dann, wie *Internationale Beziehungen für Dummies* aufgebaut ist und worum es dabei eigentlich geht. Anschließend erfahren Sie, welche Symbole und Konventionen in diesem Buch verwendet werden – und wie es weitergeht.

Über dieses Buch

Internationale Beziehungen haben heutzutage einen zentralen Stellenwert und beeinflussen massiv den Alltag der Menschen. Gleichzeitig sind sie sehr komplex und teilweise widersprüchlich. Um mitreden zu können, braucht es einen Fundus an Grundwissen, der über die gegenwärtigen und schnelllebigen tagesaktuellen Entwicklungen hinaus Zugänge legt, die das notwendige Verständnis ermöglichen.

- ✔ Sie erfahren, wie internationale Beziehungen zu verstehen sind und wer diese gestaltet.
- ✔ Sie bekommen einen Überblick über die zentralen Akteure, Strukturen, Prozesse, Konzepte, Perspektiven und Themen des Fachs Internationale Beziehungen (IB) sowie über die aktuellen Spannungsfelder der internationalen Beziehungen – von der Globalisierung über Menschenrechte, Entwicklung und Wirtschaftsbeziehungen bis hin zu Umweltproblemen und Kriegen.

Im Unterschied zu klassischen und fußnotenlastigen Lehrbüchern oder bisherigen Einführungswerken:

- ✔ erfahren Sie das Wichtigste, das Sie für ein Bachelor- oder Lehramtsstudium benötigen, sei es zur Vorbereitung auf das Studium oder in den ersten Semestern im Fach Politikwissenschaft,
- ✔ können Sie es auch in Fächern wie Wirtschafts-, Geschichts- oder Kulturwissenschaft, Soziologe oder Ethnologie gebrauchen – die allesamt für Politik wichtig sind und von internationalen Beziehungen berührt sind,
- ✔ ist *Internationale Beziehungen für Dummies* dennoch vergleichsweise kompakt, vor allem voraussetzungslos und ohne große politikwissenschaftliche Vorkenntnisse zu lesen,
- ✔ wird auf unnötigen Fachjargon verzichtet oder er wird – so weit unvermeidbar – entschlackt und möglichst nachvollziehbar heruntergebrochen,
- ✔ ist dieses Buch keine Bleiwüste, sondern kommt in aufgelockerten Abschnitten und Absätzen sowie so oft wie möglich mit Häkchenlisten wie dieser daher, verwendet zudem Symbole und Informationskästen – dazu gleich mehr,

- ✔ benötigen Sie für dieses Buch zwar keine Vorkenntnisse, aber natürlich einen wachen Geist und
- ✔ schlussendlich werden Sie nicht mit Meinungen und Stereotypen behelligt, müssen aber doch mitunter Positionen und Positionierung ertragen können, an denen Sie sich gerne auch mal reiben mögen.

Törichte Annahmen über die Leser

Da Sie dieses Buch bereits in die Hand genommen haben, gehe ich davon aus, dass Sie sich über den nationalen Tellerrand hinaus für Politik interessieren und wissen, dass heutzutage die internationalen Beziehungen für das Politische auch in einem einzelnen Staat auf allen Ebenen prägend sind oder es zumindest beeinflussen. Des Weiteren vermute ich, dass Sie:

- ✔ mehr darüber erfahren möchten, wie der Zustand unserer Welt ist und welche Herausforderungen und Lösungsmöglichkeiten für die zahlreichen internationalen Probleme bestehen,
- ✔ welche Rolle Akteure wie Staaten, internationale Organisationen und die transnationale Zivilgesellschaft dabei spielen,
- ✔ in Schule, Hochschule, Universität oder in der politischen Erwachsenenbildung mit den internationalen Beziehungen als Lern- und Prüfungsstoff konfrontiert sind und dabei Unterstützung und Hintergrundinformationen suchen oder
- ✔ sich als politischer Mensch für Hintergründe des »Netzwerks Weltpolitik« interessieren.

Wie dieses Buch aufgebaut ist

Internationale Beziehungen für Dummies besteht aus 26 Kapiteln, die in sechs großen Teilen organisiert sind. Die einzelnen Kapitel sind in Unterkapitel aufgeteilt, die sich je nach Interesse einzeln oder verbunden lesen lassen.

Teil I: Wie internationale Beziehungen zu verstehen sind

Hier erfahren Sie, warum sich internationale Spielregeln grundlegend von den gewohnten nationalen Spielregeln unterscheiden und warum internationale Angelegenheiten wachsenden Einfluss auf nationale Politik haben. Zudem geht es um die Eckpunkte der historischen Entwicklung der internationalen Beziehungen und um zentrale Merkmale, Spannungsfelder und Grundkategorien des Internationalen.

Teil II: Welche Perspektiven und Trends relevant sind

In diesem Teil geht es um die Frage, was die wissenschaftliche Beschäftigung mit internationaler Politik leisten kann. Dazu wird in wichtige Denkschulen wie Realismus, Liberalismus, Institutionalismus und Konstruktivismus eingeführt sowie mit technologischem Wandel, Globalisierung und Völkerrecht auf zentrale Grundlagen geblickt.

Teil III: Welche Themenfelder die internationalen Beziehungen prägen

Hier werden die Politikbereiche behandelt, die die internationalen Beziehungen prägen. Dazu zählen Sicherheit und Unsicherheit, Menschenrechte, Wirtschaft, Entwicklung, Klima und Umwelt, Migration und Fluchtursachenbekämpfung sowie Gesundheit. Die thematisch geordneten Kapitel lassen sich einzeln auch wie abgeschlossene Themenporträts lesen, die einen klaren Einblick in spezifische Aspekte der internationalen Beziehungen geben.

Teil IV: Wer internationale Beziehungen gestaltet

In diesem Teil werden die wichtigsten Akteure behandelt, die internationale Beziehungen gestalten. Das sind neben den Staaten auch internationale Organisationen vielfältiger Art. Zudem erfahren Sie Details zu der Neuverteilung von Macht und dem Aufstieg neuer Mächte sowie den Außenpolitiken der Großmächte USA, Chinas, Russland, Indien und der EU wie auch Deutschlands.

Teil V: Ein Blick in die Zukunft

Im Schlussteil geht es zunächst um das Spannungsverhältnis von Werten und Interessen und dann um einige Gestaltungsansätze für die gegenwärtige multipolare Konstellation und den Wandel von Multilateralismus und globalem Weltregieren. Sie erfahren, ob und wie Weltprobleme effizient gelöst werden und wie es um die Handlungsfähigkeit der »internationalen Gemeinschaft« steht.

Teil VI: Der Top-Ten-Teil

Im Top-Ten-Teil – dieser Teil hat beim Schreiben noch mehr Spaß gemacht und auch Kopfschmerzen bereitet als die anderen – lesen Sie dann etwas über zehn strukturprägende Ereignisse und zehn Missverständnisse der internationalen Beziehungen, zehn gute Internetadressen und Informationsquellen sowie über zehn gute Bücher zu den Internationalen Beziehungen.

Konventionen in diesem Buch

Um das Auge beim Lesen etwas zu verwöhnen, werden wichtige Schlagwörter oft **fett**, englischsprachige Originalbegriffe – ich habe versucht sehr sparsam damit umzugehen – *kursiv* gesetzt. Mitunter ist es sinnvoll, den englischsprachigen Begriff zumindest in Klammern hinzuzufügen, beispielsweise bei Eindämmung (*containment*) oder Staatsbildung (*nation building*). Abkürzungen werden so gut es geht vermieden. Bei der ersten Nennung werden Abkürzungen und notwendige Kürzel wie IGO (*International Governmental Organisation*, deutsch: internationale Regierungsorganisation) aufgelöst, danach meist als Abkürzung verwendet.

Symbole, die in diesem Buch verwendet wurden

In den ... *für Dummies*-Büchern finden Sie bestimmte Symbole, die den Inhalt auflockern und auf ergänzende Informationen oder Beispiele hinweisen. In *Internationale Beziehungen für Dummies* habe ich die folgenden Symbole verwendet:

Hier geht es um Definitionen **zentraler Begriffe und Konzepte**, beispielsweise »Souveränität«, »westfälische Ordnung« oder »verzahnter Dualismus«. Diese helfen dabei, sich die dahinter stehenden Inhalte zu erschließen. Deshalb werden sie in diesem Buch hervorgehoben. In den Internationalen Beziehungen gibt es zudem eine Reihe an Begriffen, die im Alltagsverständnis eine andere Bedeutung haben – etwa die Begriffe »internationale Regime« oder »Anarchie«. Definitionen sind daher wichtig – und vermeiden oftmals Missverständnisse.

Bei diesem Symbol geht es um **Beispiele**, die die Inhalte verdeutlichen sollen. Von »Paketlösungen« über »Neue Seidenstraße« bis hin zu »Steueroasen« werden die Inhalte an diesen zahlreichen Beispielen exemplarisch verdeutlicht und vertieft.

Hier werden meist etwas **komplexere Zusammenhänge** vertiefend dargestellt. Diese sind für Interessierte und für das Hintergrundverständnis gut zu wissen, beispielsweise der »Melierdialog« oder das »Zyklenmodell«, aber es geht auch ohne.

Info-Kasten

Zudem gibt es eine Reihe an Kästen, die Hintergrundinformationen liefern, beispielsweise zu Themen wie »Globaler Süden in deutschsprachigen Medien«, »Zusammengesetzte Außenpolitik der EU« oder »Kriegstüchtigkeit als umstrittenes Paradigma«.

Wie es weitergeht

Das erste Kapitel steht nicht zufällig ganz am Anfang, sondern es ergibt Sinn, damit einzusteigen. Sie erfahren beispielsweise, warum internationale Angelegenheiten und grenzüberschreitende Herausforderungen zunehmend Einfluss auf die nationale Politik nehmen und wie das mit einem Sack Reis in China zusammenhängt. Und nein: Das hat nichts mit Landwirtschaft zu tun. Wenn Sie hart im Nehmen sind, können Sie auch gleich mit Kapitel 22 einsteigen, denn da erfahren Sie, ob und wie Weltprobleme gelöst werden können. Und Kapitel 24 räumt wie erwähnt mit einigen Missverständnissen auf – auch das könnten Sie durchaus schon gleich zu Beginn lesen.

Ich wünsche Ihnen jedenfalls Freude mit diesem Buch. Beim Schreiben hatte ich diese *en masse* (dies wird der einzige französische Begriff sein, den Sie in diesem Buch lesen) und habe versucht, so oft wie möglich an Arthur Schopenhauer zu denken. Der hat zwar nichts mit internationalen Beziehungen zu tun, aber in seiner Schrift *Parerga und Paralipomena* schrieb er 1851: »Wenn ein Autor sich bemüht, klar zu schreiben, so ist dies eine Achtung, die er seinem Leser erweist.«

Sie können selbst beurteilen, ob das auch für *Internationale Beziehungen für Dummies* gilt. Die Hoffnung stirbt zuletzt!

Teil I
Wie internationale Beziehungen zu verstehen sind

IN DIESEM TEIL …

- ✔ Warum die Logiken internationaler Beziehungen sich grundlegend von den gewohnten nationalen Spielregeln unterscheiden
- ✔ Warum internationale Angelegenheiten und grenzüberschreitende Herausforderungen zunehmend Einfluss auf die nationale Politik nehmen und was das mit einem Sack Reis in China zu tun hat
- ✔ Wie die Eckpunkte der historischen Entwicklung der internationalen Beziehungen aussehen und was zentrale Merkmale und Grundkategorien der internationalen Politik sind
- ✔ Warum Staat und Staatlichkeit herausgefordert sind, aber doch zentrale Kategorie der internationalen Politik bleiben

IN DIESEM KAPITEL

Worum es in den internationalen Beziehungen geht

Anarchie als zentrale Grundbedingung

Besondere Logiken des Internationalen

Kapitel 1
Gegenstand und Grundprobleme der internationalen Beziehungen

Haben Sie sich schon einmal gefragt, was zum Beispiel Bhutan und die Vereinigten Staaten von Amerika gemeinsam haben? Klar, es handelt sich in beiden Fällen um souveräne Staaten, die aus der Verbindung von Territorium, Staatsvolk und Regierung bestehen und damit die klassische Definition eines Staates erfüllen. Darüber hinaus sind sowohl Bhutan als auch die USA Mitglieder der Vereinten Nationen und verfügen damit über eine gleichberechtigte Stimme in wichtigen internationalen Angelegenheiten und Gremien – im Gegensatz zu nur teilweise anerkannten Gebieten wie Katalonien, Palästina, der Republik China (alias Taiwan) oder der Republik Kosovo.

- ✔ Bhutan ist **klein** (700.000 Einwohner) und hat mit einem Bruttoinlandsprodukt von etwa 2,5 Mrd. US-Dollar eine vergleichsweise geringe Wirtschaftskraft.
- ✔ Die USA sind **groß** (334 Millionen Einwohner) und sind mit einer Wirtschaftskraft von mehr als 24 Billionen US-Dollar die größte Wirtschaftsmacht der Welt.
- ✔ Innerhalb der Gemeinschaft der gegenseitig anerkannten Staaten, die die Vereinten Nationen darstellt, sind dennoch alle Mitglieder, einschließlich Bhutan und den USA, **in ihrer Souveränität gleich**, auch wenn sie sehr unterschiedliche rechtliche und faktische Möglichkeiten haben, die internationale Politik zu beeinflussen.
- ✔ Anders ausgedrückt: Sie verfügen über **unterschiedliche Machtmittel**, um ihre Interessen durchzusetzen.

Die Lehre von den internationalen Beziehungen als Teil der Politikwissenschaft umfasst die vielfältigen Formen der Zusammenarbeit und Konfrontation zwischen Akteuren, die über nationale Grenzen hinweg handeln. Dies bezieht sich sowohl auf zwischenstaatliche als auch auf nichtstaatliche Beziehungen. Neben den Beziehungen zwischen Staaten und Gesellschaften spielen auch internationale Organisationen eine bedeutende Rolle.

Es hat sich etabliert, **Internationale Beziehungen** (IB) großzuschreiben, wenn die akademische Disziplin gemeint ist, und »internationale« klein, wenn der konkrete Gegenstand gemeint ist. Dieses Buch folgt dieser Logik.

Klassische Themen der internationalen Beziehungen (klein- und großgeschrieben) wie insbesondere Krieg und Frieden sind um weitere wichtige Themenfelder und Herausforderungen erweitert worden. Damit soll die komplexe und scheinbar unübersichtliche internationale Lage in einer »Welt in Unordnung« besser verstanden und es sollen dauerhafte analytische Ordnungsmuster entwickelt werden.

- ✔ Internationale Beziehungen, die über nationale Grenzen hinausgehen, nehmen heutzutage einen **zentralen Stellenwert** in nahezu allen politischen Belangen ein. Dies betrifft nicht nur Kriege und gewaltsame Konflikte, die oft die Schlagzeilen dominieren.
- ✔ Die Redewendung, »**Wenn in China ein Sack Reis**« umfällt als Metapher für die vermeintliche Bedeutungslosigkeit eines Themas gilt heute nicht mehr und entspricht auch nicht der politischen Korrektheit.
- ✔ Medien liefern **in Echtzeit Informationen** aus entlegenen Teilen der Welt, politische Ereignisse werden durch Bilder und Videos von Augenzeugen in einer neuen Qualität erlebbar.
- ✔ Durch **wirtschaftliche und politische Verflechtungen**, die den Großteil der Welt umfassen, gewinnt das internationale Geschehen zunehmend an Relevanz für den Alltag der Menschen.
- ✔ Um es in den Worten des Kabarettisten Rainald Grebe auszudrücken: »Wenn in China ein Sack Reis umfällt: **Kurzarbeit in Bitterfeld.**«

Welche Merkmale kennzeichnen also die internationalen Beziehungen, oder anders ausgedrückt: Wie kann man sie analytisch erfassen? Um diese Frage zu beantworten, muss zunächst geklärt werden, was genau unter »internationalen Beziehungen« verstanden wird.

- ✔ Wenn Sie zunächst die internationale Dimension außer Acht lassen, kann man **Politik** grundsätzlich als die autoritative Zuweisung von materiellen und immateriellen Werten in der Gesellschaft verstehen. Denn in jedem menschlichen Zusammenleben müssen Konflikte – die es immer geben wird – ausgetragen und entschieden werden. Und genau die verbindliche Entscheidung über Konflikte ist die Aufgabe von Politik. Damit eine solche Entscheidung mit Verbindlichkeit durchgesetzt werden kann, wenn sie also Geltung beanspruchen will, dann muss sie auch mit Macht verbunden sein, die Akzeptanz findet.
- ✔ Die **internationale Politik** und auch die **internationalen Beziehungen** unterscheiden sich hiervon wesentlich, da sie mehr oder weniger »unter den Bedingungen der Anarchie« stattfindet, was bedeutet, dass es keine übergeordnete Instanz über den Staaten gibt. Darüber erfahren Sie gleich mehr.

- Sie können zwischen **internationaler Politik** und **internationalen Beziehungen** unterscheiden. Internationale »Politik« bezieht sich dann vorwiegend auf die staatliche Dimension, während »Beziehungen« alle Akteure – also zum Beispiel auch internationale Organisationen und die internationale Zivilgesellschaft miteinschließen. »Internationale Beziehungen« ist also der umfassendere Begriff.

- Unter **Außenpolitik** wird die Fortsetzung der Politik eines Staates über seine Grenzen hinaus verstanden, gerichtet auf Probleme, die außerhalb der Staatsgrenzen existieren. Mit und in Außenpolitik nimmt die im souveränen Nationalstaat organisierte Gesellschaft ihre politischen, wirtschaftlichen, militärischen und sonstigen Interessen gegenüber ihrem internationalen Umfeld wahr. Dazu gehören sowohl die Reaktionen auf von außen kommende Einflüsse und aktuelle Handlungen als auch die interessenbestimmte Einwirkung auf die Umwelt.

Zentrale Konzepte der internationalen Beziehungen

Damit sind bereits vier zentrale Kategorien der politikwissenschaftlichen Teildisziplin der Internationalen Beziehungen (IB) auf dem Tisch:

- **Staat beziehungsweise Staatlichkeit:** Dies stellt die grundlegende Kategorie in der internationalen Politik dar, wobei das Modell des Nationalstaats weltweit als vorherrschendes Ordnungsmodell etabliert ist (siehe Kapitel 3). Wenn Sie beispielsweise ein hypothetisches außerirdisches Wesen fragen würden, was an der Organisation unseres Planeten besonders auffällt, würde er oder sie höchstwahrscheinlich als Erstes erwähnen: »Ihr habt hier Ländergrenzen, und Macht ist bei euch in Staaten unterschiedlicher Größe und Bedeutung organisiert.«

- **Souveränität:** Zentrales Konzept, das die Autonomie und Unabhängigkeit von Staaten bezeichnet (dazu gleich mehr).

- **Macht und Hierarchie:** Macht ist ein entscheidender Faktor, der die internationalen Beziehungen prägt, und sie bringt implizit Hierarchien zwischen Staaten hervor. Herrschaftslosigkeit bedeutet freilich nicht, dass keine Macht vorhanden wäre. Während Macht eine generelle Fähigkeit zur Einflussnahme ist, stellt Herrschaft eine spezifische Form der Macht dar, die durch Legitimation und Institutionalisierung gekennzeichnet ist.

- **Interesse als Ziel der Machtausübung:** Das Verfolgen eigener Interessen ist das Ziel, das durch die Ausübung von Macht in der internationalen Politik angestrebt wird.

Die Bedeutung von geografischen Faktoren in der internationalen Politik ist erheblich. Die Politik von Großmächten wie den USA, China oder Russland lässt sich insbesondere durch den Zusammenhang zwischen geografischen Gegebenheiten und politischen Konstellationen verstehen, die unter dem Begriff »Geopolitik« gefasst wird. Das Konzept des »Gleichgewichts der Mächte« ist ein spezifisches Denkmodell, dem die Außenpolitik verschiedener Länder in bestimmten Phasen folgte. Dies ist entscheidend für die Analyse der internationalen Beziehungen. Eine Außenpolitik, die vom Gleichgewichtsgedanken geprägt ist, akzeptiert beispielsweise die Interessen anderer Akteure als legitim und strebt danach, unter Berücksichtigung der wichtigsten Interessen zentraler Akteure ein stabiles System des internationalen Status quo zu etablieren.

Souveränität wird grundlegend als das Recht eines Staates auf innere Selbstbestimmung und selbstbestimmte Interessenvertretung nach außen verstanden. Dieses Konzept ist auch als Rechtsnorm in Artikel 2 Absatz 1 der Charta der Vereinten Nationen verankert. Dort heißt es: »Aus dieser Charta kann eine Befugnis der Vereinten Nationen zum Eingreifen in Angelegenheiten, die ihrem Wesen nach zur inneren Zuständigkeit eines Staates gehören, oder eine Verpflichtung der Mitglieder, solche Angelegenheiten einer Regelung aufgrund dieser Charta zu unterwerfen, nicht abgeleitet werden.«

In der internationalen Politik ist die Souveränität von zentraler Bedeutung, da sie die Gestaltungsfreiheit der Staaten nach innen und außen anerkennt. »Nach außen« bedeutet dabei, dass andere Staaten nicht befugt sind, sich in innere Angelegenheiten einzumischen. Dies ist ein hochaktuelles Thema, wie etwa die Beziehungen zwischen Russland und der Ukraine oder die aktuellen Herausforderungen mit Blick auf Bürgerkriege wie Syrien, Jemen oder das Vorgehen Israels in Gaza zeigen.

Wenn Staaten die Freiheit haben, ihre eigenen Ziele zu formulieren, entstehen nationale Interessen, ein weiteres wichtiges Konzept. Interessen sind die Beweggründe, die die Politik eines Staates in der internationalen Arena antreiben, sei es materieller oder ideeller Art. Hierbei ist das Konzept des Interesses, wie Sie in Kapitel 20 noch genauer sehen werden, umstritten:

- ✔ **Realistische Theorien** gehen davon aus, dass es ein quasi universales Interesse aller Staaten gibt, nämlich die Mehrung von Macht und den Ausbau der eigenen Sicherheit.
- ✔ **Liberale oder konstruktivistische Perspektiven** argumentieren hingegen, dass Interessen immer konstruiert sind und von strukturellen Faktoren oder verschiedenen Akteuren abhängen.
- ✔ Auch die Debatte um den Zusammenhang von **Werten und Interessen** ist ein Diskussionsthema. Das Verständnis von nationalem Interesse wird zunehmend von faktischen Einschränkungen nationaler Souveränität beeinflusst, wie sie beispielsweise durch Globalisierung (siehe Kapitel 5) und internationale Verflechtung entstehen.
- ✔ **Macht** ist sowohl Mittel als auch Gegenstand des Interesses. Ähnlich wie für die Rechtswissenschaft die Norm, für die Volkswirtschaft der Nutzen und für die Finanzwissenschaft das Geld zentral sind, gilt Macht als »Fundamentalbegriff der Sozialwissenschaften«, so der deutsche Politikwissenschaftler Christian Hacke.

Politik unter den Bedingungen der Anarchie

Trotz oder gerade wegen dieser ordnenden Konzepte von Staatlichkeit, Souveränität und Macht ist die Anarchie ein zentrales Element. Anarchie beschreibt einen Zustand der Herrschaftslosigkeit und stellt eine Herausforderung für die genannten Konzepte dar. Frank

Schimmelfennig, einer der führenden deutschen IB-Forscher, betont, dass Anarchie nicht nur schwerwiegende Sicherheits-, Wohlfahrts- und Freiheitsprobleme schafft, sondern auch deren wirksame Bearbeitung und Lösung in einer anarchischen Ordnung besonders schwierig ist.

Die vergleichsweise klare Form der hierarchischen Herrschaft endet auf der Ebene der Staaten. Über dieser Ebene gibt es keinen Weltstaat, sondern ein System territorial differenzierter Herrschaft. Um die Unterschiede zwischen Staat und internationalem System zu verdeutlichen, lassen Sie uns kurz ihre zentralen Merkmale vergleichen:

- ✔ Das Ordnungsprinzip des Staates ist die **Hierarchie**. Der Staat besitzt das Herrschafts- und Gewaltmonopol nach innen, innerhalb seiner territorialen Grenzen.
- ✔ Im Gegensatz dazu ist das Ordnungsprinzip des internationalen Systems die **souveräne Gleichheit**, deren zwangsläufige Kehrseite die Anarchie ist.

Zwei weitere Aspekte sind eng mit dem anarchischen Charakter des internationalen Systems verbunden:

- ✔ Das Instrumentarium zur Regulierung von Problemen mit rechtlichen Mitteln – also das Völkerrecht – ist im Vergleich zum Nationalstaat begrenzt. Internationale Gerichtsbarkeit hat oft keine eigenständigen Mittel zur Sanktionierung von Rechtsverstößen. Die Bindungskraft internationaler Normen ist schwächer als im nationalstaatlichen Recht. Die Koordinierung der internationalen Politik ist daher auf die freiwillige Mitwirkung der Staaten angewiesen. Dabei müssen Interdependenzen – also die wechselseitige Abhängigkeit zwischen den Akteuren – berücksichtigt werden.
- ✔ Es gibt zwar ein formales völkerrechtliches Gewaltmonopol, verankert beim Sicherheitsrat der Vereinten Nationen, aber es existiert keine internationale Polizei oder ein ähnliches Sanktionierungsinstrument, das Verstöße gegen das Gewaltverbot wirksam durchsetzen könnte. Die Konsequenz ist die fortwährende Existenz gewaltsamer Konflikte bis hin zum Krieg.

Ein zentraler Aspekt erschwert besonders das Verständnis internationaler Politik – die **Anarchie als Strukturmerkmal**. Diese bezeichnet die für Kooperationschancen folgenreiche Struktur der Herrschaftslosigkeit beziehungsweise der Nichtexistenz einer den Staaten übergeordneten, zentralen Autorität mit Handlungskompetenz. Staaten *können* internationale Vereinbarungen eingehen und einhalten, aber niemand kann sie dazu *zwingen*. Völkerrecht ist mithin mehr ein politisches und oft auch politisiertes Recht als Gesetze im Nationalstaat und hat daher keine vergleichbare Wirkungskraft.

Mit Anarchie, Souveränität, Interesse und Macht sind bereits einige zentrale Konzepte benannt, die allgemeine Spezifika der internationalen Politik sind. Sie orientieren sich grob an der Zeit seit der Entstehung der modernen Staatenwelt, die in der Regel auf das Ende des Dreißigjährigen Krieges und den Westfälischen Frieden von 1648 zurückdatiert wird. Jedoch sagen sie wenig über die spezifische Struktur der heutigen Politik aus, da die Politikwissenschaft, anders als die Geschichtswissenschaft, gegenwartsbezogen arbeitet.

Spannungsfelder internationaler Politik

Um systematischer an aktuelle Herausforderungen heranzugehen, ist ein Blick ohne tagesaktuelle Brille auf einige der strukturellen Merkmale der heutigen internationalen Politik notwendig. Diese Merkmale sind durch zahlreiche Widersprüche gekennzeichnet.

- ✔ Einer **Erosion nationalstaatlicher Souveränität** mit zunehmend funktionalen (also an Aufgaben und Herausforderungen orientierten) statt territorialen (also an rein staatlichen Grenzen orientierten) Handlungsräumen, aber auch Tendenzen einer Wiederkehr oder auch Rückbesinnung auf die Kategorie des nationalen Interesses.
- ✔ Eine **steigende Bedeutung internationalisierter politischer Kooperationsformen** bei variierendem Verrechtlichungsgrad in unterschiedlichen Regionen und Themenfeldern.
- ✔ Die **Rückkehr einer Großmächtekonkurrenz** beziehungsweise einer Art Systemkonkurrenz entlang der »Konfliktlinie Demokratie versus Autokratie«. Insbesondere zwischen den USA plus europäischen und anderen demokratischen Staaten auf der einen Seite und Russland und China, aber auch Indien, Brasilien, Südafrika, der Türkei, dem Iran, Saudi-Arabien, Ägypten, Nigeria, Indonesien und anderen Mittelmächten, die sich im »BRICS-Plus-Format« zusammengeschlossen haben, auf der anderen Seite.
- ✔ Ein multidimensionaler und steigender **Problemdruck** in zahlreichen Politikfeldern wie zum Beispiel internationaler Sicherheits-, Wirtschafts-, Finanz-, Entwicklungs-, Umwelt-, Energie-, Migrations- und Gesundheitspolitik.

Lassen Sie mich schon an dieser Stelle einige der daraus resultierenden widersprüchlichen Trends der internationalen Beziehungen näher beleuchten. Die Schlagworte finden Sie in Abbildung 1.1 – und die Details in den weiteren Kapiteln dieses Buches.

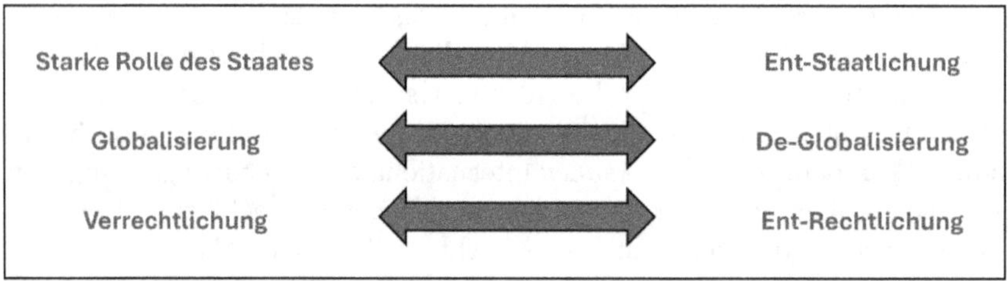

Abbildung 1.1: Widersprüchliche Trends in den internationalen Beziehungen, Quelle: eigene Darstellung

- ✔ In den vergangenen drei Jahrzehnten war eines der großen Themen der internationalen Politik die »Entstaatlichung«, ein Prozess, der scheinbar im Widerspruch zur Staatenlastigkeit der internationalen Politik steht.

  Dies umfasst im Wesentlichen zwei unterschiedliche Phänomene: scheiternde Staatlichkeit einerseits und die freiwillige Übertragung von Kompetenzen von den Staaten an internationale Organisationen andererseits. Staaten sind grundlegend Strukturen zur Bereitstellung zentraler öffentlicher Güter für ihre Bevölkerung, wie Sicherheit, Infrastruktur, wirtschaftlicher Austausch, Gesundheit und Bildung. Das Gewaltmonopol des Staates nach innen sichert die Einhaltung gemeinsamer Regeln. Scheiternde Staatlichkeit führt zu fragilen oder gescheiterten Staaten, die weder diese Funktionen erfüllen noch das Gewaltmonopol durchsetzen oder die Wohlfahrt des Individuums fördern können. Die freiwillige Übertragung von staatlichen Kompetenzen oder Souveränitätsrechten zielt dagegen darauf ab, die Funktionen des Staates zu stärken. Sie resultiert aus der Erkenntnis über die abnehmende Steuerungsfähigkeit einzelner Staaten und den grenzübergreifenden Charakter globaler Probleme wie des Klimawandels. Die Europäische Union ist ein Paradebeispiel für eine solche Übertragung, obwohl populistische und nationalistische Entwicklungen in EU-Mitgliedsstaaten die Zählebigkeit des Staates unterstreichen.

✔ Ein zweites großes Thema seit dem Ende des Ost-West-Konflikts ist die **Globalisierung**. Diese bedeutet zunächst, dass Ereignisse in einem Teil der Welt Gesellschaften und Problembereiche in anderen Teilen der Welt immer mehr beeinflussen. Die klassische Annahme von der Kongruenz von Staatsgebiet, Staatsvolk und Staatsmacht gerät damit ins Wanken. Globalisierung bringt auch neue Akteure wie transnationale Konzerne und transnational vernetzte Zivilgesellschaften auf die Bühne der Weltpolitik. Handlungsräume werden funktional bestimmt, was den Bedarf nach internationaler politischer Kooperation erhöht. Gleichwohl hat die COVID-19-Pandemie wie auch die zunehmende Zweiteilung der Welt infolge des Krieges gegen die Ukraine und wachsender Systemkonkurrenz zwischen den USA und China die Vorteilhaftigkeit internationaler Arbeitsteilung infrage gestellt und in vielen Bereichen zu einer erheblichen De-Globalisierung geführt (siehe Kapitel 5).

✔ Ein drittes Gegensatzpaar ist das Spannungsverhältnis zwischen **Verrechtlichung und Ent-Rechtlichung**. Es existiert ein Netz von völkerrechtlichen Verträgen, das den Globus umspannt. Die Anzahl globaler, multilateraler Verträge ist hoch. Gleichzeitig steht das internationale Recht unter Druck, besonders das Gewaltverbot. Interventionen wie im Kosovo 1999, in der Ukraine ab 2022 oder in Gaza 2023 haben diesbezüglich Erschütterungen ausgelöst. Die Entscheidung für den Brexit in Großbritannien, die mangelnde Wirkungskraft der Klima-Rahmenkonvention, die Demontage des Internationalen Strafgerichtshofs oder der Ausstieg der USA aus zahlreichen internationalen Vertragswerken in den Amtszeiten des Präsidenten Donald Trump zeigen, dass die Verrechtlichung der internationalen Politik begrenzt und nicht unumkehrbar ist.

All dies wird verstärkt durch eine neue Phase der Großmachtrivalität beziehungsweise einer zunehmenden Systemkonkurrenz, insbesondere zwischen China und den USA. Chinas rasanter ökonomischer Aufstieg hat in den vergangenen Jahrzehnten zu erheblichem politischen und militärischen Bedeutungszuwachs geführt. Die COVID-Pandemie sowie der auch im Krieg gegen die Ukraine sichtbar gewordene Gegensatz zwischen Demokratien und Autokratien könnten als Verstärker für US-amerikanische Bemühungen um eine Entkopplung von China wirken. Dadurch könnten Tendenzen zunehmen, die auf eine »sektorale De-Globalisierung« hinauslaufen.

✔ Die **Auswirkungen** auf die internationale Ordnung sind heute noch unabsehbar.

- ✔ Die Entwicklung der internationalen Beziehungen der vergangenen Jahre deutet jedenfalls darauf hin, dass eine neue **Ordnung im Plural** geschrieben wird.
- ✔ Es ist mithin wahrscheinlich, dass es künftig eine Welt mit **mehreren Ordnungen** geben wird, deren globale Reichweite der Vergangenheit angehören dürfte. Sie finden mehr dazu in Kapitel 21.

Vermittlungshindernisse

Die Tatsache, dass die internationale Politik und ihre Auswirkungen auf die nationale Politik mittlerweile alltägliche Themen geworden sind, ist keineswegs Garant für ein tiefgreifendes Verständnis der zugrunde liegenden Problemlagen. Das breite Spektrum und das heute dominierende Megaphänomen der Unübersichtlichkeit legen zwei Schlüsse nahe. Zum einen verschwimmt die Trennung von nationalen und internationalen Themen in ihrer Alltagsrelevanz für die Bürgerinnen und Bürger. Zum anderen steigt die Gefahr, die im Alltag relevanten, aber aufgrund ihrer Komplexität schwer fassbaren Themen der internationalen Politik nicht mehr hinreichend zu verstehen. Es sind insbesondere zwei strukturelle Aspekte, die das Verständnis internationaler Zusammenhänge erschweren:

- ✔ **Anarchie als Strukturmerkmal internationaler Politik:** Anarchie bezeichnet, wie bereits oben erwähnt, den Zustand der Herrschaftslosigkeit beziehungsweise die Nichtexistenz einer übergeordneten, zentralen Autorität mit Handlungskompetenz für Kooperationschancen oder die Sanktionierung von Regelverstößen. Zwischenstaatliche Kooperation ist daher auf Freiwilligkeit angewiesen, und »internationale Politik ist Politik unter den Bedingungen der Anarchie«. Wer diesen Umstand nicht hinreichend zur Kenntnis nimmt, wird falsche Erwartungen an die Handlungsmöglichkeiten in der internationalen Politik und einen verzerrten Blick auf die Welt haben.
- ✔ **Geringere Bedeutung von Demokratie in den internationalen Beziehungen:** Demokratie ist für den primären politischen Bezugsrahmen der meisten Menschen konstitutiv, aber in der Sphäre der internationalen Beziehungen nur begrenzt relevant. Obwohl demokratische Werte Einzug in die internationalen Beziehungen gehalten haben, bleiben sie vorwiegend eine Domäne des Regierungshandelns, und unter diesen Regierungen sind längst nicht alle demokratisch gewählt. Ansätze einer internationalen Parlamentarisierung existieren, etwa mit der parlamentarischen Versammlung der NATO. Sie sind jedoch Ausnahmen und kaum mit nationalen Parlamenten vergleichbar.

Diese strukturellen Herausforderungen legen nahe, dass neue Zugänge für das Verständnis der internationalen Beziehungen gefunden werden müssen. Trotz oder vielleicht gerade wegen der unüberschaubaren Menge an verfügbaren Informationen scheint die Undurchsichtigkeit der Abläufe und Problemstrukturen in den internationalen Beziehungen eher größer zu werden. Diese Transparenzlücke ist nicht nur auf die beschriebene Regierungslastigkeit zurückzuführen, sondern auch auf die Komplexität des internationalen Systems und die Interdependenz der verschiedenen Bereiche.

- **Interdependenz** bezieht sich hier auf die Verwobenheit verschiedener Akteure, Strukturen, Prozesse und Themen. Mit Ausnahme ökonomischer Interdependenzen, die sich beispielsweise durch Waren- und Kapitalströme nachzeichnen lassen, bleibt der Begriff der Interdependenz in der Regel eher eine Beschreibung als eine Erklärung.
- Die mangelhafte analytische Qualität ergibt sich aus dem Wesen des Begriffs, da gegenseitige Abhängigkeit zunächst offenlässt, in welche Richtung eine **Kausalkette oder Handlungsfolge** vorwiegend verläuft.

Ein weiteres Hindernis für Außenstehende ist die Komplexität internationaler politischer Prozesse. Zahlreiche Gipfeltreffen, oftmals medial aufwendig inszeniert und oft bewusst als Symbolpolitik konstruiert, suggerieren bedeutende Entscheidungshandlungen. In Wirklichkeit gehen diesen Konferenzen jedoch zahlreiche kleine Vorbereitungsschritte auf der Arbeitsebene voraus. Zudem erschweren die große Anzahl unterschiedlicher Akteure (staatliche und zunehmend auch nichtstaatliche), der Mehrebenen-Charakter der Verhandlungen (zum Beispiel Normbildungsprozesse von unten und die Wirksamkeit globaler Normen auf lokaler Ebene) sowie der Wandel der Steuerungsmodi (zunehmend horizontales statt eines hierarchischen Regierens) das Verstehen durch Außenstehende.

Ein Beispiel für die prozessuale Undurchsichtigkeit in den internationalen Beziehungen ist das weitverbreitete Phänomen der **Paketlösungen** bei internationalen Verhandlungen. Eine Paketlösung ist zunächst ein interessantes Verhandlungsinstrument, weil es den Akteuren ermöglicht, Präferenzen bezüglich mehrerer, ganz verschiedener Themen auszudrücken und im Sinne einer Art »Kuhhandel« in einer für sie weniger wichtigen Materie Zugeständnisse zu machen, um dafür an anderer Stelle Unterstützung zu erhalten. Dies ist jedoch unvermeidbar mit einem Transparenz- und auch Logikdefizit verbunden.

In den vergangenen drei Jahrzehnten hat sich nicht nur die weltpolitische Realität grundlegend gewandelt, sondern damit auch die Disziplin der Internationalen Beziehungen (IB).

- Dies bringt neue Herausforderungen für alle mit sich, die sich mit internationaler Politik beschäftigen, und erhöht den Bedarf nach **Orientierungswissen** erheblich.
- Neue Themenfelder, Akteure und Problemkonstellationen gehen mit **Schwerpunktveränderungen**, aber durchaus auch partieller Kontinuität in der wissenschaftlichen Beschäftigung mit den IB einher. Dies beeinflusst die Gegenstände, Theorien und methodischen Ansätze der Disziplin erheblich.
- Die potenziellen negativen Folgen eines **Missverstehens internationaler Beziehungen** sind vielfältig, von der teils naiven Annahme, die Logiken nationaler Politik (Hierarchie und Demokratie) seien auf die internationale Politik übertragbar, über Verschwörungstheorien und einen irrationalen Umgang mit internationalen Aspekten bis hin zu einer diffusen Ablehnung des Fremden, die in aggressiven Nationalismus umschlagen kann.

IN DIESEM KAPITEL

Weltgeschichte im Schnelldurchgang

Prägende Ereignisse

IB als akademische Disziplin

Kapitel 2
Eine kurze Geschichte der Welt

Seitdem sich vor vermutlich mehr als 3,5 Milliarden Jahren das Leben auf der Erde entwickelte, ist unser Globus in seinen grundlegenden Dimensionen unverändert. Auch wenn manche zeitweise etwas anderes glaubten: Die Erde ist eine Kugel. Wenn Sie sich an das hypothetische außerirdische Wesen aus Kapitel 1 erinnern, dann wäre seine Aussage zur gegenwärtigen Welt (»Ihr habt Ländergrenzen, und Macht ist in Staaten unterschiedlicher Größe und Bedeutung organisiert«) aber sicher nichts, was zu anderen Zeiten so gesehen worden wäre.

- ✔ Die Erdgeschichte wird klassischerweise unterteilt in vier Erdzeitalter (Erdfrühtum, Erdaltertum, Erdmittelalter und Erdneuzeit), kürzere Abschnitte werden Perioden genannt, noch kürzere Epochen.
- ✔ Derzeit leben Sie in der Erdneuzeit, in der Periode *Quartiär* und der Epoche *Holozän,* die vor etwa 12.000 Jahren begann. Doch erst vor einigen Millionen Jahren begann ganz allmählich die Entwicklung des Menschen, der nach heutigem Verständnis erst rund 200.000 Jahre die Erde bevölkert. Klimaveränderungen und wechselnde Umwelteinflüsse zwangen den Frühmenschen, sich immer wieder anzupassen.

Viele argumentieren, dass es angebracht ist, die gegenwärtige, in vielerlei Hinsicht menschlich dominierte geologische Epoche als **Anthropozän** (und damit fünftes Erdzeitalter) zu bezeichnen. Sie und ich leben in einem Zeitalter, in dem die Spuren des Menschen so tief in die Erde eindringen, dass es auch nachfolgende Generationen als ein ganzes Zeitalter, das maßgeblich vom Menschen geprägt wurde, ansehen werden. Das sind beispielsweise Spuren von Kernwaffentests, des rasanten Bevölkerungswachstums, der Klimaveränderung, der Rohstoffausbeutung, des Mikroplastiks in den Ozeanen (siehe Kapitel 12).

Lange bevor Staaten oder Gesellschaften nach heutigem Verständnis existierten, gab es prähistorische Stämme und Völker, die miteinander oder auch gegeneinander handelten. Im Zeitverlauf entstanden dann kleinere und größere Stadtstaaten, Reiche und Imperien, die teils eher abgeschlossen agierten, teils aber auch rege Beziehungen miteinander pflegten.

Die Geschichte der internationalen Beziehungen lässt sich insbesondere als eine Geschichte vom Aufstieg und Fall von kleinen und großen Mächten lesen. *Pax Romana, Pax Britannica, Pax Mongolica, Pax Osmanica* oder *Pax Americana* prägten die Welt zu unterschiedlichen Epochen auf unterschiedliche Weise. Die Begriffe deuten darauf hin, dass stabile Machtbereiche als Friedensordnungen verstanden werden wollten (lateinisch *pax* – Frieden). Umbrüche in den übergeordneten Machtstrukturen gingen in der Regel mit großer Unsicherheit und Kriegen einher. Die Wahrnehmung einer zyklischen Geschichte der Weltordnungen ist dabei beinahe so alt wie die Geschichtsschreibung selbst.

Bereits der **griechische Historiker Herodot** (484–425 vor Christus) arbeitete Gesetzmäßigkeiten der internationalen Politik heraus und argumentierte, dass sich alles Menschliche im Kreislauf vollziehe. Die Weltgeschichte dulde nicht, dass immer die Gleichen glücklich leben. Auch **Thukydides** (460–396 vor Christus), der sich als einer der Gründungsväter der IB als akademische Disziplin bezeichnen lässt, analysierte die politischen Antriebskräfte in der griechischen Antike. Seine *Geschichte des Peloponnesischen Krieges,* also des jahrzehntelangen Machtkampfes zwischen Athen und Sparta, an dessen Ende die athenische Demokratie gegen das spartanische Königtum unterlag, gilt als Klassiker der Geschichtsschreibung. Im darin enthaltenen **Melierdialog** wird mustergültig die oftmals prekäre Wechselwirkung zwischen Recht, Macht und Moral beschrieben. Thukydides behandelt die Frage, wie Großmächte handeln und ob oder inwieweit die eigene Überlegenheit und die eigenen Interessen durch rechtliche Regelungen zugunsten der Schwächeren begrenzt werden können.

Die griechische Staatstheorie stellt die Stadt (griechisch *polis,* Ursprung des modernen Wortes Politik) ins Zentrum, doch der Weltreichsgedanke (lateinisch Imperium) prägte die Wahrnehmung der Weltgeschichte und besteht bis in die jüngste Geschichte (das »Dritte Reich«). Imperiale Reiche, wie das *Perserreich,* das *Reich Alexanders des Großen* oder das *Römische Reich* waren geprägt durch die Eroberung des nahezu gesamten damals bekannten internationalen Systems von einem starken Zentrum aus. Dieses Zentrum hat dann versucht, das gesamte Gebiet sehr großflächig zu unterwerfen. Mittelalterliche Konzepte der von Gott geordneten Welt denken die Geschichte als eine Abfolge von Weltreichen, weshalb sich das »deutsche« Königreich als Fortsetzung des Römischen Reiches verstand (»Weltreichsgedanke«). In der Realität bestehen aber parallel zu den großen Reichen immer auch verschiedenste Formen und Ausprägungen von Staatlichkeit, etwa:

- ✔ Stammesstaaten,
- ✔ Fürstentümer,
- ✔ Stadtstaaten,
- ✔ religiös begründete Staaten und anderes mehr.

Im mittelalterlichen Reich war Herrschaft geprägt von mehreren parallelen und sich überlappenden Ansprüchen. Die Könige und Fürsten besaßen in diesem System zum einen nur einen mittelbaren Zugriff auf die Bevölkerung. Anstelle des Gewaltmonopols des modernen Staates existierten autonome Befugnisse auf allen Herrschaftsebenen. Zum anderen gab es eine Trennung zwischen weltlichen und geistlichen Herrschaftsangelegenheiten. Gleichzeitig entwickelten sich in England und Frankreich seit dem Spätmittelalter die ersten Strukturen institutionalisierter Staatlichkeit, die sich in der Frühen Neuzeit in Europa schrittweise durchsetzt. Mit dem »Westfälischen Frieden« von 1648 (siehe Kapitel 3) wird diese Form der staatlichen Organisation kodifiziert: Der moderne National- beziehungsweise Territorialstaat nach einem neuzeitlichen Verständnis entsteht. Diese Strukturen treten neben die traditionellen Denkmuster. So endet das Römische Reich formal erst 1806 mit der Gründung des napoleonischen Rheinbundes und der Niederlegung der Reichskrone.

Außerhalb des lateinischen Westens stiegen andere Großmächte auf und vergingen wieder. So war China im frühen 15. Jahrhundert sicher einer der am höchsten entwickelten Staaten weltweit, verlor dann aber für einige Jahrhunderte seine Vorherrschaft. Mit der Einnahme Konstantinopels 1453 endete das ehemals oströmische, *Byzantinische Reich* und das heutige Istanbul wurde zur Hauptstadt des *Osmanischen Reichs*. Dieses prägte fast fünf Jahrhunderte die internationale Politik, bis die Niederlage im Ersten Weltkrieg zur Schaffung der bis heute weitgehend so bestehenden Staatenwelt auf dem Balkan und im Nahen Osten führte. Durch die Entdeckung Amerikas wurde die bekannte Welt plötzlich ein Stück größer und die Weltmachtansprüche wuchsen mit ihr. Das *Habsburgerreich* unter Karl V. erstreckte sich von der Westküste Nord- und Südamerikas bis zu den Grenzen des Osmanischen Reiches. Das *British Empire* spannte sich im frühen 19. Jahrhundert über den Globus von Kanada über Ägypten und Indien bis nach Neuseeland – und hat seinen Weltmachtstatus heute ebenso verloren wie Frankreich, das seit Ende des 16. Jahrhunderts seine Kolonien eroberte und zeitweise die zweitgrößte Kolonialmacht der Welt war.

»Las-Vegas-Regel« unter Druck

Im Zuge von Kolonialismus, Industrialisierung, Imperialismus und Kapitalismus und dem damit verbundenen rasant gestiegenen Handel und Warenverkehr entwickelten sich internationale Beziehungen in voller globaler Reichweite. In der Folge prallten auch Kulturen und Imperien aufeinander, bei denen die einen sich ausdehnten, die anderen marginalisiert oder vernichtet wurden. Auch mit zunehmendem technischen Fortschritt wurden Ideen und Interessen tendenziell vermehrt planetarisch verstanden. Trotz etlicher Konstanten hat sich die Art und Weise, wie Menschen leben und wie und in welchem Rahmen politische Herrschaft ausgeübt wird, fundamental und permanent gewandelt. Die »Las-Vegas-Regel« – was dort geschieht, verbleibt dort – hat heute nur noch sehr bedingte Gültigkeit.

Zu den prägendsten Ereignissen der jüngeren Weltgeschichte zählen die französische und russische Revolution, der Erste Weltkrieg und der Zweite Weltkrieg, der Ost-West-Konflikt sowie der Entkolonialisierungsprozess.

- ✔ Mit der **Französischen Revolution** von 1789–1799 wurde die Feudalherrschaft gewaltsam abgeschafft und in Frankreich eine bürgerliche Republik mit Volkssouveränität und Liberalisierung etabliert. Sie hatte fundamentale Auswirkungen auf das politische Europa und darüber hinaus und war einerseits gekennzeichnet durch den Kampf für bürgerliche Freiheitsrechte, der aber andererseits zunehmend mit Terror gegen die vermeintlichen Feinde der Revolution vorging. Sie wurde damit Modell dafür, wie eine Volkserhebung Errungenschaften bringen, aber auch zu Tugendterror und Krieg führen kann.

✔ Mit der **Russischen Revolution** von 1917 wurde zunächst die autokratische Zarenherrschaft im Russischen Reich und dann mit der Oktoberrevolution die provisorische bürgerliche Regierung gestürzt und durch eine Räteregierung ersetzt. Mit der Sowjetunion entstand der erste kommunistische Staat der Welt, der eine Art Weltrevolution anstrebte und das 20. Jahrhundert weltweit prägte. Ihre Auflösung im Jahr 1991 hatte fundamentale Konsequenzen. »Wir schliefen in einem Land ein und wachten in einem anderen auf« – dieser Satz wird häufig von ehemaligen Sowjetbürgern verwendet. Grenzen, die davor innerstaatlich waren, waren über Nacht international geworden. Viele der ehemals zur UdSSR (Russland, die Ukraine, Kasachstan) beziehungsweise dem Ostblock (Polen) gehörenden Staaten sind heute bedeutende Akteure in den internationalen Beziehungen. Der Zusammenbruch der UdSSR war ein Katalysator für umwälzende Veränderungen in Eurasien, Osteuropa und der Weltpolitik insgesamt, die bis heute nachwirken. Krisen und Kriege, wie der russische Überfall auf die Ukraine oder der langjährige Konflikt zwischen Aserbaidschan und Armenien um die Enklave Bergkarabach, sind indirekte Folgen jener Ereignisse.

✔ Der als »Urkatastrophe des 20. Jahrhunderts« geltende **Erste Weltkrieg**, in den von 1914 bis 1918 rund 34 Staaten und ihre Kolonien verwickelt waren, forderte über 17 Millionen Tote.

Der Krieg wurde zwischen den Mittelmächten Deutschland und Österreich-Ungarn sowie Frankreich, Großbritannien und Russland ausgetragen. Er änderte die internationale Politik grundlegend. Die politische Landkarte Europas und des Nahen Ostens wurde neu gezeichnet, Imperien – die Vielvölkerstaaten Österreich-Ungarn und das Osmanische Reich – wurden aufgelöst und aus ihrer Konkursmasse entstanden neue Staaten. Der Erste Weltkrieg leitete auch den Abstieg Europas in der Welt ein. Der Versailler-Vertrag 1919 wies dem Deutschen Reich die Alleinschuld am Ausbruch des Krieges zu und sah für Deutschland Gebietsabtretungen und Reparationszahlungen vor. Eine Phase ökonomischer Prosperität wurde durch Jahrzehnte von Krisen abgelöst und mündete schließlich auch in die Massenbewegungen Faschismus und Kommunismus.

✔ Der **Zweite Weltkrieg** begann im September 1939 mit dem Angriff Deutschlands auf Polen und weitete sich 1939–1945 auf verschiedene Kontinente aus und wurde von über 60 Staaten in Europa, Nord- und Ostafrika, dem Vorderen Orient sowie im Atlantik und Pazifik geführt. Er forderte bis zu 70 Millionen Tote.

In Europa endete der Krieg im Mai 1945 mit der bedingungslosen Kapitulation Deutschlands, im Pazifik im September 1945 mit der Kapitulation Japans. Deutschland hatte im Laufe des Krieges weite Teile Europas besetzt und insbesondere im Osten einen Vernichtungsfeldzug singulären Ausmaßes durchgeführt und dort systematisch die Ermordung des jüdischen Teils der Bevölkerung geplant und durchgeführt. Japan besetzte bis 1941 fast ein Drittel des chinesischen Territoriums. Der Zweite Weltkrieg war die bis dahin größte Menschheitskatastrophe und ist durch den von Deutschland begangenen Holocaust (durch den mehr als 6 Millionen Juden getötet wurden), Flächenbombardements auf Städte und Zivilbevölkerung und den Einsatz von Atomwaffen (durch die USA im August 1945, was dann zur Kapitulation Japans führte) gekennzeichnet. Mit ihm wurden die weltpolitischen Gewichte grundlegend geändert. Die kriegsschuldigen Staaten Deutschland und Japan schieden als

Großmächte aus, die Siegermächte USA und Sowjetunion (die mit etwa 20 Millionen Kriegstoten die höchsten Verluste zu verzeichnen hatte) stiegen zu Hegemonialmächten in ihrer jeweiligen Einflusssphäre auf, und die Zweiteilung der Welt sollte die folgenden 45 Jahre die Weltpolitik bestimmen.

✔ Der **Ost-West-Konflikt** prägte in den Jahren 1945–1989 die gesamte internationale Politik auf eine strukturbestimmende Weise. Bei diesem Konflikt handelte es sich im Kern nicht um eine gewaltsame, sondern um eine machtpolitische und ideologische Auseinandersetzung zwischen zwei Blöcken und ihren Führungsmächten, den USA auf der einen und der Sowjetunion auf der anderen Seite.

Beginn und Ende des Ost-West-Konflikts

Bald nach Ende des Zweiten Weltkriegs gerieten die westliche Allianz um die USA und die Sowjetunion in eine »Art Kalten Krieg«. Kern waren ideologische Unterschiede beziehungsweise eine Systemkonkurrenz zwischen dem »liberal-pluralistischen Lager« (das allerdings schon deshalb nicht einheitlich war, weil es in diesem antikommunistischen Block mit Staaten wie Spanien und Portugal noch bis Mitte der 1970er-Jahre faschistische Diktaturen gab) und dem »sozialistischen Regierungsmodell«.

✔ Beide Seiten befürchteten die Ausdehnung des jeweils anderen Machtbereichs und versuchten diesen durch eigene Stärke, mit politischen und militärischen Bündnissen wie NATO und Warschauer Pakt, extrem hohen Rüstungsausgaben sowie dem Ringen um Einflusszonen in etlichen blockfreien Regionen der Welt zu verhindern.

✔ Nachdem die Sowjetunion in Polen, Rumänien, Bulgarien und Ungarn sowjetfreundliche Regime installiert hatte, gingen die USA ab den späten 1940er-Jahren zu einer Strategie der Eindämmung (*containment*) über.

✔ Eine direkte militärische Konfrontation zwischen den Blöcken konnte zwar letztlich verhindert werden, es wurden aber zahlreiche »Stellvertreterkriege« in vielen Teilen der Welt geführt und die auf Atomwaffen basierende Abschreckung war letztlich erfolgreich, aber durchaus labil.

✔ Davon zeugte etwa 1962 die Kuba-Krise, bei der die Welt nur knapp an einem vernichtenden Nuklearkrieg vorbeischrammte. Gerade nach dieser Erfahrung bemühten sich beide Seiten um eine Entspannungspolitik, die gleichwohl etwa mit dem sowjetischen Einmarsch in der Tschechoslowakei 1968 Rückschläge erlitt. Dennoch begann man 1973 mit einer multilateralen »Konferenz über Sicherheit und Zusammenarbeit in Europa«, die 1975 mit Unterzeichnung der Schlussakte von Helsinki und ihren Regelungen in den Bereichen wirtschaftliche Zusammenarbeit und Menschenrechte erfolgreich abgeschlossen wurde.

✔ Mit Amtsantritt von Michail Gorbatschow als Generalsekretär der Kommunistischen Partei der Sowjetunion im Jahr 1985 setzte dann eine Phase der Entspannung und Annäherung ein (*perestroika*). Spätestens mit dem Fall der Berliner Mauer im Jahr 1989 und der folgenden Deutschen Einheit im Jahr 1990 kann der Ost-West-Konflikt als beendet betrachtet werden.

✔ Mit der »Charta für ein neues Europa« auf dem KSZE-Sondergipfel in Paris 1990 wurde dieses Ende auch offiziell dokumentiert. Kurz danach löste sich im Jahr 1991 die Sowjetunion auf und der ideologische Konflikt war vorbei beziehungsweise endete mit dem Sieg des westlichen Systems.

✔ Der **Prozess der Entkolonialisierung** hat die internationale Politik ebenfalls fundamental verändert. Bereits etwa 1500 begannen zunächst Portugal und Spanien die Ausdehnung ihrer Herrschaft nach Übersee und beuteten die Territorien auch mit rassistischer Ideologie teilweise brutal und skrupellos aus.

Nachdem im Zeitalter des Imperialismus im letzten Drittel des 19. Jahrhunderts eine letzte Welle des Kolonialismus zu verzeichnen war, hat der Entkolonialisierungsprozess mehr als 100 neue Staaten in die Unabhängigkeit geführt. Zahlreiche Staaten erlangten oder erkämpften ihre Unabhängigkeit, zunächst die USA 1776 von Großbritannien und in der ersten Hälfte des 19. Jahrhunderts etwa Brasilien von Portugal, Argentinien, Chile, Ecuador, Peru und Bolivien von Spanien, der Libanon 1941 von Frankreich und 1945 Korea von Japan. Kurz nach Ende des Zweiten Weltkriegs erreichten Jordanien, Indien, Pakistan, Burma und Sri Lanka ihre Unabhängigkeit vom britischen Empire. Frankreich versuchte ab 1954 in blutigen Kriegen die Unabhängigkeit Algeriens zu verhindern und musste sich doch 1962 aus dem Land zurückziehen. Großbritannien, Frankreich und Portugal entließen zudem in den 1950er- und 1960er-Jahren zahlreiche afrikanische Staaten in die Unabhängigkeit und läuteten damit eine Phase der »Enteuropäisierung der Weltpolitik« ein (siehe Kapitel 19). Zahlreiche ehemalige Kolonien blieben jedoch wirtschaftlich abhängig und die Handelsbedingungen für die Entwicklungsländer haben sich eher verschlechtert. Ein Erbe des Kolonialismus ist zudem die teils willkürliche Grenzziehung der Kolonialmächte, die immer wieder zu Konflikten und auch Kriegen führte.

Die USA wurden in der Phase nach dem Ende des Ost-West-Konflikts in einem (kurzen) unipolaren Moment der Geschichte die bestimmende Ordnungsmacht. Die Vorstellung, die liberale und demokratische Weltordnung habe sich durchgesetzt oder es sei gar das »Ende der Geschichte« (so 1989 der amerikanische Politikwissenschaftler Francis Fukuyama) erreicht, war weit verbreitet. Diese Erwartung hat sich aber rasch als falsch erwiesen, denn die Geschichte ging – natürlich – weiter.

Internationale Beziehungen als akademische Disziplin

Drei Jahrzehnte nach dem Ende des Ost-West-Konflikts ist eine Abfolge von Krisen unterschiedlicher Qualität und Reichweite zu verzeichnen. Sie und ich leben erneut in einer Ära der Gewalt in den internationalen Beziehungen – ob das neu ist, darüber lässt sich streiten:

- ✔ Jedenfalls gibt es derzeit eine **Zahl, Intensität und Dauer** von bewaffneten Konflikten wie seit 1990 nicht mehr. Der damalige Außenminister Steinmeier sprach 2014 davon, die Welt sei aus den Fugen geraten; zehn Jahre später muss man wohl eher sagen: Die Welt steht in gewisser Hinsicht in Flammen.
- ✔ Neben den die westlichen Öffentlichkeiten bestimmenden Hotspots Ukraine und Nahost gilt dies auch für die **massive Gewalt** etwa im Süd-Kaukasus oder im Jemen, im Sudan ebenso wie in Äthiopien oder in der Sahelzone.
- ✔ Hinzu kommen die **Verschärfung der Großmächtekonkurrenz** USA-Russland-China, Tendenzen zur ökonomischen Entkopplung, eine weitgehende Blockade von Entscheidungsprozessen im System der Vereinten Nationen, ein erheblicher Aufrüstungsschub insbesondere in Europa und im Indo-Pazifik.
- ✔ Sichtbar ist auch eine zunehmende **Zweiteilung der Welt** in einen Block gebildet von den USA und ihren Partnern in NATO, G7 und EU und einen zweiten Block von Brasilien, Russland, Indien, China, Südafrika und einigen weiteren Staaten im Rahmen des BRICS-Formats. Diese Spaltung hat auch vielfältige Auswirkungen auf den Globalen Süden und bringt eine »Geopolitisierung von regionalen Konflikten« mit sich.
- ✔ Auch haben sich die **weltpolitischen Gewichte** in den vergangenen Jahren rasant verschoben. So betrug etwa der Anteil der USA an der weltweiten Wirtschaftskraft 1990 noch rund 63 Prozent, 2023 nur noch knapp über 40 Prozent, der von China 1990 vier Prozent, 2023 gut 18 Prozent (siehe Kapitel 17).

Die Frage nach internationaler Ordnung ist damit (erneut) in den Fokus der internationalen Politik geraten. Gleichzeitig verdüstern sich die Erfolgsaussichten wichtiger normativer Unternehmungen (zum Beispiel Abrüstung, Menschenrechte, Schutzverantwortung) und die Steuerungsfähigkeit, nicht nur seitens der Staaten, erscheint in vielen Fragen bestenfalls fragwürdig (zum Beispiel Klimawandel, Rüstungskontrolle, Armutsbekämpfung, Welternährung). Dies ist angesichts der massiven Ungleichverteilung von Lebensentwicklungschancen sowie zahlreicher Krisen und Konflikte ein entmutigender Befund. Zu erwarten ist, dass im Zuge der Rückkehr beziehungsweise der Überbetonung kurzfristiger nationaler Interessen auch die *Duties Beyond Borders* – so ein fulminantes Buch von Stanley Hoffmann aus dem Jahr 1981 – weiter unter Druck geraten und die internationale Politik vor unruhigen Zeiten steht.

Was kann angesichts dessen die **wissenschaftliche Beschäftigung** mit internationaler Politik, also die IB, leisten? Sie kann zunächst einmal gesichertes Wissen bereitstellen und Orientierung im Wust der Fakten und divergenten Entwicklungen liefern und so daran mitwirken, »dass ich erkenne, was die Welt im Innersten zusammenhält« (so der bereits vor 200 Jahren vergebliche Anspruch in Goethes Faust). Das löst noch keine Probleme, aber ist doch Voraussetzung dafür, die *richtigen* Probleme zu erkennen und Handlungsoptionen zu entwickeln.

Als akademische Disziplin sind die Internationalen Beziehungen jung. Sie kann dennoch auf einige Vorläufer, häufig im Grenzgebiet zur politischen Theorie, zurückgreifen.

- Exemplarisch seien hier der griechische Historiker Thukydides oder auch Immanuel Kant angeführt. Zu einem **eigenständigen Fach** entwickelten sich die IB jedoch erst nach dem Ersten Weltkrieg. So wurde 1919 in Wales der erste diesbezügliche Lehrstuhl eingerichtet.
- Zentraler **Gründungsimpuls** war die Frage, wie Krieg als Mittel der Politik verhindert werden könnte. Darauf aufbauend haben sich die Themen dann erheblich ausdifferenziert und heute werden nahezu alle Phänomene behandelt, die mit grenzüberschreitenden Aktionen und Reaktionen verbunden sind.

Analyseebenen

Eine wichtige Unterscheidung betrifft die unterschiedlichen Analyseebenen, die *Three Images*, die mit dem Namen von Kenneth Waltz verbunden sind. Dieser hatte bereits mit seinem ersten Werk *Man, the State, and War* aus dem Jahr 1959 einen fundamentalen Beitrag zur Disziplin der IB geleistet. Dabei unterscheidet er drei unterschiedliche analytische Ebenen, um die auswärtige Politik von Staaten zu analysieren. Er nennt diese Zugänge *Images*, also Abbilder.

- Das **erste Image** sieht die Ursachen außenpolitischer Entscheidungen allgemein in der menschlichen Natur. Konkret wird aber auch die Bedeutung einzelner Personen hervorgehoben. Alternativ könnte man auch sagen: die Außenpolitik von Staaten ist »Big Man Politics«, ein Stichwort ist etwa *leadership*.
- Aus Sicht des **zweiten Images** sind es Faktoren innerhalb der Staaten, die die Außenpolitik maßgeblich beeinflussen. Ein Beispiel ist die Imperialismustheorie Lenins, nach der die kapitalistische Verfasstheit von Staaten dazu führt, dass diese Staaten zur Aufrechterhaltung ihres Wirtschaftens Kriege beginnen. Allgemein kann man aber auch liberale Theorien der IB hierunter einordnen. Ihnen ist gemein, dass sie unterschiedliche innere (auch genannt *domestische*) Faktoren berücksichtigen: Parlamente, Lobbygruppen, wirtschaftliche Interessen einzelner Akteure, Strukturen innerhalb der Exekutive und vieles mehr.
- Das **dritte Image** schließlich richtet seinen Blick nicht auf den individuellen Staat, sondern auf die Gesamtheit der Staaten, also die strukturellen Eigenschaften des internationalen Systems. Die Außenpolitik von Staaten hängt demnach zum einen von der Anarchie ab, die im internationalen System als Ordnungsprinzip vorherrscht. Zum anderen hängt die Außenpolitik einzelner Staaten von ihrer relativen Macht innerhalb dieses anarchischen Systems ab, das heißt also, ob sie eher Führungs- oder eher Folgemächte sind. Dynamiken entstehen dann, wenn sich diese Machtposition ändert.

Waltz selbst favorisierte das dritte Image und baute dies so weit aus, dass daraus sein Werk *Theory of International Politics* entstand, die im Wesentlichen den Überlegungen zum dritten Image folgt. Seine drei Analyseebenen haben sich unabhängig von einzelnen Theorieschulen als Standards etabliert, um Referenzpunkte für die Einordnung von einzelnen Analysen und ganzen Theorien zu bieten.

Gleichzeitigkeit des Ungleichzeitigen

Einige Wissenschaftler haben versucht, Zusammenhänge zwischen Kriegszyklen, ökonomischer Vorherrschaft und globaler Hegemonie herauszufinden.

So geht der polnisch-amerikanische **Politikwissenschaftler George Modelski** davon aus, dass das internationale System seit dem 15. Jahrhundert einen sich immer wiederholenden Zyklus mit einer Zeitdauer von jeweils rund 120 Jahren durchlaufe. Zu Beginn eines jeden Zyklus gelinge es einem staatlichen Akteur, die hegemoniale Stellung zu erringen und insbesondere durch die Bereitstellung internationaler öffentlicher Güter (wie zum Beispiel Sicherheit auf Seerouten, Garant einer internationalen Wirtschaftsordnung, Bereitstellung eines international akzeptierten Zahlungsmittels) das notwendige Maß an Legitimität zu erreichen. Als Beispiele nennt er Portugal, die Niederlande, Großbritannien und die USA, die das internationale Geschehen zu bestimmten Phasen maßgeblich beeinflusst haben. Im Laufe der Zeit erodiert jedoch das Machtmonopol durch die Entstehung neuer Konkurrenten und in der Auseinandersetzung mit neuen Themen und Problemen ordnen sich die Machtgewichte und Koalitionen neu. Dadurch entsteht jeweils ein neues multipolares System mit einer schwachen Ordnung, das dann schrittweise auf eine Auseinandersetzung um Vorherrschaft hinausläuft. Nach Abschluss dieser meist kriegerischen Auseinandersetzung beginnt dann ein neuer Zyklus, der durch einen neuen Hegemon geprägt wird.

Es spricht einiges dafür, dass mit dem rasanten Aufstieg Chinas die Schwelle zu einem neuen Zyklus beginnt. In der gegenwärtigen Phase der Weltpolitik – und das macht die internationalen Beziehungen so komplex – gibt es jedoch eine »Gleichzeitigkeit des Ungleichzeitigen«: Die Welt durchläuft in unterschiedlichen Regionen höchst unterschiedliche Entwicklungsprozesse. Die Weltordnung ist also nicht (mehr) auf einen einfachen Begriff zu bringen.

- ✔ Neben einer **ersten Zone**, die sich durch offene Grenzen, eine hohe Interaktionsdichte und einen relativ stabilen Frieden auszeichnet,
- ✔ ist eine von Machtpolitik und kurzfristigen nationalen Interessen dominierte **zweite Zone** auszumachen, in der vornehmlich in Kategorien militärischer Stärke und geopolitischer Einflusszonen gedacht wird.
- ✔ Eine **dritte Zone** ist gekennzeichnet durch Machthohlräume und den Verlust politischer Steuerungsfähigkeit.

Diesen Zonen sind zwar geografische Räume zuzuordnen – so beschränkt sich etwa die dritte Zone im Wesentlichen auf Teile Afrikas und des Nahen Ostens –, allerdings überlappen die Räume sich, und die daraus resultierenden Probleme sind nicht auf eine Zone zu begrenzen. Anders formuliert: Das Zeitalter frühmoderner Staaten, das 20. und das 21. Jahrhundert finden in gewisser Weise gleichzeitig statt.

IN DIESEM KAPITEL

Entwicklung der Kategorie Staat

(Post-)Westfälische Ordnung

Staatszerfall und *nation-building at home*

Kapitel 3
Staaten in der internationalen Politik: vom Aufstieg – und Fall?

Sie fragen sich gewiss, welche Rolle Staaten in der internationalen Politik ganz grundsätzlich spielen. Wer dazu einen Blick auf einige ausgewählte politische Landkarten aus verschiedenen Jahrhunderten oder Jahrzehnten wirft, dem fällt zunächst auf, dass die Staatenwelt offenkundig in permanenter Veränderung ist. Man könnte also sagen: Nichts ist für die Ewigkeit und Selbstverständlichkeiten gibt es keine.

- ✔ Um 1500 war die Welt durch zahlreiche **Fürstentümer und Reiche** geprägt. Europa bestand aus Feudalstaaten, das Osmanische Reich dehnte sich in den Nahen Osten und Südosteuropa aus, und in Amerika existierten große Zivilisationen wie die Azteken und Inka.
- ✔ Bis 1900 hatte sich die politische Landschaft stark verändert. **Kolonialmächte** wie Großbritannien, Frankreich und Spanien hatten große Teile Afrikas, Asiens und Amerikas unter Kontrolle. Nationale Grenzen in Europa waren stabil, und viele der heutigen Länder existierten bereits, allerdings oft unter kolonialer Verwaltung.
- ✔ Die politische Karte der Welt im Jahr 2020 zeigt eine Welt mit rund **200 souveränen Staaten**. Der Zerfall von Kolonialreichen und das Ende des Kalten Krieges prägten die moderne Landkarte. Viele ehemalige Kolonien sind nun unabhängige Nationen, und politische Grenzen sind in den meisten Regionen fest etabliert.

Abbildung 3.1 mit Blick auf Europa im Jahr 1500, 1900 und 2000 belegt dies eindrucksvoll.

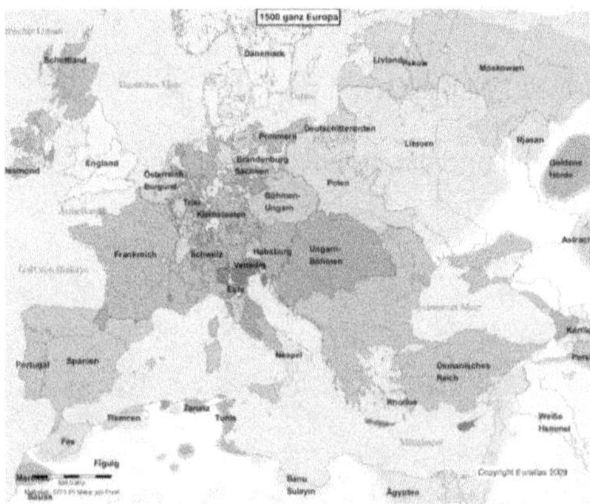

Europa im Jahr 1500, Quelle: `https://www.euratlas.net/history/europe/1500/1500_ganz_Europa.jpg`

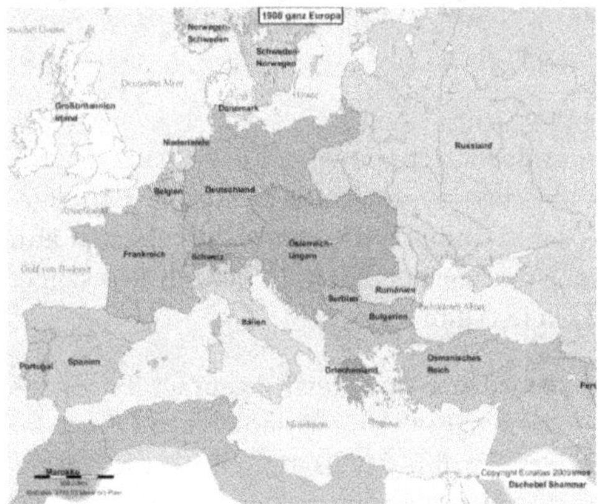

Europa im Jahr 1900, Quelle: `https://www.euratlas.net/history/europe/1900/1900_ganz_Europa.jpg`

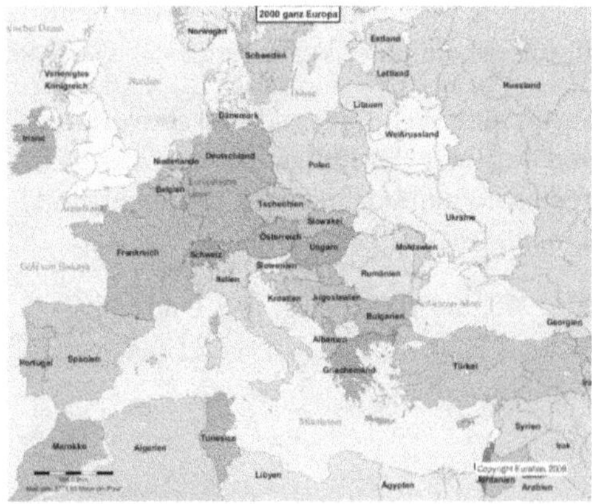

Europa im Jahr 2000, Quelle: `https://www.euratlas.net/history/europe/2000/2000_ganz_Europa.jpg`

Abbildung 3.1: Europa 1500, 1900 und 2020, Quelle: `Euratlas.net`

Beginnend im späten Mittelalter erfolgte von Europa aus im 16. und 17. Jahrhundert der Siegeszug des neuzeitlichen Nationalstaats und dieses Modell setzte sich dann gegen andere Modelle wie etwa das »Heilige Römische Reich Deutscher Nationen« oder die mächtigen Stadtstaaten an den Küsten des Mittelmeers durch.

Ein wichtiges Datum ist in diesem Zusammenhang der **Westfälische Friede von Münster und Osnabrück** im Jahr 1648. Er beendet den enorm verlustreichen Dreißigjährigen Krieg, der ein Bündel aus verschiedenen, miteinander verschränkten konfessionellen, verfassungs- und machtpolitischen Konflikten war und in den nahezu alle europäischen Mächte verwickelt waren. Bei den jahrelangen multilateralen Verhandlungen (1643–1648) im katholischen Münster und evangelischen Osnabrück waren Gesandte fast aller europäischen Mächte und der einzelnen Reichsstände beteiligt. Der Westfälische Friede besiegelte, dass der Weg zu souveräner Staatlichkeit nicht vom Reichsganzen unter dem Kaiser, sondern von den mächtigen Reichsfürsten in ihren Territorien beschritten würde: Der moderne Nationalstaat war geboren – auch wenn diese Entwicklungen in England und Frankreich bereits deutlich früher einsetzten. 1648 begann jedenfalls deutlich die neuzeitliche internationale Politik als Mit- beziehungsweise Gegeneinander souveräner Staaten. Es wird daher auch »Westfälische Ordnung« genannt.

- ✔ Mit dem Westfälischen Frieden hat sich der **neuzeitliche Nationalstaat** in Europa etabliert. Der Wiener Kongress (1814/1815) hat das Denken in Nationalstaatskategorien dann weiter verstärkt.

- ✔ Dieses Modell hat seinen **Siegeszug weltweit** angetreten, und heute ist es uns selbstverständlich, dass internationale Politik in den Kategorien von Staatlichkeit stattfindet.

- ✔ Der Nationalstaat ist dabei allerdings **keine historische Notwendigkeit**. Während sich dieses Modell in Europa aus den lokalen Machtverhältnissen heraus entwickelte, ist es außerhalb Europas vielfach durch koloniale Strukturen und Imitation europäischer Vorbilder eingeführt (Südamerika) oder regelrecht aufgezwungen (Teile Afrikas) worden. Dies deutet bereits darauf hin, dass der »Staat als Abstraktum«, wie von Vordenkern der europäischen Geistesgeschichte (beispielsweise Machiavelli, Bodin und Hobbes) formuliert, geschaffen wurde.

- ✔ Obwohl die territorial differenzierte Ordnung heute als normal erscheint, ist das gegenwärtige Verständnis eines neuzeitlichen Staatensystems in einer längeren historischen Betrachtung **keineswegs die Regel** für die Art und Weise, wie Menschen sich organisieren. Das Staatensystem ist zudem in ständiger Bewegung, auch wenn von saturierter Staatlichkeit als Grundvoraussetzung für Stabilität ausgegangen wird.

In Abbildung 3.2 sehen Sie die politische Geografie der Welt der Gegenwart mit rund 200 Staaten.

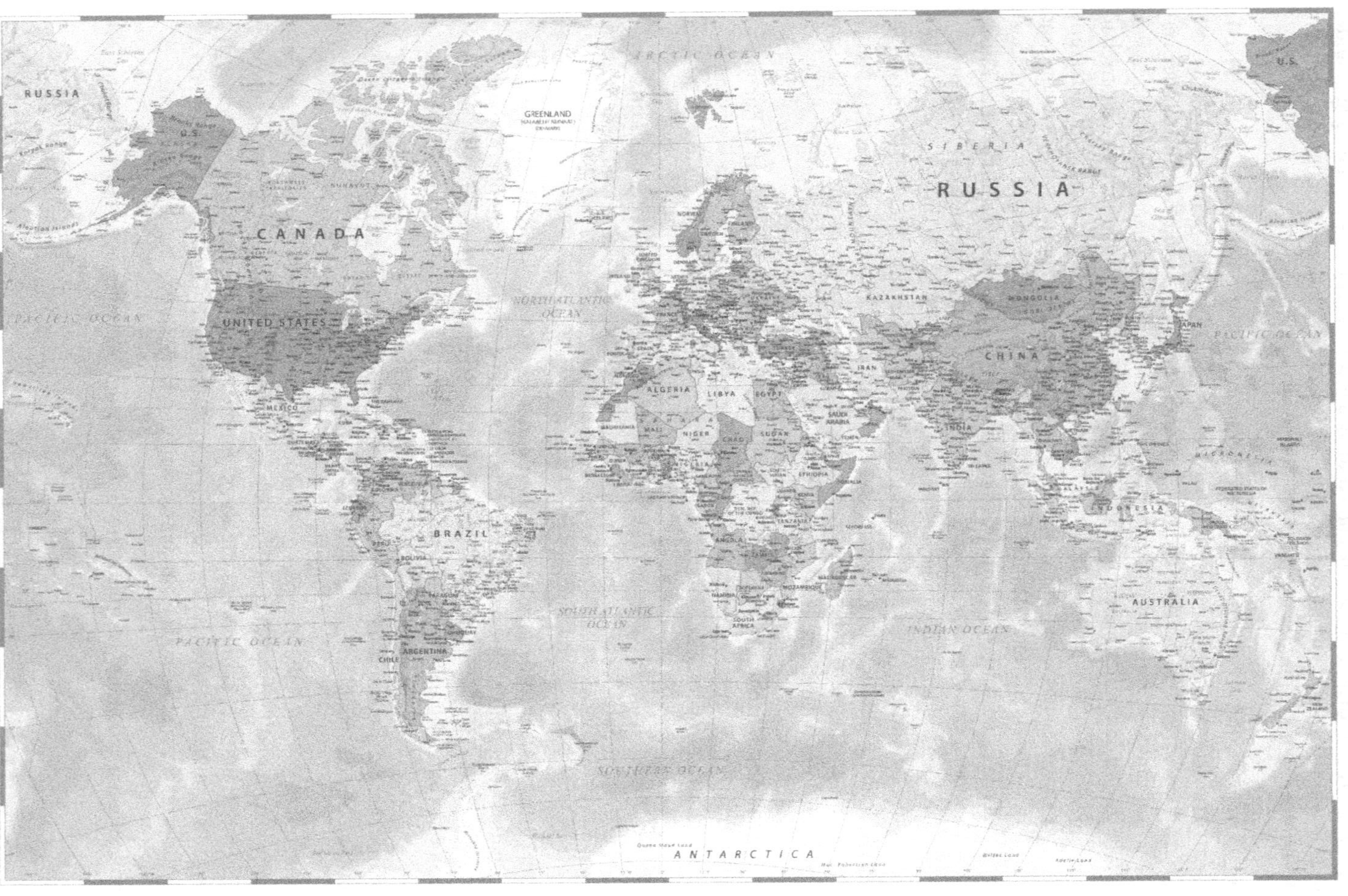

Abbildung 3.2: Weltkarte 2024 © Porcupen – stock.adobe.com, https://stock.adobe.com/de/images/world-map-color-political-vector-detailed-illustration/512660784?prev_url=detail

Tabelle 3.1 zeigt die zehn aktuell größten Staaten der Welt nach unterschiedlichen Kriterien.

Nach Fläche	Nach Einwohnern	Nach Wirtschaftskraft
Russland	China	USA
Kanada	Indien	China
USA	USA	Japan
China	Indonesien	Deutschland
Brasilien	Pakistan	Indien
Australien	Brasilien	Großbritannien
Indien	Nigeria	Frankreich
Argentinien	Bangladesch	Brasilien
Kasachstan	Russland	Italien
Algerien	Mexiko	Kanada

Tabelle 3.1: Die zehn größten Staaten der Welt 2024, Quelle: eigene Zusammenstellung nach Angaben der Vereinten Nationen

Heutzutage existieren etwa 200 Staaten, wovon 193 Mitglieder der Vereinten Nationen (VN) sind (bei Gründung der VN im Sommer 1945 waren es noch 50). Seit dem Ende des Ost-West-Konflikts 1989/90 haben etwa 30 neue Staaten ihre Unabhängigkeit erlangt und sind Mitglieder der Vereinten Nationen geworden. Zehn neue Staaten sind de facto unabhängig, aber keine VN-Mitglieder, und es gibt etwa zehn neue autonome sowie fast 40 umkämpfte Gebiete, in denen Rebellen Territorien kontrollieren und *de facto*-Staatlichkeit ausüben.

Es lassen sich grundsätzlich vier Stufen der Staatlichkeit unterscheiden:

- ✔ **Konsolidierte Staatlichkeit:** Staaten, die die staatlichen Kernfunktionen (insbesondere Gewährleistung von innerer und äußerer Sicherheit, Ermöglichung eines Rechtsrahmens für das Handeln der Bürgerinnen und Bürger) im Wesentlichen erfüllen, wie demokratische Verfassungsstaaten der OECD oder Länder wie Costa Rica oder Chile.

- ✔ **Schwache Staatlichkeit (*Weak States*):** Das Gewaltmonopol ist weitgehend intakt, aber es gibt Defizite in anderen Bereichen. Beispiele finden sich in den meisten arabischen Staaten oder Teilen Südamerikas.

- ✔ **Versagende oder verfallende Staatlichkeit (*Failing States*):** Das Gewaltmonopol ist stark beeinträchtigt, aber es besteht noch eine gewisse Steuerungsfähigkeit in den anderen Bereichen. Dies ist beispielsweise in Staaten der Fall, deren Anspruch auf Kontrolle des Staatsgebiets von lokalen Autoritäten oder Mafiastrukturen erfolgreich eingeschränkt wird.

- ✔ **Gescheiterte Staatlichkeit (*Failed States*):** Keine der staatlichen Funktionen kann zentral erfüllt werden und es liegt ein effektiver Zerfall der Staatlichkeit vor. Beispiele sind Somalia, Afghanistan, die Demokratische Republik Kongo, Liberia, Sierra Leone oder der Irak nach dem Systemwechsel.

Ein wesentliches Merkmal der Westfälischen Ordnung sind die Prinzipien der externen und internen Souveränität der Staaten. Ein Staat ist durch drei Elemente gekennzeichnet, wie es der deutsche Staatsrechtler Georg Jellinek (1851–1911) formuliert hat:

- ✔ **Territorialität:** Ein Staatsgebiet mit eindeutigen, allgemein anerkannten Grenzen nach außen.
- ✔ **Staatsvolk:** Die Bürgerinnen und Bürger, die in einem Staat leben.
- ✔ **Herrschaftsordnung:** Eine handlungsfähige Regierung, Souveränität nach außen (völkerrechtliche Anerkennung, Recht auf Nichteinmischung) und innen (Gewaltmonopol).

In Jellineks Terminologie zeichnet sich ein Staat durch die Trias Staatsgebiet, Staatsvolk und Staatsmacht aus. Seit seiner Entstehung hat der moderne Staat grundlegende Veränderungen durchgemacht:

- ✔ **Umfassende Durchsetzung des Herrschaftsanspruchs nach innen:** Seit seiner Entstehung hat der moderne Staat seinen Herrschaftsanspruch in der Gesellschaft immer weiter durchgesetzt, was zu einer Steigerung seiner Machtmöglichkeiten geführt hat.
- ✔ **Verschmelzung von Staat, Nation und Volkssouveränität:** Seit der Französischen Revolution ab 1789 verschmolz die Idee des modernen Staates mit der Vorstellung der Nation und dem Konzept der Volkssouveränität. Dies führte zur Entstehung des modernen Nationalstaats.
- ✔ **Entwicklung eines umfassenden staatlichen Tätigkeitsfelds:** Der umfassende Herrschaftsanspruch des Staates führte zu einer zunehmenden Vielfalt staatlicher Aktivitäten, insbesondere der Entwicklung des Wohlfahrtsstaats.

Der Begriff **Nation oder Staatsvolk** ist jedoch nicht unproblematisch und hat erhebliche Auswirkungen auf die internationale Politik. Wenn Nation als eine Gemeinschaft definiert wird, entstehen Fragen nach den Kriterien für Zugehörigkeit oder Ausgrenzung. Staaten können diese Fragen nach eigenem Ermessen entscheiden, wie die Unterschiede im Staatsangehörigkeitsrecht der USA und Deutschlands zeigen.

Noch komplexer wird die Frage der problematischen Begrifflichkeiten im Kontext des »Selbstbestimmungsrechts der Völker«. Denn dieses wirft natürlich die Frage nach der Definition eines Staatsvolks auf.

- ✔ In den vergangenen zwei Jahrhunderten hat es rund **400 Sezessionsbewegungen** gegeben, etliche davon sind nach wie vor aktiv. Zwar kann aus dem Selbstbestimmungsrecht kein Sezessionsrecht abgeleitet werden, aber es gibt im internationalen Menschenrechtsschutz durchaus ein Verbot der Diskriminierung aus ethnischen Gründen sowie ein Gebot des Minderheitenschutzes.
- ✔ Weltweit gibt es **Hunderte von Ethnien**, die aus ihrer Sicht berechtigte Forderungen nach einem eigenen Staat stellen könnten. In der internationalen Politik gestaltet sich die Bearbeitung dieser Frage jedoch oft anarchisch und meist konfliktträchtig.

✔ So wird das **Selbstbestimmungsrecht** in Form der Verwirklichung eines eigenen Staates für Kroaten, Tadschiken oder Bewohner Osttimors weitgehend akzeptiert, während es für Kurden oder Basken weitgehend abgelehnt wird. Grenzfälle wie etwa das Kosovo (115 von insgesamt 193 VN-Mitgliedsstaaten haben es als unabhängigen Staat diplomatisch anerkannt) oder Palästina (von 146 Staaten anerkannt) zeigen zudem, dass es in erster Linie auf machtpolitische Fragen und die Schaffung von in diesem Sinne günstigen Gelegenheiten ankommt. Dies verdeutlicht die Schwierigkeiten und Konflikte, die mit dieser Frage verbunden sind.

Strategien zur Stabilisierung von Staatlichkeit

Strategien zur Stabilisierung von Staatlichkeit und guter Regierungsführung stehen im Mittelpunkt des entwicklungspolitischen Problems des Staatszerfalls, das gleichzeitig erhebliche sicherheitspolitische Relevanz aufweist. In zahlreichen Strategiepapieren wird dieses Thema unter der Rubrik »Herausforderungen für die Sicherheitspolitik« prominent behandelt. Eine solche Bestandsaufnahme ist durchaus angemessen, da fragile oder gescheiterte Staaten oft nicht in der Lage sind, ihre Schutzverpflichtung gegenüber den Bürgern effektiv zu erfüllen. Die Erosion staatlicher Strukturen bietet zudem Rückzugsmöglichkeiten für Gewaltakteure und schafft Räume, die sich der internationalen Ordnung entziehen. Dies trägt erheblich zu weltweiten Krisen bei und stellt somit ein Risiko für die globale Sicherheit dar.

Die Definition der deutschen Soziologen Max Weber, wonach der moderne Staat »ein **politischer Anstaltsbetrieb** ist, wenn und insoweit sein Verwaltungsstab erfolgreich das Monopol legitimen physischen Zwanges für die Durchführung der Ordnungen in Anspruch nimmt«, betont die Bedeutung der Legitimität für nachhaltige Stabilität. Ein Herrschaftssystem, das auf Repression oder Staatsterror basiert, kann nur oberflächliche Stabilität hervorbringen. Nachhaltige Stabilität wird erst dann erreicht, wenn der Staat von den Bürgern als legitim angesehen wird. Daher müssen neben der Sicherheitsfunktion auch die Wohlfahrtsfunktion (Verteilung von Waren und Dienstleistungen sowie soziale Wohlfahrt) sowie die Legitimitäts- und Rechtsstaatsfunktion (Partizipationsmöglichkeiten, funktionierende Justiz und Verwaltung) berücksichtigt werden.

Die Bemühungen, eine funktionierende und legitime Staatlichkeit in schwach gewordenen, zerfallenden oder gescheiterten Staaten zu stärken beziehungsweise wiederherzustellen, werden unter dem Begriff des *state-building* (Staatsbildung) zusammengefasst. Während es hier um die staatlichen Kernfunktionen geht, ist das Konzept des *nation-building* (Nationenbildung) wesentlich anspruchsvoller. Hier geht es um die Herausbildung einer gemeinsamen Identität und gegenseitigen Solidarität sowie um die gesellschaftliche Integration der Staatsbürger.

In der internationalen Diskussion gibt es zahlreiche Rankings und Indizes zur Messung von Staatlichkeit.

Zu den wichtigsten zählen

- ✔ der **Fragile States Index** der amerikanischen Stiftung Fund for Peace,
- ✔ der **States of Fragility Index** der OECD,
- ✔ der **Transformationsindex** der Bertelsmann-Stiftung und
- ✔ der **Corruption Perception Index** der Organisation Transparency International.

Insbesondere der etablierte »Fragile States Index« kombiniert strukturelle Faktoren (wie Bevölkerungsdruck, Armutsraten, Ungleichheit) und politische Kriterien (wie Legitimität des Staates, Regierungsführung und Rolle der Sicherheitskräfte) mit dem Ziel, Fragilität zu identifizieren und systematische Ansatzpunkte für Konfliktprävention zu schaffen. Im Jahr 2023 wurde mit Somalia ein Staat als nahezu vollständig zerfallen eingestuft, weitere elf Staaten (Afghanistan, Äthiopien, Haiti, Jemen, Kongo, Myanmar, Südsudan, Sudan, Syrien, Tschad, Zentralafrikanische Republik) befanden sich in der zweithöchsten Stufe, während 18 Staaten in der Kategorie Alarmstufe waren, angeführt von Mali, Guinea und Nigeria. Insgesamt wurden 55 der 177 untersuchten Staaten als von Tendenzen des Staatszerfalls betroffen bewertet, wobei nur eine Minderheit als halbwegs stabil betrachtet wurde.

Auch wenn derartige aggregierte Indizes immer methodisch angreifbar und obendrein Ausdruck eines westlichen Staatsverständnisses sind, alarmiert dieser Befund durchaus. Denn es geht nicht nur um innere Folgen staatlicher Schwäche, also um Fragen von menschlicher Sicherheit über ungerechte Ressourcenverteilung bis hin zum innerstaatlichen Bürgerkrieg. Sondern die Realität zeigt, wie sehr gerade in Zeiten der Globalisierung *spill-over-Effekte* als nahezu zwangsläufige Folge derartiger Zerfallsprozesse auftreten und diese verstärken. Die Risiken reichen von der Auslösung großer Flucht- und Migrationsbewegungen, der Ausbreitung organisierter Kriminalität, der Etablierung »sicherer Häfen« für transnationalen Terrorismus, der Gefährdung der globalen Energieversorgung und des freien Handels durch Sabotage oder Piraterie bis hin zur unkontrollierten Weiterverbreitung von Waffen und insbesondere Massenvernichtungstechnologie. Es liegt also im vitalen westlichen und auch globalen Eigeninteresse, Staatszerfall mit geeigneten Mitteln entgegenzutreten. Die zentrale Frage lautet freilich: Was sind geeignete – also realistische und Erfolg versprechende – Mittel?

Ursachen für schwache Staatlichkeit und Staatszerfall

Die Ursachen für schwache Staatlichkeit und Staatszerfall sind vielfältig und liegen auf verschiedenen Ebenen. Einen großen Teil der Fälle wird man aber durch die allgemeine Aussage abbilden können, dass es an legitimen Verfahren des innerstaatlichen Interessenausgleichs zwischen verschiedenen Teilen der Bevölkerung mangelt. Die Bevölkerungsgruppen sind nicht gegenüber der häufig von den Kolonialmächten vorgegebenen Staatsordnung loyal, sondern gegenüber anderen Strukturen beziehungsweise Akteuren, etwa gegenüber separatistischen Bewegungen, ethnischen Gruppen oder lokalen *warlords*. Identität und Zusammengehörigkeitsgefühl, die als wichtige Voraussetzung einer funktionierenden Staatlichkeit gelten können, sind zu schwach ausgeprägt. Ebenfalls begünstigend wirken sich mangelnde wirtschaftliche Leistungsfähigkeit, schlechte Regierungsführung, Korruption und extreme Einkommensungleichheiten aus.

Von den strukturellen Ursachen fragiler Staatlichkeit zu unterscheiden ist die Frage, welche Faktoren einen Zerfallsprozess auslösen oder diesen beschleunigen. Die Palette reicht hier von Bürgerkriegen über die Unterdrückung einzelner Gruppen bis hin zu Wirtschaftskrisen und Naturkatastrophen. Eingriffe von außen zur Stützung der fragilen Staatlichkeit sind äußerst voraussetzungsreich – und können auch zu ihrem Gegenteil, also einem Zerfallsprozess führen. Solche Eingriffe setzen eine genaue Kenntnis der lokalen Bedingungen und Konfliktstrukturen voraus.

- ✔ Das Motiv für ein Engagement der internationalen Gemeinschaft besteht zum einen darin, dass die **Stabilisierung einzelner Staaten** die Ursachen von Krieg und Konflikten in einer Region zu beseitigen hilft.
- ✔ Zum anderen, damit zusammenhängend, wird im Wiederaufbau von Staatlichkeit vielfach ein Beitrag zur **Bekämpfung des transnationalen Terrorismus** gesehen. Unterschieden werden kann dabei zwischen Maßnahmen zur Stabilisierung schwacher Staaten in präventiver Absicht und solchen Maßnahmen, die Bürgerkrieg und Konflikt in bereits zerfallenen Staaten beenden sollen.

Oftmals wurden in den Kolonialgebieten neue Staaten quasi von außen auf dem Reißbrett entworfen – auch dort, wo Bevölkerungen vordem völlig anderen gesellschaftlichen Grundideen folgten, also über keinerlei nationalstaatliche Tradition verfügten. Gefühlte innere Kohäsion oder gar nationales Bewusstsein fehlte meist und ließ sich auch nachträglich kaum entwickeln. Künstliche Grenzziehungen wie etwa in der Levante (*Sykes-Picot-Abkommen*) oder zwischen Pakistan und Afghanistan (*Durand-Linie*) trennten kompakte Ethnien. Ganze Völker wie zum Beispiel die der Kurden oder der Tuareg wurden bei der Staatenbildung schlichtweg übergangen. Vor allem in Afrika fassten die Kolonialherren weite Gebiete zu territorialen Verwaltungsstaaten zusammen, die keinerlei nationale Identität aufwiesen und dies auch heute noch nicht tun.

Ein drastisches Beispiel für die daraus resultierende kulturelle Heterogenität ist **Nigeria** mit seinen 400 Sprachen und Ethnien. Wen wundert es, wenn diese Gebilde zu zerbrechen drohen, sobald sie essenzielle Grundbedürfnisse der Menschen nicht mehr hinreichend befriedigen? Und wen wundert es obendrein, wenn Dritte diesen Prozess aus diversen (wie etwa fundamental-religiösen) Motiven heraus gezielt zu beschleunigen trachten? Die Geburtsfehler einer aus Sicht der Betroffenen oft unfreiwilligen Staatenbildung wirken bis heute nach – auch nach den Unabhängigkeitsbewegungen als Folge der Dekolonialisierung oder später in anderen Fällen des Zusammenbruchs der Sowjetunion.

Maßnahmen zur Stützung von Staatlichkeit

Nahezu alle bedeutenden Akteure der internationalen Politik haben in den vergangenen Jahren diese Herausforderungen angesprochen. Dies gilt sowohl für die NATO als auch für die Europäische Union. Die Vereinten Nationen haben mit der Gründung der *Peacebuilding*

Kommission im Jahr 2015 den Ansatz der Prävention beim Zerfall von Staatlichkeit deutlich verfolgt, wobei Burundi, Sierra Leone, Guinea, Liberia und die Zentralafrikanische Republik zu den behandelten Fällen (Mandaten) gehören. In Ausnahmefällen wurde sogar über eine Schutzverantwortung (siehe Kapitel 9) der internationalen Gemeinschaft nachgedacht, mit der sie bei schwersten Menschenrechtsverletzungen in die inneren Angelegenheiten von Staaten eingreifen darf – und staatliche Basisfunktionen aufrechterhalten kann.

- ✔ Die angemessenen Maßnahmen zur Stützung der Staatlichkeit hängen von einer Vielzahl von Faktoren ab und können auf einem **Kontinuum** verortet werden.
- ✔ Dies beginnt mit der **Intensivierung diplomatischer Beziehungen** (politischer Dialog), reicht über finanzielle und personelle Unterstützungsleistungen sowie Vermittlungsbemühungen in Konflikten bis hin zu Sanktionen.
- ✔ Ein **militärisches Eingreifen** von außen kann notwendig sein, um den Anspruch auf Stabilität und Ordnung sowie den Schutz der Bürgerinnen und Bürger glaubwürdig abzusichern.
- ✔ Wenn die grundlegende Sicherheitsfunktion fehlt, können Staatenbildungsprozesse nicht erfolgreich sein. Militär kann die Entwaffnung von Konfliktparteien überwachen, **Spoiler** (also Kräfte, die die neue Ordnung zu zerstören versuchen) kaltstellen und dem Wiederaufbau von Sicherheitskräften dienen.

Es stellt sich die Frage, ob und mit welchen Mitteln ein robustes Eingreifen zumindest in den Fällen erfolgen sollte, in denen von einem fragilen Staat eine konkrete und erhebliche Gefahr für die internationale Staatengemeinschaft oder die eigene Sicherheit ausgeht. Dabei eröffnen sich grundsätzlich drei Handlungsoptionen:

- ✔ **Option 1 (direkter Ansatz):** Eine Art humanitäre Intervention von außen mit dem Ziel, Recht und Ordnung mit militärischer Gewalt zu erzwingen (Beispiele etwa Afghanistan, Irak, Libyen). Dabei bleiben jedoch einige Fragen offen, wie zum Beispiel die Bewertung des Zustands nach der Intervention, das Vorhandensein eines schlüssigen Folgeplans und die Bereitschaft zu langfristigen Folgeinvestitionen.
- ✔ **Option 2 (indirekter Ansatz):** Die Unterstützung der als »gut erkannter« Akteure mit Geld, Waffen und/oder Ausbildungsmaßnahmen, was oft als Hilfe zur Selbsthilfe oder »Ertüchtigungsinitiative« bezeichnet wird. Hier bleibt jedoch oft unklar, ob die Unterstützung nicht irgendwann für Zwecke missbraucht wird, die den eigenen Interessen zuwiderlaufen.
- ✔ **Option 3 (Verweigerungsansatz):** Gar nichts tun und die betroffenen Länder oder Regionen ihrem Schicksal überlassen. Dies käme einer doppelten Bankrotterklärung gleich und würde die Risiken der Ausbreitung des internationalen Terrorismus und großer Fluchtbewegungen immens erhöhen, was in der globalisierten Welt illusorisch ist. Die Konsequenzen des Vergessens von Staaten, wie es in Somalia oder in Syrien geschah, sind bekannt.

Keine der drei Optionen überzeugt also wirklich. Alle wurden bereits ausprobiert, und dies mit mäßigem bis deprimierendem Ergebnis. Im Nachgang lassen sich – je nach

Perspektive – sehr unterschiedliche Urteile über die praktischen Erfahrungen fällen: Sie waren zu rigide oder zu ängstlich oder zu halbherzig oder zu blauäugig oder zu konzeptlos oder zu ungeduldig und so weiter.

✔ **Handeln** erweist sich oft als ebenso nachteilig wie **Nicht-Handeln**, wie die Fälle Libyen und Syrien aufzeigen. Mitunter läuft es auf die resignative Einsicht hinaus, Diktatoren als das kleinere Übel zähneknirschend akzeptieren zu müssen. Eine echte Erfolgsgeschichte oder ein Patentrezept für das Durchsetzen von staatlicher Stabilität und guter Regierungsführung durch externe Akteure gibt es bisher jedenfalls nicht.

✔ Für den Großteil der Aufgaben des Wiederaufbaus von Staatsstrukturen sind militärische Ressourcen jedenfalls wenig geeignet. Hier geht es vielmehr um die **Wiederherstellung staatlicher Strukturen** in Polizei, Verwaltung und Justiz und die Förderung der wirtschaftlichen Grundlagen. Doch auch diese Maßnahmen der Staatsbildung erweisen sich in der Praxis als außerordentlich anspruchsvoll. Sie bedürfen eines langjährigen finanziellen und politischen Engagements, das angesichts der unterschiedlichen Interessen der beteiligten Staaten oft nicht mobilisiert werden kann.

Wie die Fälle Afghanistan oder Irak zeigen, kann überdies nicht davon ausgegangen werden, dass die gesamte heimische Bevölkerung mit dem internationalen Engagement und den neuen Spielregeln einverstanden ist. Militärische Interventionen stellen keine »Stunde null« dar. Vielmehr bedeutet eine von außen durchgesetzte Veränderung eine Umgestaltung der etablierten Machtpotenziale und Einflusssphären in der Gesellschaft. Ein Eingriff von außen kann deshalb Widerstand hervorrufen und anstelle von Stabilität auch zum Gegenteil, zu einer Destabilisierung, führen. Aufstände von rivalisierenden Gruppen haben im Irak und in Afghanistan massive militärische Reaktionen entlang der Doktrin der Aufstandsbekämpfung (*counter insurgency*) notwendig gemacht; sie haben überdies die Erfolge im Bereich des *state-building* nachhaltig gefährdet. Das zeigt sich insbesondere, wenn nach dem Abzug der internationalen Truppen (etwa in Afghanistan 2021 in einem nur als chaotisch zu bezeichnenden Abzug) mühsam erreichte Fortschritte rasch wieder erodieren.

Die Strategie der **externen Einflussnahme** zur Stabilisierung brüchiger Staatlichkeit hat die Frage nach der Reichweite staatlicher Souveränität mit neuer Dringlichkeit auf die Tagesordnung der internationalen Politik gesetzt. Es mag im Einzelfall (Bosnien-Herzegowina, Kosovo) gelungen sein, durch die Errichtung von »De-facto-Protektoraten« der internationalen Gemeinschaft Minimalziele zu erreichen beziehungsweise in anderen Fällen zumindest bestehende und für uns problematische Staatsgewalt zu zerstören (Afghanistan, Irak, Libyen). Die wenigen erfolgreichen Fälle von *state-building* (etwa Deutschland und Japan nach dem Zweiten Weltkrieg, Nachfolgestaaten Jugoslawiens nach 1995) basieren auf einem massiven politischen, militärischen und finanziellen Engagement über einen längeren Zeitraum hinweg, das nur in Ausnahmefällen zu mobilisieren ist.

Fehlannahmen des »Nation-building«

Grundsätzlich gilt die »Porzellanladen-Regel«: *you break it, you own it.* Diese wird aber in der Praxis der internationalen Politik selten beachtet. Zudem verschärfen sich die Probleme des Wiederaufbaus, wenn über die Wiederherstellung staatlicher Strukturen hinaus auch das Ziel verfolgt wird, von außen Prozesse des *nation-building* einzuleiten.

- ✔ Denn *nation-building* ist auf Voraussetzungen angewiesen, die externem Einfluss nur begrenzt zugänglich sind. Während die Förderung der Infrastruktur oder die kurzfristige Verbesserung der Sicherheitslage ein realistisches Ziel darstellen mag, kann die Herstellung einer gemeinsamen Identität in einer ethnisch, religiös und/oder sozial fragmentierten Gesellschaft nur in langfristiger Perspektive angegangen werden.
- ✔ Wo sich schon die Wiederherstellung staatlicher Strukturen als schwierig erweist, ist *nation-building* eben kein Zeichen politischer Bescheidenheit, sondern ein »Schöpfungsakt ungeheuren Ausmaßes« (so der IB-Forscher Jochen Hippler), der große Mengen an Geld und Geduld benötigt, ein Prozess, der Rückschläge mit sich bringt und dessen Ausgang ungewiss ist. Zudem: Für den Aufbau von Gemeinschaftsgefühl und Solidarität ist eine Nation womöglich gar nicht zwingend erforderlich.

Nicht erst mit dem Wechsel in den USA zu Donald Trump im Jahr 2016 und seiner Wiederwahl im Jahr 2024 haben sich zudem die internationalen Spielregeln massiv verändert. Unter dem Schlagwort *nation-building at home* gerät die interventionistische *Liberal Peace Agenda* des Westens unter Druck. Diese zeitweise sehr wirksame Agenda basierte auf drei (Fehl-)Annahmen:

- ✔ einem normativen Selbstverständnis von **Demokratie** als Voraussetzung dafür, sich für individuelle Freiheit und demokratische Regierungsweise einzusetzen;
- ✔ dem Gedanken, dass **autoritäre Staaten** Quelle unterschiedlicher Bedrohungen wie Terrorismus, Proliferation von Massenvernichtungswaffen und religiösem Fundamentalismus sein können und sind;
- ✔ dem Gedanken, dass **ökonomische Liberalisierung und Freihandel** sowohl den ökonomischen Interessen der Intervenierenden als auch der Förderung der politischen Transformation und der Einbettung der Interventionszielstaaten in die Staatenwelt durch Interdependenz und Wohlfahrtssteigerung dienen.

Das war in der Theorie womöglich überzeugend, in der Praxis aber offenkundig wenig tragfähig. Der Zusammenhang zwischen gut gemeint und gut gemacht ist eben (auch) in der internationalen Politik nicht gerade zwingend. Darüber hinaus haben die Erfahrungen beim Zerfall des Iraks, der Intervention in Libyen und der Situation in Syrien zu einer Diskussion über »Diktatoren als das kleinere Übel« geführt. Derzeit findet als Reflex darauf eine Art pragmatische Wende in der Weltpolitik statt. Nicht nur unter Donald Trump, sondern zum Beispiel sichtbar im Wandel der EU-Afrika-Strategie, die Stabilität und die Reduzierung von Fluchtursachen vor gute Regierungsführung stellt und zugleich auf mehr Abschottung setzt.

Was bedeutet nun die dominierende Stellung von Staaten in der internationalen Politik für die Lehre von den Internationalen Beziehungen (IB)?

✔ Zunächst einmal sollte spätestens an dieser Stelle darauf hingewiesen werden, dass Staaten zwar mächtige Akteure sind, aber Sie sich natürlich fragen müssen, was die *Blackbox Staat* denn ausmacht. Viele argumentieren, ein Staat sei nur **Abstraktion**. Denn er ist ein mehr oder minder komplexes Gefüge aus hierarchisch und bürokratisch strukturierten Institutionen, die wiederum durch Individuen repräsentiert werden. Diese Individuen oder Regierungsvertreter werden neben ihren Zielsetzungen als Vertreter des Staates auch durch persönliche und bürokratische Interessen getrieben. Die staatliche Position ist dann lediglich diejenige, die sich im bürokratischen Prozess durchsetzen kann.

✔ Zudem hat der Staat ein **zweischneidiges Gesicht**: Einerseits bildet er die Grundlage gesellschaftlicher Ordnung. Wer die Werke von Thomas Hobbes oder Niccolò Machiavelli liest, erkennt klar, dass die Überwindung innerer Unordnung und Herrschaftslosigkeit in einem bestimmten territorialen Gebiet nach innen friedensstiftend wirken kann. Die Stichworte dafür lauten Gewaltmonopol und Anerkennung von Herrschaft. Im Umgang zwischen den Staaten gilt dies jedoch nicht ohne Weiteres: Hier ist Staatlichkeit eine potenzielle Quelle für Unfrieden. Staaten neigen strukturell zu Maßnahmen wie Rüstung, die andere dazu veranlassen können, ähnliche Maßnahmen zu ergreifen. Dieses Phänomen wird als »Sicherheitsdilemma« in der internationalen Politik bezeichnet, das sich in einem anarchischen System kaum auflösen lässt. In Kapitel 8 werden Sie mehr darüber erfahren.

Der IB-Forscher Frank Schimmelfennig spricht in diesem Zusammenhang von der Entwicklung von **der ungezügelten zur entwerteten Souveränität**. Die Problematik der Anarchie hat sich demnach etwas verschoben. In einer Zeit, als staatliche Souveränität noch selbstverständlicher war als heute, stand das Problem der Einhegung ungezügelter staatlicher Souveränität im Mittelpunkt der internationalen Beziehungen. Ein Teil der Herausforderungen der aktuellen Diskussion lässt sich jedoch darauf zurückführen, dass die staatliche Souveränität geschwächt wurde und es teilweise eine entwertete Souveränität gibt – und damit andere Instrumente des Umgangs erforderlich sind.

Als Fazit lässt sich feststellen, dass der Staat trotz Globalisierung und aller möglichen Unkenrufe seine zentrale Bedeutung als Akteur in der internationalen Politik bisher nicht verloren hat. Er bleibt, zumindest in weiten Teilen der Welt, eine Voraussetzung für die Ordnung in der internationalen Politik und ebenso ein Schlüssel zur Bewältigung zentraler Herausforderungen.

Teil II
Welche Perspektiven und Trends relevant sind

IN DIESEM TEIL ...

- Was die wissenschaftliche Beschäftigung mit internationaler Politik leisten kann
- Zentrale Denkschulen der IB – Realismus, Liberalismus, Institutionalismus und Konstruktivismus
- Technologischer Wandel und Globalisierung als prägende Megatrends
- Kontroversen über die Bedeutung des Völkerrechts

IN DIESEM KAPITEL

Was Theorie leisten kann

Warum Weltbilder so verschieden sind

Was das für die IB bedeutet

Kapitel 4
Theoretische Perspektiven

Das Einhegen und Überwinden der Konkurrenzordnung der Staatenwelt, deren Hauptakteure keine höhere Gewalt über sich anerkennen, hat die Geschichte der internationalen Beziehungen sowohl in praktischer als auch in wissenschaftlicher Hinsicht seit Jahrhunderten geprägt. Dies betrifft etwa die Überlegungen von Thomas Hobbes, nach denen es in einer anarchischen Umwelt eines Leviathans bedürfe, um für Ordnung zu sorgen.

- ✔ Die Grundfrage, wie und womit Staaten veranlasst werden können, ihre Konflikte mit **friedlichen Mitteln** zu lösen, ist so alt wie das neuzeitliche Staatensystem und hat zahlreiche Philosophen von Niccolò Machiavelli (1469–1527) über Immanuel Kant (1724–1804) bis Jürgen Habermas (geb. 1929) beschäftigt – und zu ganz unterschiedlichen Antworten geführt.
- ✔ Theoriefragen werden innerhalb der Sozialwissenschaften intensiv diskutiert, sind jedoch oftmals vom praktischen politischen Diskurs **abgekoppelt**. Das macht ein Verstehen nicht gerade leicht. Aber es geht auch anders. Los geht's.

Was kann die wissenschaftliche Beschäftigung mit internationaler Politik leisten? Der österreichisch-britische Philosoph Karl Popper hat einmal davon gesprochen, dass **Theorie ein Netz** sei, um die Welt einzufangen, sie zu rationalisieren und zu erklären. Das löst noch keine Probleme, aber ist womöglich Voraussetzung dafür, die »richtigen« Probleme zu erkennen und Handlungsoptionen zu entwickeln. Eine Theorie ist ein widerspruchsfreier Satz von Aussagen, mit dem ein Phänomen erklärt werden soll. Sie identifiziert die Ursachen, die erklärt werden sollen. Sie zeigt auf, wie verschiedene Ursachen zusammenwirken, um das beobachtete Ergebnis zu erzeugen. Theorien beschreiben, identifizieren Ursache und Wirkung, machen Vorhersagen und bieten Lösungskonzepte an. Anders formuliert: Die intellektuelle Bewältigung der Vielfalt politischer Prozesse und Strukturen ist nicht möglich ohne vorgefasste oder systematisch ausgewählte gedankliche Filter sowie Ordnungs- und Erklärungsschemata, die die

Fülle des Wahrgenommenen überschaubar machen. Im wissenschaftlichen Erkenntnisprozess sind Theorien also jene gedanklichen Konstrukte, die es ermöglichen, die vorgefundene Komplexität zu reduzieren, zu ordnen und schließlich zu erklären.

Hinsichtlich der angemessenen Wege zur Kriegsverhinderung und Friedenssicherung sind seit jeher zwei Herangehensweisen feststellbar, die sich als Dissens zwischen den *children of light* und den *children of darkness* umschreiben lassen.

- ✔ Aus der europäischen Aufklärung stammt eine Vorstellung, die auf **das Gute, die Vernunft und die Lernfähigkeit des Menschen** setzt. Demokratisierung sei aufgrund des nachweisbaren Zusammenhangs zwischen der inneren Verfassung eines Staates und seinem Außenverhalten zudem der beste Weg zur Konfliktvermeidung.
- ✔ Der Gegenentwurf sieht die Welt hingegen durch das Schlechte beherrscht und durchweg anarchisch strukturiert. Nur **eigene Stärke und das Prinzip der Selbsthilfe** könnten Konflikte verhindern; nicht das erhabene Ziel »Frieden«, sondern das bescheidenere Ziel »Sicherheit« sei daher anzustreben.

Einer multilateralen Welt, in der Verhandlungen, Überzeugung, Konsenssuche und diplomatische Lösungen dominieren, steht eine unilaterale Welt gegenüber, in der auf internationale Regeln letztlich kein Verlass ist und in der im Extremfall Zwang vor Überzeugung geht. Drastischer formuliert: »Wer den Frieden will, der bereite den Frieden vor« steht konzeptionell gegen »Wer den Frieden will, der rüste für den Krieg« (*si vis pacem para bellum*).

Theorienpluralismus und seine Eckpunkte

Die »eine« Theorie der internationalen Beziehungen gibt es jenseits der beschriebenen grundlegenden Blickwinkel und Zugänge nicht. Vielmehr haben sich im Laufe der Zeit einige große Stränge herausgebildet, die im Sinne eines Theorienpluralismus nebeneinander bestehen und zum Teil komplementär, zum Teil konkurrierend Deutungshoheit beanspruchen.

- ✔ Die Anhänger der **realistischen Schule** sind der Auffassung, dass das Streben nach Macht sowie das Eigeninteresse der Staaten die wichtigsten Kategorien zum Verständnis internationaler Politik darstellen, da souveräne Nationalstaaten keiner übergeordneten Instanz mit Sanktionskompetenz unterworfen sind und auch nicht sein können.

  Das Fehlen einer übergeordneten Instanz im internationalen System, die eine verbindliche Einhaltung gemeinsamer Entscheidungen und Grundprinzipien gewährleisten würde, führt dazu, dass Staaten durch die Anhäufung von Macht ihre Existenz als souveräne Handlungseinheit zu sichern versuchen. Durch dieses unauflösliche Sicherheitsdilemma (in Kapitel 8 wird das genauer beschrieben) in einem anarchischen internationalen Selbsthilfesystem kommt es fast zwangsläufig zu Kriegen und nullsummenspielartigen Auseinandersetzungen – oder aber zu einem permanent bedrohten Gleichgewicht der Kräfte. Die Realisten sehen deshalb in der rein intergouvernementalen Zusammenarbeit der Nationalstaaten die einzige Möglichkeit, eine halbwegs stabilisierende Balance zu erhalten und damit Kriege zu verhindern und Zusammenarbeit zu fördern. Realisten empfehlen traditionelle Mittel zur Gewährleistung von Sicherheit wie nationale Streitkräfte, Bündnisse und das gemeinsame Vorgehen der mächtigen und reichen Staaten gegen potenzielle Unruhestifter auf Ad-hoc-Basis.

✔ Wissenschaftler in der Tradition der **liberalen Schule** sehen das anders und blicken insbesondere auf die Konfiguration gesellschaftlicher Präferenzen, die staatliches Verhalten ausmachen.

Sie heben nicht so sehr auf den vermeintlich anarchischen Grundzustand des internationalen Systems ab, bei dem keine über dem Staat stehende Autorität existiert, sondern fokussieren Kooperationsformen, die die internationale Anarchie regulieren sollen. Sie sind zudem der Auffassung, dass internationale Zusammenarbeit für alle Beteiligten Vorteile bringt beziehungsweise bringen kann und die Beziehungen zwischen Individuen, verschiedenartigen Organisationen und Staaten allmählich zu einer Art universeller Gemeinschaft führen, die aus sich heraus friedensstiftend wirkt. Charakteristisch für viele Situationen der internationalen Politik sind demnach nicht »Null-Summen-Spiele«, sondern »Variable-Summen-Spiele«. Dabei fallen den Akteuren Gewinne zu, die durch unilaterales Handeln nicht erzielt werden können. Über verbindliche Regelwerke könnte demnach eine zivilisierte Weltgemeinschaft entstehen, die aufgrund eines gemeinsamen Lernprozesses ihre Konflikte nicht mehr mit Gewalt löst.

✔ Mit der Ausweitung internationaler Regelsysteme und auf ihnen aufbauenden Organisationen wie der EU hat zudem die in liberaler Tradition stehende, aber realistische Elemente aufgreifende, **institutionalistische Schule** an Einfluss gewonnen.

Institutionalisten halten im Unterschied zu Realisten stabile internationale Kooperation eher für möglich und schreiben darüber hinaus internationalen Institutionen, die einen bestimmten Politikbereich »normativ verregeln«, einen größeren Einfluss auf die Interessen und das Verhalten der Staaten zu. Für die Relevanz des Institutionalismus sind jedoch zwei Grundvoraussetzungen notwendig: Die Akteure müssen erstens gemeinsame Interessen besitzen, mithin einen erfahrbaren Vorteil durch Kooperation haben oder erwarten dürfen. Zweitens müssen Variationen im Institutionalisierungsgrad substanzielle Effekte auf das Verhalten der Staaten ausüben, denn ansonsten würde es keinen Sinn machen, institutionelle Veränderungen hervorzuheben, um das Verhalten von Staaten zu analysieren. Die Grundthese des Institutionalismus lautet demnach, dass Variationen im Grad der Institutionalisierung internationaler Politik signifikante Auswirkungen auf das Verhalten von Regierungen haben. Staatliche Aktionen sind also zu einem beträchtlichen Grad Ausdruck und Folge der bestehenden institutionellen Ordnung. Dies verlangt nicht, die realistischen Machtprämissen außer Acht zu lassen. Kooperation und Integration werden nicht im idealistischen Sinne als »vernünftiger« und damit relativ einfach zu realisierender Prozess verstanden, sondern als schwierig zu initiieren und zu erhalten bewertet.

✔ Schließlich hat seit Anfang der 1990er-Jahre eine wissenschaftliche Strömung die Debatte über das Verhalten von Staaten und die Rolle von internationalen Organisationen um eine Reihe von Annahmen und Sichtweisen bereichert, die als **Konstruktivismus** bezeichnet wird.

Der Konstruktivismus beruht im Kern auf der Erkenntnis, dass Wirklichkeit immer Erfahrungswirklichkeit ist, die die begriffliche Wahrnehmung keineswegs nur abbildet, sondern gestaltet – Wirklichkeit wird also konstruiert. Folglich konzentriert sich diese Richtung vornehmlich auf die Ideen, die normativen Grundlagen und kulturellen Hintergründe politischen Handelns. Realität wird nicht als objektive Realität aufgefasst, sondern überwiegend als das Ergebnis von sozialen Konstruktionsprozessen. Strukturmerkmale wie die im Realismus unterstellte Anarchie des internationalen Systems oder die Interessen von Staaten werden demnach nicht als objektive Gegebenheiten betrachtet, sondern vielmehr als von den Akteuren selbst hervorgebracht und damit veränderbar. Mit neuen Ideen, Werten, Regeln und Normen können nachhaltige politische Veränderungen erreicht werden. Konkret haben sich Konstruktivisten beispielsweise mit den Mechanismen internationaler Normdurchsetzung, neuen Perspektiven auf internationale Organisationen oder auch konstruktivistischer Außenpolitikanalyse beziehungsweise Rechtfertigungsstrategien von Außenpolitik beschäftigt.

In Tabelle 4.1 finden Sie die vergleichenden Befunde zusammengefasst.

Die in viele spezielle Richtungen verästelten Denkschulen der IB-Theorie sind nicht als einander ausschließende, sondern sich in vielen Fragen ergänzende Zugänge zur internationalen Politik zu verstehen. So hat in den vergangenen Jahren verstärkt eine Diskussion über sinnvolle Ansätze zur Arbeitsteilung zwischen den verschiedenen Ansätzen stattgefunden. Unterschiedliche *ontologische* (wie ist die Realität beschaffen?) und *epistemologische* (wie gelangen Sie an Wissen?) Prämissen bleiben aber bestehen.

Im Vergleich der beiden Extrempunkte Realismus und Liberalismus werden die Unterschiede zwischen diesen beiden Paradigmen besonders deutlich. Sie können mit Tabelle 4.2 einige realistische Prämissen mit der liberalen Gegenposition abgleichen.

Die IB-Debatte ist mit diesen Ansätzen freilich nicht erschöpfend behandelt. Eine Schattierung sind beispielsweise verschiedene »Kritische Theorien«, die sich ideengeschichtlich auf die Aufklärung (Kant) und andere emanzipatorische Philosophien (beispielsweise Hegel, Marx) zurückführen lassen.

Die **Kritischen Theorien** hinterfragen stärker als etablierte Theorien die bestehenden (Macht-)Verhältnisse und die innerhalb dieser angenommene Systemlogik. Sie wollen eine theoretische Alternative anbieten, die eben gerade nicht mit dem Bestehenden arbeitet, sondern versucht, Machtstrukturen zu hinterfragen und in letzter Konsequenz auch zu verändern. Die Kritik an den traditionellen Theorien lautet, dass sie eine »Naturalisierung« der beobachteten Strukturen vornehmen. Das bedeutet der Vorwurf, Strukturen mit klar erkennbaren moralischen Defiziten nicht nur zu beschreiben, sondern auch zu akzeptieren und Lösungen nur innerhalb der angenommenen Strukturlogik selbst anzubieten. Durch die Dominanz und den großen Einfluss insbesondere der realistischen Theorie in Wissenschaft und Praxis würden die Defizite der Struktur aber reproduziert als natürlich angesehen. Es werden also Grundannahmen hinterfragt, die in dieser Sicht keine Gesetzmäßigkeiten, sondern vielmehr subjektive Interpretationen darstellen.

	Realismus	Idealismus/Liberalismus	Institutionalismus	Konstruktivismus
Das internationale System ist in erster Linie geprägt durch …	das Strukturmerkmal der internationalen Anarchie	das Strukturmerkmal der Interdependenz	institutionelle Arrangements	soziale Konstruktion von Interaktionsprozessen
Die Akteure der internationalen Politik sind …	in erster Linie Staaten, die sich an ihren eigenen Interessen orientieren	auch verschiedene internationale Organisationen, die unterschiedliche Interessen ausgleichen	auch verschiedene internationale Organisationen, die unterschiedliche Interessen ausgleichen	Kollektive (Staaten, gesellschaftliche Großgruppen, internationale Organisationen)
Das Handeln der Akteure wird betrachtet als …	rationales Handeln gemäß Machterhaltungsinteressen	rationales Handeln gemäß Wohlfahrtsinteressen	rationales Handeln gemäß problemfeldspezifischer Interessen	sozial konstruierte Beziehungs- und Deutungsmuster
Der Frieden auf internationaler Ebene kann gesichert werden durch …	Machtgleichgewicht und nationale Stärke	Demokratieförderung und Einsicht in Interdependenz	internationale Institutionen und Interessenausgleich	Neuinterpretation bestehender Interessen und Machtmuster

Tabelle 4.1: IB-Theorien im Vergleich, Quelle: eigene Darstellung

Realistische Prämisse	Liberale Gegenposition
Staaten sind die einzig bedeutenden Akteure der internationalen Beziehungen. Zu erforschen sind daher ihre Motive und Verhaltensweisen. Anderen internationalen Akteuren kommt allein in ihrer Funktion als Mittel, Agent und Auftragnehmer der Staaten Bedeutung zu (»Billardball-Modell«).	Staaten sind nicht die einzig bedeutsamen Akteure. Manche internationalen Transaktionen und deren Resultate können nur im Hinblick auf die Motive und Verhaltensweisen internationaler *gouvernementaler* (IGOs) oder *nicht-gouvernementaler* (INGOs) Akteuren erklärt werden (»Spinnweben-Modell«).
Internationale Beziehungen sind das Ergebnis einzelstaatlicher außenpolitischer Interaktionen, die das Ziel der Erhaltung der in Kategorien militärischer Macht sowie Herrschaft definierten nationalen Sicherheit (*high politics*) verfolgen.	Internationale Beziehungen sind das Ergebnis von grenzüberschreitenden Aktionen internationaler Akteure, die das Ziel der Wahrung und Verbesserung ihres eigenen Wohlstands (*low politics*) verfolgen.
Internationale Beziehungen sind ein Null-Summen-Spiel; der Macht- und Einflussgewinn eines Akteurs im internationalen System geht zulasten eines anderen Mitspielers. Der Austragsmodus dieses Spiels ist der Konflikt.	Internationale Beziehungen sind ein Nicht-Null-Summen-Spiel; Gewinne der Akteure resultieren aus der internationalen Arbeitsteilung und dem technischen Fortschritt; dadurch steigt die Gesamtmenge der verteilbaren Güter. Austragungsmodus ist Kooperation.
Internationaler Einfluss resultiert aus dem Einsatz oder der Drohung mit dem Einsatz von Macht, definiert als aktuelle oder potenzielle militärische und/oder wirtschaftliche Handlungsbefähigung.	Internationaler Einfluss resultiert aus dem gekonnten Umgang mit den Banden der internationalen Interdependenz, die die Akteure des internationalen Systems miteinander verknüpfen. Die Überzeugung anderer dient als Hilfsmittel bei der Erringung von Einfluss.
Stichworte: Existenzgefährdung, Machtstreben, Machtkonkurrenz, Sicherheitsdilemma, Machtgleichgewicht, Zwangsmacht, Null-Summen-Spiele	**Stichworte:** Interdependenz und Regime, Wohlfahrtskonkurrenz, Verhandlungsmacht, Variable-Summen-Spiele.

Tabelle 4.2: Realistische und liberale Perspektiven im Vergleich, Quelle: eigene Darstellung

Zusammenhang zwischen Theorie und politischer Praxis

Für die Analyse der internationalen Politik haben diese unterschiedlichen Sichtweisen gewichtige Folgen, denn theoretische Zugänge beeinflussen selbstverständlich die Wahrnehmung.

✔ Die Antwort auf die Frage, was die **richtigen Probleme** sind, kann dann letztlich nicht einheitlich ausfallen. Denn in den vergangenen Jahrzehnten hat sich nicht nur die weltpolitische Realität grundlegend gewandelt, sondern mit ihr auch die Disziplin der Internationalen Beziehungen. Neue Themenfelder, Akteure und Problemkonstellationen beeinflussen die Gegenstände, aber auch die Theorien und methodischen Konzepte der Disziplin erheblich.

- An diesen Punkten setzen auch wissenschaftliche Ansätze an, die normative und weltbildartige Fragen aufgreifen und zugleich **politische Relevanz** beanspruchen. Hier sind etwa die aus der IB-Theorie entwachsenen Sicherheitsstudien (*security studies*) zu nennen. Diese versuchen, theoriegeleitet sicherheitspolitische Herausforderungen anhand von bestimmten theoretischen Weltbildern zu konzeptualisieren.
- Facetten davon sind auch Ansätze wie die **strategischen Studien** (die insbesondere auf die Rolle von Streitkräften abzielen), die Friedensforschung (die Bedingungen und Wege analysiert, Gewalt zu verringern) sowie sicherheitspolitische Zukunftsanalysen (*strategic foresight*) auf der Basis von Szenariotechniken.

Sie können festhalten: Unsicherheit abzubauen, gehört zu den großen Herausforderungen der internationalen Politik und ist damit auch ein zentrales Thema in der IB-Theorie.

- Mit Frank Schimmelfennig sei darauf hingewiesen, dass sich insbesondere die **Anarchieproblematik** in den vergangenen Jahrzehnten verschoben hat.
- Als staatliche Souveränität noch intakt(er) und die staatlichen Grenzen noch weitgehend undurchlässig erschienen, habe das Problem der Einhegung **ungezügelter staatlicher Souveränität** im Mittelpunkt theoretischer und praktischer Reflexion der internationalen Politik gestanden.
- Diese Problematik sei zwar nicht gänzlich verschwunden – und womöglich ist sie derzeit dabei, wieder relevanter zu werden –, aber im Mittelpunkt der gegenwärtigen Diskussionen stehe eher der Umstand, dass staatliche Souveränität **geschwächt** wurde.

Von der **ungezügelten zur entwerteten Souveränität:** »Nicht die Einhegung ungezügelter staatlicher Souveränität erscheint als das Generalproblem internationaler Politik, sondern die Entwertung staatlicher Souveränität und ihre Kompensation durch internationale Politik. Nicht zwischenstaatliche oder Großmachtkriege, sondern Bürgerkriege in zerfallenden Staaten und der internationale Terrorismus, der ohne eine klar zurechenbare staatliche Basis operiert, sind die vorherrschenden Sicherheitsprobleme« (Frank Schimmelfennig).

Sie können aus dieser womöglich auf den ersten Blick etwas vom Alltagsverständnis abgekoppelten Theoriediskussion mitnehmen:

- Man kann **ohne Theorie auskommen** und die Beschäftigung mit den internationalen Beziehungen ist in diesem Sinne auch theoriefrei möglich. So wird schon dem ehemaligen deutschen Reichskanzler Otto von Bismarck der Satz zugeschrieben: »Politik ist weniger Wissenschaft als Kunst, die lässt sich nicht lehren, man muss dafür begabt sein.« Das mag man so sehen.
- Aber es lässt sich einwenden: Politische Praxis wie auch politische Analyse der internationalen Beziehungen dreht sich ohne wissenschaftliche Impulse in gewisser Weise **im Kreis**.
- Theorien können im Sinne von Karl Popper ein nützliches Netz sein, mit dem **Erkenntnis und damit Fortschritt gewonnen wird**. Begriffe wie »menschliche Sicherheit« oder »Abschreckung«, Probleme wie »zwischenstaatliche Konflikte« oder

»Kampf um Ressourcen« sowie strategische Antworten wie »Krisenmanagement« oder »Entwicklungspolitik« werden so greifbarer und sortierter, als wenn sie ohne Rechenschaft über die ihnen – implizit oder explizit – zugrunde liegenden theoretischen Annahmen analysiert werden.

- ✔ Außerdem ermöglicht es die Theorie, aus den Betrachtungen vieler Einzelfälle **generalisierende Ableitungen** zu schaffen, die wiederum durchaus politikwirksam und Erkenntnis fördernd sein können.
- ✔ Vielleicht ist das ja doch interessanter, als Sie anfangs gedacht haben.

Wenn Sie nun versuchen, in einer Art Selbsttest zu beantworten, welche »IB-Schule« Sie für am plausibelsten halten, dann werden Sie merken, dass es nur sehr schwer möglich ist, sich zu einer Schule zuzuordnen. Darum geht es aber auch gar nicht. Denn in der IB-Forschung wechseln nicht jeweils konträre Paradigmen und Weltbilder abrupt ab, sondern die einmal formulierten Großtheorien im Fundus der Wirklichkeitskonstruktion können durchaus nebeneinander bestehen bleiben und jeweils partiellen Erklärungswert haben. Zugleich ist auch klar: Wissenschaft folgt immer gewissen Moden – meist Fragen, die zu einer bestimmten Zeit besonders relevant erscheinen –, aber sie bildet bisweilen auch umfassendere Grundmuster heraus, die die Art und Weise, Wissenschaft zu betreiben, erfassen.

In den IB-Debatten lassen sich drei solcher Muster ausmachen, die auch als »die großen drei Debatten« bezeichnet werden, da man klare Konfliktlinien ausmachen kann, die die Wissenschaft mehr oder minder in Lager teilen.

- ✔ Als erste Debatte gilt der Richtungsstreit zwischen **Idealismus und Realismus** in den 1930er- und 1940er-Jahren.

  Zentral war dabei die Frage, ob es überhaupt Fortschritte in den Beziehungen zwischen den Staaten geben kann. Mit Blick auf den vorangegangenen Ersten Weltkrieg war es konkret die Frage, ob Staaten als Ganzes lernfähig seien und sich die Wiederholung von Katastrophen durch Erfahrung vermeiden lassen könnte. Die Realisten konnten (und können) dieser Auffassung wenig abgewinnen und gingen (und gehen) stattdessen von gegebenen, letztlich in der menschlichen Natur begründeten Verhaltenskonstanten aus.

- ✔ Die zweite große Debatte in den 1950ern und 1960ern war komplizierter. Die Konfliktlinie verlief zwischen **Traditionalisten und Szientisten**, auch »Behaviouralisten« genannt.

  Die Tatsache, dass die Traditionalisten im Namen kein Programm tragen, sondern nur als Bewahrer des Althergebrachten fungieren, verrät bereits einiges über den Konfliktgegenstand. Die Szientisten kritisierten nämlich den in ihren Augen unreflektierten Rückgriff der Traditionalisten auf Intuition, Erfahrung und Interpretation. An ihrer Stelle wollten sie sich im Sinne einer Vereinheitlichung aller Wissenschaften an den Naturwissenschaften orientieren. Ähnlich der Physik oder der Chemie wollte man auch für die Sozialwissenschaften systematische Beschreibungen und Erklärungen, empirisch überprüfbare Aussagen und allgemeingültige Theorien schaffen. In dieser Debatte ging es also überwiegend um die Methode des wissenschaftlichen

Erkennens. Die heute weitverbreitete Auffassung, die soziale Welt in Zahlen abzubilden und in Rechenmodellen ihre Komplexität annähernd erfassen zu können, wurzelt in dieser Debatte. Das ist umstritten – und lässt sich so oder so sehen.

✔ In der dritten Debatte wurde genau dies wieder infrage gestellt. Die neuen Traditionalisten waren nun die **Positivisten**, ihre Herausforderer die **Post-Positivisten**.

Hierbei handelt es sich um eine Debatte, die an die Wurzeln des Wissenschaftsverständnisses geht, an *Ontologie* und *Epistemologie*. Also: Was eigentlich ist und wie Sie es erkennen können.

Vereinfacht kann man die Positivisten als **Kartenleser** und die Post-Positivisten als **Modellbauer** betrachten. Positivsten gehen davon aus, dass es da draußen eine Welt gibt, die man entdecken muss und dann in Karten einzeichnen kann. Post-Positivisten haben hiergegen verschiedene Einwände. Um nur zwei herauszugreifen: Fakten existieren nicht ohne Interpretation, die Daten bekommen in Ihrem Kopf einen Namen und werden dort in einen Zusammenhang gestellt. Gleichermaßen können Empirie und Theorie nicht getrennt werden. So verschieden Post-Positivisten im Einzelnen sind, ist ihr Kennzeichen doch der Zweifel an der Auffassung, dass man einfach nur hinausgehen und beobachten muss, um die »Wahrheit« erkennen zu können.

Spätestens ab den 1990ern ist es nur noch schwer möglich, über besondere Strömungen und Moden hinaus – wie zum Beispiel die Dominanz des Konstruktivismus ab den späten 1990ern – Ordnung in die IB-Landschaft zu bringen. Das macht es mithin schwierig, sich in der Welt der IB-Theorien zurechtzufinden. Auf der anderen Seite spricht es jedoch auch für die Vielfalt, die sich in zahlreichen kleineren Debatten stetig weiterentwickelt.

Herausfordernd bleibt der Umstand, dass Wissenschaft und Politik (und damit auch die an Politik Interessierten) in unterschiedlichen Welten mit je eigener Logik und eigenen Erfolgskriterien leben. So verwundert es nicht, dass die Liste der Vorwürfe an die jeweils andere Welt lang ist:

✔ Wissenschaftlern wird seitens der praktischen Politik die Neigung zum Entwerfen **realitätsferner Utopien** bei Fragestellungen zugeschrieben, in denen die politische Welt umsetzbare Handlungsempfehlungen – und zwar verzugslos und möglichst mit Erfolgsgarantie – nachfragt.

✔ Die akademische politikwissenschaftliche Welt charakterisiert dagegen häufig Entwürfe und Entscheidungen der politischen Praxis als **Flickschusterei**, geboren aus politischer Kurzzeitopportunität und ohne Rücksicht auf Langzeitwirkungen oder Nebeneffekte; politische Handlungen gelten als aktionistisch und damit im Kern verfehlt, bestenfalls erratisch.

✔ Die **Bringschuld der Wissenschaft** besteht darin, ihre Ideen und Konzepte auf eine verständliche, nachvollziehbare Weise zu formulieren – ohne sich allzu sehr der Logik der Politik zu verschreiben und durch einseitige Abhängigkeit Kritikvermögen und Kreativität zu verlieren.

- Die **Holschuld der Politik** ist umgekehrt darin zu sehen, dass sie den Diskurs mit der Wissenschaft sucht – auch um ihre Richtungsentscheidungen selbstkritisch zu hinterfragen und auf diesem Weg neue, Erfolg versprechende Ideen zu entwickeln.

Methodische Trends

Ebenso wenig, wie die eine IB-Theorie existiert, gibt es dort »die« dominierende Methode. Vielmehr herrscht ein Pluralismus von Methoden vor, der teilweise an bestimmte Theorien gebunden ist, teilweise jedoch in verschiedenen theoretischen Kontexten Anwendung findet. Zudem werden zunehmend Anleihen bei anderen Sozialwissenschaften genommen. So greift beispielsweise ein Strang der Außenpolitikanalyse auf die psychologische Profilbildung von Führungspersönlichkeiten (*leadership trait analysis*) zurück.

- Bis in die Mitte der 1990er-Jahre bestand in den IB – wie auch in den anderen Teilbereichen der Politikwissenschaft – das Bestreben, sich methodisch den **Naturwissenschaften** (hinsichtlich quasi-experimenteller Studiendesigns) und der Ökonomie anzunähern. Dies ist nicht allein auf den häufig bemühten Unterschied zwischen quantitativer und qualitativer Forschung zu reduzieren, wo es vor allem darum geht, ob die Empirie in Zahlen übersetzt beziehungsweise *codiert* werden kann, um sie dann mittels mathematischer Methoden auszuwerten.

- Vielmehr geht es auch um die Frage, wie man aus Daten eine belastbare Aussage ableiten kann. Die »konstruktivistische Wende« hatte jedoch auch Auswirkungen auf die Entwicklung der Methoden. Dem **erklärenden Ansatz**, der – häufig auf statistische Weise – Zusammenhänge zwischen Variablen herstellt, wurde nun vermehrt ein **verstehender Ansatz** gegenübergestellt.

- Methoden wie das *process-tracing* zielen darauf ab, **tiefere Kausalzusammenhänge** (beispielsweise multiple Verursachung – X1 und X2 und X3 führen zu Y) anstelle reiner statistischer Kontingenz freizulegen. Damit einhergehend wurden auch die klassischen hermeneutisch-interpretativen – Methoden, die lange als altmodisch-unwissenschaftlich verunglimpft worden waren, zu neuen Würden erhoben.

- Zudem sind mehr und mehr Methoden zu finden, die scheinbar gegensätzliche Ansätze verbinden, beispielsweise die **Diskursanalyse**, in der an den Untersuchungsgegenstand (etwa die Verbreitung einer Norm) zwar interpretierend herangetreten wird, die eigentliche methodische Umsetzung jedoch quantitativ ausgeführt werden kann (etwa durch das Erfassen und die statistische Auswertung von Schlüsselbegriffen in Redemanuskripten).

- Mittlerweile setzt sich vermehrt die Einsicht durch, dass Methoden am Untersuchungsgegenstand beziehungsweise der Fragestellung und an den genutzten Theorien ausgerichtet werden und nicht Gegenstand von **Glaubenskonflikten** sein sollten. Zudem bietet es sich in manchen Fällen an, »Methoden-Triangulation« zu betreiben, also sich dem Untersuchungsgegenstand gleichzeitig durch verschiedene, sich gegenseitig ergänzende Zugriffe zu nähern. Ein klassisches Beispiel ist die Überprüfung von statistischen Trends durch einzelne Experteninterviews.

IN DIESEM KAPITEL

Definition von Globalisierung

Messung und Bewertung von Globalisierung

Auswirkungen auf den Staat und die IB

Kapitel 5
Globalisierung als herausgeforderter Megatrend

Globalisierung ist zu einem Schlagwort geworden, das in politischen, publizistischen und wissenschaftlichen Debatten seit längerer Zeit inflationär gebraucht und dabei einerseits als Bedrohung, andererseits als Chance betrachtet wird. Umstritten ist aber sowohl, was unter Globalisierung zu verstehen ist, als auch die Frage, was Globalisierung von reiner Internationalisierung und dem generellen Bedeutungsverlust nationalstaatlicher Grenzen unterscheidet. So regen manche an, den Begriff »ungleichzeitige Denationalisierung« dem der Globalisierung vorzuziehen, andere Autoren sprechen schlicht von sich internationalisierender Politik.

In der wissenschaftlichen Debatte verläuft die Trennlinie vor allem zwischen jenen, die im Zuge der Globalisierung das **Ende des Nationalstaates** samt seiner etablierten Steuerungs- und Legitimationsmechanismen prognostizieren, und jenen, die dem Nationalstaat weiterhin die **zentrale Rolle in der internationalen** Politik beimessen. Unabhängig davon ist Globalisierung ein dynamischer realhistorischer Prozess, der zwar in seinen Ausprägungen in verschiedenen Weltregionen stark asymmetrisch verläuft, gleichwohl als globaler Trend verstanden werden muss. Nicht zuletzt die in der internationalen Finanz- und Wirtschaftskrise der Jahre 2008 sowie der COVID-19-Pandemie ab 2020 sichtbar gewordene Abhängigkeit der nationalstaatlichen Ökonomien ist ein Beleg für die globale Interdependenz und für das Ausmaß der Globalisierung.

Allerdings scheint in den vergangenen Jahren der Prozess der Globalisierung seinen Zenit überschritten zu haben: Geopolitische Spannungen und eine Reihe von Krisen haben in den letzten zehn Jahren zu einem veränderten Verständnis von Handel und wirtschaftlicher Interdependenz geführt. Diese globalisierungsskeptischen Narrative haben sich zunehmend in der globalen handelspolitischen Landschaft niedergeschlagen. Das weltweite Wirtschaftswachstum bewegt sich stärker seitwärts, der Anteil des Waren- und Dienstleistungshandels am globalen Sozialprodukt stagniert seit einigen Jahren, ausländische Direktinvestitionen werden wieder stärker reglementiert.

- ✔ Schlagworte wie **De-Globalisierung** und Fragmentierung des Welthandels, wirtschaftliche Entkoppelung (*decoupling*), Risikominderung (*derisking*) oder die Konzentration auf den wirtschaftlichen Austausch mit politisch Gleichgesinnten (*friend-shoring*) machen die Runde. Sie lesen mehr darüber in Kapitel 10.
- ✔ Globalisierung ist dennoch nicht nur ein Megatrend, Globalisierung ist vielmehr auch so etwas wie das zentrale **Referenzphänomen** in den IB. Grund genug also, die Frage zu stellen, was denn Globalisierung eigentlich ist.

Definitionen und Erklärungsansätze

Globalisierung kann allgemein als ein Prozess zunehmender Verbindungen zwischen Gesellschaften und Problembereichen dergestalt definiert werden, dass Ereignisse in einem Teil der Welt in zunehmendem Maße Gesellschaften und Problembereiche in anderen Teilen der Welt berühren. Bei diesen Verbindungen ist

- ✔ erstens eine **quantitative Zunahme**,
- ✔ zweitens eine **qualitative Intensivierung** und
- ✔ drittens eine **räumliche Ausdehnung**

empirisch feststellbar. Dabei erodiert zunehmend jene Kongruenz von Staatsgebiet, Staatsvolk und Staatsmacht, von Territorialität und Souveränität, die den Nationalstaat kennzeichnet. Handlungsrelevante Räume sind somit vor allem funktional bestimmt und reichen über nationalstaatliche Grenzen hinweg. Neben Staaten und internationalen Organisationen treten mit transnationalen Konzernen und einer transnational vernetzten Zivilgesellschaft neue Akteure auf die Bühne der Weltpolitik.

Kaum ein anderer Begriff der Internationalen Beziehungen hat derart viele hitzige Debatten ausgelöst, Erklärungsansätze hervorgerufen und Missverständnisse erzeugt. Zwar erfordert ein so vielschichtiges Phänomen wie Globalisierung eine multikausal orientierte Analyse, doch leidet die Debatte an einer überzogenen Breite von Definitionsversuchen, die eine Verständigung erschwert, an mangelndem Konsens über Gegenstandsbereich und Ursachen und erst recht über Folgen und geeignete Begleitstrategien der Globalisierung. Eine einheitliche Definition von Globalisierung muss schon daran scheitern, dass sie – je nachdem, welche Perspektive gewählt wird – unterschiedlich wahrgenommen und gedeutet werden kann und werden muss. Diese Perspektiven beziehen sich nicht nur auf die zeitlich gestreute Verwendung, sondern auch und vor allem auf die unterschiedlichen inhaltlichen Dimensionen von Globalisierung.

Allen **Definitionsversuchen von Globalisierung** ist gemein, dass die Vorstellung, in geschlossenen und abgrenzbaren Räumen von Nationalstaaten zu leben und zu handeln, der Vergangenheit angehört. Als eine weite Definition des Globalisierungsprozesses kann die empirisch feststellbare Ausdehnung, Dichte und Stabilität wechselseitiger regionaler und globaler Beziehungsnetzwerke einschließlich ihrer massenmedialen Selbstdefinition sowie sozialer Räume auf wirtschaftlicher, kultureller, ökologischer und politischer Ebene gelten. Dabei gilt es, bei einer Analyse die Folgen der Globalisierung nicht zu Definitionsbestandteilen zu machen.

In historischer Perspektive ist Globalisierung kein grundlegend neues Phänomen. Schon vor 150 Jahren umschrieben Karl Marx und Friedrich Engels im Kommunistischen Manifest diesen Tatbestand: »Das Bedürfnis nach einem stets ausgedehnteren Absatz für ihre Produkte jagt die Bourgeoisie über die ganze Erdkugel. [...] Die uralten nationalen Technologien sind vernichtet worden und werden noch täglich vernichtet. Sie werden verdrängt durch neue Industrien, [...] die nicht mehr einheimische Rohstoffe, sondern den entlegensten Zonen angehörige Rohstoffe verarbeiten und deren Fabrikate nicht nur im Lande selbst, sondern in allen Erdteilen zugleich verbraucht werden. [...] An die Stelle der alten lokalen und nationalen Selbstgenügsamkeit und Abgeschlossenheit tritt ein allseitiger Verkehr, eine allseitige Abhängigkeit der Nationen voneinander. Und wie in der materiellen, so auch in der geistigen Produktion.«

- ✔ Eine **erste Globalisierungsphase**, in der sich eine arbeitsteilige Weltwirtschaft herauskristallisierte, mag also bereits mit Beginn des industriellen Zeitalters eingesetzt haben.
- ✔ Sie wurde aber im Wesentlichen von **nationalen Volkswirtschaften** getragen, sodass die nationalen politischen Systeme über hinlängliche Instrumente verfügten, die Rahmenbedingungen zu setzen und diesen Prozess aktiv zu gestalten.
- ✔ Auch die **technischen Voraussetzungen** für die Überwindung geografischer und sozioökonomischer Räume waren nicht in der heutigen Weise gegeben, obwohl die marktreife Entwicklung von transozeanische, Telegrafenverbindungen (1866), die Einrichtung grenzüberschreitender Telefonverbindungen (1891) oder die erste grenzüberschreitende Linienflugverbindung (1919) bereits in diese Richtung deuteten.
- ✔ Globalisierung, die einen Prozess von derartiger Intensität darstellt, dass sie zu fundamentalen Veränderungen im Verständnis weltpolitischer Prozesse führt, kann als **relativ neues Phänomen** gelten.

Empirische Befunde

Die verschiedenen Facetten der heutigen Globalisierung können nicht einfach durch eine Messung weniger Indikatoren eingefangen werden. Dennoch gibt es eine nicht geringe Zahl von Versuchen, die Freiheit von wirtschaftlichen Akteuren im nationalen und internationalen Rahmen und auch die Offenheit von Gesellschaften und Staaten gegenüber der Außenwelt zu bestimmen.

- ✔ So gibt es **unterschiedliche Indizes**, die ein breiteres Netz aufspannen, etwa den Umfang des Staatseinflusses auf die Wirtschaft, die Rechtsstaatlichkeit und Kontrolle der Korruption, die Stabilität des Finanzsektors und der Geldpolitik, die Regulierung des Außenhandels, des Kredit- und Arbeitsmarkts einbeziehen.
- ✔ Besonders einschlägig ist der **KOF Globalization Index** der »Eidgenössischen Technischen Hochschule Zürich« (ETH). In ihm wird unterschieden zwischen »faktischer Globalisierung« (*de facto*-Indikatoren, die den tatsächlichen Anteil etwa des Handels

oder des Kapitalimports oder -exports am Bruttoinlandsprodukt bestimmen) und »rechtlicher Globalisierung« (*de iure*-Indikatoren, inwieweit Regierungen die notwendigen rechtlichen Maßnahmen zur Öffnung unternommen haben). Der Index beruht auf drei Säulen:

- **Wirtschaftliche Globalisierung:** unter anderem Handelsglobalisierung, Warenhandel als Anteil des Bruttoinlandsprodukts (BIP), Dienstleistungshandel als Anteil des BIP, Diversifikation der Handelspartner, Höhe der Zölle auf Importe, Handelsregulierung, ausländische Direktinvestitionen als Anteil des BIP, Ausmaß der Restriktionen für ausländisches Kapital, Höhe der Auslandsüberweisungen als Anteil des BIP, Höhe der Auslandsschulden als Anteil des BIP, Höhe der Devisenreserven als Anteil des BIP.
- **Soziale Globalisierung:** unter anderem internationaler Telefonverkehr, Anzahl der internationalen Touristen in Relation zur Bevölkerung, Migrantenanteil der Bevölkerung, Anzahl der internationalen Flughäfen, Reisefreiheit, Anzahl der Patentanmeldungen durch ausländische Personen, Anzahl der Auslandsstudenten in Relation zur Bevölkerung, Anteil der *Hightech*-Exporte als Anteil der gesamten Exporte, Anteil der Haushalte mit Fernsehen und Internetanschluss, Presse- und Medienfreiheit, Anteil des Handels mit kulturellen Gütern, Anteil des Handels mit Dienstleistungen, Anzahl der *Registered Trade Marks*, Anzahl der McDonald's-Filialen pro Kopf, Gleichberechtigung der Geschlechter, staatliche Bildungsausgaben pro Kopf, Respektierung der Bürgerrechte.
- **Politische Globalisierung:** unter anderem Gesamtzahl der ausländischen Botschaften in einem Land, personeller Beitrag zu VN-Friedenstruppen pro Kopf, Anzahl der internationalen Nichtregierungsorganisationen, Anzahl der internationalen Organisationen, in denen ein Land Mitglied ist, Anzahl der internationalen Abkommen, die ein Land unterzeichnet hat, Anzahl der Partnerländer, mit denen internationale Abkommen geschlossen wurden.

Dieser Index (im Zeitverlauf dargestellt in Abbildung 5.1) zeigt, dass Globalisierung insbesondere ab den 1990er-Jahren einen erheblichen Schub erfahren hat.

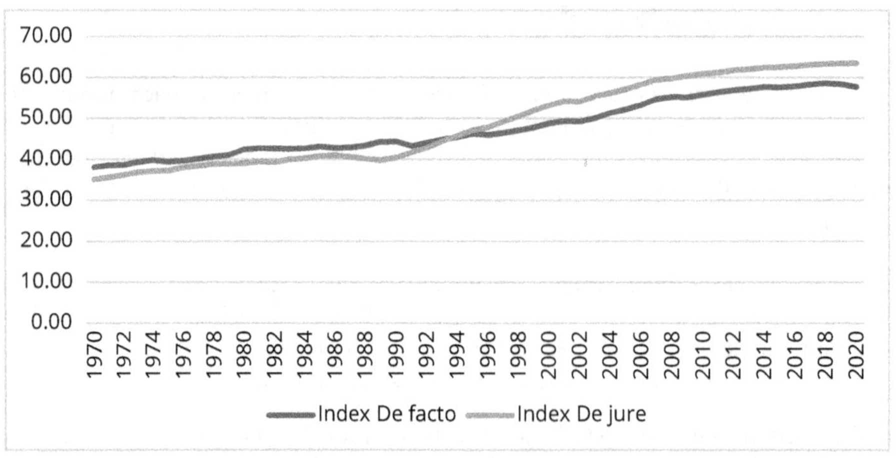

Abbildung 5.1: Der KOF Globalization Index, Datenquelle: `https://kof.ethz.ch/en/forecasts-and-indicators/indicators/kof-globalisation-index.html`

Über die Ursachen für die zunehmende Globalisierung herrschen unterschiedliche Auffassungen. Im Dickicht der vielschichtigen und multikausalen Ursachenforschung lassen sich vereinfachend zwei Extrempositionen ausmachen.

- ✔ Die eine sieht in der Globalisierung einen **exogenen Prozess mit einer eigenständigen Logik**. Triebfedern sind dabei vor allem der technologische Fortschritt, der Fortschritt der Produktivkräfte und die tiefgreifende Veränderung der Produktionsverhältnisse einschließlich der Entstehung transnationaler Konzerne, die Ausdifferenzierung der internationalen Arbeitsteilung sowie der grundlegende soziale und kulturelle Wandel. So verstanden ist Globalisierung Bestandteil eines Modernisierungs- beziehungsweise Verwestlichungsprozesses, bei dem sich ein tendenziell globaler Übergang von »traditionellen« zu »modernen« Gesellschaften vollzieht, der zudem relativ unabhängig von politischen Entscheidungen verläuft.

- ✔ Eine zweite Extremposition betont, dass **Staaten die Rahmenbedingungen geschaffen** haben, unter denen sich Globalisierung vollzieht. Sie ist demnach kein Naturgesetz, sondern folgt einer politischen Logik in der Tradition der liberalen IB-Theorie. Die Vernetzung der Märkte etwa wäre selbst bei den gegebenen technischen Voraussetzungen nicht ohne die politisch gewollte Deregulierung möglich gewesen.

Wie auch immer die Ursachen im Einzelnen zu bewerten sind, unstrittig dürfte sein, dass der Globalisierungsprozess – einmal in Gang gesetzt – eine erhebliche Eigendynamik besitzt. Aufgabe eines rationalen Globalisierungsdiskurses ist es, zunächst die verschiedenen Dimensionen der Globalisierung zu dechiffrieren. Für alle Dimensionen gilt gleichwohl eine Reihe von Vorbehalten, die Generalisierungen so schwer machen. Denn der Globalisierungsgrad variiert je nach Region und Sachbereich erheblich:

- ✔ Es unterliegen **nicht alle Weltregionen in gleichem Maße** der Globalisierung. Die abnehmende Bedeutung von Zeit und Raum betrifft zuerst – wenn auch nicht ausschließlich – die um die asiatischen Schwellenländer erweiterte »OECD-Welt« (also die derzeit 34 Mitgliedsstaaten der »Organisation für wirtschaftliche Zusammenarbeit und Entwicklung«).

- ✔ Phänomene wie transnationale Konzerne oder die Nutzung des World Wide Web waren lange weitgehend auf diese Region beschränkt, wenngleich auch andere Regionen davon betroffen waren. Nicht zuletzt die Weltwirtschaftskrise 2008/2009 hat jedoch einen Prozess der **Verschiebung geopolitischer Gewichte** beschleunigt, an dessen Ende die gewachsene Dominanz der OECD-Welt in der Weltpolitik und der Weltwirtschaft abnehmen dürfte.

- ✔ Globalisierung bedeutet nicht **globale Vereinheitlichung**. Kulturelle Diversifikation kann im Gegenteil sogar als Reaktion auf kulturelle Hegemonialbestrebungen im Zuge der Globalisierung verstanden werden.

- ✔ Globalisierung hat nicht das **Ende der Geografie** gebracht. Es werden vielmehr neue supraterritoriale Räume geschaffen, die bestehende Grenzen nicht bedeutungslos werden lassen, sondern allenfalls ergänzen und überlagern.

- **Monokausale Erklärungsansätze** für Globalisierung, wie technischer Fortschritt, Modernisierung, Fortschritt der Produktivkräfte oder Deregulierung als alleinige Bezugspunkte greifen viel zu kurz. Sie ist weder ein Allheilmittel zur Erklärung internationaler Politik, noch bedeutet sie den als »Ende der Geschichte« (so die berühmte Aussage des US-amerikanischen Politikwissenschaftlers Francis Fukuyama) bezeichneten weltweiten Siegeszug liberal-demokratischer Regierungssysteme.

Zudem ist der Gedanke der Vorteilhaftigkeit internationaler Arbeitsteilung infolge der COVID-Pandemie ab 2020 nachhaltig unter Druck geraten, und zwar nicht nur temporär infolge des massiven Einbruchs der Weltwirtschaft. Die globalen Lieferketten wurden in Teilen unter dem Schlagwort »Krisenresistenz und Resilienz« neu aufgestellt und es setzte eine massive *De-Globalisierung* ein – die zu Wohlstandsverlusten führen dürfte (siehe Kapitel 10). In mancherlei Hinsicht dürfte Corona also »der Tropfen sein, der das Fass der Globalisierungskritik zum Überlaufen gebracht hat«, so der deutsche Politikwissenschaftler Ulrich Menzel. Inwieweit sich dieser Trend durch die Isolierung Russlands (und womöglich Chinas) nach dem Angriffskrieg gegen die Ukraine ab 2022 intensivieren wird, ist heute noch nicht absehbar.

Erosion staatlicher Souveränität

Der steigende Verflechtungsgrad der Ökonomien und die damit einhergehende Ausweitung des Welthandels und die Internationalisierung der Produktion sowie der Bedeutungsverlust von Raum und Zeit haben auch erhebliche Folgen für Kulturen, Identitäten und Lebensstile. Den weltweiten Modernisierungsprozessen folgen zwar wachsende Gemeinsamkeiten im Sinne anerkannter, universaler Wertvorstellungen, doch lösen sie auch Prozesse der kulturellen und ideologischen Fragmentierung aus, die bis zum Zerfall von politischen Strukturen reichen. Die Bedrohung historisch gewachsener Identitäten begünstigt damit zweifellos partikulare Tendenzen, die ihre extreme Ausprägung in fundamentalistischen und ethnonationalistischen Bewegungen finden können.

Besonders deutlich wird Globalisierung – verstanden als weltweite Vernetzung von Problembereichen – schließlich im Bereich der Ökologie (siehe Kapitel 12). Nicht nur der schlichte Befund, dass Schadstoffe an staatlichen Grenzen keinen Halt machen, sondern vor allem das Wissen um die Grenzen der Belastungsfähigkeit des globalen Ökosystems kennzeichnen diese Dimension. Die Risiken industrieller Entwicklung sind zwar so alt wie diese Entwicklung selbst, im Zeitalter der Globalisierung kommt ihnen aber eine neue Qualität zu. Der Ort ihrer Entstehung ist nicht mehr identisch mit dem Ort der Betroffenheit, sie heben die traditionellen Kategorien und Grenzen staatenzentrierter Politik zunehmend auf.

Die Ausprägung der genannten Globalisierungsdimensionen kann internationale Politik nicht unberührt lassen. Zentraler Befund bei der **Globalisierung der Politik** ist die feststellbare Erosion nationalstaatlicher Souveränität. Die Einheit von Entscheidungsmacht und Entscheidungswirkung, die der umfassenden Dispositionsgewalt des Staates über gesellschaftliche Verhältnisse zugrunde lag, gehört in vielen Bereichen der Vergangenheit an.

Handlungsrelevante Räume sind heute somit in erster Linie funktional und nicht mehr territorial bestimmbar. Bestandteil dieses Prozesses ist:

- ✔ die steigende Bedeutung **internationalisierter politischer Kooperationsformen**, die im Einzelfall supranationale Entscheidungsmechanismen entwickeln können,
- ✔ die zunehmende **Sektoralisierung der internationalen Politik** in grenzüberschreitenden Problemfeldern wie beispielsweise Sicherheitspolitik, Umweltpolitik oder Finanzpolitik, bei denen deutlich wird, dass der Nationalstaat als alleiniger Handlungsrahmen ausgedient hat.

Der deutsche IB-Forscher Ernst-Otto Czempiel hat schon vor einiger Zeit vorgeschlagen, die Analyse weltpolitischer Prozesse anhand der drei unterschiedlichen Koordinaten »Wirtschaftswelt, Gesellschaftswelt und Staatenwelt« zu verorten. Die Lösungskompetenz internationaler Politik beschränkt sich dabei weitgehend auf die Belange der Staatenwelt. Die Verdichtung globaler Verflechtungen in den Bereichen Wirtschaft, Kultur, Ökologie, aber auch Technologie, Kommunikation, Verkehr, Migration hat gleichwohl zu abnehmender Steuerungsfähigkeit des einzelnen Staates geführt. Das ist der Kern der Debatte um Globalisierung.

Staaten und Institutionen haben mithin in der Globalisierung eine schwierige Balance zu bewältigen. Mit Blick auf die Frage, ob in einer globalisierten Welt Staaten noch handlungsfähig sind, hat der amerikanische Politikwissenschaftler Dani Rodrik von einem »Globalisierungstrilemma« gesprochen: Staaten könnten nicht gleichzeitig Demokratie, nationale Souveränität und wirtschaftliche Globalisierung voranbringen, sondern höchstens zwei dieser drei Ziele gleichzeitig erreichen – was bedeute, dass eines dieser Ziele hintenangestellt werden muss. Die drei Ziele sind:

- ✔ **Wirtschaftliche Globalisierung und nationale Souveränität:** Staaten können ihre nationalen Interessen schützen und von der Globalisierung profitieren, aber das geschieht oft auf Kosten der demokratischen Mitsprache der Bürger, da politische Entscheidungen zunehmend technokratisch oder von internationalen Organisationen getroffen werden.
- ✔ **Nationale Souveränität und demokratische Politik:** Staaten können nationale Selbstbestimmung aufrechterhalten, begrenzen aber den globalen Handel und die Kapitalflüsse, um ihre Gesellschaften zu schützen (etwa durch Zölle, Subventionen oder Kapitalverkehrskontrollen).
- ✔ **Tiefe wirtschaftliche Globalisierung und demokratische Politik:** Staaten geben einen Teil ihrer Entscheidungsgewalt an internationale Institutionen oder Abkommen ab, um eine globalisierte Wirtschaft zu ermöglichen (zum Beispiel durch die EU oder multilaterale Handelsabkommen), nationale Gestaltungsspielräume müssen dann jedoch den Anforderungen globaler Märkte untergeordnet werden.

Anders formuliert: Wenn die Globalisierung intensiviert werden soll, dann steht entweder der Nationalstaat oder die Demokratie zur Disposition. Und wenn umgekehrt der Nationalstaat und Selbstbestimmung bewahrt werden sollen, dann muss entweder die Demokratie oder die Globalisierung eingeschränkt werden. Der amerikanische Wirtschaftswissenschaftler Barry Eichengreen argumentiert gar, der Nationalstaat habe die Kontrolle über sein Schicksal verloren und unterwerfe sich »anonymen globalen Kräften« – ein Prozess, der der Korrektur bedürfe. In Kapitel 10 finden Sie dazu weitere Überlegungen.

Globalisierung unter Druck

Globalisierung lässt sich auch als ein Hinweis auf die sich beschleunigende erdumspannende Vernetzung von Akteuren und Aktionsfeldern verstehen. Dabei sind insbesondere die Problembereiche, die sich nicht (mehr) national bearbeiten lassen, ein zuverlässiger Indikator für den bereits erreichten Stand der Globalisierung. Somit besteht die zentrale Herausforderung für die IB-Disziplin darin, nach grenzüberschreitenden Substituten für die abnehmende Steuerungsfähigkeit auf der nationalstaatlichen Ebene zu suchen. Wie unter diesen Voraussetzungen demokratisches und effektives Regieren jenseits des Nationalstaats möglich sein kann, gehört zu den offenen Fragen der Politikwissenschaft.

Globalisierung bringt mithin Licht und Schatten: Die etablierten westlichen Industrie- und Wohlfahrtsstaaten verstehen die Entwicklung zu nationalen Wettbewerbsstaaten meist als Bedrohung, andere Staaten hingegen sehen darin in erster Linie die Chance, ihren Anteil an der Weltgüterproduktion zu erhöhen. Somit lassen sich zwei Lesarten der ökonomischen Globalisierung ausmachen:

- ✔ **Bedrohungsszenario:** Aus einer »First-World-Perspektive« wird die ökonomische Globalisierung zunächst als vertiefte Integration der südlichen Schwellen- und Entwicklungsländer in die Weltwirtschaft interpretiert.

Diese Länder sind überdurchschnittlich mit **weniger qualifizierter Arbeit** ausgestattet, das Lohnniveau liegt weit unter dem Niveau der nördlichen Industrieländer. Im Zuge des Globalisierungsprozesses kommt es deshalb idealtypisch zu einer Ausweitung und stärkeren Nutzung des weltweit verfügbaren Angebots an Einfacharbeit, weil der Export von einfach-arbeitsintensiven *Low-Tech*-Gütern erleichtert wird. Dies hat zur Folge, dass – Produktivitätsunterschiede eingerechnet – die **Nachfrage an Einfacharbeit** in den Industrieländern sinkt, in den Entwicklungs- und Schwellenländern steigt. Nach dem »Faktorpreisausgleichstheorem« fallen demnach in der Tendenz die Löhne für diese Art von Arbeit im Norden und sie steigen im Süden (wobei die geografische Einteilung zunehmend unscharf wird). Da die Arbeitsmärkte in den Industrieländern aus verschiedenen Gründen mehr (im Falle Europas) oder weniger (im Falle der USA) inflexibel sind, kommt es zu Anpassungsproblemen. In einigen europäischen Ländern verlaufen diese Anpassungsmechanismen in erster Linie über die Menge (steigende Arbeitslosigkeit), in den USA über den Preis (Lohndifferenzierung und wachsende Einkommensungleichheit).

- ✔ **Chancenszenario:** Gleichzeitig sind aus *First-World-Perspektive* für die Industrieländer gleichwohl ökonomische Chancen auszumachen. Im Zuge der Globalisierung ist ein Markterweiterungseffekt feststellbar, der Absatz- und Wachstumschancen für

Hightech-Güter bietet. Daher ist es keineswegs zwingend, dass der mit der Globalisierung einhergehende Strukturwandel zu Arbeitsplatzverlusten führen muss. Die anhaltend hohen Handelsbilanzüberschüsse etwa Deutschlands belegen, dass gerade Industriestaaten von der Globalisierung profitieren können.

Sie können festhalten: Eine breite Palette von Problemen ist nur noch auf dem Weg internationaler Zusammenarbeit zu regeln. Auch in denjenigen Politikfeldern, so der Politikwissenschaftler Fritz Scharpf, in denen die politische Verantwortung für die absehbare Zukunft in nationalen Händen verbleiben muss, »verändern sich die traditionellen Muster internationaler Beziehungen zwischen souveränen Staaten zu reflexiven Interaktionen zwischen den Mitgliedern einer Gemeinschaft von Staaten, die sich ihrer gegenseitigen Abhängigkeit, ihrer gemeinsamen Verwundbarkeit und ihrer Verpflichtung, bei der Lösung der eigenen Probleme die Auswirkungen auf die Nachbarn zu berücksichtigen, bewusst sind.«

IN DIESEM KAPITEL

Technologie und internationale Beziehungen

Militär als Treiber des Wandels

Cyberdimension verändert die Welt

Kapitel 6
Technologischer Wandel und Digitalisierung

Die Digitalisierung ist eines der zentralen politischen Themen der Gegenwart und Zukunft. Der mit ihr einhergehende technologische Wandel zählt auch zu den zentralen Impulsen internationaler Politik. Technologische Entwicklungen sind seit jeher ein wichtiger Faktor, der machtpolitische Potenziale in den internationalen Beziehungen entscheidend prägt. Schlüsseltechnologien in den Bereichen Energie, Transport und Kommunikations-, Bio-, Medizin- und Militärtechnik verändern nicht nur das Leben der Menschen, sondern auch das internationale Machtgefüge permanent. Das erstmalige Einschalten eines elektrischen Lichts um 1880 wäre für unsere Vorfahren wohl ebenso unvorstellbar gewesen wie die Erfindung des Smartphones im Jahr 2007.

Der technologische Wandel vollzog sich in der Vergangenheit in allen Phasen der Menschheitsgeschichte aus heutiger Perspektive eher langsam. Technologien aus der Kindheit einer Generation waren meist noch von zentraler Bedeutung für das Leben der gleichen Generation im Alter. Heute leben Sie jedoch in einer Zeit des außergewöhnlich schnellen technologischen Wandels. Für die letzten Generationen war es üblich, dass Technologien, die in ihrer Kindheit noch vollkommen unvorstellbar waren, im Verlauf ihres Lebens üblich wurden. Für den amerikanischen Philosophen Andrew Feenberg ist dieses Muster des technischen Fortschritts unveränderlich und verläuft früher oder später in allen Gesellschaften gleich. Die gesellschaftliche Ordnung muss sich daher in jeder Entwicklungsphase den zwingenden Erfordernissen der Technik anpassen.

Von der Erfindung des Rades bis zum Datenverkehr

Als eine der wichtigsten Erfindungen der Menschheit kann zunächst einmal die Erfindung des Rades ab etwa 4000 vor Christus gelten. Es ermöglichte den Transport großer und schwerer Waren über längere Distanzen und veränderte damit die Produktionsweise und den Handel fundamental. Menschen entwickelten dann in immer kürzeren Abständen neue Werkzeuge, Geräte und Maschinen, die das Leben radikal veränderten und im Ergebnis Zeit und Raum verkürzten.

Die Erfindung des Buchdrucks um 1440, des Mikroskops 1590, des Mineraldüngers 1840 oder des Penicillins 1928 waren ebenso wie die der Dampfmaschine im 18. Jahrhundert, des Automobils 1866, des Flugzeuges um 1900, des Satelliten 1957 oder des Internets und der E-Mail in den frühen 1970er-Jahren Beispiele für solche durch **technische Innovationen** ausgelösten Veränderungsprozesse. Mit der Erfindung des ersten programmierbaren Computers der Welt im Jahr 1941, der über lediglich 200 Byte Arbeitsspeicher verfügte und etwa eine Tonne wog, setze dann aber eine rasante Beschleunigung durch die Digitalisierung ein. Diese prägt heute nahezu alle Lebensbereiche. Zugleich lag der Anteil der Weltbevölkerung, die das Internet nutzt oder nutzen kann, im Jahr 2024 durchschnittlich bei rund 70 Prozent (in Nordamerika und Europa bei weit über 90 Prozent). In Entwicklungsregionen wie Teilen Afrikas oder Südasiens ist der Zugang geringer, aber die Wachstumsraten sind dort besonders hoch.

In diesem Zusammenhang sind Daten heute ein entscheidender Rohstoff für die globale Wirtschaft und Politik. Die Fähigkeit, Informationen zu sammeln, zu analysieren und daraus Erkenntnisse zu gewinnen, kann nicht nur Unternehmen, sondern auch Staaten Wettbewerbsvorteile für ihre Entwicklung und Innovation und damit für ihre technologische Vormachtstellung verschaffen. Aber die effektive Nutzung von Daten ist nicht nur ein Motor für wirtschaftliches Wachstum, sondern wirft auch transnationale Fragen des Datenschutzes und der ethischen Verantwortung auf, die in der aktuellen Diskussion über die Nutzung von Informationen zunehmend an Bedeutung gewinnen. Während Unternehmen auf *Big-Data-Analysen* setzen, um das Kundenverhalten zu verstehen und personalisierte Dienstleistungen anzubieten, analysieren Staaten Daten, um effektive Sicherheitskonzepte zu entwickeln. In China werden beispielsweise Bürger anhand der Analyse ihrer Daten sozial beurteilt.

Technologischer Wandel hat auch fundamentale Konsequenzen für die Wahrnehmung internationaler Politik. Moderne Technologien ermöglichen es, Zeit und Ort neuartig zu verbinden.

- ✔ In der Vergangenheit benötigten **Nachrichten** zwischen Staatsgrenzen Wochen oder Monate, bis die 1870 in Betrieb genommene erste Telegrafenverbindung von England nach Indien die Übermittlung eines Telegramms auf etwa 28 Minuten verkürzte.
- ✔ Heutige **Satellitenkommunikation** entkoppelt die Übermittlung von Kommunikation von der Kategorie der Entfernung und ermöglicht Berichterstattung in Echtzeit.

✔ Der britische Ökonom Ian Goldin spricht von einer **Zeit der Hyperkonnektivität,** bei der Staaten, Institutionen und Individuen miteinander verbunden sind wie niemals zuvor.

Militär als Treiber technologischen Wandels

Technologischer Wandel zählt nicht zuletzt auch zu den zentralen Bedingungen für Militär und internationale Sicherheitspolitik. So lassen sich die breite Nutzung des Schießpulvers im 15. Jahrhundert und der bisher einzige Abwurf von Nuklearbomben 1945 als maßgebliche Revolutionen der Kriegsführung betrachten. In beiden Fällen haben neu entwickelte Waffen sowie entsprechend angepasste Strategien und Doktrinen nicht nur Sieg und Niederlage, sondern auch Krieg und Frieden entscheidend mitbestimmt.

Die Auswirkungen des technologischen Wandels auf das internationale System gelten als technologischer Imperativ. Unter den Bedingungen der Anarchie führt der (rüstungs-)technologische Fortschritt eines Staates unweigerlich zur Aufrüstung des Gegners, auch wenn es nicht zu einer direkten Konfrontation kommt. Dieses Phänomen wird als »Rüstungsdynamik« bezeichnet.

Zwei anschauliche **Beispiele für Rüstungsdynamik:** Erstens die von US-Präsident Ronald Reagan in den 1980er-Jahren in einer zugespitzten Phase des Kalten Krieges gegen die Sowjetunion angestoßene Entwicklung eines Abwehrschirms gegen Interkontinentalraketen (*Strategic Defense Initiative,* SDI). Ziel von SDI war, das Kräftegleichgewicht zugunsten der USA zu verschieben, sodass diese in der Lage sein sollte, die UdSSR zu vernichten und sich gleichzeitig vor einem Gegenschlag zu schützen. Einerseits wäre die Gefahr eines Nuklearkriegs erheblich gestiegen, wenn sich einer der beiden Blöcke vor einem gegnerischen Zweitschlag sicher gewähnt hätte. Denn dies erhöhte den Anreiz für die UdSSR, einen nuklearen Erstschlag gegen die USA zu führen, bevor diese durch die neu entwickelten Waffen geschützt waren. Insofern stellte der Abwehrschirm eine direkte Bedrohung des Weltfriedens dar. Andererseits wurde SDI nicht nur als Abschreckung gegen die Sowjetunion verstanden, sondern auch als Teil der amerikanischen Bemühungen, durch die Aushebelung der angriffsorientierten sowjetischen Nuklearstrategie Anreize zur Rüstungskontrolle zu schaffen. Zweites Beispiel ist die Entwicklung der Hyperschalltechnologie durch Russland nach der Kündigung des ABM-Vertrages zur Begrenzung von Mittelstreckenraketen durch den US-amerikanischen Präsidenten George Bush Jr. in den 2000er-Jahren. Technologischer Wandel kann also zwiespältig beziehungsweise janusköpfig sein, was ihn für außen- und sicherheitspolitische Fragen umso relevanter macht.

Mit dem Aufkommen und der zunehmenden Verbreitung von »Künstlicher Intelligenz« (KI) wird das Fundament für staatliche Sicherheitsvorsorge erschüttert, diesmal unter anderen Vorzeichen. Nicht eine weitere Steigerung tödlicher Feuerkraft, sondern eine geänderte Systemarchitektur der Gewaltmittel steht im Fokus.

- Der Paradigmenwechsel bezieht sich dabei nicht so sehr auf Gewaltmittel als *Hardware*, sondern auf deren Programmierung und enge Vernetzung durch *Software* – und damit auf eine sprunghaft gestiegene Effektivität bei ihrem Einsatz, indem bisher bekannte kognitive und reaktive Grenzen immer weiter überwunden werden.
- Diese Entwicklung ist in allen Kriegen und Konflikten zu beobachten. Moderne Panzer und Kriegsschiffe verfügen zum Beispiel über aktive Panzerungen und Abwehrsysteme, die ein anfliegendes Geschoss lange vor dem Aufprall erkennen, zerstören und anhand von Flugbahn und Geschwindigkeit sogar den Schützen lokalisieren können.
- Darüber hinaus ermöglichen zahlreiche Kameras und Sensoren an Satelliten und Drohnen eine zeitlich und räumlich engmaschige Aufklärung. Dabei kann modernste, maschinell lernende KI die Leistungsfähigkeit der Soldaten erheblich steigern, indem sie die Notwendigkeit menschlicher Steuerungskontrolle minimiert oder sogar ganz überflüssig macht.

Spätestens der **Krieg in der Ukraine** ab 2022 hat gezeigt, dass unbemannte Systeme, insbesondere Drohnen, zu einem festen Bestandteil der modernen Kriegsführung geworden sind. Russland und die Ukraine verfügen über eine Vielzahl von Modellen in der Luft, am Boden, auf dem Wasser und unter Wasser. Drohnen waren jedoch schon vor Beginn des Krieges aufgrund ihrer vielfältigen Einsatzmöglichkeiten und ihrer hohen Selbstständigkeit (Autonomie) zum Inbegriff KI-gestützter Militärtechnologie geworden. Ihr Einsatz reicht von Aufklärungsaufgaben über Kommunikationsplattformen und elektronische Kampfführung (EloKa) bis hin zu Trägern für Raketen und Granaten. Einige Drohnen sind sogar in der Lage, Ziele völlig autonom aufzuklären und gegebenenfalls selbst als Lenkwaffe zu bekämpfen. Darüber hinaus erproben einige Staaten seit geraumer Zeit den Einsatz solcher Drohnen im Verbund, um die gesteigerte Leistungsfähigkeit auch mit erhöhter und präziserer Feuerkraft zu nutzen. Solche Drohnenschwärme und Kamikaze-Drohnen sind ein anschauliches Beispiel für die Folgen des technologischen Wandels und der Digitalisierung (siehe Kapitel 8).

Cyberraum und Cybersicherheit

Kaum ein Treiber staatlicher Unsicherheit entwickelt sich zudem so dynamisch und unabsehbar wie die Bedrohungen, die aus der Nutzung des Cyberraums entstehen. Im Informationszeitalter kommt dem freien Fluss von Daten und Informationen eine zentrale Rolle zu. Kommunikationssysteme lassen sich als das zentrale Nervensystem der Gesellschaft im 21. Jahrhundert begreifen. Erfahren sie Störungen von innen oder außen, stehen Stabilität und mitunter gar die gesellschaftliche Lebensfähigkeit insgesamt auf dem Spiel.

- Im Jahr 2014 wurden **95 Prozent des internationalen Datenverkehrs** über weltweit 285 Unterseekabel übertragen. Im Frühjahr 2024 waren weltweit bereits 574 solcher Kabel in Betrieb oder geplant. Mit einer Gesamtlänge von fast 1,4 Millionen Kilometern werden damit rund 99 Prozent des weltweiten Datenverkehrs und täglich schätzungsweise Finanztransaktionen im Wert von zehn Billionen US-Dollar über Untersee-Glasfaserkabel abgewickelt.

- ✔ Diese **Datenadern der Menschheit** liegen tief in den Ozeanen und sind angreifbar. Neben häufigen Beschädigungen durch Seebeben oder Fischerboote sind auch Sabotageakte durch Taucher oder Unterwasserdrohnen nicht länger unvorstellbar. Ein einzelnes beschädigtes Kabel hat jedoch meist keine verheerenden Auswirkungen auf den Datenverkehr. Allein zwischen der EU und Nordamerika gibt es neun dieser Verbindungsleitungen.

Welche Auswirkungen jedoch ein **Totalausfall eines Seekabels** haben kann, zeigte sich 2019 im südpazifischen Inselstaat Tonga, wo das gesellschaftliche und wirtschaftliche Leben nach einem zwölftägigen Ausfall der Internetverbindung praktisch zum Erliegen kam. Der Inselstaat ist nur über ein einziges Seekabel mit dem weltweiten Datenverkehr verbunden. Auch die Anschläge auf Datenkabel in der Ostsee im November 2024 im Kontext des Ukraine-Kriegs haben zu massiven Ausfällen in den baltischen Staaten geführt. Unterseekabel spielen eine entscheidende Rolle in der globalen Kommunikationsinfrastruktur und sind von zentraler Bedeutung für die weltweite Vernetzung. Sie gehören damit, wie etwa Kraftwerke, zu den kritischen Infrastrukturen (KRITIS). Da über diese Kabel große Mengen an Informationen und Daten in Echtzeit übertragen werden, sind sie auch ein attraktives Ziel für Angriffe aus dem Internet – ihre Sicherheit ist daher für die Stabilität und Integrität des Cyberraums unerlässlich.

Sicherheit im Cyberraum (*cyber security*) beschäftigt dabei nicht nur staatliche Institutionen. Gezielte Angriffe gerade auch auf Firmen und Industriespionage gehören inzwischen zum internationalen Alltag und verursachen Schäden in Milliardenhöhe.

- ✔ Die **Anfälligkeit des Cyberraums** ist jedenfalls offenkundig. Cyberangriffe sind eine zunehmende Gefahr für die Stabilität, den Wohlstand und die Sicherheit. Die massiven Cyberattacken, die etwa im Frühjahr 2007 das öffentliche Leben in Estland für mehrere Tage massiv beeinträchtigten, verdeutlichen den wachsenden Stellenwert dieser neuartigen Bedrohung, deren Auswirkungen die Größenordnung von konventionellen Angriffen erreichen können.
- ✔ Angesichts der immer weiter **fortschreitenden Digitalisierung** und Vernetzung etwa der Energieversorgung (vor allem Strom) haben Störungen an dieser kritischen Infrastruktur zunehmend Konsequenzen, die in ihrem Ausmaß durchaus mit Kriegsfolgen verglichen werden können.
- ✔ Der Angriff auf den Iran im Jahr 2010 mittels des *Stuxnet-Virus* (vermutlich aus den USA und Israel) hat darüber hinaus offengelegt, dass das Internet auch **militärisch nutzbar** ist und genutzt wird. Von daher wird der *Cyber-* und Informationsraum heute als eines der primären strategischen Handlungsfelder staatlicher Sicherheitspolitik erachtet, dessen Tiefe gleichwohl noch weitgehend unerschlossen bleibt. Meist wird es noch unterschätzt, bisweilen aber auch alarmistisch aufgebauscht.

Im Kern bezieht sich das **Wirken im Cyberraum** auf das Verarbeiten und zweckorientierte Nutzen von Daten und Informationen mittels moderner digitaler Technologien. In sicherheitspolitischer Hinsicht steht es damit in einem engen Zusammenhang mit hybriden Konzepten, die es im Prinzip schon immer gab. Was man etwa bisher unter Tarnen der eigenen Kräfte oder Täuschen des Gegners mithilfe gezielter Desinformation verstand, findet im Cyberzeitalter ungeahnte neue Möglichkeiten. Cyberangriffe können verschiedene Formen annehmen, von gezielten Angriffen auf staatliche Einrichtungen bis hin zur Beeinflussung von Wahlen durch die Verbreitung von Falschinformationen. Die Fähigkeit, digitale Systeme zu verteidigen und gleichzeitig angemessen auf diese neuen Formen der Bedrohung zu reagieren, ist von entscheidender Bedeutung. Es handelt sich dabei um die nahezu grenzenlose und noch lange nicht ausgereizte Erweiterung des digitalen Werkzeugkastens in den Diensten staatlicher oder privater Akteure.

Folgen für Gesellschaften und Staaten

Der technologische Fortschritt in der Digitalisierung der modernen Lebenswelt besitzt seit Jahrzehnten eine ungebremste Dynamik – fast im Sinne einer andauernden Revolution, deren Ende noch lange nicht absehbar ist. Gleiches gilt für die mit ihm zwangsläufig verbundenen nicht-virtuellen Folgen in allen gesellschaftlichen Bereichen.

- ✔ Der **Faktor Raum** erfährt eine wesentliche Erweiterung durch die Tatsache, dass Cyberaktivitäten geografisch kaum noch abzugrenzen oder zuzuordnen sind und meist keinerlei Spuren hinterlassen.
- ✔ Den **Faktor Zeit** prägt die ungeheure Geschwindigkeit im Informationsfluss mittels digitaler Systeme, die einem Angegriffenen weder eine Frühwarnung ermöglicht noch die Chance adäquater Reaktionen eröffnet.
- ✔ Den **Faktor Kräfte** schließlich kennzeichnet eine asymmetrische Verteilung von Aufwand und Wirkung – so lässt sich eine aggressive Malware vergleichsweise einfach platzieren, während sie umgekehrt ein enormes Schadenspotenzial in Gesellschaften entwickelt, deren kritische Lebensbereiche unmittelbar von einer funktionierenden IT-Vernetzung abhängen.

Der Wandel militärtechnologischer Realitäten wirft zudem ethische und rechtliche Fragen von Gewicht auf. In den Fokus gerät dabei die Rolle menschlicher Entscheider in gewaltsam ausgetragenen Konflikten.

- ✔ Kritiker befürchten, sie drohe marginal zu werden oder ganz zu verschwinden – wie es letztlich ja auch im **Wesenskern** autonomer Waffen liege. Unweigerlich führe dies zu Defiziten in der Verantwortung für militärisches Handeln sowie dessen Zurechnung. Denn wer sei im Fall von Verletzungen des Völkerrechts oder ethischer Grundsätze im Nachhinein zur Rechenschaft zu ziehen: der abstrakte Staat, der Programmierer, die Waffe selbst?
- ✔ Diese Zuordnungslücke lade geradezu ein, es mit Verantwortung, Moral und Menschlichkeit nicht allzu genau zu nehmen. Unbestritten ist eine persönliche Schuld umso schwerer festzustellen, je autonomer ein **Algorithmus** entscheidet. Dennoch weisen

Politik und Industrie damit verbundene Sorgen meist entschieden zurück und vertrauen darauf, dass im konkreten Einsatz die Entscheidungsgewalt fraglos stets einem Menschen zukomme – und dies sehr wohl strukturell sichergestellt werden könne. *Meaningful human control* sei in der Praxis nicht gefährdet. Der Mensch müsse stets das letzte Wort behalten, so lautet auch der breite Konsens in den Vereinten Nationen.

Internationale Vereinbarungen wie die **Nutzung von Künstlicher Intelligenz** in Waffensystemen kommen aber bisher nicht voran. Die Vereinten Nationen setzen sich intensiv mit der Herausforderung autonomer Waffensysteme auseinander und haben dazu im Rahmen des VN-Waffenübereinkommens eine Gruppe von Regierungsexperten einberufen. Ziel dieses Gremiums ist es, die ethischen, rechtlichen und sicherheitspolitischen Aspekte der Autonomie in Waffensystemen zu diskutieren und die Ausarbeitung völkerrechtlicher Regeln vorzubereiten. Dazu haben sich die beteiligten Staaten 2019 auf elf unverbindliche Leitprinzipien geeinigt. Dabei besteht ein breiter Konsens, dass bei der Entscheidung über den Einsatz militärischer Mittel zur Tötung von Menschen weiterhin der Mensch die entscheidende Rolle spielen muss. Im Dezember 2023 hat die Generalversammlung der Vereinten Nationen eine Resolution verabschiedet, die bekräftigt, dass die VN-Charta und das humanitäre Völkerrecht auch für letale autonome Waffensysteme gelten. Unklar bleibt jedoch, wie eine mögliche Regelung der menschlichen Kontrolle konkret ausgestaltet werden kann.

Es fehlt also nicht nur am allgemeinen Willen, sich auf ein internationales Regelwerk zu verständigen. Die Schwierigkeiten liegen insbesondere im Detail der Durchsetzung. Zum einen gilt KI als Schlüsseltechnologie für nahezu alle gesellschaftlichen Bereiche. Ihr *Dual-Use-Charakter* macht folglich jede Diagnose schwierig, ob es sich im konkreten Fall um zivile oder militärische Zweckbestimmungen handelt und später handeln könnte. Zudem werden ihre Anwendungen immer kostengünstiger, was eine Massenproduktion einschlägiger Waffen – quasi als »Kalaschnikows von morgen« – und damit auch deren Verbreitung auf dem internationalen Schwarzmarkt fördert. Und auch die Verifikation gestaltet sich deutlich schwieriger als bei herkömmlichem Kriegsmaterial. Panzer oder Kampfflugzeuge lassen sich zählen und nicht so leicht verstecken. Selbst Reaktoren zur Aufbereitung militärisch verwendbaren Nuklearmaterials bleiben kaum verborgen.

- ✔ Aber wie bewertet man KI und wie durchschaut man die einprogrammierten Algorithmen und die Datenbasis der Waffen? Wie öffnet man die **Blackbox** zum Zweck der Kontrolle?

- ✔ Wie unterscheidet man **offensive von defensiven** Zweckbestimmungen und wie bewertet man Cyberpotenziale für Angriffe auf kritische Infrastrukturen?

- ✔ Und wo setzt man **Verbote** an: beim Einsatz der Machtmittel oder bereits bei der Entwicklung oder Produktion?

Künstliche Intelligenz im Militär

So unwahrscheinlich eine schnelle Beantwortung dieser Fragen erscheint, so intensiv sind die Bemühungen, Antworten zu finden. Die Ansätze, KI im militärischen Bereich zu regulieren oder zumindest ihren verantwortungsvollen Einsatz sicherzustellen, sind vielfältig. Regulierungen, die allein auf dem bereits erwähnten Konzept der *meaningful human control* basieren, erscheinen jedoch gerade im Kontext der beschriebenen Schwarmtechnologien wenig Erfolg versprechend. Der Mensch dürfte kaum in der Lage sein, mehrere autonom agierende Systeme gleichzeitig kognitiv und reaktiv zu überblicken und zu steuern. Innerhalb der NATO arbeiten einige Staaten gemeinsam an einem standardisierten Verfahren zur Entwicklung einer maschinell berechneten Mindestgrenze für die völkerrechtlich zulässige Genauigkeit bei der Zielbekämpfung. Danach dürfte zum Beispiel eine weitgehend autonom agierende Kamikaze-Drohne nur dann ein Ziel bekämpfen, wenn eine bereits in der Programmierung festgelegte Mindestwahrscheinlichkeit für eine völkerrechtlich zulässige Gewaltanwendung eingehalten wird. Zwar wird versucht, rechtliche Standards zu wahren. Aber die ethischen Kritikpunkte solcher Verfahren und Regelungen liegen auf der Hand. Insofern ist – ähnlich wie bei SDI – nicht absehbar, worauf sie letztlich hinauslaufen. Die Entwicklungen machen jedenfalls deutlich, dass der technologische Wandel die internationalen Beziehungen nahezu kontinuierlich und unaufhaltsam prägt und sich die Gesellschaft ein weiteres Mal den zwingenden Erfordernissen der Technik anpassen muss. Ein belastbares Fazit, was künstliche Intelligenz mittelfristig bedeutet, lässt sich kaum ziehen. Zu diffus ist derzeit das Bild künftiger Technologiesprünge, zu dynamisch entwickeln sich Chancen wie Risiken, zu gravierend erscheinen potenzielle Folgen. Klar ist nur, dass mit dem technologischen Fortschritt der KI ein neuer Stresstest auf die internationale Politik zukommt.

IN DIESEM KAPITEL

Was Völkerrecht von nationalem Recht unterscheidet

Gewaltverbot und Recht

Sichtweisen zur Bindewirkung

Kapitel 7
Völkerrecht und internationale Politik

In einer globalisierten Welt mit einer radikal wachsenden Zahl an internationalen Verflechtungen und Gemeinschaftsaufgaben steigt der Bedarf an Regelungen, die über die Grenzen des Nationalstaats hinaus wirksam sind. In diesem mühsamen Prozess der Weltordnungspolitik spielen völkerrechtliche Arrangements eine tragende Rolle. Völkerrecht kann dabei als die Summe der Rechtsnormen verstanden werden, die die Beziehungen der Völkerrechtssubjekte untereinander regeln.

- ✔ Es bezieht sich vorwiegend auf die **zwischenstaatlichen Beziehungen** und zielt mithin auf den Umgang von souveränen Staaten miteinander.
- ✔ Seit 1945 sind **Zehntausende Verträge** zwischen Staaten und anderen internationalen Akteuren abgeschlossen worden, die ausgelegt und angewendet werden.
- ✔ Seit geraumer Zeit ist allerdings der Bereich der **internationalen Organisationen** hinzugekommen, sodass Völkerrecht heute als das Recht betrachtet werden kann, das das Verhalten von Staaten und internationalen Organisationen betrifft.

Die im englischsprachigen Raum gebräuchliche Bezeichnung Internationales Recht (International Law beziehungsweise internationales Öffentliches Recht) bezeichnet in erster Linie die Regelung von Rechtsbeziehungen, die über das Gebiet eines einzelnen Staates hinauswirken (Internationales Privat-, Prozess-, Verwaltungs-, Wirtschafts-, Finanz-, Arbeits- oder Sozialrecht und anderes mehr).

Völkerrecht beziehungsweise **internationales Öffentliches Recht** lässt sich wie folgt definieren: Es umfasst die Prinzipien und Verhaltensregeln, an die sich Staaten gebunden fühlen und die sie deshalb in ihren gegenseitigen Beziehungen beachten, sowie solche Rechtsregeln, die sich auf die Funktionsweise internationaler Institutionen und Organisationen sowie deren Beziehungen zueinander und ihre

Beziehungen zu Staaten und Individuen beziehen und schließlich einige Regeln, die auf Individuen und nichtstaatliche Einheiten insoweit Bezug nehmen, als diese Einheiten in den Kreis der internationalen Rechtsgemeinschaft einbezogen sind.

Zwischen Politik und Recht

Die wichtigsten Völkerrechtsquellen, wie sie in Artikel 38 Absatz 1 des Statuts des Internationalen Gerichtshofes (IGH) beschrieben werden, sind Verträge und Übereinkünfte, allgemeine Rechtsgrundsätze sowie das »Völkergewohnheitsrecht«.

✔ Mit **Völkergewohnheitsrecht** ist die allgemeine, freiwillige und beständige Praxis der Staaten gemeint, aus eigener Überzeugung einer rechtlichen Verpflichtung nachzukommen.

✔ Dies setzt voraus, dass die Staaten das Gewohnheitsrecht **in der Praxis freiwillig beachten**. Im Falle der Missachtung seitens einzelner Staaten steht – und das ist Kern der Aussage vom Völkerrecht als politischem Recht – nicht wie im nationalen Recht ein wirksames und für alle Betroffenen gleiches Instrumentarium im Sinne eines Strafverfolgungssystems zur Verfügung, sondern es liegt im Ermessen der Staatenwelt selbst, ob und wie reagiert werden soll.

✔ Dieses Ermessen wird durch **politische Kategorien und Interessen** bestimmt, die mit den rechtlichen Aspekten nicht zwangsläufig übereinstimmen müssen. Der wichtigste Unterschied zum nationalen Recht ist mithin, dass es keine wirksame Instanz gibt, das Recht auch durchzusetzen. Wer diesen Aspekt übersieht, wird zu falschen Schlussfolgerungen kommen.

Von besonderer Bedeutung sind folgende Gebiete internationalen Rechts: internationales Privatrecht beziehungsweise internationales Gerichtsverfassungs- und Prozessrecht, internationales Verwaltungsrecht, internationales Verkehrsrecht, internationales Finanz- und Steuerrecht, internationales Arbeits- und Sozialrecht, internationales Umwelt- und Wirtschaftsrecht sowie internationales Strafrecht.

Erhebliche Bedeutung für die internationale Politik haben auch die Regelungen zum allgemeinen Gewaltverbot.

✔ Zu den zentralen völkerrechtlichen Grundsätzen gehören das Prinzip der friedlichen Beilegung von Streitigkeiten und das **Allgemeine Gewaltverbot**, mit dem den Staaten das Recht zum Kriege (*ius ad bellum*) formal entzogen worden ist.

✔ Davon ausgenommen sind lediglich die vom Sicherheitsrat der Vereinten Nationen **autorisierten Zwangsmaßnahmen** nach Kapitel VII der VN-Charta und die individuelle beziehungsweise kollektive Selbstverteidigung gemäß Artikel 51 der VN-Charta.

Auch wenn das Gewaltverbot in deutlich mehr als einhundert Fällen seit 1945 missachtet wurde und sich Staaten regelmäßig das Recht auf unilaterale Gewaltausübung vorbehalten (siehe etwa Kosovo-Krieg 1999, Irak-Krieg 2003, US-britisch-französische Militärschläge auf Syrien 2018, russischer Angriffskrieg gegen die Ukraine 2022), sind die Bestimmungen in der Charta der VN zu einem wichtigen Referenzpunkt geworden. Auch wenn sie nicht immer eingehalten werden, hat der Rechtfertigungsdruck im Falle einer Regelverletzung enorm zugenommen. Diesem Druck, der durch die internationale und auch nationale Öffentlichkeit verstärkt wird, können sich selbst große Mächte kaum entziehen.

- ✔ Auch der **Schutz der globalen Umwelt** nimmt zunehmende Bedeutung im modernen Völkerrecht ein, erschöpft sich aber bisher im Wesentlichen in freiwilligen Vereinbarungen beziehungsweise multilateralen Abkommen wie beispielsweise dem Montrealer Protokoll zur Verminderung der Treibhausgase oder dem Kyoto-Protokoll zum Schutz des globalen Klimas. Staaten können aber nicht gezwungen werden, diesen Abkommen beizutreten, sondern es liegt in ihrer souveränen Entscheidung, dies zu tun oder zu lassen. Gleiches gilt für die Einhaltung der übernommenen Verpflichtungen (siehe Kapitel 12).
- ✔ Durch die zunehmende Globalisierung werden auch im Bereich des **internationalen Wirtschaftsrechts** neue Fragen zur Schaffung von internationalen rechtlichen Rahmenbedingungen aufgeworfen. Das Recht der internationalen Wirtschaftsbeziehungen versucht, darauf zu reagieren, und umfasst alle internationalen Abkommen, die auf grenzüberschreitende wirtschaftliche Transaktionen anwendbar sind oder die auf andere Weise von Bedeutung für mehr als einen Staat sind, wie etwa grenzüberschreitender Verkehr. Dementsprechend umfassend und detailliert sind die bestehenden völkerrechtlichen Regelungen im Bereich des internationalen Wirtschaftsrechts.

Bemerkenswert ist insbesondere das Verfahren zur **Schlichtung von Streitigkeiten** zwischen den Mitgliedern in der Welthandelsorganisation (WTO). Bereits das »Allgemeine Zoll- und Handelsabkommen« (GATT) kannte ein solches Verfahren, die WTO hat aber mit ihrem Schiedsgericht und einer Rekursinstanz einen neuen Grad an Verbindlichkeit erreicht. Insbesondere mit dem »Verfahren des negativen Konsenses« – eine Entscheidung der WTO-Schiedsinstanz wird verbindlich, es sei denn, die Staatenvertreter lehnen sie im Konsens ab – ist das Milieu diplomatischer Einigungsbemühungen in Richtung eines gerichtsmäßigen Prozesses verändert worden.

Ein Sonderfall im Bereich des internationalen Rechts sind die Regelungen im Bereich der Europäischen Union.

- ✔ Angesichts des **Grades an Verbindlichkeit**, der innerhalb der EU besteht, ließe sich argumentieren, dass Europarecht weniger im Bereich des internationalen Rechts anzusiedeln, sondern eher ein Rechtsbereich eigener Art (*sui generis*) ist.
- ✔ Die **Besonderheit der EU** als internationale Organisation lässt sich neben ihren fast staatsähnlichen Zuständigkeitsbereichen insbesondere an ihrem institutionellen Arrangement und Entscheidungssystem festmachen.
- ✔ In den **supranationalen Politikbereichen** können Staaten überstimmt werden und müssen sich an die Beschlüsse halten. Für die vergemeinschafteten Politikbereiche steht die Rechtsprechung des Europäischen Gerichtshofs (EuGH) über der mitgliedstaatlichen Gerichtsbarkeit.

- ✔ Der **gemeinschaftliche Besitzstand** der EU (*acquis communautaire*) ist umfangreich. Er entwickelt sich ständig weiter und umfasst den Inhalt, die Grundsätze und die politischen Ziele der Verträge, die in Anwendung der Verträge erlassenen Rechtsvorschriften und Rechtsakte (Sekundärrecht) und die im Rahmen der Union angenommenen Erklärungen und Entschließungen.

Ambivalentes Verhältnis

Insgesamt ist das Verhältnis von Völkerrecht und internationaler Politik ambivalent. Davon abgesehen, dass es sowohl in der Politik- als auch in der Rechtswissenschaft unterschiedliche Schulen und verschiedene Herangehensweisen gibt, nähern sich beide – Völkerrechtler und Politikwissenschaftler – dem gleichen Gegenstand aus ganz unterschiedlichen Perspektiven.

- ✔ Während aus **politikwissenschaftlicher Sicht** das Völkerrecht oftmals als Produkt bestehender Kräftekonstellationen zwischen den im internationalen System handelnden Akteuren zu verstehen ist und sich die Analyse vordringlich darin versteht, diese Kräfte- beziehungsweise Machkonstellationen herauszuarbeiten,
- ✔ haben **Völkerrechtler** die Tendenz, den Eigenwert einer rechtlichen Norm als politische Macht potenziell begrenzend herauszustellen und hieraus die entsprechenden Konsequenzen zu ziehen (so die beiden deutschen Völkerrechtler Stephan Hobe und Otto Kimminich).

Damit ist eine zentrale Kategorie der politikwissenschaftlichen Herangehensweise an völkerrechtliche Fragen benannt: Völkerrecht ist einerseits kein eigentliches Recht der Völker, sondern vielmehr ein »Staatenverkehrsrecht«, um Beziehungen zwischen Staaten zu regeln. Es ist andererseits ein politisches und damit äußerst voraussetzungsreiches Recht. Besonders deutlich zeigt sich dies in der Frage, wie und womit die Staaten davon abgehalten werden können, gewalttätig die internationale Ordnung zu stören, beziehungsweise was sie dazu veranlasst, den Frieden zu wahren.

Zur Geltung des Völkerrechts lassen sich sehr unterschiedliche Begründungszusammenhänge aufzeigen. Dies betrifft grundlegende Fragen nach der Ordnung des internationalen Systems:

- ✔ Bis zu welchem Grad kann den Staaten die **Erosion und Preisgabe ihrer Souveränität** zugunsten kollektiver Mechanismen und Verpflichtungen zugemutet werden?
- ✔ Inwieweit halten sich die Staaten an **verabredete Beschlüsse**, in welchem Maße ist eine Verletzung oder Missachtung getroffener Übereinkünfte hinnehmbar?

Dabei ist das Spannungsverhältnis zwischen völkerrechtlichen Normen – wie sie etwa in der Charta der Vereinten Nationen festgelegt sind – auf der einen und der politischen Realität der internationalen Beziehungen auf der anderen Seite offenkundig.

Wesentliche völkerrechtliche Grundsätze basieren mithin auf Regeln, die in der Praxis internationaler Politik immer aufs Neue relativiert, verändert oder schlichtweg **systematisch missachtet werden**: Der souveränen Gleichheit aller Staaten steht ein ausgeprägtes Machtgefälle gegenüber, der Pflicht zur friedlichen Streitbeilegung steht die Allgegenwart von Gewalt im internationalen System gegenüber und trotz des allgemeinen Gewaltverbots nehmen sich Staaten immer wieder das Recht auf unilaterale Gewaltanwendung. Zudem erzwingt die Globalisierung grundlegender Problembereiche eine Erosion staatlicher Souveränität, was andererseits in einem gewissen Widerspruch zur VN-Charta und dem Verbot der Einmischung in die inneren Angelegenheiten der Staaten steht.

So ist es nicht verwunderlich, dass es in der Wissenschaft, aber auch in der Politik der Staaten sehr unterschiedliche Betrachtungsweisen und Präferenzen hinsichtlich der Bedeutung des Völkerrechts gibt. Die beiden Extrempositionen lassen sich wie folgt zuspitzen:

- ✔ Eine **legalistische Schule** sieht in völkerrechtlichen Arrangements ein extrem hohes Gut, dem andere politische Erwägungen unterzuordnen sind. Wenn Staaten Verpflichtungen eingegangen sind, dann müssen sie sich auch an diese halten, weil andernfalls eine Grundvoraussetzung internationaler Kooperation beschädigt wird. Es wird akzeptiert, wenn dabei die staatliche Souveränität beschnitten wird.
- ✔ Eine **politikorientierte Schule** stellt völkerrechtliche Arrangements stärker in einen politischen Kontext und betont, dass es letztlich Entscheidungen der Regierungen vorbehalten bleiben soll und muss, ob sich diese an ein überstaatliches Regelwerk halten oder nicht. Völkerrechtliche Regeln seien ein Abwägungsfaktor unter vielen anderen und dürften demnach nicht den Anspruch erheben, maßgeblich handlungsleitend zu sein.

Der deutsche Historiker Michael Wolffsohn erklärte etwa in einer Fernsehtalkshow angesichts des völkerrechtlich umstrittenen Vorgehens Israels im Gaza-Streifen in Reaktion auf die Angriffe der Hamas im Oktober 2023: »Das Völkerrecht ist hervorragend geeignet zum Bekämpfen der Blattlaus.« Es sei in dieser Situation eben nur theoretisch anwendbar, die Praxis sei aktuell eine andere. Vielleicht provoziert Sie das, aber ganz falsch ist es nicht.

- ✔ Das Völkerrecht insgesamt ist zwar alles andere als **perfekt**, es hat sich aber in den vergangenen Jahrzehnten und insbesondere seit der Katastrophe des Zweiten Weltkriegs äußerst dynamisch entwickelt.
- ✔ Das vorherrschende Paradigma ist nicht mehr die **ungebundene staatliche Souveränität**, die nur punktuell durch Einzelregelungen abgeschwächt wird.
- ✔ Die »**westfälische Ordnung**« ist insofern kräftig durchlöchert.
- ✔ So wird die Vielzahl völkerrechtlicher Verträge, die die Grundlage des internationalen Verkehrs, des Wirtschaftsaustauschs, aber auch des internationalen Menschenrechtsschutzes betreffen, von der Debatte um das Allgemeine Gewaltverbot **nicht berührt**.

- ✔ Der größte Teil der völkerrechtlichen Regelungen wird mithin von den daran gebundenen Staaten recht **unproblematisch befolgt** und das Völkerrecht stellt in diesem Sinne einen sicheren Ordnungsrahmen für weltweite Aktivitäten dar.
- ✔ Andere Bereiche des Völkerrechts bleiben aber **politisches Recht**, das vorrangig von den Motiven der Staaten abhängt, sich diesem Recht freiwillig zu unterwerfen und danach zu handeln.

Internationale Strafgerichtsbarkeit

Ein weiterer völkerrechtlicher Meilenstein ist die Gründung des Internationalen Strafgerichtshofes (IStGH) im Jahr 1998. Das in Den Haag ansässige Gericht wird von derzeit 124 Vertragsstaaten anerkannt, darunter alle EU-Staaten. Länder wie China, Indien, die USA, Russland, die Türkei und Israel haben das Römische Statut aber entweder nicht unterzeichnet beziehungsweise nach Unterzeichnung nicht ratifiziert oder ihre Unterschrift zurückgezogen.

- ✔ Der IStGH hat sich bisher mit fast **30 Konfliktsituationen** befasst, 13 betrafen Afrika, acht Asien, fünf Südamerika und eine Europa.
- ✔ Der ehemalige sudanesische Präsident Omar al-Bashir wurde 2009 wegen Völkermords, Kriegsverbrechen und Verbrechen gegen die Menschlichkeit im Zusammenhang mit dem Darfur-Konflikt angeklagt. Der libysche Diktator **Muammar al-Gaddafi** wurde 2011 während des libyschen Bürgerkriegs wegen Verbrechen gegen die Menschlichkeit angeklagt, insbesondere für die Brutalität gegen die Zivilbevölkerung. Gaddafi wurde jedoch während der Kämpfe von Rebellen getötet, bevor er vor Gericht gestellt werden konnte. Mit Haftbefehlen gegen zwei amtierende Staats- und Regierungschefs (den russischen Präsidenten **Wladimir Putin** im März 2023 wegen Deportationen ukrainischer Kinder nach Russland und den israelischen Ministerpräsidenten **Benjamin Netanjahu** im November 2024 wegen Kriegsverbrechen und Verbrechen gegen die Menschlichkeit) hat dieser jüngst deutlich gezeigt, dass auch hohe Verantwortungsträger unter bestimmten Voraussetzungen internationale Strafverfolgung erwarten müssen.
- ✔ Allerdings zeigt das auch, dass unwillige Staaten sich dem entziehen können und es **keinen Automatismus** gibt. So unterliegen weder Russland noch Israel als Nicht-Vertragspartei Verpflichtungen. Zugleich sind Vertragsstaaten wie Deutschland dazu verpflichtet, angeklagte Personen auszuliefern, wenn sie sich auf ihrem Territorium befinden würden.

Zur Umsetzung des Römischen Statuts des Internationalen Strafgerichtshofs in nationales Recht hat Deutschland ein eigenes **Völkerstrafgesetzbuch** erlassen, das im Jahr 2002 in Kraft trat. Es regelt die Strafbarkeit von besonders schweren Verbrechen nach dem Völkerrecht und ermöglicht es, solche Verbrechen auch dann in Deutschland zu verfolgen, wenn sie im Ausland begangen wurden und weder Täter noch Opfer deutsche Staatsangehörige sind. Ein besonderes Merkmal dessen ist das Universalitätsprinzip. Dies bedeutet, dass deutsche Gerichte

Verbrechen unabhängig vom Tatort, der Staatsangehörigkeit des Täters oder der Opfer verfolgen können. So wurde im Jahr 2022 ein Offizier des syrischen Geheimdienstes vor Gericht gestellt und vom Oberlandesgericht Koblenz zu lebenslanger Haft wegen Verbrechen gegen die Menschlichkeit einschließlich Folter, Mord und sexueller Gewalt verurteilt. Es war das weltweit erste Urteil gegen einen hochrangigen Vertreter des syrischen Regimes wegen solcher Verbrechen.

Auch wenn die internationale Strafgerichtsbarkeit eine wichtige Errungenschaft ist, weil schwere Menschenrechtsverbrechen, die national nicht verfolgt werden, dann zumindest von der internationalen Staatengemeinschaft geahndet werden können:

- ✔ Es lässt sich auch kritisch einwenden, dass damit womöglich diplomatische Lösungsversuche in bestimmten Konfliktsituationen **eingeschränkt werden**, denn die kann ja nur mit den verantwortlichen Personen erfolgen – selbst wenn diese für Verbrechen verantwortlich sind.

- ✔ Hier zeigt sich abermals die Frage, ob schon die **gute Absicht Gutes bewirkt** oder ob in der oft »schmutzigen Realität der internationalen Politik« nicht andere Logiken gelten, die dann zu einer anderen Bewertung der Risiken und Nebenwirkungen einer norm- und weitergeleiteten Herangehensweise führen können.

Zu bedenken ist, dass eine »Supranationalisierung des Völkerrechts« – also das Herausbilden verbindlicher und sanktionstauglicher Regelungen – gewiss wünschenswert sein mag, aber oftmals an der politischen Wirklichkeit vorbeigeht. Zudem gilt für das Völkerrecht, wie für alles Recht, dass es, so der Völkerrechtler Rudolf Dolzer, seine »Rechtfertigung nicht in sich selbst trägt, sondern ein Mittel zur effektiven Verwirklichung menschlicher und gemeinschaftlicher Werte« darstellt. An diesem Maßstab muss sich das Völkerrecht in allen Einzelbereichen stärker als bisher messen lassen.

Teil III

Welche Themenfelder die internationalen Beziehungen prägen

IN DIESEM TEIL …

- Die wichtigsten Themenfelder der IB
- Sicherheit, Unsicherheit und Menschenrechte
- Internationale Wirtschafts-, Entwicklung- und Umweltpolitik
- Migration und Fluchtursachenbekämpfung sowie Gesundheitspolitik

IN DIESEM KAPITEL

Verändertes Konflikt- und Kriegsbild

Möglichkeiten der Kriegsverhinderung

Herausforderungen des Sicherheitsbegriffs

Kapitel 8
Sicherheit und Unsicherheit

Das Streben nach Sicherheit zählt zu den elementaren menschlichen Antrieben. Es prägt das soziale und auch zwischenstaatliche Miteinander und spielt damit eine zentrale Rolle auch in der internationalen Politik. Alle – gleich ob Individuen oder Staaten – wünschen sich freie Gestaltungschancen, aber jeder möchte sie zugleich in Sicherheit ausleben. Und doch handelt es sich um einen Begriff, der bei genauerer Betrachtung diffus ist. Denn was im konkreten Fall Sicherheit bedeutet, wie sie realisiert werden kann und ob sie immer auf einen wünschenswerten Zustand ohne unliebsame Nebenwirkungen zielt, bleibt oft im Unklaren.

Das notwendige Maß an Sicherheitsvorsorge ist nicht einfach zu bestimmen. Ein Zuviel an Investitionen bedeutet in manchen Fällen nicht nur eine Vergeudung von Ressourcen, sondern mitunter gar eine Erhöhung von Risiken und damit der Unsicherheit. Ein forciertes Streben nach immer mehr Sicherheit kann sich also in sein Gegenteil verkehren – so merkwürdig das auch klingen mag. Das Streben nach mehr Sicherheit durch Aufrüstung ist klassischerweise der Beginn einer Rüstungsspirale zwischen Staaten. Dieser Zustand gegenseitigen Misstrauens und wechselseitiger Unsicherheit zwischen Staaten (Sicherheitsdilemma) gilt ungebrochen bis heute.

Krieg und Frieden: Konzepte und Empirie

Sie leben in einer Ära der Gewalt – ob das neu ist, darüber lässt sich streiten. Der damalige deutsche Außenminister Frank-Walter Steinmeier sprach bereits 2014 davon, »die Welt sei aus den Fugen«; ein Jahrzehnt später müsste es wohl eher heißen: Die Welt steht in gewisser Hinsicht in Flammen. So zeigt der *Global Peace Index* (*GPI*), dass die Welt 2024 zum 14. Mal in den vergangenen 15 Jahren weniger friedlich geworden ist und sich die internationale Politik zunehmend militarisiert.

- ✔ Krisen und Konflikte reihen sich in einer **hohen Schlagzahl** aneinander. 2024 gab es auf dem Globus 56 aktive militärische Konflikte, so viele wie seit dem Ende des

Zweiten Weltkriegs nicht mehr. Der durchschnittliche Konflikt dauerte etwa acht Jahre. Die wirtschaftlichen Kosten von bewaffneten Konflikten beliefen sich auf rund 13 Prozent des weltweiten Bruttoinlandsprodukts.

✔ Militärische Konflikte werden **zunehmend internationalisiert**, und rund 90 Länder sind derzeit direkt oder indirekt in einen Konflikt jenseits ihrer Grenzen verwickelt. Die Internationalisierung von Konflikten wird durch den zunehmenden Wettbewerb zwischen Großmächten und den Aufstieg von Mittelmächten vorangetrieben, die in ihren Regionen immer aktiver werden.

✔ Die **Zahl der Kriegstoten** weltweit war mit 238.000 im Jahr 2022 so hoch wie seit 30 Jahren nicht mehr. Im gleichen Jahr lebte etwa ein Viertel der Weltbevölkerung – zwei Milliarden Menschen – in von Konflikten betroffenen Gebieten, die Zahl der Vertriebenen erreichte weltweit mit weit über 10 Millionen einen Rekordwert.

✔ **Humanitäre Katastrophen** jeder Art sind an der Tagesordnung. Die Tatsache etwa, dass im Sudan im Jahr 2023 mehr als acht Millionen Menschen vertrieben wurden oder in Äthiopien 100.000 Tote zu beklagen waren, fand in den deutschen Medien nur wenig Beachtung. Andere Krisen (in dem Fall Ukraine und Gaza) beanspruchten Politik und Öffentlichkeit mehr.

✔ Der berühmte **CNN-Effekt** – also die medial vermittelte Ausblendung beziehungsweise Fokussierung von Konflikten – ist hier besonders sichtbar. Vieles findet in den westlichen Öffentlichkeiten faktisch nicht statt.

Die derzeitige politische Großwetterlage (siehe Kapitel 21 und 22) wird die internationale Ordnung und damit zwangsläufig auch die Sicherheitspolitik verändern. In welche Richtung und mit welcher Wucht dies geschehen wird, ist heute noch nicht absehbar. Da verwundert es schon fast nicht mehr, dass 2023 auch die weltweiten Ausgaben für Rüstung mit rund 2,4 Billionen US-Dollar pro Jahr ein neues Allzeithoch erreicht haben. Das ist ein Anstieg von 6,8 Prozent gegenüber dem Vorjahr und der höchste Zuwachs seit 2009. Spitzenreiter sind die USA mit 37 Prozent der weltweiten Militärausgaben, gefolgt von China mit 12 und Russland mit 4,5 Prozent.

Wie Frieden (un)erreichbar ist

Die Geschichte der internationalen Beziehungen ist seit jeher dadurch gekennzeichnet, dass Staaten zur Durchsetzung ihrer Interessen Gewalt anwenden. Gleichwohl wurde immer wieder versucht, die durch Kriege verursachten Störungen und Schäden in den betroffenen Staaten wie auch im internationalen System zu vermeiden oder zumindest zu begrenzen. Nichtangriffspakte, Verteidigungsallianzen, Rückversicherungsverträge und austarierte Gleichgewichtskonstellationen zwischen Großmächten erwiesen sich allerdings bis in die Katastrophe des Ersten Weltkriegs hinein als zu fragil, um den Willen von Staaten zur gewaltsamen Interessendurchsetzung dauerhaft zu bändigen.

Vor allem das Fehlen international akzeptierter Verbotsnormen und machtvoller Instanzen zur Aufrechterhaltung einer auf Normen aufbauenden Friedensordnung erlaubte den Staaten unter Berufung auf ihre Souveränität immer wieder den Rückgriff auf die *ultima ratio regum*, den Krieg. Sicherheitspolitik befasst sich ebenso wie die Friedens- und

Konfliktforschung mit den Möglichkeiten, Kriege zu verhindern beziehungsweise sich in diesen zu behaupten.

Sicherheitspolitik hat die Aufgabe, die politische und territoriale Integrität der Staaten aufrechtzuerhalten. Sie kann definiert werden als die Gesamtheit der politischen Ziele, Strategien und Instrumente, die Unsicherheit abbauen beziehungsweise Sicherheit schaffen sollen. Sie dient der Verhinderung von Kriegen bei Wahrung der Fähigkeit zur politischen Selbstbestimmung sowie dem Krisenmanagement bei Versagen dieser Bemühungen. Strittig ist, welchen Beitrag Sicherheitspolitik bei einer im Wesentlichen nicht-militärischen Problemagenda leisten kann.

Zunächst zur Frage, wie denn das Gegenteil von Krieg – also Frieden – zu erreichen ist. Krieg ist keine Naturgewalt, sondern menschengemacht. Die Wissenschaft von Krieg und Frieden hat zwar ihren Ursprung in der Beschäftigung mit dem Krieg, wenn man aber nicht in einen Automatismus abgleiten will, der Krieg als Grundzustand voraussetzt, könnte man zunächst einmal fragen: Was wären gute Gründe für einen Naturzustand des Friedens? Es lassen sich drei kategoriale Aspekte anführen:

- ✔ **Interdependenz und Globalisierung:** Gemeinsame Interessen und Herausforderungen, die von einem einzelnen Staat nicht zu bewältigen sind, schaffen Anreize für Kooperation. Idealismus und Empathie sind dafür nicht nötig. Rationales Nutzenkalkül sollte völlig ausreichen, um Divergenzen zu überwinden und Probleme wie den Klimawandel, den Raubbau von Ressourcen oder den steigenden Bevölkerungsdruck zu lösen. Kooperation erscheint auf den ersten Blick als der Königsweg, um der abnehmenden Steuerungsfähigkeit des einzelnen Staates entgegenzuwirken – und zugleich Vertrauen zu stiften, das der Grundstein für nachhaltigen Frieden ist. Ein weiteres Argument sind die mannigfaltigen Waren- und Informationsströme. Sie knüpfen Verbindungen zwischen den Gesellschaften und schaffen Wissen über den anderen. Unwissen, das instrumentalisiert werden kann, wird reduziert. Gemeinsamkeiten verbinden. Kurzum: Das Überleben des anderen ist für das eigene Überleben wichtiger geworden.

- ✔ **Institutionen und Völkerrecht:** Ein weiteres Argument ist Ihnen bereits vertraut: In weiten Teilen der internationalen Politik herrscht de facto keine reine Anarchie. Um es mit dem IB-Forscher Alexander Wendt auszudrücken: »*Anarchy is what states make of it.*« Ein dichtes Netz von Konventionen und internationalen Organisationen verbindet die Staaten dieser Erde. Gewalt als beliebiges Mittel der Außenpolitik ist zudem völkerrechtlich untersagt.

- ✔ **Fortgeschrittene Ethik:** Mit Blick auf die Geschichte wäre ein Argument für diese Behauptung, dass kriegsführende Staaten ihr Handeln ausführlich begründen müssen. Denken Sie nur an den Aufwand, den die USA betrieben haben, um den Irak-Krieg 2003 zu legitimieren. Kriegführung wird als hochgradig rechtfertigungsbedürftig angesehen – und wird von den allermeisten als moralisch verwerflich betrachtet.

Nachdem Sie nun zahlreiche gute Gründe kennen, warum Krieg in unserer Zeit eigentlich keine große Rolle mehr spielen sollte, wird im Folgenden überprüft, ob sich die Empirie diesem Befund auch fügt. Wie sind also die empirischen Befunde zu den modernen

Ausprägungsformen des Krieges? Um es vorwegzunehmen: Die Gebote und Verbote im internationalen Recht haben bewaffnete Konflikte aller Art nur bedingt einzudämmen oder zu vermeiden vermocht.

- ✔ Zentral dabei ist, dass auch der zunehmend diffuse Begriff »Krieg« im Wandel ist, zum einen hinsichtlich seiner staatlichen und internationalen Verortung, zum anderen mit Blick auf die Frage, ob Sicherheitsrisiken in Zeiten der Globalisierung ausschließlich bewaffneter beziehungsweise militärischer Natur sind.
- ✔ Seit Gründung der Vereinten Nationen im Sommer 1945 haben in der Welt mehr als 250 Kriege stattgefunden (wenngleich die konkrete Zahl je nach Definition und Forschungsansatz variiert). Trotz aller Hoffnungen, die soziale Institution Krieg abzuschaffen oder zumindest dauerhaft zu reduzieren, bleibt die gewaltsame Konfliktaustragung auch im 21. Jahrhundert offenbar ein zentraler Bestandteil der politischen Realität.
- ✔ Gleichzeitig entwickelten und entwickeln sich aufgrund der oftmals beschriebenen Wandlungs- und Anpassungsfähigkeit des Krieges immer neue Kriegsformen. Schon der preußische General und Militärtheoretiker Carl von Clausewitz sprach 1832 vom Krieg als einem »wahren Chamäleon«.

Zu den wichtigsten Forschungsinstituten, die sich heute diesen Themen widmen, gehören:

- ✔ Das **Stockholm International Peace Research Institute** (SIPRI), das das *Uppsala Conflict Data Program* – ein Projekt zur Sammlung von Daten bezüglich militärischer Konflikte seit 1946 – nutzt. Sein seit 1969 jährlich vorgelegtes SIPRI-Jahrbuch stellt Originaldaten aus den Bereichen globale Militärausgaben und bewaffnete Konflikte zusammen und liefert Analysen zur Rüstungskontrolle und internationalen Sicherheit.
- ✔ Der bereits erwähnte **Global Peace Index** (GPI), der von der australischen Nichtregierungsorganisation *Institute für Economics and Peace* herausgegeben wird, veröffentlicht seit 2007 einen jährlichen Bericht zur Friedfertigkeit von Nationen und Regionen anhand eines relativen Vergleichs und misst dabei auch Konflikte und Militärausgaben. Der Index berechnet auch die wirtschaftlichen Auswirkungen von Gewalt und analysiert Risiken auf Länderebene.
- ✔ Zwei deutsche Institute sind ebenfalls zu nennen: Die **Arbeitsgemeinschaft Kriegsursachenforschung** (AKUF) bereitet seit 1986 Daten zum weltweiten Kriegsgeschehen auf und das **Heidelberger Institut für Internationale Konfliktforschung** (HIIK) veröffentlicht seit 1992 mit seinem Konfliktbarometer eine Analyse des globalen Konfliktgeschehens.

Die empirischen Befunde der Forschungsinstitute unterscheiden sich aufgrund unterschiedlicher Definitionen im Detail. Gemeinsam beleuchten sie aber den Trend, dass die meisten Kriege nicht mehr zwischen, sondern innerhalb von Staaten stattfinden. Der klassische Staatenkrieg scheint mithin zu einem historischen Auslaufmodell zu werden, oder anders ausgedrückt: Die Staaten sind bei den neuen Kriegen nicht mehr Monopolisten des Krieges.

Über diese Erkenntnis hinaus lässt sich rein quantitativ feststellen: Seit den frühen 1960er-Jahren stieg die Zahl der weltweit geführten Kriege über drei Jahrzehnte nahezu kontinuierlich an, wobei der vorläufige Höhepunkt zu Beginn der 1990er-Jahre lag – paradoxerweise zu einem großen Teil wohl durch das Ende des Ost-West-Konflikts bedingt. Aber selbst ein darauf folgender zwischenzeitlicher Rückgang der Kriegshäufigkeit hat nicht zur Bestätigung der optimistischen Annahme geführt, dass sich die Zahl der Kriege dauerhaft reduzieren ließe. Immerhin aber sind insbesondere in der OECD-Welt Kriege selten geworden. Zugleich hat sich die Annahme erhärtet, dass Demokratien untereinander keine Kriege führen – was mithin einen signifikanten Zusammenhang zwischen den Konfliktlösungsmodi im Inneren und dem Verhalten nach außen, zumindest gegenüber Ländern mit grundsätzlich gleichem Wertesystem, herstellt (Theorie des demokratischen Separatfriedens).

Unabhängig von diesen Einschränkungen ist die Definition der **Arbeitsgemeinschaft Kriegsursachenforschung** (AKUF) hilfreich. Nach ihr handelt es sich bei einem Krieg um einen gewaltsamen Massenkonflikt, der alle folgenden Merkmale aufweist: An den Kämpfen sind zwei oder mehr bewaffnete Streitkräfte beteiligt, bei denen es sich mindestens auf einer Seite um reguläre Einheiten (Militär, paramilitärische Verbände, Polizei) der Regierung handelt; auf beiden Seiten muss ein Mindestmaß an zentral gelenkter Organisation der kriegsführenden Parteien und des Kampfes gegeben sein, selbst wenn dies nicht mehr bedeutet als etwa planmäßige Überfälle (etwa Guerillaoperationen, Partisanenkrieg), und die bewaffneten Operationen ereignen sich mit einer gewissen Kontinuität und nicht nur als gelegentliche, spontane Zusammenstöße. Beide Seiten operieren also nach einer planmäßigen Strategie, gleichgültig wo die Kämpfe stattfinden und wie lange sie dauern.

Der klassische zwischenstaatliche Krieg, dessen Verhinderung zentrales Motiv bei der Gründung der Vereinten Nationen war, ist allerdings wie bereits beschrieben zur Randerscheinung geworden – was aber nicht bedeutet, dass es ihn gar nicht mehr gibt. An seine Stelle trat und tritt aber mehr und mehr ein neuer Kriegstyp. Dieser verbindet Momente des klassischen Krieges, des Bürgerkriegs, des organisierten Verbrechens und der planvollen, weitreichenden Verletzung der Menschenrechte. Er ist zugleich gekennzeichnet durch eine tendenzielle Privatisierung der Gewaltanwendung und ökonomische Profitinteressen.

Internationaler Terrorismus

Versteht man Terrorismus als eine systematisch geplante Gewaltanwendung mit politischer Zielsetzung, um das Verhalten eines Gegners zu beeinflussen, dann dürfte es dieses Phänomen seit Urzeiten geben. Dennoch lässt sich die These begründen, Terror und Terrorismus hätten in Zeiten der Globalisierung eine neue Dimension erreicht – zumindest im internationalen Kontext.

Bei den Begründungen für Terrorismus sind im Wesentlichen zwei Stränge zu unterscheiden, und in dieses Spektrum lassen sich nahezu alle internationalen Terrorgruppen einordnen:

- ✔ Beim **säkularen beziehungsweise ethnonationalen Terrorismus** geht es um separatistische Bestrebungen beziehungsweise die gewaltsame Forderung nach einem eigenen Staat (Beispiele sind etwa die baskische ETA, die irische IRA oder die kurdische PKK).

- Beim **ideologisch-weltanschaulichen Terrorismus** geht es um die gewaltsame Durchsetzung einer politischen, fundamental-religiösen oder gesellschaftlichen Ideologie, er ist also beispielsweise sozialrevolutionär oder religiös-ideologisch inspiriert (etwa der Islamische Staat in Syrien und im Irak ab 2014).

Ein Blick auf das weltweite Terrorgeschehen zeigt deutlich, dass bisher die Hauptbetroffenen des Terrorismus die nicht-westlichen Staaten sind, auch wenn sich im Zeitverlauf starke Schwankungen sowohl bei den Anschlagszahlen als auch bei der Zahl der Todesopfer zeigen. Spätestens mit den Anschlägen mit von Terroristen entführten Flugzeugen auf das *World Trade Center* und das *Pentagon* in den USA vom 11. September 2001, bei denen etwa 3000 Menschen aus rund 60 Nationen ihr Leben verloren, wurde das Phänomen Terrorismus zeitweise zu einem der bestimmenden Themen der westlichen Sicherheitspolitik – und hat diese erheblich verändert.

- Dies bezieht sich zum einen auf die Aufwertung der Kategorie **Gefahrenabwehr** und damit zugleich auf einen potenziellen Abbau von Freiheitsrechten – mit einer intensiven gesellschaftlichen Diskussion über das Verhältnis von Freiheit und Sicherheit.

- Zum anderen wurden auch **militärische Auslandseinsätze**, etwa in Afghanistan, vor allem damit begründet, die durch internationalen Terrorismus neu entstandenen Gefahren »auf Distanz halten zu wollen«.

Die Terroranschläge vom 11. September 2001 sind damit in doppelter Hinsicht in die Geschichte der internationalen Politik eingegangen:

- Die Intensität der Zerstörung und das **Ausmaß des Schadens** symbolisierten die Globalisierung des Terrorismus ebenso wie die Neuartigkeit der Mittel. Sichtbar wurde, dass die Verletzbarkeit moderner Gesellschaften durch Terrororganisationen bewusst anvisiert wurde und die Schäden der Anschläge kriegsfolgenartige Dimensionen annehmen können. Die innere Vernetzung, hohe Technisierung und damit Verwundbarkeit offener Gesellschaften hat die Erfolgsaussichten des internationalen Terrorismus verbessert und wurde entsprechend gezielt genutzt; die Globalisierung hat damit den Spielraum für asymmetrische Gewalt vergrößert und zugleich die Grenzen zwischen innerer und äußerer Sicherheit aufgeweicht.

- Zudem lässt sich im Zuge dessen die Frage stellen, ob und inwieweit die Grundgedanken der **klassischen Abschreckung** mit ihrer Annahme eines für alle Seiten nachvollziehbaren Risikokalküls noch Gültigkeit besitzen und ob folglich die etablierten sicherheitspolitischen Strategien grundlegend neu bewertet werden müssen. Nach vollkommen anderen Rationalitäten handelnde Akteure wie fanatisierte Terrorgruppen kalkulieren ihre eigene Vernichtung mit ein, wenn sie diese nicht sogar planmäßig anstreben. Die Attentäter legen nicht mehr einen Großteil ihrer kriminellen Energie auf die Flucht und die Verschleierung der Täterschaft, sondern konzentrieren sich auf die Durchführung der Tat selbst, meist ohne Rücksicht auf ihr eigenes Leben. Für klassische sicherheitspolitische Strategien bedeutet dies eine völlig neue Ausgangslage, da nun fundamental unterschiedliche Primärziele (Schutz der eigenen Seite versus Vernichtung der anderen Seite) vorliegen und man nicht mehr vom eigenen auf das Kalkül des anderen schließen kann.

Zusammengenommen wird Krieg damit in vielen Fällen von einem Instrument der Durchsetzung staatlichen politischen Willens zu etwas ganz Andersartigem. Die präzise Trennung zwischen Staatenkrieg und Bürgerkrieg löst sich zudem ebenfalls auf.

Konfliktursachen und -potenziale

Die Konfliktursachen sind ebenfalls vielfältiger geworden. Zu den wichtigsten Konfliktpotenzialen der Zukunft, die in offene Gewaltanwendung münden können, gehören:

- **Unabhängigkeitsbestrebungen** ethnischer Gruppen beziehungsweise die gewaltsame Ausübung des Selbstbestimmungsrechts,
- **Fundamentalismus** beziehungsweise ideologischer und religiöser Extremismus sowie grenzüberschreitender Terrorismus,
- klassische **Macht- und Regionalkonflikte**,
- **Umweltzerstörung**, Verknappung lebenswichtiger Ressourcen beziehungsweise das Erreichen der Belastbarkeitsgrenzen des globalen Ökosystems.

Schwache – und nicht nur starke – Staaten scheinen zum Problem für internationale Stabilität zu werden, denn sie bieten den idealen Nährboden für die Entwicklung substaatlicher oder privater Gewaltakteure, die sich entweder innerhalb der Staaten auswirken oder aber Gewalt nach außen exportieren. Andererseits: Gemäß einer historischen Längsschnittbetrachtung fanden im Zeitraum 1823 bis 2003 insgesamt 95 zwischenstaatliche Kriege statt. Auch die europäische Geschichte lässt sich als Abfolge bedeutender kriegerischer Auseinandersetzungen zwischen Nationen verstehen. Beispiele sind etwa:

- der Russisch-Polnische Krieg (1654–1667)
- der Englisch-Spanische Krieg (1655–1660)
- der Preußisch-Österreichische Krieg (1866)
- der Deutsch-Französische Krieg (1870–1871)
- Höhepunkt dieser Entwicklung waren der Erste Weltkrieg (Juli 1914 bis November 1918) und der Zweite Weltkrieg (September 1939 bis September 1945), bei denen die geschätzte Zahl der gefallenen Soldaten und getöteten Zivilisten mit etwa 17 Millionen (Erster Weltkrieg) beziehungsweise mehr als 50 Millionen Menschen (Zweiter Weltkrieg) ungeahnte Dimensionen erreichte.

Beide Weltkriege liefen zunächst nach dem Modell »Staat A überfällt Staat B«. Die zentralen Bemühungen um Stabilität in den Nachkriegsordnungen des 20. Jahrhunderts zielten folglich darauf ab, genau *diese* Art von zwischenstaatlichem Krieg zu verhindern. Die gegenwärtige Praxis der internationalen Politik zeichnet jedoch im Ergebnis ein facettenreiches und zugleich oft unscharfes Bild. Drei Phänomene stechen dabei hervor:

✔ **Aktiv und meist einseitig geführte bewaffnete Konflikte zwischen Staaten:** Ein Beispiel sind die wiederholten Luftangriffe der USA, teilweise gemeinsam mit Frankreich und Großbritannien, auf Ziele in Syrien als Reaktion auf einen Einsatz von Giftgas im Syrien-Krieg (ab 2017). Formal gesehen handelt es sich dabei nach gängiger Definition um einen zwischenstaatlichen Krieg, weil die beteiligten Akteure international anerkannte Staaten sind. Allerdings erfolgte – auch das ist heute eher die Regel als die Ausnahme – keine formale Kriegserklärung. Zudem ist nicht bekannt, dass die syrische Seite jenseits defensiver Maßnahmen reagiert hätte. Dieses Phänomen ist nicht neu, aber die Asymmetrie legt nahe, dass die grobe Kategorie des zwischenstaatlichen Krieges nicht ausreichend ist, um die Realität in all ihren Facetten abzubilden.

✔ **Bewaffnete Konflikte in de facto staatsfreien Räumen:** Ein weiterer Konflikttyp, in dem staatliche Akteure als Gegner aktiv sind, ohne dass man im klassischen Sinne von einem zwischenstaatlichen Krieg sprechen kann, sind Konflikte in de facto staatsfreien Räumen wie zum Beispiel im Jemen (ab 2015) oder in großen Teilen Syriens beim Kampf gegen den IS (ab 2014).

Einige Beispiele aus den vergangenen Jahren: Der Krieg im Jemen ab 2017 trägt Züge des bekannten Typus des **Stellvertreterkriegs**: Eine Koalition unter Führung Saudi-Arabiens unterstützt den formal im Amt befindlichen Präsidenten gegen die Gruppe der Huthi, die von Saudi-Arabiens Gegenspieler Iran protegiert oder gesteuert werden. Auch wenn mit der Regierung des Jemen nominell ein staatlicher Akteur Kriegspartei ist, lässt sich auch in diesem Fall kaum von einem zwischenstaatlichen Krieg zwischen dem Iran und dem Jemen sprechen. Die mittlerweile gängige Praxis zahlreicher mächtiger Staaten, militärisch in Regionen mit geringer Staatlichkeit oder de facto staatenfreien Räumen aktiv zu sein, birgt erhebliches Eskalationspotenzial. Der Krieg gegen den **Islamischen Staat,** den ab 2016 sowohl die westliche Koalition als auch Russland in Unterstützung der syrischen Regierung parallel und mit nur einem Mindestmaß an Abstimmung führten, ist hierfür das prominenteste Beispiel. Aber auch die umfangreiche Präsenz externer Mächte in Afrika (Frankreich im Sahel, die USA in mehr als 50 afrikanischen Staaten) oder Russlands in einzelnen zentralasiatischen und südkaukasischen Republiken sowie Kampagnen wie der Drohnenkrieg der USA in Waziristan (Nordpakistan) und dem Jemen erhöhen das Risiko einer auch horizontalen Eskalation mit Blick auf tatsächliche oder potenzielle Schutzmächte.

✔ **Hybride Kriege:** Die hybride Kriegführung ist das spiegelbildliche Gegenstück zum vorgenannten Fall: Staatliche oder halb-staatliche Akteure, die ihren Status gezielt verschleiern (Separatisten, »grüne Männchen« oder Oppositionsgruppen) richten sich gegen reguläre staatliche Kräfte. Auch hier liegt eine Asymmetrie vor, bei der es wiederum dem angegriffenen Staat erschwert werden soll, angemessen zu reagieren. Das Ergebnis ist oft ein eingefrorener Konflikt, der mit völkerrechtlichen und staatlichen Mitteln kaum zu lösen ist. Dabei ist nicht unbedingt eine militärische Unterlegenheit die Ursache, sondern die Schwierigkeit, die staatliche Urheberschaft gegnerischer Einflussnahme gegenüber der internationalen Öffentlichkeit klar nachzuweisen. Das Paradebeispiel für diese Form des zwischenstaatlichen Konflikts über Bande stellen die russische Annexion der Krim und der Krieg in der Ost-Ukraine ab 2014 dar.

Die Forschung fasst diese Befunde in eine Typologisierung von unterschiedlichen Kriegstypen zusammen (siehe Abbildung 8.1) – und man sieht im Zeitverlauf zwischen 1946 und 2020 eine deutliche Verschiebung:

- **Extrasystemischer Konflikt:** Dabei kämpft ein Staat gegen eine nichtstaatliche Gruppe außerhalb seines eigenen Territoriums, in der Regel um die Kontrolle über ein Gebiet, das nicht als Teil des internationalen Staatensystems anerkannt ist.

- **Zwischenstaatlicher Konflikt:** Beide Konfliktparteien sind anerkannte souveräne Staaten.

- **Innerstaatlicher Konflikt:** Diese Art von Konflikt findet innerhalb eines Landes statt, in dem die Regierung gegen eine oder mehrere einheimische Rebellengruppen kämpft, ohne dass ein ausländisches Militär eingreift.

- **Internationalisierter innerstaatlicher Konflikt:** Ähnlich wie bei innerstaatlichen Konflikten, jedoch mit dem wesentlichen Unterschied, dass ausländische Regierungen mit Truppen teilnehmen und entweder die Regierung oder die Rebellen unterstützen.

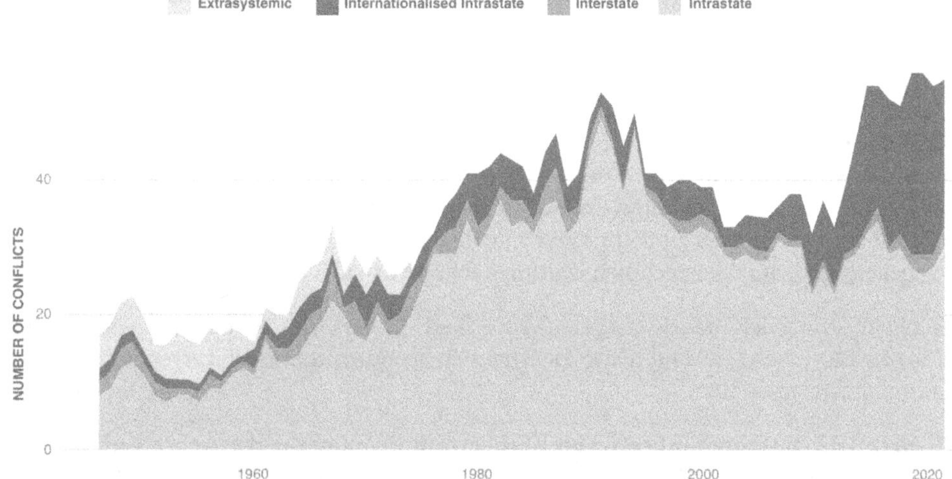

Abbildung 8.1: Zahl der militärischen Konflikte 1946–2020, Quelle: Institute for Economics & Peace. Global Peace Index 2024, Sydney 2024, S. 53.

- **Zwischenstaatliche Kriege** gehören also wie bisher zu den zentralen Treibern für internationale Unsicherheit. Sie folgen zwar nur noch selten den Prinzipien von Angriff und Verteidigung nach dem klassischen Muster »Staat A überfällt Staat B« und »B verteidigt sich gegen A« – obgleich auch das vorkommt und weiter vorkommen kann. Aber die Realität ist sehr viel komplexer.

- ✔ Insgesamt ist das kennzeichnende Merkmal des gegenwärtigen Kriegsgeschehens der Umstand, dass es **den einen Krieg** nicht mehr gibt. Vielmehr existieren mannigfaltige Formen hinsichtlich der beteiligten Akteure, der Konfliktaustragung und auch der Folgen für das internationale System. Der zwischenstaatliche Krieg bleibt damit das von Clausewitz beschriebene wahre Chamäleon.

Konfliktbewältigung im Rahmen der Vereinten Nationen

Zunächst zwei konzeptionelle Unterscheidungen: das Recht zum Krieg (*ius ad bellum*) und das Recht im Krieg (*ius in bello*). Bezüglich des Rechts zum Krieg gibt es keine einheitlichen Bewertungen, aber der klassische Prinzipienkatalog in diesem ersten Strang einer »Theorie des gerechten Krieges« besteht in der Regel aus fünf Elementen:

- ✔ Es muss ein **gerechter Grund** vorliegen – zum Beispiel angegriffen worden zu sein.
- ✔ Es bedarf einer **guten Absicht** – im Allgemeinen die Wiederherstellung des Friedens.
- ✔ Es ist die **Verhältnismäßigkeit** zu beachten – hier bezogen auf den Anlass, der Auslöser für den Einsatz von Gewalt ist.
- ✔ Gewalt darf nur die *ultima ratio*, also das äußerste Mittel, sein. Mit Blick auf die Appeasement-Politik Großbritanniens gegenüber Hitler und auch bei einigen anderen schwärenden Konflikten kann man sich jedoch durchaus die – kontrafaktische – Frage stellen, ob eine frühzeitigere Bereitschaft zum Einsatz von Gewalt nicht in der Gesamtschau Leid erspart hätte. Gleiches wird mit Blick auf den Ukraine-Krieg ab 2022 diskutiert.
- ✔ Die **Aussicht auf Erfolg**, die nicht zuletzt dem Schutz der eigenen Bürger gilt, die in der Regel ja die Soldaten stellen. Der damalige deutsche Verteidigungsminister Thomas de Maizière sagte beispielsweise im Jahr 2013 mit Blick auf ein militärisches Eingreifen in Syrien: »Es gibt Situationen, in denen ist ein Eingreifen moralisch geboten, vielleicht sogar völkerrechtlich legitim – aber nicht klug.«

Der zweite Strang der Theorie des gerechten Krieges ist die Grundlage dessen, was man früher als Kriegsvölkerrecht und heute mehrheitlich als humanitäres Völkerrecht bezeichnet. Die Prinzipien lauten hier:

- ✔ **Nichtkombattanten müssen von Kombattanten** unterschieden werden, um sie schützen zu können. Daher rührt die Pflicht, dass Soldaten Uniformen und Hoheitsabzeichen tragen müssen. Problematisch ist hierbei heute nicht nur die Tatsache, dass häufig Kämpfer keine oder zumindest keine regulären Uniformen mehr tragen. Meistens hat man dieses Phänomen mit bewaffneten Rebellen und Ähnlichem in Verbindung gebracht, aber seit 2014 die »grünen Männchen« auf der Krim aufgetaucht sind (die ganz offenkundig russische Soldaten waren), ist allen vor Augen geführt worden, dass auch staatliche Akteure es teilweise vermeiden, als solche erkannt zu werden. Darüber hinaus ist es beim Einsatz von Fernwaffen – wie auch Drohnen – bisweilen sehr schwer, die Waffenwirkung mit ausreichender Sicherheit auf die Kombattanten zu beschränken. Aktuell wird diese Diskussion auch im Kontext des Einsatzes von autonomen Waffensystemen geführt.

- ✔ Die **Verhältnismäßigkeit** ist auch hier ein Prinzip, das im *ius in bello* aber auf den unmittelbaren Gewalteinsatz bezogen ist. Zum Beispiel würde es dieses Prinzip verletzen, wenn Sie eine Stellung in einem Ort erobern müssen und dafür das komplette Dorf einäschern.
- ✔ Es dürfen keine **in sich schlechten Waffen** eingesetzt werden. Hierzu zählen zum Beispiel Minen, die als Kinderspielzeug getarnt sind. Außerdem dürfen keine Waffen zum Einsatz kommen, die sich durch besondere Grausamkeit auszeichnen (Blendlaser, Brandwaffen wie Napalm).

Die Urkatastrophe des Ersten Weltkriegs führte zum Völkerbund, der ein partielles Kriegsverbot enthielt. Dies wurde durch den »Briand-Kellog-Pakt« von 1928 zu einem allgemeinen Kriegsverbot erweitert. Dieses in der Folgezeit offenkundig unwirksame Verbot wurde von den Vereinten Nationen 1945 übernommen.

Gewaltverbot und seine Ausnahmen

Das Gewaltverbot, das direkt verbunden ist mit der Souveränität und der Nicht-Einmischung in innere Angelegenheiten, ist ein Grundpfeiler der Vereinten Nationen und damit des Völkerrechts. Sie finden es in Artikel 2, Absatz 3 und 4 der VN-Charta. Es existieren genau zwei Ausnahmen von diesem Gewaltverbot: Selbstverteidigung (nach Artikel 51) und Maßnahmen der kollektiven Sicherheit (Kapitel VII).

Entscheiden darüber kann nur der VN-Sicherheitsrat, und daraus resultieren einige Probleme:

- ✔ Die Resolutionen des Sicherheitsrats sind unmittelbar bindendes Völkerrecht. Damit ist er das einzige Organ der Vereinten Nationen, das in einen Staat direkt hineinregieren kann.
- ✔ Durch das Vetorecht der fünf permanenten Mitglieder verfügen diese Staaten – China, Großbritannien, Frankreich, Russland und die USA – allerdings über ein Interventionsverhinderungsmonopol.
- ✔ Ein weiterer Pferdefuß ist: Der Sicherheitsrat verfügt über keine eigenen Streitkräfte und nicht einen einzigen bewaffneten Soldaten. Die Glaubwürdigkeit hängt also komplett von der Unterstützung der Mitgliedsstaaten ab.

Ein militärisches Eingreifen ist in der Logik der Friedenssicherungsarchitektur nur als letzte Möglichkeit angelegt. Man kann vielmehr von einer **Eskalationsleiter der Konfliktbewältigung** sprechen, die in der VN-Charta in den Kapiteln VI und VII vorgesehen ist. Zunächst ist die Konfliktlösung eine friedliche und zwangsfreie Angelegenheit. Wenn diese Mittel nicht zum Ziel führen oder wenn ein gewaltsamer Konflikt überraschend akut wird, kann der Sicherheitsrat die Spielregeln ändern. Dafür stellt er nach Artikel 39 eine Bedrohung des Friedens und der internationalen Sicherheit fest. Das Interessante an diesem Schritt ist die Argumentation. Der klassische Fall ist eine Aggression eines Staates gegen einen anderen. Mittlerweile haben jedoch auch andere Begründungen Einzug gehalten, zum Beispiel gravierende Menschenrechtsverletzungen oder regionale Instabilität. Ist eine Bedrohung nach Art. 39 festgestellt, befindet sich das folgende Handeln des Sicherheitsrats im Rahmen des Kapitels VII. Das zentrale Charakteristikum ist hier der Zwang. Als erstes Mittel stehen dem Sicherheitsrat Sanktionen zur Verfügung. Diese müssen von den Mitgliedsstaaten umgesetzt werden und sie erfolgen ohne Einverständnis der Staaten, gegen die der Zwang ausgeübt wird. Erst wenn Sanktionen nicht helfen oder der Konflikt schon zu weit fortgeschritten ist, können schließlich militärische Zwangsmaßnahmen erfolgen.

Bei den konkreten Einsätzen hat der Sicherheitsrat zwei Möglichkeiten, wenn er seinen Beschlüssen Taten in Form von Friedensmissionen folgen lassen will.

- ✔ Der Sicherheitsrat kann das Sekretariat der Vereinten Nationen damit beauftragen (mandatieren), eine Mission zusammenzustellen. Das ist dann eine **Blauhelm-Mission**. In der Hochphase in den 2000er-Jahren waren über 100.000 VN-Truppen in mehr als einem Dutzend Blauhelmmissionen eingesetzt. Die Gesamtzahl der VN-Friedensmissionen beläuft sich seit Gründung der VN auf über 70.
- ✔ Der Sicherheitsrat kann die Ausführung an einen Subunternehmer weiterreichen, in der Regel eine **Regionalorganisation** wie die NATO, die Europäische oder die Afrikanische Union. Bisweilen agieren aber auch »Ad-hoc-Koalitionen« oder »Koalitionen der Willigen« als Subunternehmer.

Der Ursprungsgedanke des *peacekeeping* lief darauf hinaus, im Falle internationaler bewaffneter Konflikte ein Mittel an der Hand zu haben, um als eine Art Puffer günstige Voraussetzungen zur Sicherung oder Wiederherstellung des Friedens vor Ort zu schaffen. Entsprechend waren – und sind im Prinzip auch heute noch in den klassischen Blauhelmeinsätzen – »drei eherne Prinzipien« maßgeblich:

- ✔ Zustimmung aller Konfliktparteien,
- ✔ Unparteilichkeit und
- ✔ Anwendung von Gewalt ausschließlich zur Selbstverteidigung.

Die damit signalisierte absolute Neutralität entspricht auch dem klassischen Nichteinmischungsgebot in die Angelegenheiten souveräner Staaten, selbst wenn diese sich in einem bewaffneten Konflikt miteinander befinden.

Tabelle 8.1 stellt die aktuellen von den Vereinten Nationen geführten Friedensmissionen (also die »Blauhelmmissionen«) im Überblick dar.

Name	seit	Einsatzgebiet	Mandat	Personal (2024)
UNTSO	Mai 1948	Naher Osten	Überwachung von Waffenstillständen und Friedensabkommen in der Region	361
UNMOGIP	Januar 1949	Grenzgebiet zwischen Indien und Pakistan (Kaschmir)	Überwachung des Waffenstillstands zwischen Indien und Pakistan in der Region Kaschmir	110
UNFICYP	März 1964	Zypern	Überwachung des Waffenstillstands	1091
UNDOF	Mai 1974	Golanhöhen (zwischen Israel und Syrien)	Überwachung des Waffenstillstands und der Truppenentflechtung zwischen Israel und Syrien	1309
UNIFIL	März 1978	Libanon	Überwachung des Waffenstillstands, Unterstützung der libanesischen Regierung bei der Sicherstellung von Frieden und Sicherheit	10.392
MINURSO	April 1991	Westsahara	Überwachung des Waffenstillstands und Vorbereitung eines Referendums über die Zukunft der Westsahara	472
UNISFA	Juni 2011	Abyei-Region (Grenzgebiet zwischen Sudan und Südsudan)	Überwachung des Grenzgebiets, Förderung von Sicherheit und Schutz der Zivilbevölkerung	3473
MINUSCA	April 2014	Zentralafrikanische Republik	Schutz von Zivilisten, Unterstützung des politischen Prozesses	18.782
UNMIK	Juni 1999	Kosovo	Förderung von Sicherheit, Stabilität	341
MONUSCO	Juli 2010	Demokratische Republik Kongo	Schutz von Zivilisten, Unterstützung der Regierung bei der Stabilisierung und Friedenskonsolidierung	13.997
UNMISS	Juli 2011	Süd-Sudan	Schutz von Zivilisten, Unterstützung der Umsetzung des Abkommens über die Einstellung der Feindseligkeiten	18.188

Tabelle 8.1: Friedenssicherungseinsätze der Vereinten Nationen im Januar 2025, Quelle: eigene Darstellung nach Angaben des Department of Peace Operations (DPO) der Vereinten Nationen

Auch wenn sich im Laufe der Zeit der jeweilige Auftrag von bloßen Beobachtungsmissionen hin zu komplexen Operationen auch zum Schutz von Menschen verlagert beziehungsweise erweitert hat, so läuft die Rechtsgrundlage im Wesentlichen stets auf das Kapitel VII der VN-Charta hinaus – also auf die Sicherung des Weltfriedens und der internationalen Sicherheit durch Zwangsmaßnahmen und nicht etwa auf das sehr viel weichere Kapitel VI der VN-Charta, in dem es um die friedliche Beilegung von Streitigkeiten geht. In Politik und Wissenschaft wurden unzählige Debatten geführt über zu umfangreiche und unklare Mandate, unzureichende Ressourcen und die heikle Frage, wie viel Gewalt eine Operation anwenden können muss oder maximal darf, um ihren Auftrag ohne Einbuße ihrer Legitimität zu erfüllen.

- ✔ Internationale Kriseneinsätze machen nur Sinn, wenn eine gut durchdachte und von allen Beteiligten mitgetragene **Strategie** dahintersteht. Besonders wichtig ist dabei die enge Vernetzung zwischen militärischen und zivilen Akteuren und Konzepten, wobei als Faustformel gelten darf: so viel Militär wie unbedingt nötig und so wenig wie möglich. Auch ist zu vermeiden, dass Sicherheitsaspekte im engeren Sinn alles andere so dominieren, dass die eigentlichen politischen Ziele aus den Augen geraten.
- ✔ Es fällt auf, dass in der **Praxis der Einsatz** militärischer Gewalt die angestrebten ersten Ziele zwar oft rasch erreicht (siehe Kosovo, Afghanistan, Libyen), aber sein Nutzen im weiteren Verlauf oft deutlich abnimmt. Es mangelt dann meist nicht nur am langen Atem, sondern auch an übergreifenden und realitätsbezogenen Strategien für die weiteren Phasen einer Intervention.
- ✔ Auch wenn letztlich immer nur eine **Einzelfallbetrachtung** zu seriösen Bewertungen führen kann, lassen doch die jüngeren Erfahrungen mit militärisch dominiertem Krisenmanagement eine beträchtliche Skepsis gegenüber ihrem längerfristigen politischen Nutzen zu. Einige Autoren sprechen gar von einer Illusion der militärischen Interventionen.

Wandel des Sicherheitsbegriffes

Die Sicherheitspolitik unterliegt wie kaum ein anderer Politikbereich stetem Wandel. Sicherheiten und Unsicherheiten werden unterschiedlich wahrgenommen und gewichtet, Bedrohungen eingeschätzt, Gefahren identifiziert oder ignoriert, Gegenkonzepte entworfen und im Falle erkannter Erfolglosigkeit auch wieder verworfen.

So entwickelt sich eine **Sicherheitskultur** weiter, die von dem deutschen IB-Forscher Christopher Daase wie folgt beschrieben wird: Sicherheitskultur ist »die Summe der Überzeugungen, Werte und Praktiken von Institutionen und Individuen, die darüber entscheiden, was als eine Gefahr anzusehen ist und mit welchen Mitteln dieser Gefahr begegnet werden soll.« Daase erläutert diesen Wandel anhand von vier Dimensionen des erweiterten Sicherheitsbegriffs, die in ihrer Gesamtheit gut geeignet sind, den Denkansatz einer erweiterten Sicherheitspolitik zu strukturieren.

- ✔ Die erste Frage betrifft die **Referenzdimension:** Wessen Sicherheit soll gewährleistet werden (Staat, Gesellschaft, Individuum)?

  Hier hat sich ein schrittweiser Wandel vom Staat über die Gesellschaft bis hin zum Individuum vollzogen. Während in den 1960er-Jahren noch der traditionelle Schutz des Staates an oberster Stelle stand, rückte in den 1970er-Jahren mehr und mehr die

Sicherheit der Gesellschaft in den Mittelpunkt, bis schließlich in den 1990er-Jahren – geprägt vom Siegeszug des Liberalismus und dem Ende des Kalten Krieges – das Individuum zum Referenzobjekt wurde. Das bedeutete einen grundlegenden Paradigmenwechsel. Menschliche Sicherheit zielt nun nicht mehr nur auf den Schutz vor Gewalt und Kriegen, sondern auch auf ein Leben aller in Würde und Freiheit ab. Freilich geraten damit zugleich neue Aspekte wie Kriminalität, Armut oder Migration in den Fokus. Neben Frieden zwischen Staaten geht es damit auch um den Schutz des Individuums vor den Folgen von Kriegen, Naturkatastrophen, Terroranschlägen, Ressourcenknappheit, Klimawandel und vielem mehr. Als Konsequenz dieses Ansatzes muss zugleich der Adressatenkreis sicherheitspolitischer Akteure mit all ihren Schutzverpflichtungen deutlich erweitert werden – bis hin etwa zu internationalen und nichtstaatlichen Organisationen.

✔ Die zweite Frage betrifft die **Sachdimension:** Welcher Problembereich der Politik ist angesprochen (militärisch, ökonomisch, ökologisch, humanitär)?

Mit der Ausweitung des Sicherheitsbegriffs auf das Individuum geraten zwangsläufig neue Politikfelder mit Gefahrenpotenzial ins Blickfeld. Auch hier lässt sich ein analoger Wandel feststellen: Traditionell richtete sich Sicherheitspolitik primär auf den militärischen Bereich, der den Schutz vor Bedrohungen durch andere Staaten garantieren sollte. Zu den kältesten Zeiten des Ost-West-Konflikts ging es um die Verhinderung eines Dritten Weltkriegs. In den 1970er-Jahren, im Zuge der ersten Ölpreiskrise, trat dann auch die wirtschaftliche Verwundbarkeit von Staat und Bevölkerung zutage, was die Sicherheitsinteressen um den Zugang zu Energie und anderen lebenswichtigen Ressourcen erweiterte. Zudem wurde immer stärker offenkundig, wie sehr die Zerstörung der Umwelt eine Bedrohung auf globaler Ebene darstellt. Der ökologische Faktor geriet damit ins Blickfeld auch der Sicherheitspolitik. Und schließlich – nachdem der bis zum Ende des Ost-West-Konflikts verengte Blickwinkel sich erweitern konnte und die Weltöffentlichkeit die Folgen von Staatszerfall, Fragilität, Bürgerkrieg und Genozid wie etwa in Ruanda und auf dem Balkan medial wahrnahm – wuchs auch die Forderung nach menschlicher Sicherheit und Schutz der Menschenrechte im Rahmen der internationalen Gemeinschaft. Die Ideen der Schutzverantwortung sowie der humanitären Intervention – wie etwa im Kosovo 1999 – entstanden und führten zugleich zu heftigen, bis heute anhaltenden Kontroversen über ihre Legalität und Legitimität.

✔ Die dritte Frage betrifft die **Raumdimension:** Für welches geografische Gebiet wird Sicherheit angestrebt (national, regional, international, global)?

Eine rein nationale Perspektive, die sich lediglich auf das eigene Territorium im Inneren richtet, stellt zwar einen Ausgangspunkt staatlicher Schutzverantwortung dar, reicht aber schon lange nicht mehr hin. Für die westlichen Staaten war dieser Ansatz spätestens mit Gründung der NATO 1949 und deren gegenseitigen Beistandsverpflichtungen hinfällig. Mit dem Zerfall der Sowjetunion gewannen auch andere Regionalorganisationen wie etwa die Afrikanische Union oder die Arabische Liga, aber insbesondere auch die EU, an Bedeutung. Die räumliche Neuorientierung des Sicherheitskonzepts zeigte sich ergänzend bei den »*out-of-area*-Einsätzen« der NATO und auch der Bundeswehr – bis hin zu der Bemerkung des damaligen

Verteidigungsministers Peter Struck im Jahr 2004, Deutschlands Sicherheit werde auch am Hindukusch verteidigt. Die letzte Erweiterung der Raumdimension schließlich fordert eine globale Sicherheit, bezieht sich also nicht nur auf das Staatensystem oder die internationale Staatengemeinschaft, sondern auf die Menschheit als Ganzes. Idealziel ist in diesem Sinne eine Weltgesellschaft freier Individuen mit dem Recht auf menschenwürdige Lebensverhältnisse. Ungeklärt bleibt allerdings, wer für eine so definierte globale Sicherheit letztlich verantwortlich sein soll, wo doch schon bestehende Ansätze wie im Rahmen der Vereinten Nationen offensichtlich an Grenzen stoßen.

✔ Die vierte Frage betrifft die **Gefahrendimension:** Was ist das zugrunde liegende Gefahrenverständnis (Bedrohung, Verwundbarkeit, Risiko)?

Diese Dimension beschreibt, welche Gefahrenperzeption sicherheitspolitischen Ansätzen zugrunde liegt und wie dabei Unsicherheit konzeptualisiert wird. In der Nachkriegszeit und den Gründungsjahren der NATO wurden Gefahren – wie bereits zuvor – als konkrete Bedrohungen wahrgenommen. Diese bezogen sich eindeutig auf die Sowjetunion und deren als potenziell aggressiv beurteilte Absichten. In den 1970er-Jahren wuchs jedoch die Erkenntnis, dass Gefahren nicht zwangsläufig nur von feindlichen Akteuren ausgehen. Unsicherheit wurde nun sehr viel allgemeiner als Verwundbarkeit gegenüber externen Effekten definiert, was zugleich zur Forderung nach Resilienz mit dem Ziel eines Abbaus eigener Schwächen führte. Mit dem Zerfall des Sowjetreichs gab es plötzlich keinen konkreten Gegner mehr – das Bonmot, Deutschland sei von Freunden umzingelt, machte die Runde –, und in der Folge spricht man seither eher von Risiken und Herausforderungen, die freilich recht diffus anmuten. Die Frage, wann ein Risiko wie etwa Terrorismus, Umweltzerstörung oder organisierte Kriminalität zur konkreten Gefahr wird, bleibt meist offen. Gleichwohl ändern sich die Anforderungen an Sicherheitspolitik damit grundlegend. Die Forderung zielt – neben flexiblen Strukturen und Fähigkeiten – unter anderem auf Prävention, Früherkennung und proaktives Handeln, also auf die Identifikation und den Abbau von Risiken, bevor sie zu konkreten Bedrohungen werden.

Diese Debatte um die Ausweitung der Referenzdimension für Sicherheit wird in der Politikwissenschaft auch kritisch unter dem Aspekt der **Versicherheitlichung** (*securitization*) geführt. Die erweiterte Wahrnehmung dessen, was als Gefahr angesehen wird, führe zu letztlich unerfüllbaren Sicherheitsbedürfnissen und mithin zu einer massiven Überforderung derjenigen, die Sicherheit gewährleisten sollen. In diesem Sinne kann fast jedes Thema als Sicherheitsproblem konstruiert werden, abhängig von den Akteuren mit ihren jeweiligen Interessen und Methoden. Versicherheitlichung ist dann der Prozess, in dem aus einem »normalen« politischen Thema ein Sicherheitsthema wird. Schon durch einen Versuch der Versicherheitlichung könne ein Sachverhalt besondere (vor allem mediale) Aufmerksamkeit erlangen. Für solche im Fokus der Öffentlichkeit stehenden Problembereiche können dann mehr Aufmerksamkeit und Ressourcen mobilisiert und unter Umständen Freiheitseinbußen begründet werden, die ohne eine Einordnung als sicherheitsrelevant kaum zu vermitteln wären.

Öffentliche Güter und Sicherheitspolitik

Eine weitere diskutierte Frage ist, welche Bedeutung öffentliche Güter (*global commons*) für die Sicherheitspolitik haben beziehungsweise haben sollen (siehe auch Kapitel 12).

- *Global commons* sind **Räume oder Ressourcen**, die jenseits der direkten und ausschließlichen Kontrolle einzelner Nationalstaaten liegen, die aber für die globale Entwicklung und internationale Ordnung strategisch wichtig sind – wie beispielsweise offene internationale See- und Handelswege, der Welt- und Cyberraum oder ein stabiles Weltklima. Auch Stabilität, Ordnung oder Sicherheit auf internationaler Ebene lassen sich als öffentliche Güter verstehen.
- Die auch sicherheitspolitisch relevante Frage ist, wer sich für die **Bereitstellung** dieser öffentlichen Güter und den freien Zugang zu ihnen verantwortlich fühlt und wer zu ihrem Schutz bereit und in der Lage ist.
- Einzelne Akteure können mit relativ geringen Mitteln (wie etwa im Falle von Piraterie) oder aber mit hoch entwickelten Waffen (wie etwa Cyber-Attacken oder Drohnen) ganze Räume oder lebenswichtige Funktionen **lahmlegen**. Würde etwa die Straße von Malakka als Transportroute ausfallen, entstünden in kürzester Zeit Schäden in Milliardenhöhe und eine Versorgung selbst europäischer Länder wäre beeinträchtigt.

Vermutlich war das der Hintergrund einer umstrittenen Äußerung des damaligen deutschen **Bundespräsidenten Horst Köhler**: Dieser erklärte am 22. Mai 2010 auf dem Rückflug von einem Besuch bei den in Afghanistan stationierten Bundeswehrsoldaten in einem Interview: »Meine Einschätzung ist aber, dass wir insgesamt auf dem Wege sind, doch auch in der Breite der Gesellschaft zu verstehen, dass ein Land unserer Größe mit dieser Außenhandelsorientierung und damit auch Außenhandelsabhängigkeit auch wissen muss, dass im Zweifel, im Notfall auch militärischer Einsatz notwendig ist, um unsere Interessen zu wahren, zum Beispiel freie Handelswege, zum Beispiel ganze regionale Instabilitäten zu verhindern.« Köhler ist dabei wohl auch missverstanden worden. Die Ableitung, Gemeinschaftsgüter als Gut zu betrachten, zu denen ein freier Zugang gewährleistet sein muss, der notfalls auch militärisches Handeln beinhaltet, führte jedenfalls zu einer heftigen Kontroverse.

Suche nach der richtigen Balance

Mit der Erkenntnis, Sicherheitspolitik umfassend zu begreifen, ist es aber nicht getan. Denn die Kehrseite der Medaille ernüchtert: Der Grad an Komplexität moderner Sicherheitspolitik hat sich enorm erhöht und droht die Verantwortlichen in der Realität zu überfordern. Und mehr noch: Die Versuchung ist groß, unter Sicherheitspolitik alles und damit nichts zu verstehen. Solange aber alles gleichzeitig, gleichrangig und nebeneinander wirkt, sind einer gewissen Beliebigkeit oder auch einer verdeckt dogmatischen Interessenpolitik keine Grenzen gesetzt. Die Konsequenz kann daher nur lauten: Die Tatsache einer hohen Komplexität nüchtern anzuerkennen, aber sie zugleich durch geeignete Maßnahmen auf ein sinnvolles, für praktische Arbeit beherrschbares Niveau reduzieren.

Im Ergebnis wird Sicherheitspolitik heute als umfassender Ansatz verstanden, in dem die zuvor nur lose miteinander verbundenen Elemente zu einer um unterschiedlichste Politikfelder und Akteure erweiterten Struktur zusammengefügt und die Zusammenhänge zugleich vertieft werden. Der Begriff »umfassend« ist dabei auch in sich selbst vielschichtig:

- ✔ Erstens **funktional**, also in einem engen, verwirrenden Systemgeflecht hoher innerer Komplexität und Dynamik. Dabei ergänzen bisher nur am Rande bedeutsame Instrumente und Akteure einer *soft power* zunehmend die vorher dominierende *hard power* und überlagern diese oft sogar. Die Vorstellung, alle großen heutigen Konflikte ließen sich ausschließlich oder zumindest primär mit militärischen Mitteln lösen, ist längst empirisch widerlegt. Dies zeigen so unterschiedliche Herausforderungen wie fragile Staaten, Klimawandel, Migration oder Pandemien eindrucksvoll. Dennoch hat nicht zuletzt der russische Angriffskrieg gegen die Ukraine gezeigt, dass militärische Mittel weiterhin Realität in der internationalen Politik sind.
- ✔ Zweitens **geografisch**, indem sich die Erkenntnis durchsetzt, dass es auf der Welt keine sicheren Nischen gibt. Vielmehr entfalten auch scheinbar weit entfernte Ursachen nahezu überall ihre Wirkung. Wer in einer Welt lebt, die global ist und bleibt, der muss auf allen Ebenen auch global denken und handeln können.
- ✔ Drittens **zeitlich**, indem die Dynamik des internationalen Wandels ständig zunimmt und es daher umso mehr darauf ankommt, kritische Entwicklungen so gut wie möglich zu antizipieren und ihnen präventiv zu begegnen. Je schwieriger das ist, desto wichtiger wird die Fähigkeit des strategischen Denkens und Handelns weit in die Zukunft hinein.

Sicherheitspolitik wird sich mithin stets in »Dilemma-Situationen« bewegen und muss dabei mindestens drei Kernfragen in den Blick nehmen:

- ✔ Was sind Sicherheitsprobleme und wie kann und soll diesen begegnet werden?
- ✔ Wie können und wie sollen die Herausforderungen priorisiert werden?
- ✔ Mit welchen Mitteln kann und soll angemessen reagiert werden?

IN DIESEM KAPITEL

Stand des internationalen Menschenrechtsschutzes

Durchsetzung von Menschenrechten

Schutzverantwortung

Kapitel 9 Internationale Menschenrechtspolitik

Menschenrechte sind grundlegende Ideen über eine angemessene Behandlung von Einzelpersonen oder Gruppen, die ihnen nach allgemeiner Auffassung aufgrund ihrer Existenz unabhängig vom politischen System oder kulturellen Kontext zustehen. Sie beziehen sich insbesondere auf das Verhältnis der Staaten zu ihren Bürgern, aber zunehmend auch auf das Verhalten von Unternehmen und nichtstaatlichen Akteuren.

- Die **Menschenrechtsidee** hat infolge der desaströsen Erfahrungen mit der systematischen Missachtung der Menschenrechte im Zweiten Weltkrieg seit den späten 1940er-Jahren eine beispiellose Verbreitung gefunden.
- Die **Allgemeine Erklärung der Menschenrechte** (AEMR) von 1948 kann als das am weitesten verbreitete internationale Dokument überhaupt gelten. Der Unterzeichnungstag des 10. Dezembers wird von den Vereinten Nationen zudem seit 1948 jährlich als Tag der Menschenrechte begangen.
- In zahllosen Deklarationen, Verträgen, Konventionen und Erklärungen ist ein **weltweites Normengefüge** geschaffen worden, das durch regionale und sektorale Arrangements weiterentwickelt und umfassend ausgestaltet wurde.

Grundlagen des internationalen Menschenrechtsschutzes

Aufbauend auf der Allgemeinen Erklärung der Menschenrechte verabschiedeten die Vereinten Nationen 1966 zwei Menschenrechtspakte: den Internationalen Pakt über wirtschaftliche, soziale und kulturelle Rechte (Sozialpakt) und den Internationalen Pakt über bürgerliche und politische Rechte (Zivilpakt). Zusammen bilden sie die **Internationale Menschenrechtscharta** (*International Bill of Human Rights*).

Auch wenn die **Allgemeine Erklärung der Menschenrechte** als einfache Resolution der VN-Generalversammlung kein verbindlicher völkerrechtlicher Vertrag ist, dessen Inhalte irgendwo einklagbar wären: Sie formuliert in 30 Artikeln bürgerliche, politische, wirtschaftliche, soziale und kulturelle Rechte, die allen Menschen unveräußerlich gehören. In der Präambel heißt es: »Da die Anerkennung der angeborenen Würde und der gleichen und unveräußerlichen Rechte aller Mitglieder der Gemeinschaft der Menschen die Grundlage von Freiheit, Gerechtigkeit und Frieden in der Welt bildet, da die Nichtanerkennung und Verachtung der Menschenrechte zu Akten der Barbarei geführt haben, die das Gewissen der Menschheit mit Empörung erfüllen, und da verkündet worden ist, dass einer Welt, in der die Menschen Rede- und Glaubensfreiheit und Freiheit von Furcht und Not genießen, das höchste Streben des Menschen gilt, da es notwendig ist, die Menschenrechte durch die Herrschaft des Rechtes zu schützen, damit der Mensch nicht gezwungen wird, als letztes Mittel zum Aufstand gegen Tyrannei und Unterdrückung zu greifen, da es notwendig ist, die Entwicklung freundschaftlicher Beziehungen zwischen den Nationen zu fördern, da die Völker der Vereinten Nationen in der Charta ihren Glauben an die grundlegenden Menschenrechte, an die Würde und den Wert der menschlichen Person und an die Gleichberechtigung von Mann und Frau erneut bekräftigt und beschlossen haben, den sozialen Fortschritt und bessere Lebensbedingungen in größerer Freiheit zu fördern.«

- ✔ Viele der zahllosen seitdem geschlossenen Übereinkommen, Gesetze und Verträge basieren auf der AEMR, etwa **regionale Menschenrechtsabkommen** wie die Europäische Konvention zum Schutze der Menschenrechte und Grundfreiheiten von 1953, die amerikanische Menschenrechtskonvention von 1978, die Afrikanische Charta der Rechte der Menschen und Völker von 1986 oder die Arabische Charta der Menschenrechte von 2008. Sie differenzieren die einzelnen Rechte lediglich weiter aus.

- ✔ Andere adressieren Möglichkeiten ihrer konkreten **Umsetzung und Überwachung**. Dabei geht es oftmals um eine Präzisierung durch eindeutigere Regelungen mit Blick auf bestimmte Gruppen (wie Geschlechter, Kinder, Wanderarbeiter oder Behinderte) oder auch eine Verknüpfung mit anderen Abkommen (etwa im Bereich des Handels).

Das unter den Vorzeichen der Globalisierung erfolgende Zusammenwachsen der Welt, nicht zuletzt im Kommunikationsbereich, hat dazu geführt, dass die Menschenrechtsproblematik einen vorderen Platz auf der globalen (Medien-)Agenda einnimmt. Doch trotz des universellen verbalen Bekenntnisses zu den Menschenrechten reißt die Kette der Menschenrechtsverletzungen weltweit nicht ab. Beispiele wie:

- ✔ der Völkermord an den Tutsis in Ruanda (1994),

- ✔ schwerste Menschenrechtsverletzungen in Bosnien-Herzegowina (1995), Kosovo (1999), Sudan (seit 2003), Syrien (bis 2024) und Gaza ab 2023/2024

- ✔ oder auch Einschränkungen von grundlegenden Rechten in autokratischen Staaten wie China oder Russland belegen dies regelmäßig.

Die auf globaler Ebene gesetzten Menschenrechtsstandards werden mithin nicht nur regelmäßig missachtet, sondern haben bei Weitem noch nicht den Eingang in das Recht der Mitgliedsstaaten gefunden, den die Verbreitung der einschlägigen Verträge und Konventionen nahelegt.

Zudem treten auch in zahlreichen demokratisch verfassten Staaten Individual- und Menschenrechte immer wieder hinter staatliche Schutz- und Sicherheitserfordernisse zurück. Verbriefte Grundrechtsstandards etwa beim Schutz von Privatsphäre, personenbezogener Daten oder des Brief- und Telekommunikationsgeheimnisses werden zurückgefahren, Hürden etwa für Flüchtlinge oder Asylsuchende dagegen aufgebaut. In Staaten mit ohnehin prekärer Menschenrechtssituation dient der Kampf gegen den internationalen Terrorismus als Vorwand für die weitere Verschärfung des Vorgehens gegen ethnische oder religiöse Minderheiten sowie Oppositionelle. In vielen westlichen Demokratien wird über diese Praxis nicht nur hinweggesehen, sondern es werden Staaten und Regime als Partner akzeptiert, die noch wenige Jahre zuvor wegen ihrer Menschenrechtspraxis als Sorgenkinder der internationalen Politik galten.

Generationen von Menschenrechten

Diese erkennbare Schwächeperiode der Menschenrechte hat ihre Gründe auch in der noch immer nicht schlüssigen konzeptionellen Ausgestaltung der Menschenrechtsidee selbst. Denn bezüglich seiner inhaltlichen Dimension suggeriert der Begriff Menschenrechte eine Eindeutigkeit, die bei näherem Hinsehen oftmals so nicht gegeben ist. In Anlehnung an die historische Entwicklung des Menschenrechtsdiskurses lässt sich von unterschiedlichen Generationen der Menschenrechte sprechen:

- ✔ Die **erste Generation** umfasst die klassischen liberalen Schutzrechte des Individuums gegenüber staatlicher beziehungsweise gesellschaftlicher Willkür und Gewalt: das Recht auf Leben, auf Freiheit der Meinung, der Rede und der Religion, auf Rechtsstaatlichkeit.
- ✔ Die Menschenrechte der **zweiten Generation** erstrecken sich auf individuelle Anspruchs- und Teilhaberechte im sozialen, wirtschaftlichen und kulturellen Bereich, etwa das Recht auf Arbeit, auf menschenwürdige Arbeitsbedingungen, auf eine materiell gesicherte Existenz oder auf Gesundheit.
- ✔ Die Menschenrechte der **dritten Generation** nehmen dagegen kollektive Ziele in den Blick: das Recht auf Entwicklung, auf eine saubere Umwelt oder auf Frieden. Dabei handelt es sich um Solidarrechte, die das Individuum als originären Träger von Rechten allenfalls indirekt berücksichtigen.

Die diesen Generationen zugrunde liegenden Auffassungen offenbaren kategoriale, in der globalen kulturellen Pluralität begründete Unterschiede des Menschenrechtsverständnisses, die nicht nur geeignet sind, das Postulat eines unteilbaren und weltweit akzeptierten Kernbestands menschenrechtlicher Normen infrage zu stellen, sondern auch die Menschenrechtsidee selbst zu ideologisieren und für politische Zwecke zu instrumentalisieren.

- ✔ Während die westlichen Demokratien im Bewusstsein auch ihrer jahrzehntelangen aus wirtschaftlicher Überlegenheit resultierenden **Definitionsmacht** die bürgerlichen Freiheitsrechte einfordern, hatten die sozialistischen Staaten während des

Ost-West-Konflikts (1945–1989) stets versucht, die Teilhaberechte in Verbindung mit einem ideologisch begründeten Friedensbegriff in sozialistische Menschenrechte umzudeuten.

- ✔ In der seitdem geführten aktuelleren Diskussion um die Menschenrechte der dritten Generation versuchen insbesondere die Länder des Globalen Südens, die Verwirklichung **kollektiver Rechte**, vor allem des Rechts auf Entwicklung, zur Voraussetzung für weitergehende bürgerliche Rechte zu erklären.

Hinter dieser Argumentation zahlreicher Entwicklungsländer verbergen sich zwei unterschiedliche Zielperspektiven:

- ✔ Zum einen sollen materielle Ansprüche an die Industriestaaten von Konditionierungen hinsichtlich westlicher Menschenrechtsauffassungen entkoppelt werden.
- ✔ Zum anderen geht es zumeist auch um die Abwehr innerstaatlicher Partizipations- und Demokratisierungsansprüche. Kollektive Menschenrechte der dritten Generation stellen häufig – etwa im Falle der stärker auf kollektive Ansprüche und individuelle Pflichten zielenden »asiatischen Werte« – Legitimationsfiguren für autoritäre Systeme und Herrschaftsstabilisierung der dortigen Eliten dar.

Beim Thema **asiatische Werte im Bereich der Menschenrechte** geht es um die Frage, inwieweit universelle Menschenrechte mit den traditionellen Werten und Normen asiatischer Gesellschaften vereinbar sind. Während die Betonung von Gemeinschaft und Ordnung in vielen asiatischen Gesellschaften vorherrscht, wird auch die Bedeutung von sozialen und wirtschaftlichen Rechten betont, und es gibt eine wachsende Diskussion über die Vereinbarkeit von universellen Menschenrechten mit den traditionellen Werten in Asien. Aber es fehlt eine einheitliche Definition, da Asien ein riesiger und vielfältiger Kontinent ist, der eine Vielzahl von Kulturen, Religionen und politischen Systemen umfasst. Diese reichen von konfuzianisch geprägten Kulturen wie China, Südkorea und Japan über Länder wie Singapur und Malaysia, wo die universelle Gültigkeit westlicher Menschenrechte nicht immer mit der lokalen Kultur und den gesellschaftlichen Normen in Einklang steht, bis zu Ländern wie Indien, wo Hinduismus und Buddhismus bedeutenden Einfluss auf das Verständnis von Menschenrechten haben. Einige asiatische Denker haben die Vorstellung kritisiert, dass westliche Modelle von Menschenrechten universell und ohne Rücksicht auf kulturelle Unterschiede gelten sollten. Sie argumentieren, dass westliche Menschenrechtsstandards oft auf einer spezifischen kulturellen und historischen Grundlage beruhen und daher nicht immer auf asiatische Gesellschaften anwendbar sind, die eigene Traditionen, Entwicklungspfade und Werte haben.

So zutreffend die meist von westlichen Demokratien erhobenen Einwände gegen die kollektiven Menschenrechtsauffassungen und die Verletzung von Menschenrechten in autoritären Staaten sein mögen, so wenig kann die eigene Praxis vieler westlicher Staaten hinsichtlich der Wahrung der Menschenrechte überzeugen.

- ✔ Dies bezieht sich nicht nur auf die Erkenntnis, dass auch in Demokratien **Menschenrechtsverstöße** nicht ausgeschlossen sind, wie etwa die jährlichen Berichte von Amnesty International zeigen.

- Vielmehr geht es insbesondere um das Problem der **doppelten Standards**, wenn Industriestaaten einerseits die Gewährung von Entwicklungszusammenarbeit an die Erfüllung menschenrechtlicher Forderungen knüpfen, andererseits jedoch über gravierende Menschenrechtsverletzungen hinwegsehen, wenn diese sich in für sie wirtschaftlich oder politisch bedeutsamen Ländern ereignen.

Der Begriff **doppelte Standards** bezeichnet im Kontext von Menschenrechten die Praxis, dieselben Prinzipien oder Normen in unterschiedlichen Situationen grundlegend unterschiedlich anzuwenden, oft basierend auf politischen, wirtschaftlichen oder geostrategischen Interessen. Dies bedeutet, dass Staaten oder internationale Organisationen Menschenrechtsverletzungen in bestimmten Ländern oder Regionen kritisieren, während sie in anderen Fällen ähnliche Verstöße übersehen, ignorieren oder sogar tolerieren. Länder, die wirtschaftlich abhängig sind oder strategische Interessen an einem anderen Land haben (zum Beispiel aufgrund von Rohstoffen oder der Größe des Marktes), sind weniger geneigt, die Menschenrechtsverletzungen in diesen Ländern zu kritisieren. Beispiele sind die zurückhaltenden Reaktionen westlicher Regierungen auf Menschenrechtsverletzungen in China, während ähnliche Verstöße in kleineren und geopolitisch weniger relevanten Staaten deutlich stärker kritisiert werden. Auch die unterschiedliche Behandlung von Ländern wie Saudi-Arabien (mit starken wirtschaftlichen Beziehungen zu westlichen Ländern) und Iran oder Nordkorea ist zu nennen. Ein weiteres Beispiel ist die sehr moderate Kritik etlicher westlicher Staaten an Israel für die schwersten Menschenrechtsverletzungen der Netanjahu-Regierung im Gaza-Krieg 2024, während andere Staaten bei Fehlverhalten sehr viel deutlicher kritisiert oder gar mit Sanktionen belegt werden. Eine glaubwürdige Menschenrechtspolitik müsste in allen Kontexten und unabhängig von politischen, wirtschaftlichen oder geostrategischen Interessen gleiche Maßstäbe anlegen – zugleich sind Interessen manchmal offenkundig wirkmächtiger.

Durchsetzungsmechanismen

Wirksamer Menschenrechtsschutz kann sich nicht auf die Kodifikation von Normen und den ethischen Appell zu ihrer Beachtung beschränken. Vielmehr bedarf es verlässlicher Mechanismen, durch die die Verankerung der menschenrechtlichen Standards im nationalen Recht und deren Befolgung im staatlichen und gesellschaftlichen Handeln überwacht und gegebenenfalls durchgesetzt werden können.

- Grundproblematik dabei ist das Verhältnis zwischen kollektivem internationalen **Regelungsanspruch** und dem Souveränitätsgrundsatz der Staaten.

- Die Sorge der Staaten vor unzulässiger Einmischung in ihre **inneren Angelegenheiten** ließ sie jahrzehntelang an der Auffassung festhalten, dass Überprüfungs- und Durchsetzungsmechanismen im Menschenrechtsbereich eingeschränkt sein sollen.

Dabei gibt es im internationalen Menschenrechtsschutz mittlerweile eine Reihe an Mechanismen, die die Einhaltung von Standards überwachen sollen. Die souveränitätsschonendste Variante ist das »Staatenberichtsverfahren«, bei dem sich die Vertragsparteien verpflichten, über Implementierung beziehungsweise Befolgung der Vereinbarungen zu berichten.

In Einzelfällen sind darüber hinaus auch Staatenbeschwerden oder sogar Individualbeschwerden möglich. Zahlreiche Menschenrechtsverträge haben zudem Ausschüsse eingerichtet, die diese Mechanismen detailliert festlegen. Möglich sind etwa Faktenfindungsmissionen oder Vor-Ort-Untersuchungen. Im System der Vereinten Nationen nimmt auch der 2005 gegründete »Menschenrechtsrat« wichtige Aufgaben wahr, ebenso der bereits in den 1990er-Jahren installierte »Hochkommissar für Menschenrechte«, der auch über einen breiten institutionellen Unterbau verfügt.

Neben diesen staatlich geprägten Ansätzen nehmen auch Akteure der internationalen Zivilgesellschaft zunehmend Einfluss auf die internationale Menschenrechtspolitik. Dazu zählen Organisationen wie Amnesty International oder Human Rights Watch, die dazu beitragen, die Einhaltung von Menschenrechten zu überwachen, Verstöße zu dokumentieren und Betroffene zu unterstützen. Vier Funktionen sind wichtig:

- ✔ **Bewusstseinsbildung:** Zivilgesellschaftliche Akteure setzen sich für die Verbreitung menschenrechtlicher Standards ein und informieren die Öffentlichkeit über Missstände.
- ✔ **Überwachung und Dokumentation:** Nichtregierungsorganisationen dokumentieren Menschenrechtsverletzungen vor Ort, insbesondere in autoritären Regimen oder Konfliktgebieten, wo unabhängige Informationen oft fehlen. Ihre Berichte dienen häufig als Grundlage für internationale Maßnahmen oder Sanktionen.
- ✔ **Lobbyarbeit:** Durch Lobbyarbeit drängen zivilgesellschaftliche Akteure Regierungen und internationale Institutionen, wie den Menschenrechtsrat oder den Internationalen Strafgerichtshof, Maßnahmen zum Schutz der Menschenrechte zu ergreifen.
- ✔ **Unterstützung von Opfern und Betroffenen:** Die Zivilgesellschaft bietet Opfern von Menschenrechtsverletzungen rechtliche und materielle Unterstützung. Dies umfasst unter anderem die Bereitstellung von Zufluchtsorten und rechtlicher Beratung oder den Zugang zu internationalen Beschwerdemechanismen.

Die Zusammenarbeit mit internationalen Organisationen stärkt ihre Wirksamkeit und ermöglicht es, global auf Menschenrechtsverletzungen aufmerksam zu machen und Druck auf Staaten auszuüben.

Normunternehmer im Menschenrechtsschutz

Diese oftmals zivilgesellschaftlichen Akteure lassen sich auch als **Normunternehmer** verstehen – also Akteure, die aktiv darauf hinarbeiten, neue soziale oder rechtliche Normen in einem internationalen Kontext zu etablieren, zu verbreiten oder zu festigen. Dies können Einzelpersonen, Organisationen oder auch Staaten sein. Nach einem Modell der amerikanischen Politikwissenschaftlerinnen Martha Finnemore und Kathryn Sikkink spielen Normunternehmer insbesondere in der ersten Phase des Normlebenszyklus eine entscheidende Rolle:

- ✔ **Normentstehung:** Normunternehmer identifizieren ein Problem und formulieren neue Normen, die das Problem angehen. Sie nutzen Überzeugungskraft, um Unterstützer zu gewinnen.

- **Normkaskade:** Wenn eine kritische Masse erreicht ist, übernehmen andere Akteure die Norm. Sie wird zunehmend institutionalisiert und akzeptiert.
- **Normverinnerlichung:** In dieser Phase wird die Norm so stark akzeptiert, dass sie als selbstverständlich gilt.

Angesichts der demokratischen Erosion in vielen Regionen der Welt und des Erstarkens nicht-demokratischer Akteure ist das gewiss kein Automatismus und ist immer auch von Rückschlägen bedroht, zumal sich Autokratien gegen die Verbreitung solcher Normen zu wehren wissen.

Als Beleg für die zunehmende Bedeutung von Akteuren der internationalen Zivilgesellschaft sind die **Schattenberichte** von Nichtregierungsorganisationen (NGOs), zivilgesellschaftlichen Organisationen oder anderen unabhängigen Akteuren zu nennen. Diese Informationen basieren oft auf Erhebungen, Zeugenaussagen, Recherchen vor Ort und der Dokumentation von Fällen. Schattenberichte werden erstellt, um eine kritische oder ergänzende Perspektive zu den offiziellen Berichten zu bieten, die von den Regierungen eines Landes an internationale Organisationen, wie die Vereinten Nationen oder den Europäischen Gerichtshof für Menschenrechte, übermittelt werden. Sie sollen Menschenrechtsbedingungen dokumentieren, die möglicherweise in den offiziellen Berichten verschwiegen oder beschönigt werden. Sie decken eine Vielzahl von Themen ab, darunter politische Rechte (Meinungsfreiheit, Versammlungsfreiheit), wirtschaftliche, soziale und kulturelle Rechte (das Recht auf Bildung, Gesundheit und Arbeit) sowie Spezialthemen wie Rechte von Frauen, Minderheiten, indigene Völker, Migranten oder »LGBTQ+-Personen«.

Zu den neueren Entwicklungen im Bereich der Menschenrechtsabkommen gehören verschiedene Bemühungen, aktuelle Herausforderungen wie Klimawandel, Lieferketten und Digitalisierung menschenrechtlich zu berücksichtigen: Dazu zählen:

- **Verbindliches UN-Abkommen zu Wirtschaft und Menschenrechten:** Dieses Abkommen soll Unternehmen stärker in die Verantwortung nehmen, Menschenrechte entlang ihrer Lieferketten zu respektieren. Es baut auf den VN-Leitprinzipien für Wirtschaft und Menschenrechte auf, ist jedoch rechtlich bindend und wird derzeit von einer VN-Arbeitsgruppe verhandelt.
- **Überarbeitung der Klimarahmenkonvention und des Pariser Abkommens:** Im Kontext der Klimagerechtigkeit gibt es stärkere Forderungen, dass Menschenrechte integraler Bestandteil von Klimapolitiken werden. Besonders indigene Rechte und der Schutz gefährdeter Gemeinschaften, aber auch ein Menschenrecht auf saubere Umwelt stehen im Fokus.
- **Neue EU-Menschenrechtsregulierungen:** Die EU hat Initiativen wie das Lieferkettengesetz und Richtlinien zur Nachhaltigkeit verabschiedet, die menschenrechtliche Sorgfaltspflichten für Unternehmen festlegen. Diese Regelungen nehmen Unternehmen in die Verantwortung, Menschenrechtsverletzungen in globalen Lieferketten vorzubeugen und zu beheben.

✔ **Stärkung von Überprüfungsverfahren:** Im Verfahren zur Überprüfung wird im aktuellen Zyklus verstärkt auf die Einhaltung von Menschenrechten in VN-Mitgliedsstaaten in neuen Kontexten wie digitalen Technologien geachtet.

Am Beispiel der Lieferkettenproblematik lassen sich einige Herausforderungen verdeutlichen. In Handel und Produktion werden entlang der weltweiten Lieferketten immer wieder grundlegende Menschenrechte verletzt. Millionen Menschen leben weltweit in Elend und Not, weil soziale Mindeststandards wie das Verbot von Zwangs- und Kinderarbeit missachtet werden. Schätzungsweise 80 Millionen Kinder arbeiten weltweit unter ausbeuterischen Bedingungen, in Textilfabriken, Steinbrüchen, auf Kaffeeplantagen oder beim Abbau seltener Erden – auch für Produkte, die in Deutschland konsumiert werden. International gibt es seit vielen Jahren Diskussionen, wie sich das ändern ließe – und es sind auch tatsächlich konkrete Erfolge erzielt worden.

Zahlreiche internationale Initiativen zur **Regulierung von Lieferketten** zielen darauf ab, menschenrechtliche und ökologische Standards weltweit zu verbessern. Im Rahmen des *global compact* der Vereinten Nationen haben sich im Jahr 2000 Unternehmen freiwillig zu zehn Prinzipien in den Bereichen Menschenrechte, Arbeitsstandards, Umwelt und Korruptionsbekämpfung verpflichtet. Die Leitprinzipien der Vereinten Nationen für Wirtschaft und Menschenrechte aus dem Jahr 2011 haben dann ein globales Rahmenwerk für den Schutz der Menschenrechte in Unternehmen mit drei Säulen (staatliche Schutzpflicht, unternehmerische Verantwortung und Zugang zu Rechtsmitteln) geschaffen. Unternehmen sind angehalten, Sorgfaltspflichten (*due diligence*) umzusetzen, um negative Auswirkungen auf die Menschenrechte zu verhindern. Auf dieser Basis hat der Deutsche Bundestag das »Gesetz über die unternehmerischen Sorgfaltspflichten zur Vermeidung von Menschenrechtsverletzungen in Lieferketten« (Lieferkettensorgfaltspflichtengesetz) verabschiedet. Unternehmen werden verpflichtet, Menschenrechts- und Umweltverstöße entlang ihrer gesamten Wertschöpfungskette zu verhindern. Das Gesetz gilt in Deutschland ab 2024 für Unternehmen mit mehr als 1000 Beschäftigten. Es legt klare Anforderungen für die Sorgfaltspflichten von Unternehmen fest und soll Rechtssicherheit für Unternehmen und Betroffene schaffen. Ziel ist, den Schutz der Menschenrechte und der Umwelt in globalen Lieferketten zu verbessern. Es geht nicht darum, überall in der Welt deutsche Sozialstandards umzusetzen, sondern um die Einhaltung grundlegender Menschenrechtsstandards. Das deutsche Lieferkettengesetz ist Teil einer globalen Entwicklung hin zu mehr unternehmerischer Verantwortung. Auf EU-Ebene wird eine noch umfassendere Richtlinie über die Sorgfaltspflichten von Unternehmen (*corporate sustainability*) vorbereitet, die das Lieferkettengesetz in den kommenden Jahren erweitern könnte.

Schutzverantwortung

Insgesamt steht der globale Menschenrechtsdiskurs auch weiterhin vor der Aufgabe, ein universal akzeptiertes Verständnis von zu schützenden Menschenrechtsgütern hervorzubringen. Konkret bedeutet dies, die in den internationalen Verträgen und Pakten errichteten

Standards in nationales Recht zu implementieren und mit Leben zu erfüllen. Dies verlangt aber auch, die bestehenden Instrumente zu ihrer Durchsetzung für den Fall der Nichtbeachtung entschlossen und effektiv anzuwenden. Was es herauszubilden gilt, ist die globale Akzeptanz einer hierarchiefreien Interdependenz aller drei Generationen von Menschenrechten. Dies setzt den interkulturellen Dialog und die Lernbereitschaft aller am Menschenrechtsdiskurs beteiligten Staaten und Kulturen voraus.

Ein weiterer völkerrechtlicher Meilenstein des Menschenrechtsschutzes ist die Gründung des »Internationalen Strafgerichtshofes« (IStGH) im Jahr 1998. Die internationale Strafgerichtsbarkeit ist seitdem fester Bestandteil des internationalen Menschenrechtsschutzes (darüber konnten Sie mehr in Kapitel 7 erfahren).

Auf der politikpraktischen Ebene bedeutet dies aber auch ein fortschreitendes Überdenken des klassischen Souveränitätsgrundsatzes.

- ✔ Elementare Menschenrechte sind als **globales Rechtsgut** der einzelstaatlichen Verfügbarkeit entzogen. Der enge Nexus zwischen Menschenrechten und internationaler Stabilität in der globalisierten Welt erlegt den Staaten Verpflichtungen auf, die auf einer Stufe mit denjenigen zur friedlichen Konfliktaustragung und Kriegsverhütung stehen.

- ✔ Dies schließt die **Abkapselung** unter Verweis auf nationale Souveränitätsrechte ebenso aus wie die Instrumentalisierung der Menschenrechte zur nationalen Interessendurchsetzung. Die Entwicklung eines integrativen universalen Verständnisses von Menschenrechten ist der langfristig wohl wirksamste Schutz dieses kollektiven Rechtsguts.

Zwar sind auf der Basis der Menschenrechtsverträge kodifizierte Überwachungsmechanismen zur Einhaltung der vereinbarten Standards geschaffen worden, doch konnten unter dem überbrachten Souveränitätsgrundsatz nur rudimentäre Ansätze echter und greifender Durchsetzungsmittel etabliert werden. Überwachung durch kollektive Organe der Staatengemeinschaft wie auch der Zivilgesellschaft und gegebenenfalls das öffentliche Anprangern von Menschenrechtsverstößen gehören zur Begleitung dieses Prozesses der Implementierung von Menschenrechtsstandards.

- ✔ Eine wichtige Debatte hinsichtlich der Handlungsmöglichkeiten im internationalen Menschenrechtsschutz bezieht sich auf die **Schutzverantwortung**.

- ✔ Seit dem Epochenbruch von 1989/90 hat sich auf der Grundlage des Konzepts der **menschlichen Sicherheit** in der internationalen Menschenrechtspolitik ein rechtlicher und moralischer Normenwandel vollzogen.

- ✔ Nach dem somalischen Bürgerkrieg 1992 und spätestens nach dem Genozid von Ruanda 1994 begann eine Debatte darüber, ob und wie im Inneren von Staaten bei extremen Fällen wie Völkermord, Verbrechen gegen die Menschlichkeit und ethnischen Säuberungen vom **Nichteinmischungsgebot** abgewichen werden darf.

Unter dem Begriff der **Schutzverantwortung** (*responsibility to protect*, R2P) sollte bei schwersten Menschenrechtsverletzungen ein Konstrukt zum Eingreifen von außen gefunden werden. Dieser Ansatz ist jedoch von der internationalen Staatengemeinschaft keinesfalls allgemein anerkannt. Der R2P-Ansatz zeichnet sich durch vier Merkmale aus: Neben die nationale Verantwortung zum Schutz

> der betroffenen Menschen tritt eine internationale Verantwortung, wenn der Staat seine Verpflichtung nicht erfüllt. Diese internationale Verantwortung zielt nicht nur auf Reaktion, sondern besonders auf Prävention und gegebenenfalls Wiederaufbau. Das Schwellenkriterium für die Aktivierung der Schutzverantwortung ist der Verlust von Menschenleben in großem Maßstab. Als Vorsorgeprinzipien gegen Missbrauch gelten unter anderem eine, durchaus schwammig formulierte, rechte Absicht des Eingreifens, die vorherige Ausschöpfung aller nicht-militärischen Maßnahmen und die Verhältnismäßigkeit der Mittel.

Das klingt alles sehr vernünftig. In der Praxis gibt es allerdings auch Stolpersteine.

- ✔ Einer der größten ist die Frage, welche Instanz ein Eingreifen legitimieren darf (im Grundsatz der Sicherheitsrat der Vereinten Nationen – aber was passiert, wenn er wegen eines Vetos **handlungsunfähig** ist, siehe Kosovo 1999) und wie im Einzelfall ein Missbrauch verhindert werden kann (Intervention unter dem Deckmantel der Schutzverantwortung, aber mit weiterreichenden geopolitischen Eigeninteressen der Eingriffsmächte).
- ✔ Von daher lässt sich zumindest festhalten: Ein **robustes internationales Eingreifen** in Fällen zerfallender oder zerfallener Staaten ist nach wie vor an strenge Bedingungen gebunden und überdies in Theorie wie Praxis hoch umstritten.
- ✔ Letztlich bedarf es dazu eines **besonderen Interesses** mindestens einer der Veto-Mächte im Sicherheitsrat der VN und einer offenen oder stillschweigenden Duldung aller anderen. Das wiederum stößt häufig an Grenzen in einer Welt, die immer noch von globaler Machtprojektion einiger Großmächte geprägt ist.

IN DIESEM KAPITEL

Was Wohlstand und Stabilität schafft

Entwicklung der Welthandelsordnung

Geopolitisierung des internationalen Handels

Kapitel 10
Internationale Wirtschaftsbeziehungen

Internationale Wirtschaftsbeziehungen spielen für die wirtschaftliche Entwicklung und auch die politische Stabilität von Staaten eine zentrale Rolle – in die eine oder die andere Richtung. Vom mittelalterlichen Orienthandel, der Stadtstaaten wie Venedig, oder Pisa zur Blüte verhalf, über das merkantilistische Wirtschaftssystem des Absolutismus, das den europäischen Kolonialmächten Macht und Reichtum brachte, über die Zeit nach dem Zweiten Weltkrieg, als der Welthandel einen bis dahin unbekannten Aufschwung erlebte und den Industrieländern eine dominierende Position in der Weltwirtschaft bescherte, bis hin zum gegenwärtigen Aufstieg Chinas zur Weltmacht: In der Wirtschaftsgeschichte ist vielfach belegt, wie sehr Außenhandel internationale Politik prägt und verändert. Dabei gab und gibt es stets Gewinner und Verlierer.

Außenhandel und der Wohlstand der Nationen

Außenhandel spielt aus unterschiedlichen Gründen eine wichtige Rolle in der globalen Wirtschaft:

- ✔ **Zugang zu neuen Märkten:** Durch den Außenhandel können Unternehmen ihre Produkte und Dienstleistungen über die nationalen Grenzen hinaus verkaufen, wodurch sie neue Märkte erschließen.
- ✔ **Ressourcen und Rohstoffe:** Viele Länder sind auf den Import von Rohstoffen angewiesen, die sie selbst nicht in ausreichendem Maße produzieren können. Der Außenhandel ermöglicht den Zugang zu diesen wichtigen Ressourcen.
- ✔ **Kostensenkung und Effizienz:** Durch internationalen Handel können Unternehmen von Kostenvorteilen profitieren, die sich aus unterschiedlichen Produktionsbedingungen

in verschiedenen Ländern ergeben. Zum Beispiel können Unternehmen in Ländern mit niedrigen Arbeitskosten produzieren und ihre Produkte dann exportieren (komparativer Kostenvorteil).

- ✔ **Wettbewerbsfähigkeit und Innovation:** Der Außenhandel fördert den Wettbewerb und zwingt Unternehmen, ihre Produkte und Dienstleistungen zu verbessern, um auf dem globalen Markt konkurrenzfähig zu bleiben. Dies kann zu Innovationen führen.
- ✔ **Diversifizierung der Wirtschaft:** Durch den Handel mit anderen Ländern kann ein Land seine Wirtschaft diversifizieren, indem es neue Industrien entwickelt und in verschiedenen Bereichen tätig wird, anstatt sich auf wenige Sektoren zu konzentrieren.

Mit den Wirkungen ökonomischer Integration befasst sich die »Internationale Politische Ökonomie« (IPÖ), bei der sich drei große »Schulen« unterscheiden lassen, die die zuvor genannten Aspekte sehr unterschiedlich bewerten:

- ✔ Die **merkantilistisch-realistische Perspektive** blickt insbesondere auf die machtstrategischen Aspekte der nationalstaatlichen Wirtschafts- und Handelspolitik. Staaten wollen ihre ökonomische Macht erhöhen, was vor allem mit Handelsbilanzüberschüssen gelingt – man müsse also versuchen, mehr zu exportieren als zu importieren und dadurch einen Vorteil erlangen.
- ✔ Die **liberal-internationalistische Perspektive** sieht in Anlehnung an Adam Smith und dessen Hauptwerk *Wohlstand der Nationen* aus dem Jahr 1776 beziehungsweise die Arbeiten des britischen Ökonomen David Ricardo (1772–1823) zu den Vorteilen des Freihandels die internationale Arbeitsteilung als Voraussetzung für Wohlstandsgewinne und spricht sich gegen merkantilistische Abschottung aus. Selbst für weniger entwickelte Länder sei Freihandel unter bestimmten Voraussetzungen vorteilhaft.
- ✔ Die **historisch-materialistische Perspektive** blickt in Anlehnung an die Arbeiten von Karl Marx (1818–1883) kritisch auf kapitalistische Produktionsweisen und adressiert Klassen-, Macht- und Herrschaftsbeziehungen mitsamt internationalen Krisendynamiken, die auf vermeintlicher oder tatsächlicher Ausbeutung und internationalen Abhängigkeiten beruhen. Später kamen Imperialismustheorien hinzu, die sich kritisch mit der Rolle der Industrienationen auseinandersetzten und sich mit der von den Entwicklungsländern geforderten »Neuen Weltwirtschaftsordnung« mit anderen Spielregeln befassten (siehe Kapitel 11).

Wie auch immer Sie diese Perspektiven beurteilen: Die Wirtschaftskraft auf unserem Globus hat sich in den vergangenen Jahrhunderten durch technischen Fortschritt, aber auch durch eine engere internationale Vernetzung rasant nach oben entwickelt.

Die **Zahlenangaben und Statistiken** zum internationalen Handel sind im Detail oftmals verwirrend und aufgrund verschiedener Berechnungsarten schlecht vergleichbar. Für aktuelle Daten sind die der internationalen Finanzorganisationen wie Weltbank, Welthandelsorganisation oder Internationaler Währungsfonds gute Grundlagen. Für die Sammlung von Schätzungen zur wirtschaftlichen Leistung von Ländern über einen langen Zeitraum, insbesondere von Bruttoinlandsprodukt (BIP) und BIP pro Kopf, ist die *Maddison Project Database* brauchbar. Diese wurde von dem britischen Wirtschaftshistoriker Angus

Maddison ins Leben gerufen und hat zum Ziel, historische Wirtschaftsdatensätze zu rekonstruieren, um langfristige Entwicklungen der Weltwirtschaft zu analysieren. Abbildung 10.1 zeigt auf der Datengrundlage des Maddison-Projekts die Entwicklung der weltweiten Wirtschaftskraft nach Regionen. Diese Daten sind inflationsbereinigt und um Unterschiede bei den Lebenshaltungskosten zwischen den Ländern bereinigt sowie in US-Dollar zu Preisen von 2011 ausgedrückt, wobei für historische Daten eine Kombination aus Kaufkraftparitäten von 2011 und 1990 verwendet wird.

In Abbildung 10.1 sehen Sie die Entwicklung des Bruttoinlandsprodukts nach Weltregionen von 1900 bis 2020. Diese Daten sind eindeutig und werden auch bei anderen Berechnungsgrundlagen bestätigt: Die weltweite Wirtschaftskraft ist jahrzehntelang rasant gestiegen.

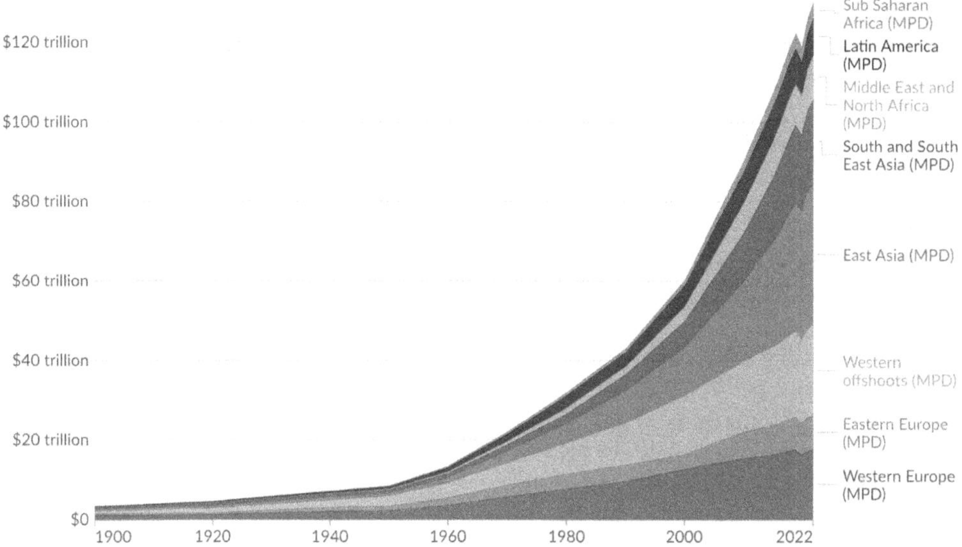

Abbildung 10.1: Bruttoinlandsprodukt nach Weltregionen von 1900 bis 2020, Quelle: Bolt and van Zanden - Maddison Project Database 2023, `https://ourworldindata.org/grapher/gdp-world-regions-stacked-area?time=1900..latest`

Nach Angaben des Internationalen Währungsfonds (IWF) hat sich das weltweite Bruttoinlandsprodukt von 11,2 Billionen US-Dollar im Jahr 1980 auf 105 Billionen in 2023 erhöht. 62,1 Billionen entfielen davon auf die Industriestaaten, 43,5 US-Dollar auf die Schwellen- und Entwicklungsländer.

- ✔ Mit einem BIP von rund 27,7 Billionen US-Dollar belegen 2023 die USA den ersten Platz im Ranking der **Länder mit dem größten BIP**. China folgt mit rund 17,76 Billionen US-Dollar mit deutlichem Abstand auf dem zweiten Platz.

- ✔ **Deutschland** erzielte im Jahr 2023 mit rund 4,5 Billionen US-Dollar das dritthöchste Bruttoinlandsprodukt der Welt und lag damit fast gleichauf mit Japan.

- ✔ Großbritannien wurde im Jahr 2022 durch die **ehemalige Kronkolonie Indien** als eine der fünf größten Volkswirtschaften weltweit abgelöst und steht nun auf Platz sechs.

- ✔ **Brasilien** als größte Volkswirtschaft Südamerikas und der Mercosur-Staaten belegt mit einem BIP von rund 2,17 Billionen US-Dollar im Jahr 2023 weltweit den neunten Platz, Südafrika als größte Volkswirtschaft Afrikas mit einem BIP von rund 377,7 Milliarden US-Dollar (2023) liegt nicht unter den ersten zehn.

Akteure und Probleme der Welthandelsordnung

Zu den wichtigsten Akteuren der Welthandels- und Weltfinanzordnung zählen die Welthandelsorganisation (WTO), die Weltbankgruppe und der Internationale Währungsfonds (IWF). Aus den Erfahrungen der Weltwirtschaftskrisen der 1930er-Jahre zogen die maßgeblichen Akteure die Konsequenz, internationale Wirtschaftsfragen stärker in einem institutionellen Rahmen zu diskutieren und gemeinsamen Regeln zu unterwerfen.

- ✔ Den Ton gaben dabei die aus dem Zweiten Weltkrieg als **Führungsmacht** der westlichen Welt hervorgegangene USA an.
- ✔ Die Grundphilosophie lautete in Anlehnung an die oben dargestellte »liberal-internationalistische Perspektive«: **Freihandel** ermöglichen und damit die internationalen Beziehungen zu stabilisieren.

Zentrale Bedeutung hatte das »Allgemeine Zoll- und Handelsabkommen« (*General Agreement on Tarifs and Trade, GATT*) aus dem Jahr 1947. Darauf aufbauend wurde im Jahr 1995 die Welthandelsorganisation (WTO) gegründet, die den internationalen Handel weiter fördern und regeln soll. Sie basiert auf Prinzipien, denen theoretisch alle inzwischen 166 Mitgliedsstaaten (die 2024 rund 98 Prozent des Welthandels verantworten) folgen müssen:

- ✔ **Meistbegünstigung:** Jeder an dem Arrangement beteiligte Staat muss allen Staaten dieselbe Art von Marktzugang gewähren wie dem am meisten begünstigten Drittstaat.
- ✔ **Inländerbehandlung:** Ausländische Waren, Dienstleistungen und Investitionen dürfen nach ihrer Einfuhr nicht schlechter behandelt werden als inländische.
- ✔ **Marktzugang und Abbau von Handelshemmnissen:** Mitgliedsstaaten verpflichten sich, Zölle und andere Handelshemmnisse abzubauen und ihre Märkte zu öffnen.
- ✔ **Transparenz:** Handelsregeln und -praktiken der Mitglieder müssen klar, öffentlich und vorhersehbar sein.
- ✔ **Förderung fairen Wettbewerbs:** Handelspraktiken wie Dumping (Verkauf unter Herstellungskosten) und Subventionen, die den Wettbewerb verzerren, werden reguliert.
- ✔ **Streitbeilegung:** ein geregeltes Verfahren zur Lösung von Handelskonflikten zwischen Mitgliedern, auch mit der Möglichkeit, dass einzelne Staaten überstimmt werden können.

Die Bindewirkung der WTO hat jedoch deutlich nachgelassen:

- ✔ In den vergangenen Jahren sind **protektionistische Maßnahmen** wie Zölle und Handelsbarrieren in verschiedenen Ländern angestiegen, insbesondere in den USA unter der Präsidentschaft von Donald Trump. Diese Entwicklung stellt eine Herausforderung für die WTO dar, da ihre Regeln und Prinzipien auf offenen Märkten basieren.
- ✔ Die **geopolitischen Spannungen**, insbesondere zwischen den USA und China, haben das multinationale Handelssystem unter Druck gesetzt. Beide Länder haben sich wiederholt über WTO-Regeln hinweggesetzt oder diese infrage gestellt, was die Effizienz der Organisation schwächt.
- ✔ Streitpunkt sind die **Sonderrechte für Entwicklungsländer**, mit denen die WTO deren wirtschaftliche Entwicklung fördern will. Industrieländer argumentieren, dass diese Sonderbehandlung nicht mehr gerechtfertigt sei, da viele inzwischen große Volkswirtschaften sind, während Entwicklungsländer darauf bestehen, dass ihre besonderen Bedürfnisse weiterhin berücksichtigt werden sollen.

Die Bretton-Woods-Organisationen

Die **Bretton-Woods-Organisationen** (benannt nach dem US-amerikanischen Ort Bretton Woods, in dem im Sommer 1944 eine internationale Konferenz zur Neuordnung der Weltwirtschaft und der globalen Finanzarchitektur stattfand) bestehen aus der Weltbank und dem Internationalen Währungsfonds. Ziele der Weltbank, der über 180 Staaten angehören, sind die Stabilisierung der wirtschaftlichen Entwicklung in den Mitgliedsstaaten durch Kapitalinvestitionen und Kredithilfe, die Förderung der privaten internationalen Investitionstätigkeit, die Ausdehnung des internationalen Handels und die Stabilisierung der Zahlungsbilanzen und in jüngster Zeit insbesondere die Wachstumsförderung in Entwicklungs- und Transformationsländern.

Das wichtigste Instrument der Weltbank ist dabei die Kreditvergabe, wobei die Projektfinanzierung im Vordergrund steht. Darüber hinaus werden aber auch *sector operations* zur Stabilisierung ganzer Wirtschaftssektoren unternommen. Vorwiegend werden Investitionsprojekte, technische Hilfe sowie wirtschaftliche Reformprogramme (Strukturanpassungskredite) finanziert.

Die Ziele des IWF stehen in engem Bezug zur Weltbankgruppe, zumal der Beitritt zum IWF formale Voraussetzung für die Mitgliedschaft in der Weltbank ist. Der IWF fördert die internationale Zusammenarbeit auf dem Gebiet der Währungspolitik mit dem Ziel der Ausweitung des Handels und der Wechselkursstabilität, stellt Mittel bei Zahlungsbilanzschwierigkeiten einzelner Staaten zur Verfügung und spielt eine wichtige Rolle bei der Abstimmung der Wechselkurspolitik der Mitgliedsstaaten. Das Kompetenzgebiet des IWF hat sich seit den 1970er-Jahren stark ausgeweitet. Einerseits vergrößerte sich das Kreditvolumen enorm, andererseits entwickelte sich der IWF gegenüber sowohl öffentlichen als auch privaten Gläubigern zum Garanten für die Reformwilligkeit der in eine Krise geratenen Länder. Diese teilweise erheblichen Eingriffe in das Wirtschafts- und Sozialsystem der Entwicklungsländer haben den Bretton-Woods-Organisationen den Vorwurf eingebracht, sie seien Vertreter eines »marktradikalen Turbokapitalismus« und würden zu wenig auf die soziale Stabilität eines Landes achten (siehe auch Kapitel 17).

Bei der internationalen Finanzarchitektur geht es um:

- ✔ eine bestimmte Anzahl **internationaler Standards** für globale Finanzmärkte, die Finanzkrisen mit systemischen Auswirkungen verhindern oder jedenfalls ent schärfen sollen,
- ✔ die verschiedenen internationalen staatlichen und nichtstaatlichen Organisationen, die mit der Ausarbeitung der **entsprechenden Standards** befasst sind und sich um ihre innerstaatliche Implementierung bemühen,
- ✔ Maßnahmen und Akteure, deren Aufgabe es ist, **internationale Finanzkrisen** zu lösen,
- ✔ sowie die Maßnahmen und internationalen Standards, die sich auf die Integrität und Transparenz der **Finanzmärkte** beziehen, etwa mit Blick auf die Bekämpfung der Geldwäsche und die Finanzierung terroristischer Aktivitäten sowie im Hinblick auf einen möglichst umfassenden Informationsaustausch in Steuerangelegenheiten.

In allen Bereichen steht die internationale Gemeinschaft vor riesigen Herausforderungen. Nur ein Beispiel zum Thema **Steueroasen**: Früher ging es darum, durch Doppelbesteuerungsabkommen eine doppelte Besteuerung zu verhindern. Heute soll angesichts der Bedingungen der Globalisierung sichergestellt werden, dass überhaupt noch versteuert wird. Dies ist bereits innerhalb Europas kaum zu erreichen, international – etwa Panama oder Singapur – ist das nochmals ungleich schwieriger.

Neben den Bretton-Woods-Organisationen gibt es eine Reihe an Programmen und Sonderorganisationen im Bereich der Vereinten Nationen, wie zum Beispiel die Handels- und Entwicklungskonferenz (UNCTAD), das Entwicklungsprogramm der VN (UNDP), die Internationale Arbeitsorganisation (ILO) oder die Organisation für industrielle Entwicklung (UNIDO).

- ✔ Wichtiger **Unterschied zur klassischen Entwicklungshilfe** des VN-Systems ist die strenge Orientierung an ökonomischen Kriterien. Zudem wird die Kreditvergabe an konkrete Bedingungen geknüpft (Konditionalität), die zum Teil drastische und oftmals umstrittene Anpassungsmaßnahmen seitens der Empfängerländer erfordern.
- ✔ Die Anerkennung der Existenz **zweier weitgehend getrennter Organisationssysteme** ist Voraussetzung für die analytische Durchdringung der internationalen Wirtschaftsbeziehungen. Die Bretton-Woods-Organisationen sind den Prinzipien des Freihandels, der Konvertibilität der Währungen sowie einer offenen, marktwirtschaftlichen Ordnung verpflichtet. Die Organisationen im System der Vereinten Nationen folgen anderen Prinzipien, die in Tabelle 10.1 dargestellt werden.

Grundprinzipen der VN-Sonderorganisationen und Programme	Grundprinzipien der Bretton-Woods-Organisationen
Mitgliedschaft für alle friedliebenden Staaten durch Beschluss der Generalversammlung	Mitgliedschaft abhängig von der finanziellen Einlage, den wirtschaftlichen Voraussetzungen und der Zustimmung wichtiger Staaten
Jeder Mitgliedsstaat hat eine Stimme.	Gewichtetes Stimmrecht, abhängig von Wirtschaftskraft und finanzieller Einlage
Gleichbehandlung aller Mitglieder	Spezielle Maßnahmen für ärmere Mitglieder
Strafen gegen ein Mitglied nur bei Verstößen gegen die Charta-Bestimmungen	Strafen, wenn ein Mitglied bestimmte wirtschaftliche Anforderungen nicht erfüllt
Programme und Maßnahmen gelten für alle Mitglieder.	Programme und Maßnahmen werden auf bestimmte Staaten zugeschnitten.
Koordinierung mit der VN-Hauptorganisation (wenngleich in vielen Fällen nur rudimentär)	Koordinierung mit der VN-Hauptorganisation wird weitgehend abgelehnt.
Keine wirtschaftlichen Maßnahmen gegen ein Mitglied mit Ausnahme von Sanktionen bei Bruch des Friedens	Zugang zu den internationalen Kapitalmärkten ist abhängig von der Bewertung der Kreditwürdigkeit.
Entwicklungshilfeleistungen sind nicht zurückzuzahlen beziehungsweise mit langjähriger Laufzeit und niedrigen Zinsen zu begleichen.	Entwicklungshilfe weitgehend zu Kapitalmarktbedingungen

Tabelle 10.1: Grundprinzipen der VN- und der Bretton-Woods-Organisationen im Vergleich, eigene Darstellung

Dimensionen der ökonomischen Globalisierung

Zentraler Befund bei der ökonomischen Globalisierung ist die Ablösung von Staatsräumen durch Wirtschaftsräume (siehe Kapitel 5). Die Integration der ehemaligen Ostblockstaaten in die Weltwirtschaft ab 1989/90, aber mehr noch der rasante Aufstieg von China, Indien und weiteren Schwellenländern hat zu erheblichen Veränderungen geführt (siehe ausführlicher Kapitel 17).

- ✔ Die **ökonomische Globalisierung** zeigt sich zunächst darin, dass sich die nationalen Volkswirtschaften in der Welt immer stärker integrieren.
- ✔ Auch wenn in Folge der **globalen Finanz- und Wirtschaftskrise** 2008/2009 sowie der COVID-Pandemie 2020 ein Rückgang des Volumens grenzüberschreitender Aktivitäten im ökonomischen Bereich feststellbar war:
- ✔ Der **Welthandel** wuchs jahrzehntelang stärker als die Weltproduktion, Investitionen werden weltweit geplant, eine zunehmende Zahl an transnationalen Konzernen, *global players*, gestaltet den Wirtschaftsprozess, Produkte und Dienstleistungen werden für einen weltweiten Bedarf hergestellt, Kapital kann frei über den Globus fließen und sucht sich die günstigsten Anlagebedingungen.

Um diese ökonomische Globalisierung zu erfassen, müssen Sie sich mehrere Unterdimensionen näher anschauen: Handelsverflechtung, Internationalisierung ausländischer Direktinvestitionen, Finanzmärkte und neue Akteure.

- ✔ **Handelsverflechtung:** Schon der Satiriker Kurt Tucholsky bemerkte in den 1920er-Jahren, »Was die Weltwirtschaft angeht, so ist sie verflochten.« Der Warenexport nahm gleichwohl in den vergangenen 25 Jahren rasant zu, die Warenproduktion stieg im Vergleich dazu relativ langsamer. Zwischen 1950 und 2022 ist der reale Warenexport in 66 Jahren gestiegen und hat sich nur sechsmal gegenüber dem Vorjahr verringert. In lediglich drei Jahren fiel der Rückgang stärker aus (1975: minus 7,0 Prozent, 2009: minus 11,8 Prozent, 2020: minus 4,7 Prozent). Der weltweite Export von Waren stieg von 1960 bis 2022 um 2018 Prozent, die Warenproduktion im gleichen Zeitraum lediglich um 799 Prozent.

  Der Anteil der exportierten Waren und Dienstleistungen am Weltsozialprodukt erhöhte sich zwischen 1950 von rund fünf auf aktuell mehr als 30 Prozent. China hatte 2023 einen Anteil am weltweiten Außenhandel von knapp 15 Prozent (in der Summe 3380 Milliarden US-Dollar), die USA etwas über acht (2000 Mrd. US-Dollar) und Deutschland knapp über sieben Prozent (1688 Mrd. US-Dollar).

  Im Jahr 2023 wurden weltweit Güter im Wert von fast 24 Billionen US-Dollar exportiert, 1950 lag die Zahl bei 61 Milliarden. Ein Beispiel für das rasante Wachstum des Welthandels ist die gestiegene Kapazität der Containerschiffe. Diese nahm von 11 Millionen Tonnen im Jahr 1980 auf 330 Millionen Tonnen im Jahr 2024 zu. Hinzu kommen jährliche Luftfrachtkapazitäten von etwa 60 Millionen Tonnen.

Die **Außenhandelsquote** ist ein wirtschaftlicher Indikator, der den Anteil des Außenhandels (Export und Import) am Bruttoinlandsprodukt eines Landes misst. Sie gibt Aufschluss darüber, wie stark eine Volkswirtschaft mit anderen Ländern vernetzt ist, und lag im weltweiten Durchschnitt 1970 bei 25, 2023 bei über 60 Prozent. Zugleich schreitet der Wandel von einer Industrie- zu einer Dienstleistungsgesellschaft weltweit voran – der Dienstleistungssektor trägt inzwischen weit mehr als zwei Drittel zum globalen BIP bei.

- ✔ **Internationalisierung ausländischer Direktinvestitionen:** Ein weiterer Beleg für die Internationalisierung der Ökonomie ist die Entwicklung der grenzüberschreitenden Direktinvestitionen. Diese beschreiben das Ausmaß grenzüberschreitender Kapitalverflechtungen und spiegeln damit die ökonomische Vernetzung wider. Im Jahr 2022 belief sich die Gesamtsumme auf mehr als 2000 Milliarden US-Dollar; der Höhepunkt war allerdings 2007 mit rund 3200 Milliarden zu verzeichnen. Die globalen Investitionsflüsse konzentrieren sich auf wenige Länder und fließen vor allem zwischen den OECD-Staaten. Obwohl die Entwicklungsländer ihren Anteil an den internationalen Direktinvestitionen steigern konnten, entfällt der größte Teil dieser Investitionen auf die Industriestaaten. Innerhalb der Gruppe der Entwicklungsländer entfallen zudem rund 95 Prozent auf 20 Staaten (inklusive China), während auf die übrigen Staaten unter fünf Prozent der Investitionen entfallen. Unter fünf Prozent der globalen Direktinvestitionen gehen nach Afrika.

Die **ausländischen Direktinvestitionen** haben sich in den 1990er-Jahren mehr als verfünffacht, die täglichen Umsätze an den Devisenmärkten liegen bei über sieben Billionen US-Dollar und sind damit um ein Vielfaches höher, als dies für die Abwicklung der Handelsströme erforderlich wäre. Die internationalen Finanzmärkte sind derartig verflochten, dass bei regelmäßig vorkommenden Wirtschafts- und Finanzkrisen – wie etwa in Mexiko (1994), Asien (1997/98), Brasilien (1999), Argentinien (1998–2002), Euroraum (2009–2012) – die gesamte internationale Finanzarchitektur in Mitleidenschaft gezogen werden kann und sich die Frage nach einer Reform der internationalen Finanzarchitektur stellt. Besonders dringlich stellte sich diese Frage auch angesichts der internationalen Finanzkrise 2007/2008 mit dem Zusammenbruch des US-Hypothekenmarkts (*Subprime-Krise*), der zu einer Kettenreaktion in der internationalen Bankenwelt führte. Auswirkungen waren Insolvenzen (etwa der Großbank Lehman Brothers), eine globale Rezession, Rettungsaktionen durch Regierungen und Zentralbanken, die im Ergebnis zu neuen Regulierungsstandards wie Basel III führten. Damit soll die Stabilität und Sicherheit des globalen Bankensystems gestärkt werden, indem Banken zu ausreichend Eigenkapital verpflichtet werden, um Risiken zu decken. Es soll außerdem die Markttransparenz erhöht und die Risikomanagementpraktiken verbessern.

- **Globalisierung der Finanzmärkte:** Die internationalen Finanzmärkte lassen sich unter den gegebenen technischen und organisatorischen Bedingungen nicht mehr kontrollieren und sind daher zunehmend krisenanfällig. Wächst der Welthandel schneller als die Weltproduktion, so wächst das Volumen der Finanztransfers nochmals um ein Vielfaches schneller als der Welthandel. Daraus folgt, dass sich die Finanzmärkte zunehmend von der realwirtschaftlichen Entwicklung entkoppeln.

  So ist von den rund 7000 Milliarden US-Dollar, die täglich weitgehend computergesteuert an den Devisenmärkten bewegt werden, nur ein kleiner Teil für den Welthandel notwendig. Diese Entwicklung zu einem »Kasino Kapitalismus« kann als grundlegendes Kennzeichen der Globalisierung der Finanzmärkte gelten. Dafür wurde auch der Begriff »Finanzialisierung« des Welthandels geprägt – womit der Bedeutungszuwachs und Machtgewinn der Finanzmärkte mitsamt wachsendem Einfluss von *Rating-Agenturen*, was dann wiederum zu Finanzkrisen beiträgt. So werden an den Börsen in San Francisco, New York, London, Frankfurt, Bahrain, Singapur, Hongkong und Tokio täglich und rund um die Uhr Summen bewegt, die ein Vielfaches so hoch sind wie die Währungsreserven aller Zentralbanken der Welt. Den Hauptanteil halten dabei kurzfristige Kapitalanlagen der rein spekulativen Art, sogenannte Derivate. Aus diesem Strukturwandel resultieren ein rasanter Bedeutungsverlust nationalstaatlicher Steuerungspotenziale und ein erhöhter Bedarf an internationalen Regelungen.

- **Neue Akteure:** Sind die Finanzmärkte der zentrale Ort, können die transnationalen Konzerne (TNK) als zentrale Akteure der ökonomischen Globalisierung gelten. Diese Unternehmen haben den Hauptsitz im Inland und Produktionsstätten und Niederlassungen in mehreren Staaten, generieren einen großen Teil ihrer Umsätze im Ausland und richten ihre strategische Unternehmensplanung weltweit aus.

Die Zahl der **transnationalen Konzerne** hat sich seit den 1970er-Jahren mehr als verfünffacht, wobei etwa die Hälfte aus nur fünf Ländern (Deutschland, Frankreich, Großbritannien, Japan, USA) stammt. Die TNK, die im Zuge zahlreicher Fusionen an Zahl und Bedeutung zunehmen, wickeln rund zwei Drittel des Welthandels ab. Die Konkurrenz auf dem Weltmarkt verschiebt sich damit von nationalstaatlichen zu transnationalen Akteuren, die allerdings zunehmend die Nationen in einen Wettbewerb um die beste Standortqualität drängen. Da zudem fast die Hälfte der Welthandelsströme innerhalb der TNK (Intra-Konzernhandel) abläuft, werden Gewinne zunehmend dort veranlagt, wo die niedrigsten Steuersätze geboten werden. Hinzu kommt, dass ein Strukturwandel hin zum tertiären Sektor erfolgt ist. Fluggesellschaften, Versicherungen oder Banken können arbeitsintensive Bereiche mithilfe moderner Kommunikationsmittel in andere Weltregionen verlagern, ohne ihren heimischen Standort völlig aufzugeben. Solange internationale Transaktionen stofflicher Art waren, waren sie bei Grenzübertritt staatlicher Kontrolle unterworfen. Wenn aber nicht in erster Linie Warenströme, sondern Datenströme die Weltwirtschaft abbilden, verliert der Staat – selbst bei hinreichendem politischen Willen – die Möglichkeit zur Regulierung.

Geopolitisierung des internationalen Handels

Staaten wie Taiwan und Südkorea haben sich durch die Integration in die Weltwirtschaft innerhalb weniger Jahrzehnte von Entwicklungsländern zu Industrieländern entwickelt. Ähnliches gilt für den Aufstieg Chinas, der ohne Einbindung in den Weltmarkt und riesige Handelsbilanzüberschüsse kaum denkbar gewesen wäre.

- ✔ Es gehört zu den gesicherten Erkenntnissen der internationalen politischen Ökonomie und der IB, dass diejenigen Länder, die sich in die Weltwirtschaft integriert haben, **erfolgreicher waren** als diejenigen, die eher auf Abschottung und Protektionismus setzten.

- ✔ In vielen westlichen Industrieländern ist dennoch die Globalisierung in die **Kritik** geraten, sei es durch globalisierungskritische Bewegungen wie ATTAC, sei es durch nationalistische Bewegungen wie *America First* unter dem US-Präsidenten Donald Trump.

- ✔ Theorien des Freihandels und des komparativen Kostenvorteils seien **überbewertet** und Freihandel funktioniere nur dann, wenn die Menschen, die ihre Arbeitsplätze durch Importe verlieren, ebenso gute andere Jobs fänden. Und eben jener *deal* gehe für etliche Industrienationen nicht mehr auf.

- ✔ Auch der Glaube an den Handel als **Movens für Stabilität** muss relativiert werden. Der Ökonom Branko Milanović hat gezeigt, dass unter den Bedingungen des Freihandels zwar die Ungleichheit zwischen den Staaten abnimmt, innerhalb derselben aber wächst, was zu erheblichen politischen Problemen beitragen kann.

Der Höhepunkt der **Hyperglobalisierung** (so ein Begriff des amerikanischen Politikwissenschaftlers Dani Rodrik) scheint zwar vorbei, aber es gibt nach wie vor Globalisierung im Bereich der Ökonomie. Wie es die damalige Generaldirektorin Handel der EU-Kommission, Sabine Weyand, formulierte: »Die Nachrichten vom Tod der Globalisierung sind stark übertrieben.«

Das geopolitische Umfeld ist gleichwohl globalisierungsfeindlicher geworden.

- ✔ Wie die Welthandelsorganisation in ihrem **Welthandelsbericht 2023** ausführt, basierte die Einrichtung des multilateralen Handelssystems vor über sieben Jahrzehnten auf der Erkenntnis, dass gegenseitige Abhängigkeit und Zusammenarbeit zu stabilem Frieden und gemeinsamem Wohlstand beitragen.
- ✔ In jüngerer Zeit haben jedoch neue Herausforderungen wie **geopolitische Spannungen**, zunehmende Ungleichheiten und der Klimawandel zu Befürchtungen geführt, dass die Globalisierung die Länder übermäßigen Risiken aussetzt.
- ✔ Diese Befürchtungen haben den Druck erhöht, die Handelsbeziehungen aufzulösen und sich durch einen Prozess der Fragmentierung einer unilateralen Politik zuzuwenden.

Die WTO bemüht sich, die Vorteile einer »Re-Globalisierung« – das heißt eine Ausweitung des Welthandels und die Stärkung der multilateralen Zusammenarbeit – sowie die Risiken einer Fragmentierung des multilateralen Handelssystems aufzuzeigen. Handel sei »Quelle für Sicherheit und Frieden, Motor für die Armutsbekämpfung und entscheidendes Instrument zur Bekämpfung des Klimawandels«. Globale Probleme, so die WTO, erfordern globale Lösungen, was bedeute, dass die Welt von heute mehr Zusammenarbeit benötige, nicht weniger. Ein wiederbelebtes multilaterales Handelssystem spiele in diesem Prozess eine wichtige Rolle.

Faktisch gilt aber wohl eher, dass sich viele Staaten auf eine von Wettbewerb geprägte Geopolitik einstellen. Eine »degenerierte WTO« blicke in »eine ungewisse Zukunft«, so der deutsche Wirtschaftswissenschaftler Gabriel Felbermayr. Ein Großteil der internationalen Wirtschaftspolitik der vergangenen Jahrzehnte hatte sich auf die Prämisse verlassen, dass die wirtschaftliche Integration die Nationen verantwortungsbewusster und offener machen würde und dass die globale Ordnung friedlicher und kooperativer sein würde. So kann man sich vertun.

- ✔ Das **Ignorieren wirtschaftlicher Abhängigkeiten**, die sich im Laufe der Jahrzehnte der Liberalisierung aufgebaut hatten, sei aber heutzutage »wirklich toxisch geworden« (so der Sicherheitsberater des US-Präsidenten Biden, Jake Sullivan in einer programmatischen Rede zum Thema »Ökonomisierung der Sicherheitspolitik und Versicherheitlichung der Ökonomie«).
- ✔ **Abhängigkeit schaffe kritisches wirtschaftliches Risiko** und eine Schwachstelle für die nationale Sicherheit, wirtschaftliche Abhängigkeiten seien für ökonomische oder geopolitische Ziele ausgebeutet worden (etwa in den Bereichen Energie, medizinische Güter, Halbleiter, kritische Mineralien).
- ✔ Das wichtigste internationale Wirtschaftsprojekt der 1990er-Jahre sei eine Senkung der Zölle gewesen, die Frage der 2020er- und 2030er-Jahre laute hingegen: Wie passt der **Handel in unsere internationale Wirtschafts- und Sicherheitspolitik**?

Insgesamt hat eine massive »Geopolitisierung des internationalen Handels« eingesetzt. Der deutsche Politikwissenschaftler Stefan Fröhlich spricht von einem »zunehmend rauer gewordenen geoökonomischen Machtkampf zwischen den Großmächten«. Die geoökonomischen Spannungen hätten zugenommen und drohten sich zunehmend zu einem »globalen Handelskrieg auszuweiten, mit verheerenden Konsequenzen für die Weltwirtschaft«.

Aus der Betrachtung der internationalen Wirtschaftsbeziehungen der vergangenen Jahre lässt sich die These ableiten: Sie erleben derzeit eine Phase der **Versicherheitlichung der internationalen Beziehungen** unter dem Paradigma der Resilienz. Themen wie Werte- statt Interessenorientierung, *friend shoring,* Lieferkettenregulierung und De-Globalisierung zeichnen die geopolitischen Koordinaten neu, verstärken einen konfrontativen Systemwettbewerb mit Rüstungswettläufen und verringern die Problemlösungsfähigkeit bei globalen Fragen – mit massiven Konsequenzen für Volkswirtschaften und Gesellschaften, erhöhter Kriegswahrscheinlichkeit und Wohlstandsverlusten. Auch unter diesem Gesichtspunkt stehen der internationalen Politik stürmische Zeiten bevor.

IN DIESEM KAPITEL

Entwicklung als zentrales Problem

Globaler Süden als unscharfes Konzept

Paradigmen der Entwicklungszusammenarbeit

Kapitel 11
Entwicklungspolitik

Entwicklungspolitik ist ein zentrales Problemfeld der internationalen Beziehungen. Voraussetzung für ihre Relevanz ist zunächst einmal ein Bewusstsein für historisch gewachsene Ungleichheitsverhältnisse zwischen Ländern und Regionen in unterschiedlichen Teilen der Welt. In seinem »Millenniumsbericht« an die Generalversammlung benutzte der damalige VN-Generalsekretär Kofi Annan im Jahr 2000 zur Veranschaulichung der Zustände auf unserer Erde die Metapher von der »Welt als Dorf«. Er unterstellte in einem Gedankenspiel, dieses Dorf habe lediglich 1.000 Einwohner – und alle Eigenschaften der heutigen Menschheit seien darin in exakt demselben Verhältnis wie in der realen Welt mit heute mehr als acht Milliarden Bewohnern vertreten. Zwei Jahrzehnte später sähe dieses globale Dorf heute in etwa so aus:

- 150 Dorfbewohner wären **unterernährt** und lebten in Armut, während etwa 200 übergewichtig wären.
- Nur 70 Dorfbewohner besäßen etwa die **Hälfte des gesamten Wohlstands**, während die ärmsten 500 zusammen nur zwei Prozent des Wohlstands hätten.
- 700 Dorfbewohner hätten Zugang zu **sauberem Wasser**, 300 jedoch nicht; 900 hätten ein Dach über dem Kopf, aber 100 wären obdachlos oder lebten unter sehr schlechten Bedingungen.
- 140 Dorfbewohner wären **Analphabeten**.
- Lediglich 200 Personen besäßen einen **eigenen Computer**, nur 400 hätten Zugang zum Internet.
- 200 Dorfbewohner wären für den Großteil der **Umweltverschmutzung** verantwortlich, vor allem durch hohen Energie- und Ressourcenverbrauch.
- Einige Viertel des Dorfes wären **vergleichsweise sicher**, andere würden hingegen von organisierter Gewalt geprägt.

- ✔ Zunehmend hätten sich in den vergangenen Jahren **Naturkatastrophen** ereignet, von denen die ärmeren Viertel überdurchschnittlich betroffen gewesen wären, und gleichzeitig wäre die Durchschnittstemperatur angestiegen, was weitere Umweltkatastrophen ausgelöst habe.

Entwicklung und internationale Beziehungen

Das Ausmaß von Entwicklungsfortschritten in den vergangenen zwei Jahrzehnten ist zwar erheblich, die Gesamtsituation auf unserem Planeten aber nach wie vor vollkommen inakzeptabel. Obwohl es in einzelnen Bereichen und Ländern zu Verbesserungen gekommen ist, zeigen sozioökonomische Indikatoren wie beispielsweise Lebenserwartung, Kindersterblichkeit, Alphabetisierungsrate oder Ernährungssituation ein Ausmaß an globaler Ungleichheit, das mit dem Begriff der »globalen Apartheid« (so der deutsche Entwicklungsforscher Franz Nuscheler) belegt wurde. So sterben aktuell jährlich weltweit drei Millionen Kinder vor ihrem fünften Geburtstag an Unterernährung oder vermeidbaren Krankheiten, 720 Millionen Menschen sind unterernährt, über eine Milliarde Menschen haben keinen Zugang zu sauberem Trinkwasser.

Der Begriff **menschliche Entwicklung** wurde maßgeblich vom »Entwicklungsprogramm der Vereinten Nationen« geprägt und durch den jährlichen »Human Development Report« sowie den **Human Development Index** (HDI) operationalisiert. Ihm liegt ein ganzheitlicher Ansatz zugrunde, der darauf abzielt, das Leben der Menschen durch Gesundheit, Bildung und wirtschaftliche Sicherheit zu verbessern. Es ist ein Schlüsselkonzept für eine gerechte, nachhaltige und integrative Entwicklung. Während sich wirtschaftliche Entwicklung auf die Steigerung von Einkommen und materiellen Ressourcen konzentriert, geht menschliche Entwicklung über diese Ziele hinaus. Sie betont die Verbesserung des Wohlbefindens, unabhängig von rein wirtschaftlichen Faktoren. In den vergangenen Jahren hat sich ein positiver Trend bei der »menschlichen Entwicklung« abgezeichnet. Wenn Sie gerne eine optimistische und zugleich faktenbasierte Sicht auf die Welt lesen möchten, werden Sie beispielsweise in dem Buch von Hans Rosling *Factfulness* fündig.

Durchaus können heute Menschen, die in einem »Entwicklungsland« geboren werden, im Durchschnitt damit rechnen, wohlhabender, gesünder und besser ausgebildet zu sein als die Generation ihrer Eltern.

- ✔ So ging beispielsweise zwischen 1990 und 2021 die Zahl der in **extremer Armut** lebenden Menschen – diese wird im internationalen Kontext als solche Armut definiert, die die Überlebenschancen drastisch mindert – um etwa eine Milliarde Menschen zurück. Gleichzeitig stieg zwischen 1990 und 2021 der »Human Development Index« im Durchschnitt aller Länder um mehr als 20 Prozentpunkte.
- ✔ Dies liegt gleichwohl insbesondere an erheblichen Fortschritten in bevölkerungsreichen Staaten wie China und Indien, in denen sich die Lebenssituation **hunderter Millionen Menschen** verbessert hat, für weite Teile Afrikas trifft dies aber so nicht zu.

Von den Millenniumsentwicklungszielen zu den SDGs

Als symbolträchtiger Einschnitt ist die **Millenniumserklärung** aus dem Jahr 2000 zu sehen, die von 189 Ländern unterzeichnet wurde. In ihr werden acht Millenniumsentwicklungsziele (*Millennium Development Goals*, MDGs) fixiert. Diese wurden in 18 quantifizierte Ziele ausdifferenziert und mit 78 Indikatoren zur Messung versehen. Auch wenn die Wahl der Ziele im Einzelnen kritisiert worden ist, können der Zielkatalog als internationalem Minimalkonsens, die quantitativen Indikatoren und ihre zeitliche Fixierung sowie die damit verbundene regelmäßige Überprüfung als Fortschritt gewertet werden. So stiegen beispielsweise die **öffentlichen Entwicklungshilfezahlungen** (ODA) beträchtlich an. Betont wird auch die Interdependenz von Wachstum, Armutsreduzierung und nachhaltiger Entwicklung. Die MDGs sollen als Leitlinien für einzelstaatliche Entwicklungsprogramme und die Entwicklungshilfe dienen und sind nicht zuletzt aufgrund einer weltweiten Kampagne unter wesentlicher Beteiligung von Nichtregierungsorganisationen und der jährlichen quantitativen Bewertungen zu einem wichtigen Bezugspunkt der entwicklungspolitischen Diskussion geworden.

Im Jahr 2015 wurden die MDGs um 17 nachhaltige Entwicklungsziele *(Sustainable Development Goals*, SDGs) ergänzt, die noch stärker versuchen, die Ziele mit nachhaltiger Entwicklung zu verbinden. Die MDG/SDGs stehen im Zentrum der internationalen entwicklungspolitischen Diskussion, wobei die Zwischenbilanz Licht und Schatten zeigt. Der aktuelle Stand der Umsetzung der SDGs ist ernüchternd.

- ✔ Laut dem *Sustainable Development Report* aus dem Jahr 2024 ist keines der Ziele wie versprochen bis 2030 vollständig erreichbar. Bei den meisten Zielen sind nur begrenzte Fortschritte oder sogar Rückschritte zu verzeichnen.
- ✔ So ist die Zahl der Menschen in extremer Armut gestiegen und über 100 Millionen Menschen mehr im Vergleich zu 2019 leiden an Hunger.
- ✔ Die COVID-Pandemie hat die Fortschritte in den Bereichen Gesundheit und Bildung erheblich beeinträchtigt und zu einer Verschlechterung der Lebensbedingungen in vielen Regionen geführt.
- ✔ Der globale Temperaturanstieg nähert sich der kritischen Schwelle von 1,5 Grad Celsius, und der Verlust der biologischen Vielfalt schreitet weiter voran.

Der Bericht betont die Notwendigkeit erhöhter internationaler finanzieller Unterstützung für Entwicklungsländer und einer verstärkten globalen Zusammenarbeit. Zudem werden Reformen des Systems der Vereinten Nationen angemahnt, um den globalen Herausforderungen besser begegnen zu können. Insgesamt erfordere die Erreichung der SDGs bis 2030 verstärkte Anstrengungen, innovative Ansätze und eine enge Zusammenarbeit zwischen Regierungen, der Zivilgesellschaft und dem Privatsektor.

Begriffe und Konzepte

Zur Bezeichnung der Probleme ist in der entwicklungspolitischen Diskussion eine Vielzahl von Begriffen anzutreffen.

- ✔ Der Begriff **Entwicklung** hat als historischen Referenzpunkt oftmals hochindustrialisierte Länder – und wird auch deshalb kritisiert. Die von den westlichen Mächten abhängigen Gebiete verloren ihren Status als Kolonien und waren vom gleichen Moment an »unterentwickelt«. Entwicklung wird dann oft zum Synonym von Fortschritt, und der Begriff »Entwicklungsländer« unterstellt dann in diesem Sinne Rückständigkeit. Entwicklungsstrategien werden nach idealtypischen Mustern der Industrieländer entworfen, das normative Ziel ist etwa der westliche Lebensstandard.
- ✔ Der **Nord-Süd-Konflikt** kann als das strukturelle Konfliktverhältnis zwischen Entwicklungs- und Industrieländern definiert werden, das sich aus den unterschiedlichen wirtschaftlichen, sozialen und politischen Entwicklungschancen von »Entwicklungsgesellschaften« einerseits und Industriegesellschaften andererseits ergibt.
- ✔ Der Begriff **Dritte Welt** ist vielfach kritisiert worden. Im Zusammenhang mit den Entkolonisierungsprozessen der 1960er-Jahre ging diese Begriffsbildung auf die analytische Dreiteilung der Welt in »Erste« (Industriestaaten), »Zweite« (sozialistische Staaten) und »Dritte Welt« (Entwicklungsländer) zurück. Spätestens mit dem Zusammenbruch der bipolaren Weltordnung 1989/90 ist dieser Begriff hinfällig geworden, aber auch die zunehmende Heterogenität in der Gruppe der Entwicklungsländer macht neue begriffliche Differenzierungen notwendig.
- ✔ Oft ist daher auch vom **Globalen Süden** die Rede, dem ein **Globaler Norden** gegenübergestellt wird. Aber auch das sind relationale Konzepte, die zunehmend überkommene geografische und geopolitische Klassifizierungen der Welt (etwa »Zentrum versus Peripherie«, »Entwicklungs- versus entwickelte Länder« oder auch »Erste versus Dritte Welt«) zu überwinden versuchen (siehe Kapitel 17).

Als ein Charakteristikum für ein »Entwicklungsland« kann gelten, dass dieses nicht in der Lage ist, für große Teile seiner Bevölkerung grundlegende Existenzbedürfnisse zu befriedigen. Auch wenn über die Gewichtung der einzelnen Merkmale in der internationalen entwicklungspolitischen Diskussion kein Konsens besteht, sind die folgenden Merkmale in mehr oder minder ausgeprägter Form in den meisten Entwicklungsländern anzutreffen:

- ✔ **Ökonomische Merkmale:** Geringes durchschnittliches Pro-Kopf-Einkommen verbunden mit extrem ungleicher Einkommensverteilung; hohe, teilweise verdeckte Arbeitslosigkeit; niedrige Spar- und Investitionsrate; unzureichende Schul- und Ausbildung und hohe Analphabetenquote; geringe Produktivität; unzulängliche Infrastruktur (Verkehrswege, Kommunikation); dominanter, teilweise auf Selbstversorgung orientierter traditioneller Sektor und davon weitgehend getrennte moderne (Industrie-)Enklaven; außenwirtschaftliche Abhängigkeit von wenigen, auf die Märkte der Industrieländer orientierten Exportprodukten (meist Rohstoffe) und starke Auslandsverschuldung.
- ✔ **Soziodemografische Merkmale:** Im Vergleich zu den Industrieländern deutlich geringere, obwohl im Zeitvergleich stark zugenommene Lebenserwartung vor dem Hintergrund von verbreiteten Gesundheitsmängeln und unzureichender medizinischer Versorgung; »Bevölkerungsexplosion« als Folge schneller zurückgegangener Sterbezahlen und nur langsam absinkender Geburtenziffern mit der Konsequenz extremer

Dominanz der jungen Jahrgänge; starke Wanderungsbewegungen in großstädtische Ballungsräume.

- **Ökologische Merkmale:** Teilweise armutsbedingter ökologischer Raubbau und Zerstörung besonders anfälliger Ökosysteme (beispielsweise Desertifikation) mit partiell globalen Konsequenzen (beispielsweise Vernichtung der Tropenwälder als »grüne Lungen der Welt«).
- **Soziokulturelle und politische Merkmale:** Starke Orientierung an Primärgruppen (beispielsweise Großfamilie, ethnische Gruppen), meist verbunden mit gering ausgebildeter Loyalität gegenüber abstrakteren institutionellen Strukturen wie dem Staat; geringere soziale Rollendifferenzierung und Mobilität; schlechte Regierungsführung; systematische Korruption; zahlreiche gewaltsam ausgetragene Konflikte nach innen wie außen (auch aufgrund willkürlicher kolonialer Grenzziehungen), mit der Folge starker Flüchtlingsströme.

Der unterschiedliche Entwicklungsstand innerhalb der Gruppe der Entwicklungsländer hat zur Bildung von verschiedenen Untergruppen geführt.

- So kategorisiert die **Weltbank** hauptsächlich nach Pro-Kopf-Einkommen und unterscheidet dann Länder mit mittlerem von Ländern mit niedrigem Einkommen, bildet aber unterhalb dieser Einteilung zahlreiche Untergliederungen wie etwa aufgrund des Kriteriums der Auslandsverschuldung.
- Das Entwicklungsprogramm der Vereinten Nationen verwendet den Begriff *Least Developed Countries* (LDC) für die Gruppe der am wenigsten entwickelten Länder. Sie besteht 2024 aus 44 Ländern, in denen 1,1 Milliarden Menschen leben (14 Prozent der Weltbevölkerung), die aber für lediglich 1,3 Prozent des weltweiten Bruttoinlandsprodukts stehen. Zu dieser Gruppe gehören Staaten wie Afghanistan, Angola, Bangladesch, Burundi, Somalia, Südsudan, Osttimor und Togo.
- Das UNDP erstellt jährlich den *Human Development Index* **(HDI)**, dem eine Mischung aus Lebenserwartung, Alphabetisierungsrate und Kaufkraft zugrunde liegt und der daraus unterschiedliche Ländergruppen bildet.

Der **Human Development Index** ist einer der wichtigsten Indizes in diesem Bereich. Länder in der Gruppe mit **sehr hohem HDI** (beispielsweise Norwegen, Irland, Schweiz) sind oft Industrienationen mit stabilen Demokratien und hochentwickelten Infrastrukturen. Länder in der Gruppe mit **hohem HDI** (beispielsweise Japan, Südkorea, Frankreich) haben in der Regel ein hohes Einkommensniveau und ein gutes Gesundheitssystem, sind aber noch nicht so wohlhabend wie die führenden Länder. Länder im **mittleren HDI** (beispielsweise Indien, China, Brasilien) zeigen Anzeichen von Wachstum und haben in einigen Bereichen, wie Wirtschaft und Bildung, deutliche Fortschritte gemacht, aber es bestehen weiterhin Entwicklungsprobleme. Länder mit **niedrigem HDI** (beispielsweise Niger, Südsudan, Tschad) kämpfen mit extremer Armut, schlechter Bildung und schlechten Gesundheitsbedingungen.

Überwindung von Entwicklungsdefiziten

Über die Ursachen für Unterentwicklung herrschen ebenso wie über die geeigneten Strategien zu ihrer Überwindung sehr unterschiedliche Auffassungen. Klassische Unterschiede bestehen zwischen vier Grundansätzen:

- ✔ **Modernisierungstheorien**, die mit dem Gegensatz von Tradition und Moderne operieren und auf eine nachholende Entwicklung durch Modernisierung und wirtschaftliches Wachstum setzen.
- ✔ **Dependenztheorien**, die zumeist aus Lateinamerika stammen und Stichworte wie Unterentwicklung, strukturelle Abhängigkeit und strukturelle Heterogenität verwenden. Unterentwicklung wird dabei nicht als Vorstufe der kapitalistischen Stufe verstanden, sondern als eine durch koloniale Abhängigkeit entstandene Situation.
- ✔ **Neoliberalismus**, der sich prinzipiell gegen staatliche Planung, Intervention und Regulierung der Wirtschaft wendet, bekämpfe – aus Sicht seiner Kritiker – in den Ländern des Globalen Südens eine binnenmarktorientierte Industrialisierung und setze stattdessen auf die Extraktion und den Export von Rohstoffen und Primärprodukten zum Schaden der Entwicklungsländer.
- ✔ **Postkoloniale Theorien** und ***Post-Development*-Ansätze** betonen, dass die heutige Weltordnung und die sozialen, wirtschaftlichen und politischen Strukturen in den »Entwicklungsländern« stark von den kolonialen Erfahrungen und der damit verbundenen Ausbeutung und Unterdrückung geprägt sind. Entwicklungspolitik sei die Fortsetzung kolonialer Praktiken, da sie oft die Interessen der ehemaligen Kolonialmächte oder globaler Wirtschaftsakteure wahre, anstatt den Ländern des globalen Südens echte Selbstbestimmung und eigene Entwicklungschancen zu bieten. Die vorherrschenden Entwicklungsmodelle, die oft von westlichen Ländern oder internationalen Institutionen wie Weltbank und IWF vorgegeben werden, werden abgelehnt. Postkoloniale Ansätze fordern stattdessen eine stärkere Anerkennung und Einbeziehung von lokalen Perspektiven, Kulturen und Bedürfnissen in den Entwicklungsprozess sowie die Konzentration auf eigene Entwicklung auf Grundlage der eigenen Kulturen und Geschichte, statt sich von außen auferlegten Modellen anzupassen.
- ✔ Damit verbunden ist das Konzept der **Multiplen Moderne**, das die Verschiedenartigkeit von Entwicklungspfaden betont und dies auch durch die jahrtausendealte Geschichte internationaler Beziehungen begründet.

Die divergierende Erklärung der Unterentwicklung legt auch unterschiedliche Strategieempfehlungen nahe.

- ✔ Während Verfechter des **Modernisierungsansatzes** für eine nachholende Entwicklung durch eine am Modell der westlichen Industrieländer orientierte Veränderung der internen Strukturen eintreten und ökonomische Dynamik und Wachstumsgewinne nicht zuletzt durch Einbindung in den Weltmarkt erwarten (exportorientierte Entwicklung),
- ✔ plädieren Anhänger des **Dependenzansatzes** für eine zeitweilige Abkoppelung vom Weltmarkt und eine autozentrierte, binnenwirtschaftlich ausgerichtete Entwicklung.

Da für kleine Länder eine solche Entwicklungsstrategie von vornherein an enge Grenzen stößt, wird ergänzend eine kollektive Eigenständigkeit (*collective self-reliance*) der Entwicklungsländer als Gruppe empfohlen.

Zwar gibt es in der Praxis vielversprechende Ansätze zur **Bekämpfung der Armut** und damit einer globalen Ungleichheit, aber sie greifen offenbar nicht überall, insbesondere nicht in weiten Teilen Afrikas. Dieser Befund rüttelt nicht nur in humanitärer Hinsicht auf. Auch die sicherheitspolitische Brisanz, insbesondere für das benachbarte reiche Europa, ist alarmierend. Armut schürt Konflikte, und diese wiederum fördern Verteilungskämpfe, Bürgerkriege, grenzüberschreitende Gewalt, organisierte Kriminalität, Terrorismus. Und obendrein verstärken sich diese Risiken gegenseitig, erfüllen sich also die düsteren Prognosen gewissermaßen selbst. Denn alle genannten Wirkungen der Armut behindern – oder verhindern gar – in den betroffenen Ländern eine nachhaltige Entwicklung zum Besseren. Es handelt sich also um einen Teufelskreis, für dessen Durchbrechung die internationalen Beziehungen noch keine ausreichenden Konzepte gefunden haben. Man kann sagen, die ärmsten Länder in der Welt steckten in einer »Armutsfalle«, aus der sie sich nicht selbst befreien können.

Eine der Voraussetzungen, diesem Dilemma zu entgehen, liegt in der nüchternen Ursachenanalyse für globale Ungleichheiten und damit die regionale Armutsausprägung. Aus der reichhaltigen Literatur lassen sich folgende Aspekte herausarbeiten, die eine bedeutsame Rolle dabei spielen, warum manche Länder sich schlechter entwickeln als andere:

- eine **ungünstige geografische Lage** sowie ein Mangel an natürlichen Ressourcen wie Wasser, Ackerland oder Energie – zusätzlich gepaart mit schwierigen klimatischen Bedingungen und extremen Wetterereignissen;
- eine **innovationshemmende staatliche Innenpolitik** mit gravierenden Mängeln in der Infrastruktur, im Finanzwesen, in der Gesundheitsversorgung, in der Bildung oder in den Produktionsbedingungen;
- eine **konfliktträchtige gesellschaftliche Struktur** mit mächtigen partikularen Eigeninteressen, Ausbeutung durch kleine Eliten oder auch externen Akteuren, ethnische oder religiöse Zersplitterung und generell eine so korrupte wie unfähige lokale Regierung;
- das **Erbe des Kolonialismus**, der geplünderte Kontinente mit zum Teil willkürlichen Grenzziehungen hinterlassen hat und der anschließend durch korrupte Diktatoren sowie auch die heutige internationale Handelspolitik (extrem einseitiger Export von Rohstoffen und Import von Fertigprodukten) eine Art Fortsetzung erfährt; sowie
- eine **Fehlkalkulation und Voreingenommenheit** der internationalen Organisationen, die den Entwicklungsländern die Mitentscheidung erschwert und nicht zuletzt einen angemessenen Marktzugang verhindert.

Meist handelt es sich dabei um eine hochkomplexe Kombination unterschiedlicher Ursachen, die insgesamt die bereits erwähnte Armutsfalle bewirkt. Es gibt dabei keinen »Musterfall der Armut« – jede Region und jedes Land ist anders zu bewerten. Am besten lässt sich dies an der Tatsache illustrieren, dass bisweilen nicht nur Ressourcenarmut, sondern auch ein Übermaß an natürlichen Rohstoffen zu einem für die Bevölkerungsmehrheit beklagenswerten Zustand führen kann. Als plastische Beispiele dienen hier die meisten der westafrikanischen Staaten, aber auch etwa Venezuela und einzelne Länder auf der arabischen Halbinsel oder in Zentralasien. Man spricht hier von einem »Ressourcenfluch«, der zwar ausgewählte Akteure unermesslich reich macht, aber die breite Bevölkerung unentrinnbar ins Elend stürzt.

Sinnkrise der Entwicklungspolitik

Seit Langem steckt die internationale Entwicklungspolitik in einer tiefen Legitimations- und Sinnkrise. Sie fragen sich womöglich, warum es nicht gelingt, die Lage nachhaltig zu ändern.

- ✔ Einige Analytiker – und insbesondere afrikanische Politiker – verweisen gern auf das **Erbe des Kolonialismus**, das immer noch nachwirke.
- ✔ Andere stellen fest, nach mehr als einem halben Jahrhundert der **Unabhängigkeit** ziehe dieses Argument nicht mehr; vielmehr sei die Lage für die Bevölkerung heute bisweilen noch schlechter als zu Kolonialzeiten.
- ✔ Wiederum andere sehen Afrika als immer noch »**geplünderten Kontinent**«, nach den Kolonialherren jetzt eben durch einen »internen Kolonialismus« korrupter Diktatoren.
- ✔ Und schließlich wird oft darauf verwiesen, dass Afrika auf dem **Weltmarkt und in internationalen Gremien** – also dort, wo die für Wohlstand entscheidenden Spielregeln beschlossen und Weichen gestellt werden – benachteiligt und unterprivilegiert sei.

Daraus lässt sich eine zentrale entwicklungspolitische Fragestellung ableiten: Sind Freihandel und die Förderung marktwirtschaftlicher Strukturen ein geeigneter Weg zum Abbau von Entwicklungsunterschieden oder nützen sie vornehmlich den ohnehin schon Leistungsfähigeren? Und damit verbunden: Ist Entwicklungshilfe überhaupt hilfreich oder verstetigt sie das Elend? Wenn ja: Was ist die Alternative?

Die entwicklungspolitischen Paradigmen wandeln sich häufig:

- ✔ Von der inzwischen allein schon aus ökologischen Gründen als überholt geltenden Idee einer **nachholenden Entwicklung**, die sich am Vorbild der Industrieländer orientiert, hin zu einer **nachhaltigen Entwicklung**, die mehr und mehr den globalen Strukturwandel in den Fokus stellt.
- ✔ Von einer Orientierung an elementaren und regionalen **Grundbedürfnissen**, wie sie etwa der Armutsbekämpfung im Sinne der MDG/SDGs zugrunde liegt, hin zu einem eher struktur- und chancenorientierten Ansatz, der vor allem auch globale und umfassende Ziele wie Frieden oder ökologische Balance anstrebt.
- ✔ Von einem inputbezogenen Konzept, das den absoluten Mittelansatz der Entwicklungshilfe betrachtet, hin zu einem **outputorientierten Versuch**, mittels eines konsequenten *Controllings* die Ergebnisse zu messen.

Vor allem durch den letzteren Ansatz – also eine harte Wirkungsanalyse – wurde ein durchgreifender und zugleich nicht überraschender Zusammenhang nachgewiesen: Je besser die in den staatlichen Strukturen der Zielländer gegebenen Rahmenbedingungen sind, desto höher ist die Wahrscheinlichkeit eines Erfolgs der Unterstützungsmaßnahmen von außen. Daraus wurde auch der Schluss gezogen, dass Fortschritte in der Demokratisierung eines Staates seine sozioökonomische Entwicklung fördern – und umgekehrt. Insbesondere die Rolle von Institutionen ist dabei in den Blick geraten.

Die umstrittene Rolle von Institutionen: Warum Nationen scheitern

Institutionen sind für den Erfolg und die Stabilität von Staaten zentral. Im Hinblick auf die Teilung zwischen Nord- und Südkorea können Sie heute anhand nächtlicher Satellitenfotos die Auswirkungen unterschiedlicher institutioneller Arrangements mit bloßem Auge erkennen. Das daraus abgeleitete Argument lautet: Die Art der Institutionen ist maßgeblich für den Unterschied zwischen reichen und armen Ländern verantwortlich. Bei der Entwicklung von Gesellschaften ist die Unterscheidung zwischen »inklusiven« und »extraktiven« Institutionen ein zentrales Konzept. Es wurde 2012 durch die US-amerikanischen Ökonomen Daron Acemoglu und James Robinson in ihrem Buch *Warum Nationen scheitern: Die Ursprünge von Macht, Wohlstand und Armut* populär gemacht.

- ✔ **Inklusive Institutionen** schaffen Rahmenbedingungen, die eine breite Beteiligung an wirtschaftlichen und politischen Prozessen ermöglichen. Sie fördern Innovation, Wachstum und eine gerechte Verteilung von Wohlstand.
- ✔ **Extraktive Institutionen** zielen darauf ab, Reichtum und Macht in den Händen einer kleinen Elite zu konzentrieren, oft auf Kosten der Mehrheit der Bevölkerung. Sie behindern langfristiges Wachstum und fördern soziale Ungleichheit.

Der zentrale Punkt bei Acemoglu und Robinson ist, dass politische Institutionen die Grundlage für wirtschaftliche Institutionen schaffen. Inklusive politische Systeme seien Voraussetzung für inklusive wirtschaftliche Institutionen. Wer Armut wirksam bekämpfen wolle, so die durchaus nicht unumstrittene These, müsse die Bildung inklusiver Institutionen fördern. Der Übergang von extraktiven zu inklusiven Institutionen ist gleichwohl in der Praxis konfliktreich und erfordert gesellschaftlichen Druck, politische Reformen – oder eben Revolutionen.

Diese Diskussion hatte seit den 1990er-Jahren erhebliche Folgen für die konkrete Entwicklungspolitik. Denn seither kommt dem Kriterium einer »guten Regierungsführung« (*good governance*) und auch der Förderung demokratischer Strukturen eine hohe Priorität zu, die sich unter anderem in der Unterstützung beim Aufbau von Institutionen, der Professionalisierung der Verwaltungen, in Hilfen zur Korruptionsbekämpfung, der Durchsetzung von Bürgerrechten oder der Organisation von Wahlen niederschlägt.

Aus diesem Kontext ergeben sich zugleich mindestens drei schwer zu lösende Dilemmata für die Entwicklungspolitik – strategisch und in der Praxis:

- ✔ Es stellt sich die Frage nach einer **Prioritätenfolge** der zu fördernden Länder. Stehen die Erfolgsaussicht und die Kooperationsbereitschaft beim Einsatz der meist beträchtlichen Mittel im Vordergrund oder orientiert man sich an der tatsächlichen Bedürftigkeit? Im ersten Fall profitieren die ohnehin schon gefestigten und zu Zugeständnissen bereiten Länder. Folge ist aber, dass dann diejenigen Länder zurückgelassen werden, die den Mindestansprüchen an gute Regierungsführung aus unterschiedlichen Gründen nicht genügen (wollen). Dies wiederum widerspricht dem Ansatz vieler Entwicklungspolitiker, die objektive Notlage der Menschen zum Ausgangspunkt der Hilfe von außen zu machen – auch wenn dabei in Kauf genommen wird, dass ein erheblicher Teil dieser Unterstützung nicht anzukommen droht.

- ✔ In der Praxis vor Ort besteht häufig ein ähnlicher Entscheidungsbedarf: Wer bietet sich als **lokaler Ansprechpartner** bei der Frage an, wo und wie die Hilfsgelder zu verteilen beziehungsweise die Projekte zu planen sind? Setzt man in fragilen Staaten eher auf diejenigen staatlichen oder auch halbstaatlichen Akteure (wie beispielsweise Diktatoren und *Warlords*), die über die nötige Macht zur Durchsetzung verfügen? Oder orientiert man sich an eigenen Vorstellungen vertrauenswürdiger und legitimierter Partner, auch wenn diese eine sinnvolle Umsetzung der Entwicklungsprojekte mangels Machtpotenzial bisweilen kaum garantieren können?

- ✔ Zudem stellt sich oft die Frage nach einer **sinnvollen Reihenfolge** in der strategischen Zielsetzung. Was soll vorrangig angestrebt werden: rasches wirtschaftliches Wachstum zur Verbesserung der Lebensbedingungen vor Ort, Demokratisierung als Grundlage für nachhaltige Entwicklung oder *security first* als Voraussetzung für beides? Natürlich geht es auch hier um eine ausgewogene Balance, aber zugleich zwingt die Mittelknappheit zu einer gewissen Priorisierung mit den entsprechenden Folgen in der entwicklungs- und sicherheitspolitischen Praxis vor Ort.

Entwicklungszusammenarbeit und »tödliche Hilfe«

Die Vorschläge, wie sich insbesondere afrikanische Länder aus ihrer oft schwierigen Lage befreien könnten und welche Art der Hilfestellung von außen dabei sinnvoll wäre, sind vielfältig.

- ✔ Neben der inzwischen gängigen Ablösung des Begriffs »Entwicklungshilfe« durch **Entwicklungszusammenarbeit (EZ)** weisen Kritiker darauf hin, dass auch 50 Jahre EZ keinen selbsttragenden Fortschritt erbracht haben, die Abhängigkeit Afrikas vielmehr eher verstärkt und die Entwicklung einer tragfähigen Eigeninitiative verhindert worden sei.

- ✔ Einige sprechen sogar davon, viel Geld bei mangelnder Kontrolle führe nur zu fatalen Ergebnissen, indem es die Korruption anheize und zum Missbrauch geradezu einlade. Dieser Befund ist bereits seit den 1980er-Jahren in der Diskussion, als von **»tödlicher Hilfe«** (so die Abrechnung einer ehemaligen Entwicklungshelferin in einem Buch aus dem Jahr 1985) gesprochen wurde.

- Damit drängt sich die Frage auf, wie überhaupt EZ gestaltet werden kann und sollte, um die gewünschten Ziele zu erreichen. Sind die **erheblichen finanziellen Mittel** für die Entwicklungspolitik gut angelegt, erfüllen sie also den erhofften Zweck?

Im Jahr 2022 betrug die weltweite öffentliche Entwicklungshilfe (*Official Development Assistance*, ODA) etwa 204 Milliarden US-Dollar. Dabei gibt es erhebliche Unterschiede in den Beiträgen der Länder. Laut internationalem Ziel sollten Geberländer 0,7 Prozent ihrer Wirtschaftsleistung für ODA aufwenden, was einige Länder (beispielsweise Deutschland, Schweden und Norwegen) erfüllen oder übertreffen, während andere deutlich darunter liegen.

Der Großteil der Mittel entfällt auf bilaterale, der kleinere Teil auf **multilaterale Entwicklungszusammenarbeit**. Hinzu kommen die noch weitaus größeren Leistungen aus Eigenmitteln von Nichtregierungsorganisationen an Entwicklungsländer. Die Fragmentierung der Entwicklungsausgaben in bilateral und multilateral sowie staatlich und nichtstaatlich ist dabei Ausdruck eines breiten und zum Teil unübersichtlichen Spektrums an Akteuren auf diesem Feld. Dieses reicht von internationalen Organisationen (beispielsweise den Vereinten Nationen, der OSZE, aber auch der Weltbank, dem Internationale Währungsfonds und den zahlreichen VN-Unterorganisationen wie UNDP, UNEP, UNESCO, UNHCR, UNICEF sowie als einer der wichtigsten Geldgeber die EU) über staatliche beziehungsweise halbstaatliche Institutionen (in Deutschland beispielsweise die »Gesellschaft für Internationale Zusammenarbeit«, GIZ) bis hin zu privaten Akteuren und Nichtregierungsorganisationen, die unter anderem Stiftungen, Kirchen, Unternehmen und finanzkräftige Einzelpersonen umfassen.

Bisweilen wird – meistens mit einem negativen Unterton – von einer »Entwicklungsindustrie« mit einer auch auf Selbsterhalt gerichteten Agenda gesprochen. Jedenfalls besteht kein Zweifel daran, dass alle diese Akteure mehr oder weniger eigene Interessen verfolgen und sich an Konzepten und Strategien ausrichten, die untereinander und in der Summe nur bedingt wirksam sind.

Afrika ist der Kontinent mit dem höchsten Bevölkerungswachstum. Experten erwarten, dass sich die Bevölkerung Afrikas von heute rund 1,2 Milliarden Menschen bis 2050 verdoppeln wird. Schon heute liegt das Durchschnittsalter bei nur 18 Jahren. Allein das erforderliche Maß an Wirtschaftswachstum, um der wachsenden Bevölkerung eine Perspektive zu bieten – von dem damit verbundenen Ressourcenverbrauch gar nicht zu reden –, wird erhebliche Anstrengungen und neue Ansätze erfordern. Zugleich hat es in den vergangenen Jahren bei der Wirtschaftsentwicklung in Afrika durchaus Fortschritte gegeben. Ob dabei allerdings klassische westliche Entwicklungshilfe eine große Rolle gespielt hat, ist umstritten, auch und gerade in innerafrikanischen Debatten.

- Die **Wachstumsraten** Afrikas liegen inzwischen im Durchschnitt über denen Europas. Ein erheblicher Reichtum an Ressourcen bietet ebenso Chancen wie eine junge Bevölkerung, die zudem im Schnitt deutlich besser ausgebildet ist als eine Generation zuvor.

- Die **Nettokapitalzuflüsse** nach Subsahara-Afrika haben sich seit 2000 mehr als verdreifacht, insbesondere in stabilen Ländern mit guter Regierungsführung.

- Das **schlechte Image**, das dem Kontinent in Sachen Wirtschaft und politische Stabilität anhaftet, passt insofern nicht durchgängig zu einigen dynamischen Entwicklungszahlen.
- Unter den **54 Ländern Afrikas** gibt es dabei allerdings sehr **starke Unterschiede**. Während etwa in Ruanda, Kenia und Ghana teilweise erhebliche Fortschritte zu verzeichnen sind, sieht die Lage in Staaten wie Äthiopien, Eritrea, Mali oder Südsudan trostlos aus.

Die 2002 gegründete »Afrikanische Union« versucht, die wirtschaftliche und politische Integration, Frieden und Sicherheit, nachhaltige Entwicklung sowie Demokratie, Menschenrechte und gute Regierungsführung in Afrika zu fördern – jedenfalls sind die Bemühungen unübersehbar, nicht zuletzt mit der 2015 unterzeichneten »Agenda 2063«, die eine vergleichsweise klare Strategie und zahlreiche Einzelmaßnahmen enthält.

Das »Bundesministerium für wirtschaftliche Zusammenarbeit und Entwicklung« (BMZ) hat 2017 einen viel diskutierten **Marshallplan mit Afrika** vorgestellt. Ob und inwieweit die Analogie mit dem ursprünglichen Marshallplan (der in den Jahren 1948–1952 Mittel von damals etwa 13 Milliarden Dollar für den Wiederaufbau Westeuropas mobilisierte) hilfreich ist, sei hier beiseitegelassen. In dem Konzept wird erstens die Rolle der Wirtschaft für den Entwicklungsprozess Afrikas betont und die Bedeutung von Investitionen, Bildung, der Einbindung in Wertschöpfungsketten, der Schaffung eines Mittelstands und des Abbaus von Handelsbarrieren seitens der Industrieländer hervorgehoben. Zweitens soll Entwicklungshilfe künftig auf diejenigen Länder konzentriert werden, die bereits gute Regierungsführung aufweisen beziehungsweise sich nachweisbar darum bemühen. So soll mit den Staaten intensiver zusammengearbeitet werden, die reformorientiert sind und das vor allem durch Verlässlichkeit, Rechtssicherheit und politische Beteiligung ihrer Bürgerinnen und Bürger unter Beweis stellen. Entwicklungshilfe soll entsprechend nicht länger nach dem Gießkannenprinzip erfolgen. Drittens zieht sich durch das Papier der Gedanke, dass es zur afrikanischen Entwicklung afrikanischer Lösungen bedarf – dies kommt bereits im Titel durch die Formulierung »mit« (und nicht etwa »für«) Afrika zum Ausdruck.

Zugleich ist nicht wirklich absehbar, wie eine grundlegend neue, bessere Entwicklungspolitik aussehen könnte. Das inzwischen sehr robuste entwicklungspolitische Agieren Chinas – das an den eigenen Interessen orientiert ist und sich weder um Umwelt noch um menschenrechtliche Standards kümmert, kann wohl kaum als Richtschnur gelten.

Vielversprechender sind dabei schon Initiativen von entwicklungspolitischen Experten selbst, die die Entwicklungspolitik seit Langem radikal kritisieren. Als zwei Beispiele seien nur der Bonner Aufruf »Eine andere Entwicklungspolitik« und das »Kölner Memorandum für eine andere Entwicklungspolitik« genannt.

- Der **Bonner Aufruf** wurde bereits im Jahr 2008 veröffentlicht und stellt fest, dass die Ergebnisse von 50 Jahren Entwicklungszusammenarbeit weit hinter den Erwartungen geblieben seien. Es sei trotz einiger Erfolge im Bereich der humanitären Hilfe nicht gelungen, Afrika zu einem selbsttragenden wirtschaftlichen und sozialen Fortschritt zu verhelfen. Zugleich habe das System der Entwicklungshilfe vielen Regierenden in

Afrika ermöglicht, Reformen zu unterlassen und sich selbst zu bereichern. Als Hauptgründe dieses Versagens werden erstens die Annahme, der Norden könne Afrika entwickeln, sowie zweitens die falsche Gleichung »mehr Geld gleich mehr Entwicklung« gesehen. Mit alledem werde Eigeninitiative gelähmt und Korruption befördert. Als Ausweg sieht der Bonner Aufruf eine klarere Durchsetzung von Verantwortlichkeiten, die Neuorientierung der Zusammenarbeit weg von staatlichen Partnern hin zu gesellschaftlichen Gruppen sowie die Fokussierung auf Grund- und Berufsbildung, Kleinkredite und arbeitsintensive sowie beschäftigungswirksame Infrastrukturmaßnahmen.

- ✔ Das aus diesem Umfeld hervorgegangene **Kölner Memorandum** grenzt sich von klassischen entwicklungspolitischen Konzepten ab. Insgesamt habe die Entwicklungszusammenarbeit bisher keine grundlegende und nachhaltige wirtschaftliche Entwicklung Subsahara-Afrikas in Gang gesetzt. Vielmehr habe sie die Abhängigkeit der Empfängerländer verstärkt und das Entstehen wirtschaftlicher Eigendynamiken verhindert. Trotz privilegierter Handelsbedingungen gebe es auf dem Weltmarkt kaum produzierte Güter aus Afrika südlich der Sahara. Die Entwicklungszusammenarbeit sei zu einer Maschinerie geworden, die immer mehr ihrer Selbsterhaltung diene. Eine massive Aufstockung der staatlichen Entwicklungshilfe werde nach aller Erfahrung keine wesentliche Verbesserung der Lebensverhältnisse in den afrikanischen Ländern bewirken, vielmehr sei zu erwarten, dass große Teile der zusätzlichen Mittel in falsche Kanäle flössen.

Zentrale internationale Konfliktlinie

Der Wegfall des Ost-West-Konflikts in den 1990er-Jahren hat »die« soziale Frage unserer Zeit, nämlich die wachsende Kluft zwischen den Lebenschancen in den Industrieländern und den Entwicklungsländern, zur zentralen internationalen Konfliktlinie gemacht. Zugleich sind grundlegende gemeinsame Interessen – vor allem das Überleben der Menschheit und der Schutz des Ökosystems Erde – unbestreitbar.

- ✔ Bei der **Konkretisierung der Ziele** und Instrumente sowie der Um- und Durchsetzung und der damit verbundenen Lastenverteilung dominieren aber Bewertungs- und Interessenkonflikte.
- ✔ Die **zunehmende Pluralisierung** des Globalen Südens verschlechtert zudem ständig die Chancen der Entwicklungsländer auf eine kollektive Interessenvertretung.
- ✔ Auch auf der Theorie- und Strategieebene ist ein **Königsweg der Entwicklungspolitik** nicht in Sicht.
- ✔ Deutlich geworden ist aber auch, dass sich die **herkömmliche Gegenüberstellung** von entwickelten Geberstaaten einerseits und weniger oder noch nicht entwickelten Empfängerländern andererseits angesichts der Ausdifferenzierung der Welt immer weiter auflöst.

IN DIESEM KAPITEL

Umweltgefahren als neue Geißel der Menschheit

Konfliktlinien internationaler Umweltpolitik

Kooperationsprobleme bei Gemeinschaftsgütern

Kapitel 12
Internationale Klima- und Umweltpolitik

Unsere Art zu wirtschaften, zu leben und Ressourcen zu verbrauchen, stößt mittlerweile anerkanntermaßen an planetarische Grenzen. Das berühmte Diktum, nach dem – wenn alle Menschen so wirtschafteten wie in Deutschland – es letztlich drei Erden bräuchte, um den Bedarf an Rohstoffen zu decken, ist alt, aber unverändert aktuell.

- ✔ Im Zuge der sich weltweit **verschärfenden Umweltkrise** gewinnt es zugleich neu an Bedeutung. Das Interesse an globalen Umweltproblemen und globaler Umweltpolitik sowie Debatten über die Stabilität des globalen Ökosystems haben in den vergangenen Jahrzehnten erheblich zugenommen.
- ✔ Das liegt vor allem daran, dass der Problemdruck seit Längerem unabweislich groß ist. Die **globale Umweltproblematik** hat sich zu einer neuen »Geißel der Menschheit« (so die ursprünglich für die Verhinderung von Kriegen verwendete Terminologie in der Charta der Vereinten Nationen) entwickelt, die zentrale Aufmerksamkeit erfordert, aber nur manchmal bekommt.

Der damalige VN-Generalsekretär Kofi Annan drückte dies bereits vor Jahrzehnten in seinem Millenniumsbericht an die Generalversammlung so aus: Auf dem Spiel stehe die **Freiheit kommender Generationen, auf diesem Planeten weiterleben zu können**. »Wir sind im Begriff, ihnen diese Freiheit zu verweigern. Unsere Antwortmaßnahmen reichen bei Weitem nicht aus, um den Forderungen der Nachhaltigkeit gerecht zu werden. Von einigen rühmlichen Ausnahmen abgesehen, sind unsere Antwortmaßnahmen zu spärlich, zu dürftig und kommen zu spät.« Hätte eine solche Bemerkung noch vor Jahren als Ausdruck einer apokalyptischen Weltuntergangsstimmung gegolten, so sind sich heute Wissenschaft und zunehmend auch Politik weitgehend einig, dass es sich dabei um eine zutreffende Aussage handelte. So werden im »Risikobericht des Weltwirtschaftsforums« globale Umweltprobleme seit Jahren als die drängendsten

Herausforderungen der Menschheit genannt. »Von allen Risiken ist es bei der Umwelt am offensichtlichsten, dass die Welt in eine Katastrophe schlafwandelt«, heißt es in der Studie.

Entwicklung des Politikfeldes

Sie sehen mit Blick auf einige Maßnahmen der internationalen Gemeinschaft sofort die Intensität der Bemühungen, aber auch die oft bescheidenen Ergebnisse. Nehmen Sie nur den Herbst 2024 als repräsentative Momentaufnahme:

- ✔ Im südkoreanischen Busan scheiterten einstweilen die Verhandlungen um eine **internationale Plastikkonvention,** mit der man die zunehmende globale Plastikverschmutzung in den Griff bekommen wollte, weil eine Gruppe von Ölstaaten um Saudi-Arabien und Russland den Kompromiss blockierte, auf den sich Hunderte andere Staaten verständigt hatten.
- ✔ Im kolumbischen Cali endete der 16. Biodiversitätsgipfel zum Artenschutz ohne einen erhofften Durchbruch zu einem globalen **Biodiversitätsabkommen**, das bis 2030 mindestens 30 Prozent der weltweiten Land- und Meeresflächen unter Schutz stellen sollte, weil die Frage der finanziellen Unterstützung für Entwicklungsländer ungelöst blieb.
- ✔ Im aserbaidschanischen Baku einigte sich die **Konferenz zur Klimarahmenkonvention** (COP29) zwar darauf, Klimahilfen für ärmere Länder bis 2035 auf jährlich mindestens 300 Milliarden US-Dollar zu erhöhen. Dieses Finanzierungsziel liegt jedoch deutlich unter den von den Entwicklungsländern geforderten 1,3 Billionen US-Dollar pro Jahr und es bleibt zudem unklar, wie es finanziert werden soll.

Der Schutz der globalen Umwelt gehört zu den wichtigsten Zukunftsfragen der Menschheit und beansprucht größte Aufmerksamkeit.

Zentrales Leitbild ist dabei die **nachhaltige Entwicklung** (*sustainable development*), bei der im Idealfall die Bedürfnisse der Gegenwart auf solch eine Art und Weise befriedigt werden sollen, dass die Möglichkeit künftiger Generationen, ihre eigenen Bedürfnisse zu befriedigen, nicht verbaut wird.

Würde man aber den derzeitigen globalen Energie- und Ressourcenverbrauch in die Zukunft projizieren und dabei einerseits den prognostizierten Zuwachs der Weltbevölkerung von acht auf neun Milliarden bis 2050 berücksichtigen und andererseits den heutigen Verbrauch der Menschen in den Industrie- und Schwellenländern zugrunde legen, wäre die Grenze der Belastungsfähigkeit unseres Planeten schnell und wohl unwiderruflich überschritten. Das westliche Wohlstandsmodell ist mithin nicht »globalisierungstauglich«. Aber allen Beteuerungen zum Trotz ist echter Fortschritt bisher ausgeblieben.

Jedes Jahr markiert ein Länderüberschreitungstag (*Country Overshoot Day*) das Datum, an dem das jährliche Biokapazitätsbudget des Planeten aufgebraucht wäre, wenn jeder auf der Erde auf dem gleichen Konsumniveau wie die Bewohner dieses bestimmten Landes leben würde. Tabelle 12.1. stellt ausgewählte Länder dar:

Land	Länderüberschreitungstag
Katar	06.02.2025
Singapur	26.02.2025
Estland	04.03.2025
USA	13.03.2025
Australien	19.03.2025
Russland	06.04.2025
Frankreich	19.04.2025
Deutschland	03.05.2025
Japan	08.05.2025
Türkei	18.05.2025
China	23.05.2025
Brasilien	01.08.2025
Indonesien	18.11.2025
Uruguay	17.12.2025

Tabelle 12.1: Länderüberschreitungstage 2025, basierend auf Daten der Situation des Jahres 2023 (dem neuesten derzeit verfügbaren Datenpunkt), Quelle: Global Footprint Network

Zentrale umweltpolitische Herausforderungen

Insbesondere drei bedeutsame Herausforderungen der internationalen Umweltsituation erfordern dringende Maßnahmen.

- ✔ **Klimaänderung:** Seit Beginn des Industriezeitalters in der Mitte des 18. Jahrhunderts hat sich die Erde erheblich erwärmt und der Meeresspiegel ist messbar angestiegen, was eine größere Häufigkeit und Intensität extremer Wetterereignisse wie Orkane und Dürren zur Folge haben wird und absehbar ganze Regionen unbewohnbar machen könnte.

- ✔ **Biologische Vielfalt:** Der Verlust an biologischer Vielfalt beeinträchtigt in schwerwiegendem Maße die Gesundheit, den Lebensunterhalt, die Nahrungsmittelproduktion und die Sauberkeit des Trinkwassers und erhöht die Gefährdung der Bevölkerung durch Naturkatastrophen und Klimaänderungen. Denken Sie als konkretes Beispiel etwa an die Debatten um Insektensterben, Bienenschutz oder um Plastikmüll.

- ✔ **Wüstenbildung:** Die Verödung von mehr als einer Milliarde Hektar Land hat sich verheerend auf die Entwicklung in vielen Teilen der Welt ausgewirkt und Millionen Menschen gezwungen, ihren Grund und Boden zu verlassen.

Die internationale Umweltpolitik ist im Vergleich zu anderen Politikfeldern noch jung. Dies mag Sie zunächst überraschen, da gravierende Beeinträchtigungen der internationalen Umwelt durch Menschen und Wirtschaft ja nun wirklich kein grundlegend neues Phänomen darstellen. Umweltpolitische Fragen werden aber systematischer erst seit Ende der

1960er-Jahre auf der weltpolitischen Bühne diskutiert. Den Auftakt bildete die »Konferenz der Vereinten Nationen über die Umwelt des Menschen«, die 1972 in Stockholm stattfand. Seitdem hat es zahlreiche weitere Weltkonferenzen gegeben, sind Hunderte von bi- und multilateralen Verträgen vereinbart worden und haben zunehmend auch private Akteure einen Beitrag zum Schutz der internationalen Umwelt geleistet.

In Tabelle 12.2 finden Sie einige Meilensteine im Überblick dargestellt.

	Name	Thematische Schwerpunkte	Ergebnis
1972	Konferenz über die Umwelt des Menschen	Spannungsfeld Umwelt versus Entwicklung, Gründung Umweltprogramm	Stockholmer Erklärung, Aktionsplan der Vereinten Nationen
1987	Montrealer Protokoll	Schutz der Ozonschicht	Abkommen zur schrittweisen Einstellung ozonabbauender Substanzen
1992	Konferenz über Umwelt und Entwicklung (Rio-Konferenz)	Nachhaltige Entwicklung als neues Leitbild	Verabschiedung der Agenda 21, der Klimarahmenkonvention und der Biodiversitätskonvention
1997	Kyoto-Protokoll	Klimawandel	Verpflichtung von Industrieländern zur Reduktion von Treibhausgasemissionen
2000	Millenniumsgipfel der Vereinten Nationen	Millenniumsentwicklungsziele (MDGs)	Definition konkreter Umweltziele zur Bekämpfung von Armut und nachhaltiger Entwicklung
2002	Weltgipfel für Nachhaltige Entwicklung	Umsetzung der nachhaltigen Entwicklungsziele	Politische Erklärung, Umsetzungsplan von Johannesburg
2012	Konferenz über Nachhaltige Entwicklung	Green Economy, Schärfung der Nachhaltigkeitsziele	Abschlusserklärung
2015	Pariser Abkommen	Klimawandel	Globale Vereinbarung zur Begrenzung der Erderwärmung auf deutlich unter 2 Grad und möglichst 1,5 Grad.

Tabelle 12.2: Meilensteine der internationalen Umweltpolitik, Quelle: eigene Darstellung

Vor der Stockholmer Umweltkonferenz 1972 hatten nur wenige Industrieländer nationale Maßnahmen zum Umweltschutz ergriffen. Erneuerbare wie nicht-erneuerbare Ressourcen waren bis dahin selbstverständlich benutzt worden, Umweltverschmutzung oder Umweltdegradation waren lediglich als lokale und temporäre Phänomene wahrgenommen worden.

- Erst als die **Luft- und Wasserverschmutzung** in den 1960er-Jahren in den Industrieländern immer offensichtlicher wurde, verankerten die ersten Staaten nationale Umweltschutzgesetze.
- Zudem wurde immer deutlicher, dass die Umweltverschmutzung **grenzüberschreitend** wirkt. So verschlechterte sich zum Beispiel die Wasserqualität von skandinavischen Seen so dramatisch, dass diese »umkippten«, obwohl in der Nähe keine industriellen Anlagen waren.
- Diese Beobachtung griffen die **Umweltbewegungen** auf, die in den ersten Staaten entstanden und sich auch rasch transnational vernetzten. Sie forderten ein grundlegendes Umdenken und Umlenken der Politik.

Die **Selbstverständlichkeit**, mit der Ressourcen ungeregelt genutzt wurden (und zum Teil immer noch werden), ist aus heutiger Sicht schwer nachvollziehbar. Schließlich ist spätestens seit der industriellen Revolution offensichtlich, dass die Nutzung von natürlichen Ressourcen auch die natürliche Umgebung verändert. Quantität und Qualität der Beeinflussung sind jedoch stark angestiegen. So hat die Menschheit insbesondere in den vergangenen 100 Jahren den gesamten Planeten verändert. Die menschlichen Aktivitäten haben das Ökosystem in einem Ausmaß und in einer Tiefe beeinflusst, wie es in der Geschichte der Menschheit zuvor nie der Fall war. Einerseits ist damit der globale Wohlstand stark angestiegen, andererseits ist dieser ungleich verteilt. Zudem stößt die Regenerationsfähigkeit des Ökosystems an ihre Grenzen.

Verhandlungslogiken

Zwei Faktoren haben besonders stark zur zunehmenden Nutzung beziehungsweise Übernutzung der Ressourcen beigetragen:

- Die Weltbevölkerung hat sich in den vergangenen 40 Jahren mehr als **verdoppelt**. Rund die Hälfte der Bevölkerung lebt dabei in städtischen Gebieten und beansprucht massiv Ressourcen.
- Die globalen wirtschaftlichen Aktivitäten haben sich in der Zeit von 1950 bis 2014 **verzwanzigfacht**. Der wirtschaftliche Wohlstand führt zu mehr Konsum und damit zu einer stärkeren Ressourcennutzung. So haben sich die weltweiten Ausgaben für privaten Konsum zwischen 1960 und 2024 mehr als 30-fach gesteigert.

Die Staatengemeinschaft hat zunächst mit einem **sektoralen Ansatz** auf die Umweltzerstörung reagiert. Spezifische Probleme wie die Luft- und Wasserverschmutzung, die Wüstenbildung, der Verlust der biologischen Vielfalt oder der Klimawandel wurden jeweils durch einzelne internationale Verträge zu regeln versucht. Hierzu wurden jeweils spezifische multilaterale Umweltabkommen ausgehandelt. Heute gibt es rund 500 solcher multilateraler Abkommen, wobei die meisten regionaler Natur sind. In praktisch allen Fällen hat die Anzahl der beigetretenen Staaten im Zeitverlauf deutlich zugenommen und in einigen Fällen sind praktisch alle knapp 200 Länder der Welt dabei.

Die neueren Abkommen haben allesamt Institutionen für einen Nachfolgeprozess integriert. Diese sehen regelmäßige Konferenzen der Vertragsparteien vor, die durch ein Sekretariat vor- und nachbereitet werden. Das Ozon-, das Klima- und das Biodiversitätsabkommen sind daher »Rahmenvereinbarungen«, die durch nachträglich vereinbarte Protokolle angepasst und verschärft werden können. Dabei gibt es drei »Achillesfersen«:

- ✔ In Verhandlungen dieser Art genügt **kein Mehrheitsbeschluss**, sondern es muss immer ein Kompromiss erreicht werden, dem am Ende immer alle Staaten zustimmen müssen. Dieses ist häufig ein kleiner, manche sagen: meist ein fauler.
- ✔ Es gibt eine **unübersichtliche Vielfalt von Akteuren**, die sowohl staatlicher als auch nichtstaatlicher Natur sind, die auf lokaler, nationaler, regionaler und globaler Ebene wirken, in unterschiedlichen Rahmen und Formen miteinander kooperieren (oder auch nicht kooperieren) und oft alle ihre eigenen Agenden und Interessen verfolgen.
- ✔ Die Vielfalt der Akteure und der Arenen lädt dazu ein, Verantwortlichkeit nach dem Modell **»Problemverschiebebahnhof«** stets anderswo zu suchen. Offenkundig ein kompliziertes *setting*, wenn es darum geht, gemeinsam Probleme zu lösen!

Klimawandel als Querschnittsproblem

Der menschengemachte Klimawandel ist eines der zentralen Probleme unserer Zeit und unbestritten ein erhebliches globales Risiko. So hatte der VN-Sicherheitsrat den Klimawandel erstmalig im April 2007 als sicherheitspolitisches Problem diskutiert.

- ✔ Allerdings gibt es um die **Wirkfaktoren des Klimawandels** heftige Debatten. Zwar gilt die nackte Tatsache, dass sich die Erde seit Beginn des Industriezeitalters rapide erwärmt, als nicht mehr strittig. Verschiedene Klimamodelle geben der Menschheit nur noch wenige Jahre, um überhaupt etwas gegen die Katastrophe zu tun – was entsprechend einschneidende Maßnahmen erfordern würde. Die radikalen Veränderungen, die jetzt notwendig wären, wären jedoch nur in einem nicht erwartbaren »Expresstempo« zu realisieren.
- ✔ Zu Recht hat sich in diesem Zusammenhang in den vergangenen Jahren der Diskurs auch begrifflich verschoben: Nicht mehr »Klimawandel«, sondern »Klimakrise« ist die vorherrschende Terminologie, viele sprechen mittlerweile gar von **Klimanotstand oder Klimakatastrophe**.
- ✔ Die Mehrzahl der Wissenschaftler schätzt die Situation als **dramatisch** ein, und der VN-Generalsekretär António Guterres warnte 2021 unmissverständlich: »Wir graben unser eigenes Grab.«

Der niederländische Meteorologe und Nobelpreisträger Paul J. Crutzen führte bereits vor drei Jahrzehnten einen Begriff in die umweltwissenschaftliche Debatte ein, um die gravierenden Auswirkungen des anthropogenen, also menschlich beeinflussten Klimawandels im planetarischen Maßstab zu fassen. Das *Holozän* – die seit fast zwölf Jahrtausenden andauernde Warmzeit mit relativ stabilen Umweltbedingungen, durch die die Entstehung und

Entwicklung der menschlichen Zivilisation überhaupt erst ermöglicht wurde – gehe zu Ende und wir befänden uns in einer neuen Epoche. 2002 legte Crutzen in einem vielfach zitierten Artikel der renommierten Zeitschrift *Nature* nach und prägte den Begriff »Anthropozän«.

In den vergangenen drei Jahrhunderten, so Paul Crutzen, haben die Auswirkungen des Menschen auf die Umwelt massiv zugenommen. Durch die anthropogenen CO_2-Emissionen könnte das globale Klima für viele Jahrtausende erheblich von seiner natürlichen Entwicklung abweichen. »Es scheint daher angebracht, die gegenwärtige, in vielerlei Hinsicht menschlich dominierte geologische Epoche als **Anthropozän** zu bezeichnen. Bei Geologen ist dieses Konzept nicht unumstritten, aber gemeint damit ist: ein Zeitalter, in dem die Spuren des Menschen so tief in die Erde eindringen, dass es auch von nachfolgenden Generationen als ein ganzes Zeitalter angesehen werden wird, das vom Menschen geschaffen wurde. Das sind Spuren von Kernwaffentests, des Bevölkerungswachstums, der Klimaveränderung, der Rohstoffausbeutung, des Mikroplastiks in den Ozeanen etc.« Der Begriff Anthropozän bezeichnet mithin ein neues geologisches Zeitalter, in dem die Menschheit den dominanten geophysikalischen Einfluss auf das Erdsystem hat, woraus die Verantwortung des Menschen für die Zukunft des Planeten abgeleitet wird.

Die internationale Klimapolitik ist mit einem Problem befasst, das sich nicht nur als drängend, sondern vor allem als politisch vertrackt darstellt. Seit 20 Jahren halten die Vertragsstaaten der Klimarahmenkonvention jährliche Konferenzen (*conferences of parties*, COP) zur Begrenzung des menschengemachten Klimawandels ab, ohne bisher einen Rückgang der globalen Treibhausgasemissionen erwirkt zu haben. Im Jahr 2024 fand die COP 29 statt und zugleich wurde von der internationalen Energieagentur für das Jahr 2023 abermals ein historischer Höchststand bei den globalen Kohlendioxidemissionen vermeldet. Das Thema polarisiert wie wenige andere:

- ✔ Auf der einen Seite stehen die **Klima-Skeptiker**, die nicht nur die Folgen zu verharmlosen versuchen, sondern auch nach wie vor die primäre Verantwortlichkeit des Menschen bestreiten.
- ✔ Auf der anderen Seite gibt es **Klima-Alarmisten**, die unausweichliche Horrorszenarien vorhersagen und postulieren, für Gegenmaßnahmen sei es eigentlich bereits viel zu spät.

Beiden – meist interessengeleiteten – Extremen ist eines gemeinsam: Sie lähmen die Suche nach praktikablen Antworten auf ein Risiko, das von Tag zu Tag größer wird. Die Indizien und Folgen einer globalen Erderwärmung, die insbesondere auf die hohe Konzentration von Kohlendioxid in der Atmosphäre und den damit verbundenen Treibhauseffekt zurückzuführen ist, sind von der Naturwissenschaft gut erforscht. Einige Erkenntnisse lassen sich bereits heute deutlich und unbestreitbar nachweisen. Dazu gehören:

- ✔ der **Gletscherschwund** in den Hochgebirgsregionen
- ✔ der stetige Rückgang der **Eisschilde** in der Arktis und Antarktis

- die erhöhte Frequenz und Heftigkeit von **extremen Wetterereignissen** wie Stürmen, Dürren, Überschwemmungen oder Hitzewellen

Es ist zwischen **Frühindikatoren** wie der Gletscherschmelze und **Spätfolgen** wie dem Meeresspiegelanstieg zu unterscheiden. Konsens gibt es darüber, dass die Indikatoren des Klimawandels sich nicht linear entwickeln. Dies wirft vor allem die Frage nach kritischen Schwellen und den »Kipppunkten« (*tipping points*) auf, wobei insbesondere im Fokus steht, ob und wann sich Meeresströmungen wie der Golfstrom mit teilweise verheerenden Folgen für Mensch und Natur ändern.

Widersprüche der Klimapolitik

Die internationale Klimadiskussion bewegt sich auf sehr abstraktem Niveau und offenbart zahlreiche Widersprüche, die weniger auf der »Erkenntnisebene« als auf der »Umsetzungsebene« liegen.

- **Unzureichende Emissionsreduktionsziele:** Trotz der internationalen Vereinbarungen bleibt die CO_2-Reduktion hinter den notwendigen Zielen zurück. Die nationalen Reduktionsziele (*Nationally Determined Contributions,* NDCs), die von den Ländern bis zur Klimakonferenz in Glasgow im Jahr 2021 vorgelegt wurden, hätten im besten Fall nur eine Erwärmung von etwa 2,4 Grad zur Folge – weit über dem als erforderlich erachteten Ziel von 1,5 Grad.
- **Finanzierung und Unterstützung für Entwicklungsländer:** Die Industrieländer hatten sich verpflichtet, 100 Milliarden US-Dollar jährlich für die Unterstützung der Entwicklungsländer zur Verfügung zu stellen, doch diese Mittel wurden bisher nicht vollständig bereitgestellt. Auch bei der Hilfe zur Anpassung an den Klimawandel fehlt es an ausreichender Unterstützung.
- **Mangelnde Umsetzung und »Greenwashing«:** Viele Versprechen auf den Konferenzen sind nicht konkret genug oder wurden von den beteiligten Ländern nur halbherzig umgesetzt. Viele Länder oder Unternehmen kündigen Klimaschutzmaßnahmen nur an oder benennen Maßnahmen, die in der Praxis wenig bewirken oder nicht umgesetzt werden.
- **Widerstand von einigen großen Emittenten:** Große Länder wie China, Indien und die USA sperren sich oftmals gegen konkrete Verpflichtungen zur Emissionsreduktion. China und Indien betonen, dass sie als Entwicklungs- und Schwellenländer mehr Zeit und Unterstützung benötigen, um ihre Emissionen zu senken, während die USA in der Vergangenheit ihre Verpflichtungen oft aus innenpolitischen Erwägungen zurückgezogen haben.

So klar die Risiken des Klimawandels sichtbar sind, so schwierig ist der Umgang mit ihnen in der politischen Praxis. Dies liegt an mehreren, miteinander verwobenen, Gründen:

- Wenn die **Verantwortung** auf sehr vielen Schultern liegt, fühlt sich im Ergebnis oft niemand verantwortlich. Es bietet sich dann bisweilen die Strategie an, sich vor kostenintensiven, unbequemen Entscheidungen zu drücken und das Feld des Handelns lieber anderen zu überlassen.

- Die **Folgen** des Klimawandels sind regional sehr unterschiedlich ausgeprägt. Es gibt im Bewusstsein der betroffenen Staaten nicht nur hoffnungslose Verlierer, sondern auch gefühlte Gewinner. Auch das erschwert einvernehmliches und solidarisches Handeln. Dies meist auf Kosten von Ländern etwa in Afrika, nicht nur aufgrund der geografischen Bedingungen, sondern auch aufgrund der jeweiligen Anpassungs- und Reaktionsfähigkeit der Staaten, die maßgeblich die reale beziehungsweise prognostizierte Schadenshöhe von Klimaereignissen bestimmt. Auch hier gilt: Das Risiko wird nicht einheitlich bewertet, was kollektive Gegenmaßnahmen zu unterlaufen droht.

- Die **Ursachen** der Klimaänderungen sind globaler Natur. Sie sind durch alle Länder der Erde mitverursacht – aber in sehr unterschiedlichem Maße. Seit der Industrialisierung (ab etwa 1800) haben die Industrieländer überproportional viele Treibhausgase in die Atmosphäre emittiert und tragen damit eine größere Verantwortung für den Zustand des Weltklimas. Sie haben durch den massiven Verbrauch fossiler Brennstoffe (Kohle, Öl, Gas) einen Großteil der globalen Erwärmung verursacht. Die »historische Klimaschuld« – also die kumulierten fossilen Emissionen an klimaschädlichen Gasen – liegt nach Berechnungen des »Global Carbon-Projekts« bis heute zu etwa 30 Prozent bei Europa, zu 25 Prozent bei den USA, zu 13 Prozent bei China und zu nicht mehr als drei Prozent bei den afrikanischen und südamerikanischen Staaten.

- Ein bestimmendes Merkmal des Klimawandels ist darüber hinaus seine **Trägheit**. Kohlendioxid verbleibt Jahrzehnte bis Jahrhunderte in der Atmosphäre, die Temperaturen hinken den Konzentrationen hinterher, und der Anstieg des Meeresspiegels wiederum folgt den Temperaturen in einem gewissen Abstand. Das bedeutet: Es macht keinen Sinn, in einer noch als glimpflich empfundenen Lage auf Zeit zu setzen. Rasches Handeln ins Ungewisse und mit hohem Aufwand stößt aber in der Praxis auf Widerstände.

Der **globale Klimawandel** gehört damit zu den typischen **Langfristproblemen** hochkomplexer Art. Eine einzige kraftvolle Aktion reicht nicht aus, um eine nachhaltige Lösung zu erreichen. Im Gegenteil: Gefordert ist eine Vielzahl gut aufeinander abgestimmter Gegenmaßnahmen. Und mehr noch: Es handelt sich um eine Investition in die Zukunft zugunsten nachfolgender Generationen – oder das Nichtstun zulasten derselben. Es geht also um unmittelbar notwendiges Handeln, ohne eine Wirkung sofort nachweisen oder gar von ihr profitieren zu können. Die damit verbundenen Kosten sind daher innenpolitisch oft nicht einfach zu erklären und durchzusetzen.

Strategieoptionen

Ungeachtet dieser strukturellen Probleme eröffnen sich zwei generelle Strategieoptionen, um den Klimawandel halbwegs zu beherrschen. Beide bedeuten keine Alternativen, sondern sind komplementär zu verstehen, nämlich die »Adaption« und die »Mitigation«.

- **Adaptation** zielt auf proaktive Anpassung an die Folgen des Klimawandels, also auf eine verbesserte staatliche, ökonomische und individuelle Resilienz. Das umfasst wirksame Frühwarnsysteme, eine weitsichtige Planung, umfangreiche und kostenintensive

Schutzmaßnahmen, einen raschen Wiederaufbau nach einer klimabedingten Katastrophe und auch grundlegende strukturelle Weichenstellungen. Reiche Länder sind hierzu kraft ihrer Mittel und meist auch ihrer geografischen Lage deutlich besser befähigt als arme, die wiederum in der Regel besonders stark und häufig einzelnen Klimaschocks ausgesetzt sind. Insgesamt ist jedoch festzuhalten, dass im Falle ungebremsten Klimawandels eine reine Anpassung früher oder später an ihre Grenzen stößt.

✔ **Mitigation** setzt auf eine generelle Vermeidung oder Begrenzung weiterer Erderwärmung. Sie zielt also auf die Ursachenbekämpfung und nicht auf das Beherrschen von Symptomen. Dies kann nur im globalen Kontext der Staatengemeinschaft gelingen.

So heißt es in Artikel 3 der VN-Klimarahmenkonvention: »Die Vertragsparteien sollen auf der Grundlage der Gerechtigkeit und entsprechend ihren gemeinsamen, aber unterschiedlichen Verantwortlichkeiten und ihren jeweiligen Fähigkeiten das Klimasystem zum Wohl heutiger und künftiger Generationen schützen.« Folglich sollen die Vertragsparteien, die entwickelte Länder sind, bei der Bekämpfung der Klimaänderungen und ihrer nachteiligen Auswirkungen die Führung übernehmen.

Innerhalb der Klimarahmenkonvention, die es seit der Konferenz von Rio 1992 gibt, wurde 2015 in Paris beschlossen, den Anstieg der globalen Mitteltemperatur auf maximal 2 Grad gegenüber dem vorindustriellen Niveau begrenzen zu wollen. Um das zu erreichen, müssen und sollen weltweit die Emissionen reduziert werden und möglichst bald ihren Höhepunkt (*peak*) erreicht haben, wobei Entwicklungsländern mehr Zeit und auch finanzielle und/oder technische Unterstützung gegeben werden sollen. Jeder Unterzeichnerstaat legt einen nationalen Klimaschutzplan vor; außerdem ist als *Follow-up-Prozess* vorgesehen, dass alle fünf Jahre nach Bedarf strengere Ziele verabschiedet werden können, dass man sich untereinander und an die Öffentlichkeit Bericht erstattet und als mittelfristiges Ziel ein transparentes Rechenschaftssystem einrichtet.

Die teils **euphorischen Reaktionen** auf die Erklärungen von Rio und später Paris sind dadurch erklärbar, dass man sich nach Jahren vergeblicher Verhandlungen überhaupt auf ein Abkommen einigen konnte. Das hatte sicher eine große Symbolwirkung, die von den konkreten Inhalten einigermaßen unabhängig war. Auch dass es in Paris gelungen war, China und die USA als zwei der größten CO_2-Emittenten mit an Bord zu holen, kann gegenüber dem Vorgängerabkommen (Kyoto-Protokoll) als Verbesserung gelten. Und auch wenn die US-Administration unter dem Präsidenten Trump zweimal aus dem Pariser Abkommen ausgetreten und das sicher kein gutes Zeichen ist, sieht man doch an zahlreichen US-Bundesstaaten, dass der Prozess nicht vollständig zum Erliegen kommt. Was nicht überwunden wurde, ist das Prinzip der Freiwilligkeit. Es gibt nach wie vor keine wirklichen Sanktionsinstrumente für Staaten, die sich nicht an ihre selbst eingegangenen Verpflichtungen halten. Letztlich wird es darauf ankommen, ob und inwieweit vor allem die großen Verbraucher fossiler Energie sich in der Praxis an die Vereinbarungen halten. Das angestrebte Ziel wird absehbar nur in einer kollektiven, solidarischen Kraftanstrengung aller Nationen erreichbar sein.

Eine weitere Variante der Vermeidungsstrategie, in die bisweilen große Hoffnungen gesetzt werden, soll hier nicht unerwähnt bleiben: mithilfe von technischen Kunstgriffen das Aufheizen der Atmosphäre oder den Einfall des Sonnenlichts zu regulieren. Diese und andere Projekte des *Geo-Engineering* oder *Climate-Engineering* sind aber derzeit noch im Stadium eher vager Ideen mit obendrein noch nicht durchdachten und wahrscheinlich auch nicht seriös vorhersehbaren Nebenwirkungen.

Konfliktlinien in der globalen Umweltpolitik

Das Politikfeld globale Umweltpolitik steht mithin vor einer Reihe bereichsspezifischer Schwierigkeiten:

- ✔ Die Probleme zeigen sich erst **im Zeitverlauf verschärft** (und Sie erleben das ja hier in Europa zum ersten Mal so richtig, etwa angesichts einer spürbaren Verschiebung der Niederschlagsverteilung oder der Überschwemmungen in Rheinland-Pfalz und Nordrhein-Westfalen im Sommer 2021, bei denen die Flüsse stark anschwollen und große Gebiete verwüsteten). Das verleitet offenbar dazu, die Bearbeitung auf andere beziehungsweise auf zukünftige Generationen zu verschieben.
- ✔ Es wird häufig kritisiert, dass es zwar eine **Vielzahl an Institutionen und Regelungen** im Bereich der grenzüberschreitenden Umweltkooperation gebe, dass diesen jedoch ein gemeinsames Dach fehle. Weil sich internationale Umweltregime in vielen Bereichen überschneiden, ohne dass diese Überschneidungen ausreichend koordiniert würden, wurde in jüngerer Zeit verstärkt der Ruf nach einer Weltumweltorganisation laut.
- ✔ Schließlich muss sich die globale Umweltpolitik in vielen Bereichen dem Problem stellen, dass die Folgen menschlichen Handelns für die Umwelt nur **ungenau vorherzusagen** sind. Das in der Rio-Deklaration festgeschriebene Vorsorgeprinzip verlangt hier, dass Maßnahmen bereits dann ergriffen werden, wenn wissenschaftlich nicht mehr ausgeschlossen werden kann, dass ein Unterlassen zu Schäden für Mensch und Umwelt führen könnte. Auch dieses Prinzip und seine konkreten politischen Implikationen sind international jedoch keineswegs unumstritten, wie sich unter anderem am Beispiel internationaler Streitigkeiten über den Handel mit gentechnisch modifizierten Organismen und hormonbehandeltem Fleisch zeigt.
- ✔ Seit Beginn der internationalen Umweltpolitik besteht aber vor allem eine **Konfliktlinie**, die bis heute alle Verhandlungen stark beeinflusst: Staaten des Globalen Nordens und des Globalen Südens streiten über die Frage, wer welchen Beitrag zur internationale Umweltpolitik leisten muss. Im Vorfeld des Stockholmer Gipfels 1972 diskutierten die Staaten darüber, ob eine internationale Umweltpolitik überhaupt nötig ist. Die Länder des Globalen Südens wiesen darauf hin, dass sie die Umweltprobleme nicht verursacht und ein Recht auf eine industrielle Entwicklung und damit einhergehende Ressourcennutzung hätten. Die VN-Generalversammlung hielt daraufhin 1970 in einer Resolution fest, dass Umweltschutz immer im Kontext von ökonomischer und sozialer Entwicklung zu sehen ist.

1992 konkretisierten die Staaten, was damit gemeint war. Sie einigten sich auf das **Prinzip der gemeinsamen, aber unterschiedlichen Verantwortung.** Dieses bedeutet, dass die Staaten einerseits anerkennen, dass alle gemeinsam die Verantwortung haben, die Umwelt zu schützen. Andererseits teilen sie die Auffassung, dass sie in unterschiedlichem Umfang für die Umsetzung von Maßnahmen und Zielen verantwortlich sind. In einigen Umweltabkommen werden Staaten daher in Gruppen eingeteilt, die jeweils spezifische Beiträge zum Umweltschutz leisten. So mussten im Klimaregime gemäß dem Kyoto-Protokoll nur die Industrieländer ihre Emissionen reduzieren. Im Biodiversitätsregime müssen die Länder des Globalen Südens nur in dem Umfang zum Schutz der biologischen Vielfalt beitragen, wie sie es aufgrund eines Transfers von Technologie und Finanzen aus dem Norden können.

In den vergangenen Jahren steht das Prinzip der gemeinsamen, aber unterschiedlichen Verantwortung wieder auf dem Prüfstand. So haben die Staaten sowohl in Rio 2012 als auch in nachfolgenden Verhandlungen zur Post-2015-Agenda und den Klimaverhandlungen darüber diskutiert, ob oder in welcher Form sie in neuen Vereinbarungen auf das Prinzip verweisen.

✔ Insbesondere die **USA** stellen das Prinzip infrage.

✔ Aus Sicht der Länder des **Globalen Südens** soll das Prinzip auch zukünftig gelten.

In den Klimaverhandlungen vertreten sie als »Gruppe der 77« (G 77) die Auffassung, dass die Aufteilung in die zwei Staatengruppen mit unterschiedlichen Verpflichtungen beizubehalten ist. Der Kontroverse liegen auch divergierende Auffassungen über Gerechtigkeit zugrunde. Die Position der G 77 ist insofern nachvollziehbar, als dass die Ressourcennutzung in der Vergangenheit stark asymmetrisch war und auch weiterhin ist. So verbrauchen die reichsten Staaten der Welt, in denen eine Minderheit der Weltbevölkerung lebt, ein Großteil an Energie und Rohstoffen.

✔ Vor diesem Hintergrund scheint es geboten, das **Gerechtigkeitsprinzip** neu zu diskutieren.

✔ Die unterschiedlichen politischen und sozio-ökonomischen Fähigkeiten der Staaten sollten ebenso wie das **Verursacherprinzip** auch zukünftig eine Rolle spielen.

✔ Das Prinzip der **gemeinsamen, aber unterschiedlichen Verantwortung** sollte differenzierter angewandt werden.

Das »Allmende-Problem«

In der internationalen Umweltpolitik geht es um die Bereitstellung und um den Erhalt von »Gemeinschaftsgütern«. Das sind globale öffentliche Güter (*global public goods*) wie beispielsweise Luft, internationale Gewässer, Ozonschicht, Artenvielfalt oder Weltklima, die für das Wohlergehen aller Menschen weltweit entscheidend sind.

Da es auf der globalen Ebene keine **wirksamen zentralen Regulierungsinstanzen** zu deren Schutz gibt (ein Beleg für die Richtigkeit der Annahme der internationalen Anarchie), hat die globale Umweltpolitik traditionell mit dem »Allmende-Problem« und dem des »Trittbrettfahrens« zu kämpfen. Daraus resultieren besondere Herausforderungen, die die Verfügbarkeit, den Schutz und den Erhalt dieser Güter kompliziert und anspruchsvoll machen. Denn kollektive Gemeinschaftsgüter sind dadurch gekennzeichnet, dass sie nicht aufgeteilt werden können, niemand von ihrem Gebrauch ausgeschlossen werden kann und sie durch nationalstaatliches Handeln allein nicht zu schützen sind. Allerdings können solche globalen öffentlichen Güter von einzelnen Akteuren benutzt (also verbraucht) werden, ohne dass diese dafür zwingend einen direkten Preis bezahlen müssen. Dies kann wiederum zu Übernutzung führen, die eine drastische Schädigung aller Nutzer zur Folge haben kann, die **Tragödie der Gemeinschaftsgüter** (*tragedy of the commons*). Eng damit zusammen hängt ein Trittbrettfahrerverhalten, also das Phänomen, dass ein Akteur einen Nutzen aus dem Verhalten anderer zieht, ohne selbst etwas zur Problembehebung beizutragen. Die deutsche Klimaforscherin Angela Oels drückt es so aus: »Internationale Klimapolitik ist also von Handlungsdilemmata geprägt, in denen das kollektive Interesse nicht mit den Einzelinteressen der beteiligten Akteure übereinstimmt.«

Würden sich etwa alle Staaten außer einem beziehungsweise wenigen auf die drastische Reduzierung der Kohlendioxidemissionen einigen und damit das Weltklima stabilisieren, käme dies auch dem einen Staat zugute, der sich nicht an dieser Reduktion beteiligt hat. Jeder ist als Angehöriger einer globalen Risikogemeinschaft gleichermaßen potenzieller Verantwortlicher und potenzielles Opfer der ökologischen Krise. Alle gemeinsam bilden eine »Risikogemeinschaft«, die sinnbildlich im gleichen Boot sitzt. Die Insassen dieses Bootes verhalten sich aber dummerweise im kollektiven Sinne nicht rational, sondern wenn überhaupt lediglich im egoistischen Sinne. Sie versuchen also, sich gegenseitig für kleine Vorteile zu erpressen, wobei aufgrund der Synergie vieler Einzelaktivitäten eine Katastrophe produziert wird, die eigentlich niemand will, die von einem bestimmten Zeitpunkt an aber auch niemand mehr verhindern kann.

Das institutionelle Design zum Schutz der kollektiven Weltgüter enthält damit zwei Problembereiche, die auch grundsätzliche Herausforderungen internationaler Kooperation sind:

- ✔ **Zuständigkeitslücke:** Die Diskrepanz zwischen einer zunehmend globaler werdenden Problemstellung und nach wie vor hauptsächlich auf den Nationalstaat bezogenen Handlungsansprüchen und Entscheidungskompetenzen führt zu einer »Zuständigkeitslücke«.
- ✔ **Anreizdefizit:** Unter den Bedingungen internationaler Umweltpolitik entsteht ein »Anreizdefizit«, bei dem einzelne Akteure zu wenig für ein Verhalten im Interesse aller belohnt werden, in Einzelfällen sogar für eine nachhaltige Politik bestraft werden, weil sie damit Wettbewerbsnachteile erleiden können.

Klimaclubs und Klimazölle

Ein auch kooperationstechnisch neuer Ansatz sind die »Klimaclubs«. So hat sich die »G7« im Dezember 2022 auf Vorschlag Deutschlands auf die Gründung eines solchen Clubs verständigt. Die Initiative soll eine schnellere Umsetzung des Pariser Klimaabkommens unterstützen und insbesondere die Emissionsverringerung im Industriebereich voranbringen. Dabei soll gleichzeitig verhindert werden, dass Unternehmen aus Ländern, die sich ehrgeizige Ziele beim Klimaschutz setzen, unfaire Konkurrenz aus Staaten mit niedrigen Umweltstandards erhalten oder Produktionsstandorte in diese Länder verlagert werden. Der Club soll grundsätzlich offen für alle Länder sein, unabhängig von Größe, wirtschaftlichem Entwicklungsgrad und politischem System. Auch wenn es noch wenige konkrete Umsetzungsschritte gibt, ist diese Idee spannend:

- ✔ Die Mitglieder des Klimaclubs verpflichten sich zu **stärkeren inländischen Klimamaßnahmen** und vereinbaren die koordinierte Einführung von CO_2-Grenzausgleichsmaßnahmen, beispielsweise einer Steuer auf den Treibhausgasgehalt von Importen, die vergleichbar mit den CO_2-Abgaben auf im Inland produzierte Güter ist.
- ✔ Für den Handel **zwischen den Clubmitgliedern** soll kein Kohlenstoff-Grenzausgleich angewendet werden, da sich alle teilnehmenden Volkswirtschaften zu ähnlich starken Maßnahmen zur Emissionssenkung verpflichten würden.
- ✔ Für nicht an dem Club beteiligten Staaten soll es zugleich **Klimazölle** geben, die auch unter den Begriff »CO_2-Grenzausgleichsmechanismen« in der Debatte auftauchen.

  Dies sind Zölle oder Abgaben auf Produkte, die aus Ländern importiert werden, die geringere Klimaschutzmaßnahmen oder weniger strenge Emissionsvorgaben haben. Ohne diese könnten Unternehmen aus Ländern mit strengen Maßnahmen ihre Produktion verlagern, um den höheren Kosten zu entgehen (das *carbon leakage*). Das Ziel von Klimazöllen ist mithin, den Wettbewerbsnachteil für Unternehmen in Ländern, die strenge Klimaschutzvorgaben einhalten, zu vermeiden und gleichzeitig den globalen Klimaschutz zu fördern. Länder, die ehrgeizige Klimaschutzmaßnahmen umsetzen (wie zum Beispiel die Einführung von CO_2-Preisen oder Emissionsobergrenzen) sollen nicht durch die Importe aus Ländern mit weniger strengen Klimaschutzvorgaben wirtschaftlich benachteiligt werden.

Klimazölle sollen zusätzlich zu den bisherigen internationalen Klimaschutzabkommen:

- ✔ **Anreize für mehr Klimaschutz schaffen:** Länder, die noch keine oder nur schwache Klimaschutzmaßnahmen haben, könnten durch die Einführung von Klimazöllen ermutigt werden, ebenfalls strengere Umweltstandards umzusetzen.
- ✔ **Wettbewerbsverzerrungen vermeiden:** Unternehmen in Ländern mit hohen Klimastandards sollen nicht durch billigere Importe aus Ländern mit niedrigeren Standards benachteiligt werden.

- ***Carbon Leakage* verhindern:** Wenn Unternehmen ihre Produktion in Länder mit weniger strengen Umweltvorgaben verlagern, um die höheren Kosten zu umgehen, würde dies den Klimaschutz weltweit untergraben. Klimazölle sollen dieses Problem eindämmen.

Ein Beispiel für einen Klimazollansatz ist der von der Europäischen Union diskutierte Carbon Border Adjustment Mechanism (CBAM). Dieser würde Zölle auf Importe von bestimmten Waren (wie Stahl, Zement und Düngemittel) erheben, die aus Ländern mit weniger ambitionierten Klimaschutzmaßnahmen stammen. Klimazölle – so jedenfalls die Hoffnung – können ein Instrument sein, um den globalen Klimaschutz zu stärken und gleichzeitig den fairen Wettbewerb zwischen Ländern und Unternehmen zu sichern. Das ist jedoch ein Spagat. Sie sind umstritten, da sie zu Handelskonflikten führen könnten und die genaue Umsetzung und Berechnung der CO_2-Emissionen von importierten Produkten technisch und politisch herausfordernd ist.

Auch wenn es bislang keine feste internationale Vereinbarung gibt, hat die Idee in der internationalen Klimadiskussion Beachtung gefunden. Um wirksame Effekte zu erzielen, müsste allerdings ein verbindlicher internationaler Rahmen geschaffen werden, der

- einerseits die **größten Verschmutzer** umfasst und
- andererseits in dem **ambitionierte Klimaschutzmaßnahmen** miteinander verknüpft werden.
- Dies soll nicht nur den globalen Klimaschutz voranbringen, sondern auch sicherstellen, dass alle Länder **gleiche Wettbewerbsbedingungen** haben, wenn es um umweltfreundliche Technologien und die Reduktion von CO_2 geht.

IN DIESEM KAPITEL

Konflikte um Ressourcen

Ressourcensicherheit

Energieversorgung und Geopolitik

Kapitel 13
Ressourcenpolitik

Eng mit der internationalen Umwelt- wie auch der Wirtschaftspolitik verbunden ist die Ressourcenpolitik. Bei ihr geht es darum, über die Nutzung und Verteilung von natürlichen, knappen oder gar seltenen Ressourcen und über die dabei entstehenden Konflikte nachzudenken und zu einer nachhaltigen Nutzung von Ressourcen beizutragen. Denn die Ressourcenverschwendung ist das ökologische Hauptproblem. Artensterben und globale Erwärmung sind in diesem Sinne nur die Symptome. Zugleich ist der Zugang zu Ressourcen wichtiges Themenfeld der internationalen Wirtschaftsbeziehungen und die Verfügung über Ressourcen eine der zentralen Machtfragen der internationalen Politik.

Das »International Ressource Panel« der Vereinten Nationen geht davon aus, dass sich der globale Ressourcenverbrauch bis 2050 im Vergleich zu heute verdoppeln wird. So steigt beispielsweise im Zuge der Energiewende der Bedarf an bestimmten Rohstoffen rasant an und wird zu mehr Aufmerksamkeit für das Thema führen. Technologie-Optimisten sehen darin eher Chancen. Mit neuen Technologien ließen sich Ressourcen effizienter ausbeuten und verarbeiten und Produktion und Umweltverschmutzung entkoppeln. Das dahinterstehende Paradigma ist das des »grünen Wachstums«. Produktionsprozesse sollen hierbei so ausgestaltet sein, dass bei höherer Produktion weniger Verschmutzung entsteht. Ob das gelingen kann, ist freilich umstritten, da Effizienzgewinne häufig durch die schiere Menge der Ausbeutung zunichtegemacht werden (*rebound effect*).

So gehen Ressourcenforscher wie etwa der deutsche Politikwissenschaftler Jasper Finkeldey davon aus, dass trotz zahlreicher Programme zum Recycling und zur Ressourceneffizienz, global eine **Übernutzung von Ressourcen** zu erwarten ist – und dies zu massiven Konflikten führen wird. Die Wachstumslogik fräße auch bei nachhaltigerer Produktionsweise den Planeten sprichwörtlich auf. Illustrieren lässt sich dieser Umstand am »Erdüberlastungstag« (*world overshoot day*), der den Tag beschreibt, an dem alle Ressourcen, die in einem Jahr nachwachsen können, verbraucht sind. Im weltweiten Durchschnitt lag dieser Tag 2024 bei Anfang August. Westliche Industriestaaten liegen deutlich davor

(Deutschland Anfang Mai, USA Mitte März), weniger entwickelte Länder liegen deutlich dahinter (Marokko Mitte Dezember, Ghana Mitte November) und aufstrebende Schwellenländer dazwischen (Brasilien Ende August, China Ende Juni).

Verbrauch und Nutzung

Hinsichtlich des Zusammenhangs von Ressourcen und Konflikten lassen sich drei Grundmuster unterscheiden:

- ✔ Erstens können Ressourcen ein unmittelbarer und direkter **Konfliktgrund** sein, wenn es um den Zugang zu oder die Verteilung von knappen und zugleich lebenswichtigen Gütern wie Rohstoffen geht. Eine exemplarische Ursache für machtpolitische Auseinandersetzungen ist die Entdeckung neuer Vorkommen in Gebieten, die von unterschiedlichen Staaten beansprucht werden – etwa in der Arktis oder im Ostchinesischen Meer.
- ✔ Zweitens können Erlöse aus dem **Verkauf teurer Ressourcen** in instabilen Regionen (wie etwa im zerfallenden Libyen oder im zeitweise vom »Islamischen Staat« errichteten Kalifat in Syrien/Irak) für die Finanzierung und damit den Fortgang bewaffneter Konflikte eingesetzt werden.
- ✔ Und drittens kann auch **Ressourcenreichtum** konfliktverschärfend sein, insbesondere bei stark schwankenden Weltmarktpreisen für Rohstoffe. Besonders anfällig sind Staaten, die einseitig auf Ressourceneinnahmen setzen und in denen die davon profitierende politische Elite keine nachhaltigen politischen und diversifizierten ökonomischen Strukturen aufbauen will oder kann (der Ressourcenfluch in »Rentierstaaten«).

Konflikte, Auseinandersetzungen und unter bestimmten Umständen auch Kriege um den Zugriff auf begrenzte Rohstoffe sind wahrscheinlich. So argumentierte das Umweltprogramm der VN bereits 2009, dass es in den nächsten Dekaden ein signifikantes Potenzial für die Verschärfung von Konflikten um natürliche Ressourcen gebe.

Es lassen sich verschiedene Konfliktformationen unterscheiden, mit denen Auseinandersetzungen um Ressourcen klassifiziert werden können:

- ✔ internationale Konflikte zwischen **rivalisierenden Nachfrageländern** von Ressourcen, etwa bei strategischen Rohstoffen wie Öl oder Gas
- ✔ internationale Konflikte zwischen **Nachfrage- und Lieferländern**, etwa das machtbewusste Auftreten von Energiegroßmächten wie Russland, Iran oder Saudi-Arabien
- ✔ internationale Konflikte zwischen **Lieferländern von Rohstoffen**, etwa um den Zugang zu Rohstoffvorkommen in Grenzgebieten
- ✔ interne Konflikte **in Lieferländern**, wie etwa in Angola, Nigeria, Libyen, Südsudan oder generell in vielen Staaten Zentralafrikas um Kontrolle und Ausbeutung von Ressourcen
- ✔ Konflikte mit **Ressourcentransitländern**, etwa am Beispiel des Gasstreits zwischen Russland und der Ukraine oder der iranischen Drohung der Sperrung der Straße von Hormus

- Eine besondere Brisanz hat der **Zugang zu Energie**, der für moderne Volkswirtschaften von vitalem Interesse ist.
- Ein weiterer klassischer Ressourcenkonflikt ist der um das in etlichen Regionen dieser Erde knappe **(Trink-)Wasser**. Insbesondere in den Zuflussgebieten von Nil, Tigris, Euphrat und Jordan treten Probleme hinsichtlich der Aufteilung der Wasserressourcen zwischen verschiedenen Ländern auf. Auch der Bau von Staudämmen oder der Hochwasserschutz mit grenzüberschreitender Wirkung können Treiber für Konflikte sein.
- Darüber hinaus **Mineralrohstoffe** (beispielsweise Kupfer, Kobalt, Platin) und seltene Erden (Coltan oder Neodym) – die für die Herstellung technologisch anspruchsvoller Produkte unerlässlich sind – ein wichtiger Aspekt der internationalen Rohstoffpolitik und damit auch der Frage, welche Rolle der Zugang zu strategisch wichtigen Ressourcen künftig spielen wird.

Insgesamt lassen sich zwei Schlussfolgerungen ableiten:

- Erstens bleibt es notwendig, eine **energie- und rohstoffpolitische Revolution** in Gang zu setzen, bei der Energie- und Ressourcenpolitik im Sinne eines erweiterten Sicherheitsbegriffs so umgesteuert werden, dass Investitionen in Energiespartechnologien, erneuerbare Energien und nachhaltige Ressourcenpolitik als strategische Investitionen zur Vermeidung einer gewaltsamen Konfliktformation betrachtet werden.
- Zweitens sollten auch aus **politischen Gründen** internationale Gremien geschaffen oder gestärkt werden, die nicht exklusiv als »westliche Clubs« über Fragen der Energie- und Ressourcensicherheit beraten und dabei den Eindruck erwecken, der Westen wolle seinen Bedarf an Rohstoffen und Energie notfalls mit militärischer Gewalt decken und sein nicht globalisierungstaugliches Wohlstandsmodell konfrontativ sichern.

Wenn es eine Chance auf eine lebenswerte Zukunft geben soll, muss das Problem an der Wurzel gepackt werden und der **Ressourcenverbrauch drastisch reduziert** werden. Der deutsche Rat für Nachhaltige Entwicklung fordert beispielsweise die Reduktion des Verbrauchs von abiotischen Primärrohstoffen (natürliche Ressourcen, die nicht aus lebenden Organismen stammen und daher nicht biologischen Ursprungs sind) auf maximal sechs Tonnen pro Person und Jahr bis 2050. Das entspräche einer Reduktion um 85 Prozent im Vergleich zum heutigen Verbrauch. Im gleichen Zeitraum sollten biotische Stoffe (also Materialien oder Substanzen, die aus lebenden oder ehemals lebenden Organismen stammen) auf maximal zwei Tonnen pro Person und Jahr gesenkt werden. Dies wird nicht ohne einen tiefgreifenden Wandel und ein neues Verständnis von Wohlstand und Wachstum gelingen können. Dafür müssten die Produktions- und Konsummuster sowie zugrunde liegende Machtstrukturen hinterfragt und verändert werden. Sie müssen selbst beurteilen, wie aussichtsreich das ist. In Kapitel 21 erfahren Sie mehr darüber.

Internationale Energiepolitik

Energiefragen stehen auf der politischen Agenda weit oben – sowohl in einzelnen Ländern als auch weltweit. Lange Zeit ging es vor allem um die Sicherheit der Energieversorgung, hinzugekommen ist inzwischen die Frage, wie die Energieversorgung wirtschaftlich und ökologisch nachhaltig gestaltet werden kann. Eine besondere Brisanz hat der Zugang zu Energie, der für moderne Volkswirtschaften von vitalem Interesse ist. Dabei hat sich in den vergangenen Jahrzehnten der Weltenergieverbrauch nach verschiedenen Energieträgern rasant verändert. Zugleich steigt er ungebremst weiter an.

- ✔ In den vergangenen Jahrzehnten hat die Bedeutung von **Kohle** in vielen Regionen abgenommen, aber sie bleibt in Ländern wie China und Indien ein dominanter Energieträger.
- ✔ **Öl** war lange Zeit der wichtigste Energieträger für den Transport und die Industrie.
- ✔ **Erdgas** hat in den letzten Jahrzehnten als relativ sauberer fossiler Brennstoff an Bedeutung gewonnen.
- ✔ **Wasserkraft** hat in den vergangenen Jahren eine wachsende Rolle gespielt.
- ✔ **Kernenergie** erreichte ihren Höhepunkt in den 1980er-Jahren, wurde jedoch nach einigen Unfällen (beispielsweise Tschernobyl, Fukushima) zurückgedrängt. Sie bleibt aber ein wichtiger Teil der globalen Energieversorgung und zahlreiche Länder setzten weiter auf Kernkraft.
- ✔ **Erneuerbare Energien,** also Wind, Solar, Biomasse und andere nicht-fossile Quellen haben den Anteil am Weltenergieverbrauch seit 1990 stark ausgeweitet, insbesondere durch Solar- und Windenergie.

In Tabelle 13.1 wird die Entwicklung des weltweiten Energieverbrauch in Terawattstunden dargestellt:

Jahr	Kohle	Öl	Erdgas	Wasser	Kernenergie	Erneuerbare	gesamt
1960	15.442	11.097	4.472	1.913	0	0	32.994
1980	20.857	35.525	14.236	5.120	2.020	186	77.944
2000	27.434	42.978	23.994	7.826	7.322	800	110.354
2022	44.852	52.969	39.413	11.299	6.702	12.548	167.783

Tabelle 13.1: Entwicklung des weltweiten Energieverbrauch in Terawattstunden (TWh), Quelle: eigene Darstellung nach Angaben der internationalen Energieagentur

Seitdem Fragen der Energiepolitik in ihren verschiedenen Facetten (Versorgungssicherheit, Umweltaspekte, Wirtschaftlichkeit) in das Zentrum politischer Aufmerksamkeit gerückt sind, kann auch eine »Versicherheitlichung« des energiepolitischen Diskurses konstatiert werden (siehe Kapitel 8). Die Zeiten, in denen Rohstoffe wie Öl und Gas nur als ökonomische Güter betrachtet wurden, sind vorbei. Heute wird Energiepolitik auch als Teil der

Außen- und Sicherheitspolitik verstanden und vermehrt unter einem strategischen Blickwinkel gesehen. Für die USA war es lange ein vitales Interesse, die Kontrolle über die Erdölressourcen, insbesondere im Persischen Golf, zu erhalten und dies mit allen erforderlichen Mitteln – einschließlich militärischer – zu gewährleisten. Die Kosten der militärischen Sicherung der Energieimporte betrugen in den USA nach Expertenschätzungen in einigen Jahren mindestens ein Drittel der US-Militärausgaben. Störungen oder Unterbrechungen im globalen Beziehungsgeflecht können schwerwiegende Folgen für die Wirtschaft, den Wohlstand und die soziale Stabilität unserer Gesellschaften haben. Industrienationen sind als Exporteur von Gütern und Dienstleistungen und als Importeur von Energie, Rohstoffen und Materialien auf sichere Transportwege und Kommunikation angewiesen.

Besondere Bedeutung beim Transport von Rohöl haben die Seewege. Etwa zwei Drittel des weltweiten Öltransports werden durch Tanker über See abgewickelt. Den Straßen von Hormus (zwischen Oman und Iran) und von Malakka (zwischen Malaysia und Indonesien) kommt dabei neben dem Panama- und dem Suez-Kanal besondere Bedeutung zu. In allen genannten Fällen könnten terroristische Anschläge oder anderweitige, zur Unpassierbarkeit der Seestraßen führende Konflikte erhebliche Auswirkungen auf die Energieversorgung haben. Pipelines, über die fast 40 Prozent des Transports laufen, sind nicht weniger anfällig.

Neben dem Zugang zu Energiequellen spielt auch die technologische Dimension bei der Erzeugung erneuerbarer Energie eine wachsende Rolle. Die Stichworte hierfür sind vielschichtig:

- ✔ **politische Instabilität** in zahlreichen Förderregionen fossiler Energieträger
- ✔ Sicherheitsrisiken durch eine Verschiebung beziehungsweise Verknappung der globalen Energieträgerströme aufgrund **rasanter Nachfragesteigerungen** beispielsweise in China und Indien,
- ✔ gezielte **Störung** der Energieversorgung,
- ✔ Rohstoffe als **strategische Waffen** von Autokratien, antiwestliche Energieallianzen (etwa zwischen Venezuela und Iran)
- ✔ Energieversorgung im Visier des **internationalen Terrorismus** oder globale Umweltprobleme durch den Verbrauch fossiler Energieträger

Energie spielt eine zentrale Rolle in der geopolitischen Landschaft, da sie sowohl als strategisches Gut als auch als Instrument der Machtausübung genutzt wird. Der Zugang zu Energiequellen und die Kontrolle über Energieinfrastrukturen können einen erheblichen Einfluss auf die Machtverhältnisse in der internationalen Politik und zwischen den Staaten ausüben.

- ✔ **Energie als Quelle von Macht:** Staaten, die über reichhaltige Energieressourcen (wie Öl, Gas oder erneuerbare Energien) verfügen, können diese als Hebel nutzen, um politischen und wirtschaftlichen Einfluss auszuüben. Länder wie Russland, Saudi-Arabien oder die USA haben durch ihre Energievorkommen nicht nur ökonomische, sondern auch geopolitische Machtpositionen gestärkt. Sie können Energielieferungen steuern und damit die Politik anderer Länder beeinflussen.

- ✔ **Abhängigkeit von Energie:** Viele Staaten sind von externen Energiequellen abhängig. Diese Abhängigkeit schafft Machtverhältnisse, in denen Energieexporteure eine strategische Position innehaben. So sind beziehungsweise waren viele europäische Länder stark auf russisches Erdgas angewiesen, was Russland in der Vergangenheit als Druckmittel gegenüber dem Westen genutzt hat. Der Ausbau von Lieferungen oder das Abstellen von Energiequellen können dabei als Mittel zur Einflussnahme dienen.

- ✔ **Energie als Konfliktursache:** Der Zugang zu und die Kontrolle über Energieressourcen können zu internationalen Spannungen und Konflikten führen. Beispielsweise gab es in der Vergangenheit Konflikte im Nahen Osten, die teils auf Ölinteressen und den Wunsch nach Kontrolle über Energieressourcen zurückzuführen sind. Auch der Wettlauf um seltene Erden und Rohstoffe für moderne Energietechnologien wie Batterien für Elektrofahrzeuge könnte künftig geopolitische Spannungen hervorrufen.

- ✔ **Energie als diplomatisches Werkzeug:** Staaten können Energie als diplomatisches Instrument einsetzen, um politische Allianzen zu bilden oder zu stärken. Zum Beispiel hat China im Rahmen seiner Seidenstraßeninitiative zahlreiche Infrastrukturprojekte in Ländern durchgeführt, die für den Energiehandel und -transport von strategischer Bedeutung sind. Solche Initiativen fördern nicht nur den Zugang zu Energieressourcen, sondern auch den politischen Einfluss.

- ✔ **Energiewende:** Der Übergang zu erneuerbaren Energien verändert die traditionellen Machtstrukturen. Länder, die in der Lage sind, neue Technologien zur Nutzung erneuerbarer Energien zu entwickeln oder ihre Energiewende erfolgreich umzusetzen, könnten neue geopolitische Machtpositionen erlangen. Länder wie Russland befürchten einen Einflussverlust, falls ihre Rolle als Energielieferant an Bedeutung verlieren sollte.

- ✔ **Energiekrisen als Machtinstrument:** Energiekrisen, wie sie während der Ölpreiskrise in den 1970er-Jahren oder durch die Energieblockaden Russlands 2022 auftraten, können die Weltwirtschaft destabilisieren und das Machtgleichgewicht verschieben. Staaten, die solche Krisen herbeiführen oder darauf reagieren können, haben die Möglichkeit, die politische und wirtschaftliche Dynamik in ihrer Region oder weltweit zu beeinflussen.

Fossile Energiequellen wie Kohle, Öl und Erdgas spielen weltweit weiterhin die zentrale Rolle, auch wenn sich ab der Jahrtausendwende die Anteile erneuerbare Energiequellen wie Wasser-, Wind- und Solarenergie am Primärenergieverbrauch vergrößert haben. Dennoch wurde im Jahr 2022 weltweit immer noch drei Viertel des Primärenergieverbrauchs von fossilen Energiequellen gedeckt. Die Entkoppelung von Bevölkerungswachstum, Wachstum der Wirtschaftskraft und Energieverbrauch bleibt mithin eine der zentralen ungelösten Herausforderungen der internationalen Politik.

IN DIESEM KAPITEL

Regelungen zur Steuerung von Migration

Gründe für Migration und Flucht

Wirksamkeit von Fluchtursachenbekämpfung

Kapitel 14
Migration und Fluchtursachenbekämpfung

Flucht, Migration und Wanderungsbewegungen sind in der Geschichte der Menschheit nicht ungewöhnlich. Sie entsprechen vielmehr der Normalität (beispielsweise Wanderungsbewegungen oder Mobilität aus Gründen der Arbeitsaufnahme in anderen Ländern). Der Anteil der Menschen weltweit, die im Ausland geboren sind, liegt gleichwohl bei unter vier Prozent der globalen Bevölkerung. In Nordamerika und Europa ist er zwar deutlich höher, in Afrika und Asien aber geringer, da viele Menschen in ihrer Geburtsregion bleiben. Staaten können souverän darüber entscheiden, wer einreisen und wer bleiben darf. Dennoch entfaltet das Migrationsthema in jüngster Zeit eine außergewöhnliche internationale Dynamik und in der Folge entwickelt es sich zu einer zentralen Herausforderung der internationalen Beziehungen.

Migrationsdruck und Regelungsansätze

Hintergrund für die Relevanz des Themas Migration und Flucht für die internationalen Beziehungen ist die seit Jahren stetig steigende Zahl der Menschen, die aus unterschiedlichen Gründen ihre Heimat verlassen oder verlassen müssen und damit tiefgehende Prozesse in den einzelnen Herkunfts-, Transfer- und Zielländern auslösen.

- ✔ Die **Internationalen Organisation für Migration** (IOM) konstatiert eine menschliche Mobilität in einem nie dagewesenen Ausmaß. Laut »Flüchtlingshilfswerk der Vereinten Nationen« (UNHCR) waren Mitte 2024 weltweit mindestens 122,6 Millionen Menschen gezwungen, ihre Heimat zu verlassen, davon 38 Millionen Flüchtlinge, 72,1 Millionen Binnenvertriebene (Personen, die innerhalb ihres eigenen Landes vertrieben wurden) und acht Millionen Asylsuchende.

- Europa spürt dabei nur einen vergleichsweise kleinen Ausschnitt. Denn der weitaus größte Teil entfällt auf **Binnenflüchtlinge**, vornehmlich in Afrika und im Nahen Osten. Hinzu kommt die in den reichen Ländern gerne übersehene Tatsache, dass die meisten grenzüberschreitenden Flüchtlingsbewegungen regional aufgefangen werden – wie etwa in der Türkei, im Nahen Osten oder in ganz Afrika – und dabei die dortigen sozialen Systeme zu überlasten drohen. So werden aktuell 85 Prozent aller Flüchtlinge weltweit in Entwicklungsländern beherbergt. Im Libanon war zeitweise jeder vierte Bewohner ein Flüchtling.

Es kann zwischen freiwilligen oder erzwungenen, zwischen legalen, irregulären oder unkontrollierten, zwischen lokalen, regionalen oder internationalen Wanderungen unterschieden werden. Zudem spielt die beabsichtigte Dauer eine wichtige Rolle – von einem regelmäßigen Pendeln über saisonale bis zu längerer oder gar dauerhafter Migration. Auch die jeweiligen Fluchtpfade und Fluchtmuster haben Bedeutung, wenn es um Wirkungsanalysen und Strategien zur Kontrolle der Migration geht.

Als Auslöser kommen sehr verschiedene Motive ins Spiel, weshalb oft zwischen politischen, wirtschaftlichen oder sozialen Ursachen oder auch zwischen Flüchtlingen, Vertriebenen, Asylsuchenden, Rückkehrern, Umwelt-, Klima- oder Wohlstandsmigranten unterschieden wird, dies mit jeweils auch gesondertem rechtlichen oder als gerechtfertigt empfundenem Status. Für eine Bewertung ist auch nicht unerheblich, ob es sich um einen – etwa aus volkswirtschaftlichen Gründen – erwünschten oder eher unerwünschten Ab- oder Zustrom an Migranten handelt.

Gewaltsame Auseinandersetzungen, gravierende Menschenrechtsverletzungen und untragbare Lebensbedingungen in den Herkunftsregionen sind oft die entscheidenden **Auslöser für Abwanderungen** großen Stils. In Einzelfällen können Flucht und Migration paradoxerweise sogar konfliktmindernd wirken, indem sich vor Ort Konfliktstrukturen oder -bedingungen ändern. Regionale Überbevölkerung, Arbeitslosigkeit oder die Folgen von Naturkatastrophen lassen sich bisweilen nur durch den Wegzug von Menschen abbauen. Dabei werfen die Wanderungsbewegungen in den Transit- und den Zielstaaten meist erhebliche Probleme auf, vor allem wenn sie unkontrolliert erfolgen. In einer Art Kettenreaktion erzeugen sie so neue Instabilitäten, schaffen oder verschärfen innere und äußere Spannungen und verlagern letztlich politische Risiken. Konflikte sind somit sowohl Ursache als auch Wirkung von Migration.

Genfer Flüchtlingskonvention

Zentraler Bestandteil der internationalen Migrationspolitik ist die »Genfer Flüchtlingskonvention« (GFK). Sie ist ein internationaler Vertrag, der den Schutz von Flüchtlingen regelt. Sie wurde 1951 von den Vereinten Nationen verabschiedet und regelt die wichtigsten rechtlichen Grundlagen für den internationalen Flüchtlingsschutz. Die großen Mehrzahl (146 von 193) der VN-Mitgliedsstaaten haben sie ratifiziert, einige große Länder wie Indien jedoch nicht. Wesentliche Inhalte sind:

- **Definition eines Flüchtlings:** Ein Flüchtling ist eine Person, die sich außerhalb ihres Herkunftslandes befindet und aufgrund begründeter Furcht vor Verfolgung wegen ihrer Rasse, Religion, Nationalität, Zugehörigkeit zu einer bestimmten sozialen Gruppe oder politischen Überzeugung nicht in ihr Land zurückkehren kann oder will.

- **Grundprinzip des Schutzes:** Das zentrale Prinzip der Konvention ist das Non-Refoulement-Prinzip (Artikel 33), das besagt, dass Flüchtlinge nicht in ein Land abgeschoben werden dürfen, in dem ihnen Verfolgung, Folter oder andere gravierende Menschenrechtsverletzungen drohen.

- **Rechte von Flüchtlingen:** Flüchtlinge haben gemäß der Konvention Anspruch auf Schutz vor Diskriminierung, Zugang zu Gerichten, Arbeit, Bildung, Unterkunft, Bewegungsfreiheit und Identitätspapiere.

- **Verpflichtungen der Vertragsstaaten:** Die Unterzeichnerstaaten verpflichten sich, Flüchtlinge aufzunehmen, sie nicht zurückzuweisen und ihnen die genannten Rechte zu gewähren.

  Personen, die schwere Verbrechen begangen haben oder eine Gefahr für die Sicherheit des Aufnahmelandes darstellen, können vom Schutz ausgeschlossen werden.

- Die Konvention trat 1954 zunächst mit dem Ziel der Bewältigung der Krise der **Vertriebenen des Zweiten Weltkriegs** in Kraft und wurde 1967 mit dem New Yorker Protokoll grundlegend erweitert.

- Der **Geltungsraum** war nun nicht mehr auf Europa beschränkt und der Kreis der Personen, für die die Konvention gilt, wurde erweitert.

- Um die Einhaltung der GFK zu überwachen, wurde das Amt des **Hochkommissars für Flüchtlinge** (UNHCR) eingerichtet.

Die in der Genfer Flüchtlingskonvention enthaltene rechtliche Definition für den Begriff »Flüchtling« ist zwar in vielen – auch westlichen – Ländern politisch unter Druck, sie hat aber bis heute international Gültigkeit. Zwar sind die niedergelegten Fluchtgründe für wichtige aktuelle Entwicklungen, insbesondere bei der klimabedingten Flucht, nicht immer geeignet. Aber die Sorge, bei einer textlichen Änderung einen Großteil der Unterzeichnerstaaten zu verlieren, verhindert eine Aktualisierung.

Während das Flüchtlingsrecht international stark normiert ist, gilt das für andere Migrationsformen weniger. So setzen im Bereich der Arbeitsmarktmigration die Staaten überwiegend auf nationalstaatliche Regelungen oder bilaterale Abkommen. Allerdings hat sich die IOM in den vergangenen Jahren zu einem wichtigen Akteur des Migrationsmanagements entwickelt. Sie sammelt Daten und unterstützt bei Neuansiedlung und Rückkehrprogrammen.

»Push«- und »Pull«-Faktoren

Wenn man die psychologischen oder sozialen Auslöser von Migrationsentscheidungen betrachtet, so lohnt es sich, zwischen »Push- und Pull-Faktoren« zu unterscheiden:

- **Push-Faktoren** beziehen sich auf Motive, die einem Verbleib aus Gründen entgegenstehen, die am jeweiligen Herkunftsort zu finden sind: mit Gewalt ausgetragene Auseinandersetzungen, schlechte Regierungsführung, Verfolgung und Diskriminierung,

Perspektivlosigkeit und Verlust vitaler Lebensgrundlagen, Umweltkatastrophen, Epidemien oder auch eine lokal explodierende Bevölkerungsentwicklung. Mit anderen Worten: Es geht im Sinne einer persönlichen Überlebensstrategie darum, die bisherige Heimat verlassen zu müssen oder zu wollen – zunächst egal wohin und auch unter welchen neuen Risiken. So sind allein im Jahr 2015 einer Schätzung des UNHCR zufolge 3800 Flüchtlinge im Mittelmeer ertrunken. Die Zahl der Opfer auf dem langen Weg bis zur Küste kennt niemand.

✔ **Pull-Faktoren** hingegen stellen die Anreize der Zielregionen in den Mittelpunkt. Ihnen liegt ein – mit modernen Informations- und Kommunikationsmitteln recht einfach gewordener – Vergleich der Lebensperspektiven zugrunde, seien sie tatsächlicher oder nur wahrgenommener beziehungsweise vermuteter Art. Das kann sich auf gesellschaftspolitische Faktoren beziehen, aber auch etwa auf ausbildungs- oder beschäftigungsbezogene Angebote ausgewählter Zielländer oder auf bereits bestehende verwandtschaftliche Beziehungen. Mit anderen Worten: Der Zielort ist aus unterschiedlichen Gründen so attraktiv, dass dies die enormen Nachteile des Verlassens der gewohnten Umgebung und die Wanderungsrisiken deutlich überwiegt.

Beide Faktoren wirken nicht unabhängig voneinander. Sie bedingen und verstärken sich vielmehr gegenseitig im jeweiligen Bewusstsein der Menschen, die konkret vor einer Entscheidung für oder gegen eine Migration stehen – sofern sie überhaupt noch individuelle Handlungsfreiheit besitzen.

Welche Folgen lassen sich Migrationsbewegungen großen Stils zuschreiben?

✔ In den **Ursprungsländern** führt Emigration zu zwiespältigen Folgen. Auf der einen Seite kann sie bisweilen zum Abbau gravierender Verteilungsprobleme beitragen und über finanzielle Rückflüsse (*remittances*) der Migranten eine Stabilisierung der Staatshaushalte und der örtlichen Lebensbedingungen bewirken. Im Jahr 2024 lagen diese Rückflüsse bei weit über 580 Milliarden US-Dollar, ein Großteil in Entwicklungs- und Schwellenländer. Das ist auch häufig der Grund, weshalb sich Staaten weigern (oder sich dafür bezahlen lassen), ihre ausgereisten oder geflohenen Bürger zurückzunehmen. Auf der anderen Seite sind es meist die Starken, Jungen, Gebildeten, die über die nötige Kraft und die Möglichkeiten zum Verlassen des Landes verfügen. Genau diese aber werden in der Heimat gebraucht, um die allgemeine Situation zu verbessern. Man spricht daher von einem *braindrain*, der auf längere Sicht die Elite vor Ort ausbluten lässt und damit den Weg in eine bessere wirtschaftliche und gesellschaftliche Zukunft verbaut.

✔ Auf die **Transferländer** kommen mit großen Flucht- und Migrationsbewegungen Lasten zu, die sie selbst oft destabilisieren und an den Rand des Zerfalls bringen können. In der Regel handelt es sich um Nachbarstaaten in einer Region mit ohnehin grenzüberschreitenden Konflikten und ethnischen Spannungen. Auch sind sie meist schlecht auf den Zustrom vorbereitet und verfügen nicht über die nötigen Mittel, einen verzugslosen Transport und eine menschenwürdige Zwischenunterbringung zu gewährleisten – vor allem auch, weil über den jeweiligen Zeithorizont des Verbleibs nur selten Klarheit herrscht. Auf der anderen Seite bietet ein Transferland der organisierten Kriminalität beste Bedingungen für höchst einträgliche Geschäfte im Sinne eines lukrativen Menschenhandels und -schmuggels. Es handelt sich um meist straff organisierte, aber undurchsichtige Netzwerke mit mehreren Hierarchieebenen, die von der Flucht und Vertreibung von Menschen profitieren und damit keinerlei Interesse an Problemlösungen jeglicher Art haben. Dies wiederum untergräbt nachhaltig die Entwicklung dieser meist schwachen Staaten im Sinne internationaler Standards.

✔ Bei den **Zielländern** der Migration stellt sich die Lage noch unterschiedlicher dar. Wie Sie oben gelesen haben, verbleibt der weitaus größte Teil der Geflohenen oder Vertriebenen in seiner eigenen Region, also meist in Nachbarstaaten. Dahinter steckt das individuelle Kalkül einer Rückkehr, sobald die Lage es erlaubt. Allerdings sind die betroffenen Nachbarn – ähnlich wie die meisten Transferländer – selbst nicht immer stabil genug, um die Lasten einer geordneten Aufnahme zu schultern, schon gar nicht über einen längeren Zeitraum hinweg. Weder in Kenia oder Äthiopien noch in Pakistan, im Libanon oder in Jordanien, um nur einige der wichtigsten Zielländer für südsudanesische, afghanische oder syrische Flüchtlinge zu nennen, verfügen die offiziellen Behörden ohne Hilfe von außen über die notwendigen Mittel. Werden diese nicht von der Völkergemeinschaft bereitgestellt und finanziert, sind erhebliche Verwerfungen eine nahezu zwangsläufige Folge.

Die Problematik in den reichen Zielländern Europas, Ozeaniens oder Nordamerikas ist anderer Natur, obwohl diese Staaten über die weitaus besten Mittel zur Bewältigung humanitärer Notlagen verfügen und bisweilen auch als **Mitverursacher der Migrationsprozesse** gelten können. Dort wirken die erwähnten »Pull-Faktoren« weit mehr als an den oben beschriebenen Orten. Zwar bleibt die Zahl der Migranten gemessen am Anteil der Bevölkerung überschaubar. Das bedeutet aber nicht, dass der Prozess konfliktfrei verläuft. Es entwickelt sich – von einzelnen Parteien und Interessengruppen auch gezielt geschürt – eine Angst vor kultureller Überfremdung und wirtschaftlicher Ausbeutung im eigenen Land. Paradoxerweise handelt es sich in der Regel auch um Länder, die aus demografischen Gründen langfristig auf Zuzug von außen angewiesen sind. Da allerdings schlüssige Einwanderungskonzepte meist fehlen, wird von weiten Teilen der Bevölkerung das Eintreffen von Flüchtlingen und Migranten skeptisch beurteilt. Hinzu kommen die gewaltigen Anstrengungen, die eine temporäre oder gar dauerhafte Integration der Migranten erfordert.

Fluchtursachenbekämpfung

Die vielschichtige Herausforderung eines angemessenen Umgangs mit den jüngsten Migrationsströmen insbesondere infolge der Kriege in Syrien und Afghanistan sowie der anhaltenden Destabilisierung von Teilen Afrikas steht seit spätestens 2015 im Fokus deutscher und europäischer Sicherheitsfragen und polarisiert die Öffentlichkeit. Neben der innenpolitischen Aufgabe der Integration, die enorme Anstrengungen finanzieller, sozialer und wirtschaftlicher Art erfordert, lassen sich vor allem zwei Grundrichtungen zur Lösung des Flüchtlingsproblems erkennen: Zum einen der Versuch der eher aktiven »Migrationsabwehr« und zum anderen das Konzept der Fluchtursachenbekämpfung.

✔ Im Mittelpunkt der **Migrationsabwehr** steht der Versuch, die Sicherung der Außengrenzen zu verbessern. Australien etwa verfolgt einen sehr restriktiven und umstrittenen Ansatz im Umgang mit Geflüchteten. Asylsuchende werden nicht auf dem australischen Festland aufgenommen, sondern in Auffanglager in Drittstaaten wie Nauru und Papua-Neuguinea gebracht. Selbst wenn Asylsuchende als Flüchtlinge anerkannt werden, dürfen sie nicht in Australien leben, sondern werden in andere Länder umgesiedelt. Auch europäische Staaten wie Großbritannien, Dänemark oder Italien verfolgen inzwischen eine restriktive Flüchtlingspolitik.

Katastrophale Zustände in Auffanglagern wie beispielsweise auf der **griechischen Insel Lesbos** und dem dortigen größten europäischen Flüchtlingslager (»Moria«) sind für seine verheerenden Zustände von Nichtregierungsorganisationen als Symbol für eine fatale Abschottungspolitik und miserable Menschenrechtsstandards heftig kritisiert worden. Die europäische Flüchtlingspolitik versucht, einem Zusammenbruch des **Dublin-Verfahrens** vorzubeugen – möglichst ohne zugleich die innereuropäische Freizügigkeit im Rahmen des »Schengen-Systems« zu unterlaufen. Es soll ein technisch und organisatorisch aufwendiges Grenzregime etabliert werden, nicht zuletzt mithilfe der »Europäischen Grenzschutzagentur« (FRONTEX). Ergänzende Konzepte versuchen, den Druck auf die europäischen Grenzen durch zeitlich und räumlich vorgeschaltete Maßnahmen bereits außerhalb der EU abzufedern. Hierzu gehören diverse internationale Vorstöße und Vereinbarungen mit Drittstaaten, wie etwa Rücknahmeabkommen, Mobilitätspartnerschaften, regionale Schutzprogramme in Herkunfts- und Transitländern, die Alimentierung von exterritorialen Flüchtlingslagern und generell eine aktivere Nachbarschaftspolitik. Im Kern laufen alle diese Ideen darauf hinaus, das Problem »unerwünschte Migration« gar nicht erst an Europas Grenzen herankommen zu lassen. Eine gewisse »Glaubwürdigkeitslücke«, vor allem wenn externe Machthaber mit fragwürdigen menschenrechtlichen Standards eingebunden sind, wird dabei in Kauf genommen. Im Ergebnis zielen alle diese Maßnahmen darauf ab, die Folgen massenhafter Migrationsentscheidungen auf die Region zu begrenzen, in der sie getroffen werden.

- ✔ Andere halten eine Migrationsabwehr für den aussichtslosen Versuch des Kurierens an Symptomen, die Ausdruck gravierender globaler Ungleichgewichte und damit in Wirklichkeit sehr viel tiefer angelegt sind. Im Mittelpunkt müsse daher die **»Fluchtursachenbekämpfung«** stehen, also der gezielte Abbau von Flucht- und Migrationsmotiven.

- ✔ Dies habe mit regional unausgewogenen Bevölkerungsentwicklungen, mit Hunger und Armut in weiten Teilen der Erde und insbesondere in Afrika, mit mangelnden Daseinsperspektiven in diesen Regionen, mit negativen Folgen des Klimawandels, mit menschenrechtsfeindlicher Regierungsführung in fragilen Staaten und mit zahllosen gewaltsam ausgetragenen Konflikten zu tun. Auch wenn der Kampf gegen diese Ursachen ungesteuerter Massenmigration **langwierig** sei und darüber hinaus eine global konzertierte Strategie erfordere, führe an diesem Ansatz längerfristig kein Weg vorbei.

Beide Ansätze schließen sich gegenseitig nicht aus, sondern setzen andere Schwerpunkte. Gemeinsam ist ihnen, dass ihre Erfolgsaussichten vage sind. Es mangelt an belastbaren Strategien zur Migration und an geeigneten Frühwarnsystemen, und es fehlt auf internationaler Ebene ein Ausgleich der höchst unterschiedlichen nationalen Eigeninteressen und damit der Wille zu gemeinsamem Handeln.

Gemeinsames Europäisches Asylsystem

Nach endlosen Diskussionen hat sich die EU im Frühjahr 2024 auf eine Reform des Gemeinsamen Asylsystems (GEAS) geeinigt. Zu den wesentlichen Elementen zählen:

- ✔ **Asylgrenzverfahren:** Künftig sollen die Verfahren bereits an den europäischen Außengrenzen durchgeführt werden – zum Beispiel, wenn die Antragsteller aus Herkunftsländern stammen, deren Staatsangehörige nur geringe Chancen auf einen internationalen Schutzstatus haben. Ziel dieser neu eingeführten Asylgrenzverfahren ist es, an den EU-Außengrenzen schnell und rechtsstaatlich über den Asylantrag zu entscheiden, wenn Personen voraussichtlich keinen Anspruch auf internationalen Schutz in der EU haben.
- ✔ **Screening:** Alle Personen, die irregulär in die EU einreisen, werden künftig innerhalb von wenigen Tagen eine Überprüfung durchlaufen. So können Personen identifiziert werden, die die Voraussetzungen für die Einreise in die EU nicht erfüllen. Es soll eine verlässliche Datengrundlage zu Migration in die EU aufgebaut werden.
- ✔ **Gemeinsame Mindeststandards:** Innerhalb der EU gelten künftig gemeinsame Mindeststandards, um Schutzsuchende aufzunehmen, unterzubringen und zu versorgen. Die Verfahren zur Aufnahme von Menschen aus humanitären Gründen werden EU-weit vereinheitlicht. Auch die Standards zur Anerkennung internationalen Schutzes werden harmonisiert. Damit werden Anreize für die irreguläre Sekundärmigration verringert.
- ✔ **Solidaritätsmechanismus:** EU-Mitgliedsstaaten, die unter hohem Migrationsdruck stehen, sollen künftig von anderen EU-Mitgliedsstaaten entlastet werden – sei es durch die Übernahme von Personen, sei es durch finanzielle Unterstützung oder durch alternative Beiträge.
- ✔ **Rückführung:** Wenn im Asylgrenzverfahren kein Schutz gewährt wird, folgt künftig das Rückkehrgrenzverfahren. Es wird grundsätzlich innerhalb von zwölf Wochen durchgeführt und soll gewährleisten, dass Personen nach Abschluss des Asylgrenzverfahrens ohne weitere Verzögerung vor Einreise in die EU in die Herkunftsstaaten zurückgeführt werden.

Kontroversen und Herausforderungen

Westliche Nichtregierungsorganisationen kritisieren die zunehmend restriktive Grenzpolitik der westlichen Staaten.

- ✔ Organisationen wie Amnesty International und Human Rights Watch dokumentieren Fälle, in denen Flüchtlinge gewaltsam zurückgedrängt werden, ohne dass ihnen die Möglichkeit gegeben wird, Asyl zu beantragen.
- ✔ Auch beim *Non-Refoulement-Prinzip* der Genfer Flüchtlingskonvention kommt es immer wieder zu Verstößen, oft dokumentiert und kritisiert von NGOs, internationalen Organisationen und Medien. Kritisiert wird auch, dass wohlhabende Länder oft weniger Flüchtlinge aufnehmen, während Entwicklungsländer überproportional belastet

werden, viele Flüchtlingslager chronisch unterfinanziert sind und damit eine menschenwürdige Versorgung erschwert wird.

- Weltweit stellen Regierungen Flüchtlinge zunehmend als **Sicherheitsrisiko** dar, was zur Stigmatisierung und Kriminalisierung von Asylsuchenden führt. Auch humanitäre Hilfe an Grenzen wird zunehmend kriminalisiert, beispielsweise durch die Beschlagnahmung von Rettungsschiffen oder rechtliche Schritte gegen Freiwillige.

Eine Gegenbewegung ist die *No Nations No Borders*-Initiative, die sich für die Rechte von Migranten und Flüchtlingen einsetzt. Die Bewegung fordert eine Welt ohne nationale Grenzen, in der alle Menschen das Recht haben, sich frei zu bewegen und zu leben, ohne Diskriminierung oder Unterdrückung aufgrund ihrer Herkunft oder ihres Status als Migrant oder Flüchtling. Sie hat in verschiedenen Teilen der Welt Anhänger und wird von zivilgesellschaftlichen Organisationen und Aktivistengruppen unterstützt, die den globalen Widerstand gegen die Repression von Migrantinnen und Flüchtlingen organisieren.

Im Umgang mit der Flüchtlings- und irregulären Migrationskrise gibt es keine Patentrezepte. Krieg und Instabilität in Regionen, die an Europa angrenzen – oft unter Beteiligung europäischer Mächte – führten seit 2015 zu einem Anstieg der Zahl der Flüchtlinge und irregulären Migranten, die versuchen, den Kontinent zu erreichen. Als Reaktion darauf bestand die Politik der EU in den vergangenen Jahren darin, Menschen von den Außengrenzen der EU zurückzudrängen und den Schutz der Außengrenzen zu verstärken und zu verbessern. Sie sehen abermals ein Dilemma, das Sie ja auch bereits aus anderen internationalen Zusammenhängen der internationalen Beziehungen kennen:

- **Moralische Verantwortung versus nationale Interessen:** Die Balance zwischen humanitärem Schutz und eingegangenen internationalen Verpflichtungen sowie der Wahrung nationaler Interessen bleibt ein Kernproblem.

- **Effizienz versus Langfristigkeit:** Maßnahmen zur Fluchtursachenbekämpfung, wie der Aufbau von Infrastruktur oder mehr Engagement für Konfliktlösungen, wirken allenfalls langfristig, während viele sich überfordert fühlende Aufnahmeländer schnelle Ergebnisse erwarten.

IN DIESEM KAPITEL

Pandemien und Seuchen als internationales Problem

Weltgesundheitsarchitektur als Antwort

Biosicherheit als neues Thema

Kapitel 15
Internationale Gesundheitspolitik

Mit der Erweiterung des klassischen Verständnisses von internationaler Politik und insbesondere dem Ansatz der »menschlichen Sicherheit« gerät eine neue Perspektive in das Blickfeld der internationalen Beziehungen: Gesundheit und ihre Risiken. Sicherheit lässt sich unter anderem auch als körperliche Unversehrtheit eigener Staatsbürger interpretieren. Sofern dies nur das einzelne Individuum betrifft, mag man eine Relevanz für die nationale oder internationale Politik allenfalls am Rande erkennen. Wenn es sich bei Gesundheitsgefährdungen allerdings um grundlegende strukturelle und in globalen Beziehungen angelegte Prozesse handelt, verdienen sie eine nähere Betrachtung hinsichtlich ihrer Ursachen und Folgen.

Herausforderungen der Weltgesundheitsarchitektur

Globale Gesundheitspolitik befasst sich mit den gesundheitlichen Belangen der Weltbevölkerung und den politischen, wirtschaftlichen und sozialen Faktoren, die die Gesundheit auf globaler Ebene beeinflussen. Sie umfasst dabei eine Vielzahl von Akteuren, Initiativen und Strategien und ist in die breitere Struktur und Dynamik der internationalen Beziehungen und der globalen Governance eingebettet. Globale Gesundheitsfragen berühren ein breites Spektrum internationaler Beziehungen: Entwicklung, Sicherheit, Handel, Wirtschaft, Forschung, Bildung, Migration, Umwelt- und Klimaschutz sowie humanitäre Hilfe. Zugleich hat der Bedeutungszuwachs von Gesundheitsfragen auf der internationalen Ebene zu einer wachsenden Anzahl von staatlichen, zwischenstaatlichen und nichtstaatlichen Akteuren geführt.

Die **Weltgesundheitsarchitektur** ist das institutionelle und organisatorische Gefüge, in dem die globale Gesundheitspolitik gestaltet und umgesetzt wird. Sie besteht aus einer Vielzahl von Akteuren, einschließlich internationaler Organisationen wie der Weltgesundheitsorganisation (WHO), nationaler Regierungen, Nichtregierungsorganisationen (NGOs), philanthropischer Stiftungen, privater Sektor-Initiativen sowie aus verschiedenen Formen der Zusammenarbeit und Koordination zwischen ebendiesen Akteuren.

Das Thema Gesundheit gehört allerdings auch zu den Aspekten menschlicher Sicherheit, deren Aufnahme in das erweiterte Spektrum moderner Sicherheitspolitik nicht unumstritten ist. Denn zum einen besitzen hier klassische Instrumente, wie etwa militärische, kaum eine nennenswerte Relevanz bei der Problemlösung. Und zum anderen lässt sich die These vertreten, eine Klassifizierung der Gesundheit auch als Sicherheitsproblem lenke womöglich von den eigentlichen Wurzeln und Lösungsstrategien ab. Sie haben dafür bereits in Kapitel 8 den Begriff der »Versicherheitlichung« kennengelernt.

Trotz dieser Einwände macht es Sinn, sich einigen zentralen Fragen menschlicher Gesundheit, der Verbreitung von Krankheiten und deren konflikttreibender Wirkung gerade auch aus der Perspektive der internationalen Beziehungen anzunehmen.

- ✔ Die **Weltgesundheitsorganisation** (WHO) ist ein zentraler Akteur in der globalen Gesundheitspolitik und -architektur. Gegründet im Jahr 1948, ist sie die führende internationale Gesundheitsbehörde, deren Ziel es ist, den bestmöglichen Gesundheitsstandard für die Weltbevölkerung zu erreichen. Als eine spezialisierte VN-Organisation spielt sie eine wichtige Rolle bei der Festlegung von internationalen Standards und Normen in der Gesundheitspolitik. Durch die Entwicklung von evidenzbasierten Politiken und Leitlinien hat sie in vielen Bereichen, von Infektionskrankheiten bis hin zu nicht übertragbaren Krankheiten und Umweltgesundheit, die Federführung übergenommen. Sie dient dabei auch als primäre Informationsquelle über globale Gesundheitsdaten, denn sie sammelt und analysiert Daten von ihren Mitgliedsstaaten und stellt umfassende Berichte zu einer Vielzahl von Gesundheitsthemen zur Verfügung. Dies spielt eine Schlüsselrolle bei der Identifizierung von transnationalen Gesundheitsrisiken.
- ✔ Zusätzlich zur WHO gibt es eine Vielzahl **bi- und multilateraler Gesundheitsinitiativen**, wie zum Beispiel den »Globalen Fonds zur Bekämpfung von HIV, Tuberkulose und Malaria«. Diese Initiativen spielen eine wichtige Rolle bei der Bekämpfung bestimmter Krankheiten und Gesundheitsprobleme. Philanthropische Stiftungen wie die in diesem Bereich sehr aktive »Bill und Melinda Gates-Stiftung« tragen erheblich zur Finanzierung von Gesundheitsinitiativen und zur Förderung der Forschung und Entwicklung bei. Die Gates-Stiftung hat beispielsweise Milliarden von US-Dollar in Programme zur Verbesserung der globalen Gesundheit investiert, von der Impfstoffentwicklung bis hin zur Stärkung von Gesundheitssystemen in Entwicklungsländern.
- ✔ **Nichtregierungsorganisationen** spielen ebenfalls eine wichtige Rolle bei der Bereitstellung von Gesundheitsdienstleistungen. Organisationen wie »Ärzte ohne Grenzen« und die »Internationale Rotkreuz- und Rothalbmond-Bewegung« sind in zahllosen Ländern aktiv, um in Krisen- und Notfallsituationen Gesundheitsdienstleistungen zu erbringen.

- **Öffentlich-private Partnerschaften**, wie die Global Alliance for Vaccines and Immunization (GAVI) oder die Global Alliance for Improved Nutrition (GAIN), sind Beispiele dafür, wie unterschiedliche Akteure zusammenkommen können, um recht wirksam gemeinsame Ziele zu verfolgen. Diese Partnerschaften können dazu beitragen, Ressourcen zu bündeln, Risiken zu teilen und Lösungen für komplexe internationale Gesundheitsprobleme zu finden.

Pandemien als transnationales Problem

Man muss beim Thema Seuchen, Pandemien und Epidemien keineswegs nur an die Pest im Mittelalter denken. Diese brauchte seinerzeit 25 bis 30 Jahre, um von der chinesischen Küste entlang der Routen der Seidenstraße nach Europa zu kommen. Die »COVID-Pandemie« ab 2020 war eine globale Krise wie keine andere zuvor. In nahezu allen Staaten dieser Welt sind Fälle aufgetreten, es kann also ohne jeden Zweifel von einer **globalen Pandemie** gesprochen werden. Nicht nur, weil sie krankmacht und tötet, sondern auch, weil sie zahlreiche sekundäre Auswirkungen wie eine globale Rezession und Armutskrisen in weiten Teilen der Welt hatte. Der damalige VN-Generalsekretär sprach 2021 gar davon, dass diese Pandemie »die größte Bewährungsprobe sei, der die Welt seit dem Zweiten Weltkrieg gegenübersteht«. Sie erinnern sich vermutlich auch in Deutschland noch an *Lockdowns*, Ausgangssperren, Schulschließungen und eine geradezu gespenstische Grundstimmung in weiten Teilen der Bevölkerung.

Als **Pandemie** lässt sich die länder- beziehungsweise kontinentübergreifende Ausbreitung einer menschlichen Infektionskrankheit (einer Seuche) bezeichnen, die das Potenzial schwerer gesundheitlicher und mitunter tödlicher Auswirkungen besitzt. Im Unterschied zur Epidemie ist sie örtlich nicht beschränkt und kann sich regional oder gar global mit hoher Geschwindigkeit ausbreiten. Aus staatlicher Perspektive geht es dabei zum einen um den unmittelbaren Schutz der eigenen Bevölkerung durch geeignete Vorsorge- oder Therapiemaßnahmen, zum anderen aber auch um das erfolgreiche Abschotten des eigenen Territoriums und damit der Bürger im Land vor den Krankheitserregern. Letzteres erfordert in der Regel eine enge internationale Abstimmung vorbeugender und reaktiver Maßnahmen.

Die transnationale Relevanz der Pandemievorsorge und -bekämpfung versteht sich im Zeitalter der Globalisierung von selbst.

- Es handelt sich um einen **Risikoaspekt**, dessen Dynamik erst langsam deutlich wurde.
- Mit der nahezu **ungebremsten Mobilität** von Menschen und dem freien Austausch von Gütern über große Entfernungen finden auch Krankheitserreger ihren Weg.
- Infektionsauslöser können durch internationalen **Flug- und Reiseverkehr** und Handelsbeziehungen nahezu jeden Erdteil innerhalb weniger Stunden oder Tage erreichen und dort ebenso rasch Epidemien mit gravierenden Folgen auslösen, auf die das lokale Gesundheitswesen nicht hinreichend vorbereitet ist.

Die globale Dimension der COVID-Pandemie in den Jahren 2020/21 war bis dahin singulär. Das heißt aber nicht, dass es keine diesbezüglichen Befunde und Warnungen aus der Wissenschaft gab, aber diese waren eben wenige Stimmen unter vielen, sie bezogen sich auf potenziell ferne Probleme mit vermeintlich geringer Eintreffwahrscheinlichkeit und haben es deshalb im Vorfeld in nahezu allen Staaten nicht geschafft, handlungsleitend für die Politik zu werden. Das ist nicht als Vorwurf an irgendwen gemeint – denn wer hätte in den Gesellschaften schon goutiert, dass die Politik knappe Ressourcen für Herausforderungen zur Verfügung stellt, die als unwahrscheinlich gelten und zudem nicht breit öffentlich diskutiert werden.

Jede weltweite Krise hat Auswirkungen auf das internationale System, dessen Strukturen, Normen und Institutionen.

- ✔ Der **Erste Weltkrieg** brachte den Völkerbund hervor und der **Zweite Weltkrieg** führte zur Geburt der Vereinten Nationen.
- ✔ Die **Terroranschläge vom 11. September 2001** veränderten das Völkerrecht und verstärkten die folgenreiche »Dekade der Interventionen«, beispielsweise in Afghanistan und im Irak.
- ✔ die **Weltfinanzkrise** ab 2008 verwandelte die G20 von einem eher randständigen Finanzministerclub in ein hochrangiges Gremium der Staats- und Regierungschefs.
- ✔ Ebenso hat auch die **COVID-Krise** ab 2020 erhebliche Strukturveränderungen ausgelöst. Vom ehemaligen US-Außenminister Henry Kissinger stammte die Einschätzung, dass die Pandemie »die Weltordnung für immer verändern« werde – auch wenn dies im Rückblick womöglich ein wenig dick aufgetragen war.

Die Fähigkeiten, die internationale Krise zu lösen, waren besser als zu vermutlich jeder anderen Phase in der Menschheitsgeschichte. Das galt für die Möglichkeiten, einen Impfstoff zu entwickeln, ebenso wie für die Behandlungsmöglichkeiten von Erkrankten. Inwieweit diese im Sinne globaler Stabilität genutzt wurde, ist umstritten. Dabei lassen sich zwei Narrative unterscheiden:

- ✔ Das erste Narrativ folgt der Annahme, dass die globale Gesundheitskrise die Notwendigkeit von Multilateralismus und globaler Kooperation ebenso vor Augen führt wie den **Irrweg des Nationalismus** und des Isolationismus.
- ✔ Das zweite Narrativ lautet genau umgekehrt: Durch Globalisierung und offene Grenzen werden Länder anfällig gegenüber Viren und anderen Bedrohungen, und der aktuelle Kampf um die Kontrolle von Lieferketten und lebensrettenden Schutzausrüstungen erfordert, dass sich jedes Land **zunächst um sich selbst kümmert**.

Je nachdem, welchem Narrativ Sie folgen, unterscheiden sich die Bewertungen und Konsequenzen ganz erheblich. Dies findet sich auch in den Reaktionen der internationalen Gemeinschaft auf die Pandemiekrise wieder. Der Generalsekretär der Vereinten Nationen, António Guterres, sprach von einer »Dysfunktionalität in den internationalen Beziehungen«, weil die größten Mächte, etwa bei Ursachenforschung und Impfstoffbeschaffung, gegeneinander antreten.

Seuchen, Pandemien und Epidemien in der Geschichte

Man muss beim Thema Seuchen, Pandemien und Epidemien keineswegs nur an die Pest im Mittelalter denken. Auch die jüngere Geschichte ist reich an bedeutsamen Beispielen:

- ✔ Die **Spanische Grippe** forderte in den Jahren 1918–1920 bis zu 50 Millionen Todesopfer, und in den 1950er- und 1960er-Jahren starben an unterschiedlichen Formen von Influenza-Viren in verschiedenen Grippewellen jeweils über eine Million Menschen weltweit.
- ✔ Mit dem **Humanen Immundefizienz-Virus** (HIV) haben sich seit den 1980er-Jahren weltweit mehr als 70 Millionen Menschen infiziert, rund 35 Mio. sind daran gestorben. Subsahara-Afrika ist die am stärksten betroffene Region, etwa 4,2 Prozent der Erwachsenen (zwei Drittel der weltweit Infizierten) tragen dort das (HIV-)Virus.
- ✔ Ebenfalls einschneidend, wenngleich nicht mit einer vergleichbaren Zahl an Todesfällen, waren etwa die **SARS-Krise** in Asien im Jahr 2003, die **Schweinegrippe** in Lateinamerika im Jahr 2009 oder die Ebola-Pandemie von 2014/15 in Westafrika (insbesondere in Guinea, Liberia und Sierra Leone).
- ✔ **Tuberkulose** liegt hinsichtlich der Todeszahlen noch vor HIV. Im Jahr 2016 kam es zu etwa 1,7 Mio. Todesfällen, 56 Prozent davon in fünf Ländern (Indien, Indonesien, China, Philippinen und Pakistan).
- ✔ **Cholera** führt regelmäßig zu zahlreichen Todesfällen und betrifft vor allem Staaten, in denen der Zugang zu sauberem Trinkwasser und Sanitäranlagen fehlt.
- ✔ **Meningitis** betrifft mehr als 400 Mio. Menschen vorwiegend in afrikanischen Staaten (von Senegal bis Äthiopien).
- ✔ An **COVID-19** sind seit Bekanntwerden der ersten Corona-Fälle im November 2019 in den Jahren 2020–2024 weltweit über sieben Millionen Menschen gestorben.

In Verbindung mit dem Klimawandel kann sich auch die geografische Verteilung von Krankheiten verschieben, zudem nehmen Epidemien von Infektionskrankheiten mit hoher Sterberate zu. Darüber hinaus gilt besondere Besorgnis der zunehmenden antimikrobiellen Resistenz, die eine effektive Behandlung bestimmter Keime erschwert – ebenfalls ein Problem, das keinen Halt an Ländergrenzen macht.

Auch in entwicklungspolitischer Hinsicht erhält das Thema Gesundheitsvorsorge eine wachsende Bedeutung. Die ärmeren Staaten des globalen Südens sind weit überdurchschnittlich von seuchenartigen Pandemien und Epidemien betroffen. Dies hat insbesondere mit den weniger leistungsfähigen Gesundheitssystemen zu tun, betrifft also eher das Folgenmanagement.

In den **Nachhaltigkeitszielen der Vereinten Nationen** widmet sich eines der 17 Ziele explizit den globalen Gesundheitsfragen. Der VN-Sicherheitsrat hat sich bisher zweimal – erstmals im Jahr 2000 mit der HIV/AIDS- und dann 2014 mit der Ebola-Pandemie – mit dieser Materie befasst und diese jeweils als eine Bedrohung für Frieden und Stabilität definiert. Auch die Berichte des »Entwicklungsprogramms der Vereinten Nationen« (UNDP) behandeln regelmäßig die Verbindung zwischen Sicherheit und Gesundheit und haben den Begriff *health security* geprägt. Nationale Akteure nehmen diesen Zusammenhang ebenfalls zunehmend in den Blick. Einer der US-Geheimdienste legte bereits 2000 einen Bericht vor, in dem beschrieben wird, wie globale Infektionen und Pandemien auch die Sicherheit der USA berühren können. Im Jahr 2005 hat das deutsche Auswärtige Amt einen Koordinator für die außenpolitische Dimension globaler Gesundheitsfragen eingerichtet, und die Bundesregierung legt seit 2013 ein »Konzept Globale Gesundheitspolitik« vor.

Noch ein weiterer entwicklungs- wie sicherheitspolitischer Aspekt sei hier erwähnt: der enge Zusammenhang zwischen Armut und Gesundheitswesen einerseits und dem Bevölkerungswachstum in weiten Teilen der Entwicklungsländer andererseits. Der Befund überrascht vielleicht auf den ersten Blick, leuchtet aber mit Blick auf ein simples Argument ein: Kinderreichtum bedeutet in extrem armen Gesellschaften eine Art Altersvorsorge. Je geringer dort die Wahrscheinlichkeit ist, dass Kinder überleben, desto mehr werden geboren – und umgekehrt. Was aber eine Überbevölkerung in Regionen mit ohnehin schwierigsten Lebensbedingungen für das gewaltsame Konfliktpotenzial und für Migrationsbewegungen bedeutet, lässt sich leicht ausrechnen. Auch von daher stellt ein funktionierendes Gesundheitssystem, vor allem mit Blick auf weite Regionen Afrikas, eines der primären internationalen Ziele dar. Gesundheit ist damit beides: sowohl Voraussetzung als auch Ergebnis von Entwicklung.

- ✔ In der Bilanz lässt sich einige Jahre nach der Hochphase der Pandemie sagen: COVID-19 war ein *game changer*, aber die **Interessenlagen** der wichtigen Akteure haben sich in der Rückschau nicht nachhaltig verändert, sondern folgen eher den tradierten Linien.

- ✔ Die bestehenden **Institutionen der Weltgesundheitsarchitektur** haben ihre Leistungsfähigkeit gezeigt, aber sich nur zum Teil bewährt.

- ✔ Es zeigte sich auch, dass im Zuge der Globalisierung **Abhängigkeiten** geschaffen wurden, beispielsweise bei Medikamenten oder Medizinprodukten, die dann in Krisenzeiten sehr negative Effekte hatten. Diskussionen über national verfügbare Reserven oder Rückverlagerung von Produktionsstätten waren die Folge.

- ✔ Gewinner war am Ende doch eher der **souveräne Nationalstaat**, Verlierer waren die beteiligten internationalen Organisationen, die teilweise von den Nationen an den Rand gedrängt wurden.

Biosicherheit

Eine weitere Problematik ergibt sich unter der Thematik der »Biosicherheit«. Diese hat zwei Dimensionen:

- die Sicherheit vor Unfällen (*biosafety*),
- die Sicherheit vor Missbrauch (*biosecurity*).

In beiden Bereichen geht es darum, die Gefahren einer entgrenzten Forschung oder einer unkontrollierten Anwendung biotechnologischer Erkenntnisse zu identifizieren und zu verringern. Aus Perspektive der internationalen Beziehungen ergibt sich dabei nicht zuletzt die Frage, ob und wie angesichts der rasanten und kaum zu kontrollierenden Verbreitung des einschlägigen Know-hows ein Schutz gegen »Albtraum-Szenarien« – etwa Biokampfstoffe in Händen von Terroristen – möglich ist.

Aber auch mit Blick auf das militärpolitische Handeln von Staaten – sei es im Sinne einer offensiven Machtprojektion oder einer defensiv ausgerichteten Abschreckungswirkung – wirft das technische Entwicklungspotenzial von **Bio- und Chemiewaffen** zahlreiche Fragen auf. Zwar sind solche Waffen völkerrechtlich geächtet und ein Einsatz wäre in der Regel mit dem Risiko massiver Reaktionen anderer Staaten insgesamt verbunden. Aber dennoch zeigen immer wieder Beispiele wie etwa jüngst in Syrien, dass sich auch staatliche oder halbstaatliche Akteure vom Besitz oder der Anwendung solcher Waffen einen militärischen Vorteil versprechen könnten. Bei Terroristen – zumal Selbstmordattentätern – dürften Skrupel in ihrer Kalkulation noch weitaus weniger ausgeprägt sein. Bisher sind solche Vorfälle selten (obgleich etwa 1995 Sarin in der U-Bahn von Tokyo als Waffe benutzt und 2001 in den USA Briefe mit hoch-toxischem Anthrax verschickt wurden). Es ist aber damit zu rechnen, dass diese Problematik über kurz oder lang zunimmt.

Mit der politischen und moralischen Thematik der Biotechnologie eröffnet sich ein wichtiges Feld internationaler Politik.

- Es geht darum, einerseits **wissenschaftliche Fortschritte** für eine friedliche Nutzung zu erzielen, andererseits aber die damit verbundenen Missbrauchsgefahren zu beherrschen. Letztlich wird das auf ausschließlich nationaler Ebene nur bedingt gelingen. Es bedarf darüber hinaus eines internationalen Regelwerks und geeigneter Mittel, um es in der Praxis durchzusetzen.
- Zahlreiche Staaten wie beispielsweise die USA sowie internationale Organisationen arbeiten massiv an entsprechenden Strategien. Deutschland ist auch Mitglied der **Global Health Security Initiative**. Dieses informelle Netzwerk der G7-Staaten und Mexikos unter Beteiligung der Europäischen Kommission und der Weltgesundheitsorganisation wurde bereits nach den Terroranschlägen vom 11. September 2001 gegründet, um im Gesundheitsbereich besser auf biologische, chemische oder radionukleare Bedrohungen – insbesondere durch den internationalen Terrorismus – vorbereitet zu sein und im Ereignisfall reagieren zu können.

Teil IV

Wer internationale Beziehungen gestaltet

IN DIESEM TEIL ...

- ✔ Staatliche und nichtstaatliche internationale Organisationen als bedeutsame Akteure
- ✔ Neuverteilung globaler Machtgewichte und Aufstieg ehemaliger Schwellenländer
- ✔ Außenpolitiken der großen Mächte USA, China, Indien, Russland und EU
- ✔ Deutsche Außenpolitik zwischen Kontinuität und Wandel

IN DIESEM KAPITEL

Grundlinien der Außenpolitiken der großen Mächte

USA, China, Indien, Russland und die EU

Etablierte Mächte und deren Herausforderer

Kapitel 16
Außenpolitiken der Großmächte

Außenpolitik ist definiert als die Gesamtheit der Aktionen und Reaktionen in der internationalen Umwelt, mit denen Staaten ihre politischen Ziele und Ordnungsvorstellungen versuchen durchzusetzen. Dabei spielen auch internationale Organisationen und gesellschaftliche Anforderungen eine Rolle.

In einer Welt von rund 200 Staaten haben die Mächtigen unter ihnen besondere Gestaltungsmöglichkeiten. Großmächte spielen in der internationalen Politik eine zentrale Rolle, da sie aufgrund ihrer wirtschaftlichen, militärischen, technologischen und politischen Ressourcen maßgeblich die Gestaltung und Entwicklung des internationalen Systems beeinflussen.

Dabei dürften in den kommenden Jahrzehnten fünf Großmächte sehr unterschiedlicher Art eine zentrale Rolle spielen. Zugleich ist, wie es der deutsche Politikwissenschaftler Herfried Münkler formuliert, der Weg in die Zukunft »mit Zufälligem und Unvorhersehbarem gepflastert« – und Fehler in der politischen Führung eines Landes können Entwicklungen blockieren, die sonst mit großer Wahrscheinlichkeit stattgefunden hätten. Zudem sind diese fünf Großmächte nicht allein entscheidend. Auch Mittelmächte wie Deutschland, Brasilien, Japan, Iran, Mexiko, Indonesien, Saudi-Arabien, Türkei oder Südafrika werden nicht nur in ihrer Region eine bedeutsame Rolle spielen, sondern auch hinsichtlich der Frage, welcher Großmacht sie sich »anlehnen« und welchen Bündnissen sie sich zugehörig fühlen oder anschließen. Tabelle 16.1 fasst einige Merkmale einer Großmacht zusammen.

	Bevölkerung in Millionen 2024	Wirtschaftskraft in Milliarden US-Dollar 2022	Militärausgaben in Milliarden US-Dollar 2023	Handlungsfähigkeit
USA	344	25439	906	hoch; aktuell in vielen machtpolitisch relevanten Kategorien (noch) deutlich überlegen
China	1420	17963	296	hoch; zentralisiertes politisches System und auf dem Weg zum systemischen Rivalen
Indien	1444	3416	83,6	gemischt, vorwiegend »süd-westliche Macht« mit instabilem Umfeld
Russland	144	2240	109	eher niedrig; wenig erfolgreiches Wirtschaftsmodell und völkerrechtswidriger Angriffskrieg führen zu Schwächung
EU-27	446	17434	279	eher mittel; keine wirklich gemeinsame Außenpolitik absehbar und vorwiegend mit sich selbst beschäftigt

Tabelle 16.1: Grunddaten der fünf Großmächte im Vergleich, Quelle: eigene Darstellung auf Basis von Zahlen der Weltbank und SIPRI

USA als herausgeforderter Hegemon

Das 20. Jahrhundert lässt sich im Rückblick ohne Übertreibung als das »amerikanische Jahrhundert« bezeichnen.

- ✔ Es zeichnete sich durch eine **singuläre Machtfülle der USA** aus, mit der sie die Rolle eines »Hegemon« (also eines Akteurs, der mit seiner überlegenen Macht ein System maßgeblich bestimmt) ausüben konnten, die zugleich von einer Reihe an Staaten freiwillig und geradezu bereitwillig akzeptiert wurde.
- ✔ Freilich war es eine **bipolare Ordnung**, mit der Sowjetunion als machtpolitischem Gegenpart. Aus Eigeninteresse schufen die USA nach dem Zweiten Weltkrieg ein auf Institutionen basierendes internationales System und engagierten sich aktiv in diesem.
- ✔ Dabei waren und sind die Handlungen der USA natürlich im Einzelfall **umstritten und angreifbar** beziehungsweise wurden und werden kontrovers diskutiert – als Beispiele seien nur der Vietnam- oder der Irak-Krieg genannt. Für das »westliche Lager« war die Rolle der USA gleichwohl zentral für die Wahrung der nationalen Sicherheit aller.
- ✔ Für Deutschland etwa galt das existenziell, aber auch andere Staaten unterwarfen sich **freiwillig und bereitwillig** aufgrund einer rationalen Interessendefinition einem gewissen US-amerikanischen Führungsanspruch.

Der Abgesang auf die USA als die führende Gestaltungsmacht in den internationalen Beziehungen ist so alt wie die prägende Rolle der USA selbst. Während jedoch in den vergangenen Jahrzehnten dieser Befund regelmäßig von jenen vorgebracht wurde, die den USA mangelnde Gestaltungsfähigkeit – entweder aufgrund vermeintlicher eigener Schwäche oder des relativen Machtzuwachses anderer – attestierten, lieferte mit der Wahl von Donald Trump zum 45. Präsidenten im Jahr 2016 und seiner erneuten Wahl zum 47. Präsidenten 2024 die politische Führung des Landes selbst die Argumente für einen abnehmenden Gestaltungswillen in zentralen Fragen der internationalen Politik.

Die Wahl Trumps hat zu großer Besorgnis bei nahezu der gesamten transatlantischen Expertenriege geführt. Gemäß seinem *America First*-Ansatz ist die Welt keine globale Gemeinschaft, sondern eine Arena, in der Nationen, Nichtregierungsakteure und Unternehmen miteinander um Vorteile streiten. In der Geschichte der amerikanischen Außenpolitik ist es nicht ungewöhnlich, dass sich sehr unterschiedliche Grundvorstellungen und Paradigmen abrupt abwechseln. Unterschieden werden können:

- ✔ ein **pragmatischer Realismus** (Monroe, Truman, Bush senior, Biden), der auf Machtgleichgewicht und internationale Stabilität durch US-Engagement zielt,
- ✔ ein **liberaler Internationalismus** (Wilson, Obama), der besonders an multilateralen Institutionen und liberalen Prinzipien wie Freihandel orientiert ist,
- ✔ ein **missionarischer Neokonservatismus** (Bush jr.), der eine liberale internationale Ordnung durch den massiven Einsatz amerikanischer Macht, auch militärisch, zu sichern versucht, und schließlich
- ✔ ein **amerikanischer Nationalismus** (erstmals mit Jackson 1829–1837 und dann mit Trump), der einen engen, isolationistischen Interessenbegriff zugrunde legt und Multilateralismus fundamentalkritisch sieht.

In welche Schule sich die US-Außenpolitik dauerhaft einreihen wird, ist heute nicht prognostizierbar. Grundsätzlich gilt aber: Vor Illusionen über die amerikanische Bereitschaft, sich von seinen Partnern Einschränkungen bei Fragen von wichtigen nationalen Interessen gefallen zu lassen, muss ausdrücklich gewarnt werden. In keinem Fall werden sich die USA widerspruchslos in den Geleitzug einer vermeintlichen internationalen Gemeinschaft einreihen. Alle amerikanischen Administrationen sind immer innenpolitisch getrieben. Trotzdem haben sie natürlich Interessen in der Welt und kein amerikanischer Präsident kann es sich leisten, internationale Fragen völlig auszublenden.

Grundsätzlich ist eine Abkehr von dem langjährigen außenpolitischen Konsens der USA erkennbar, nach dem eine stabile, liberale internationale Ordnung ein System sei, von dem insbesondere die USA profitieren. Die politischen, wirtschaftlichen und militärischen Kosten als Garantiemacht dieses Systems werden von vielen als zu hoch betrachtet. Weitgehender Konsens ist zudem im Umgang mit China zu erwarten. Ziel ist, den wirtschaftlichen Fortschritt Chinas in Schlüsseltechnologien durch Protektionismus einerseits und massive Investitionen und Subventionen in die eigene Wirtschaft andererseits einzudämmen. Statt auf Einbindung setzt Amerika auf eine Strategie der wirtschaftlichen Entkoppelung, um Chinas Fortschritt in Technologie und Militär zu verlangsamen.

Die USA bleiben in dieser Welt die **unentbehrliche Nation** (*indispensable nation*). Unentbehrlichkeit meint dabei nicht die klassische Vorstellung, nach der ohne die Unterstützung der USA jedes multilaterale Bemühen von Rang scheitern muss. Dafür gibt es in der post-westlichen Welt zu viele einflussreiche Akteure und Gegenbeispiele. Sie meint auch nicht die klassische Intonation der ehemaligen US-Außenministerin Madeleine Albright, die 1998 in typischer Hybris sagte: »Wir stehen aufrecht und blicken weiter in die Zukunft als andere Länder.« Unentbehrlichkeit gilt vielmehr insbesondere für das Militärpotenzial: Die USA sind für mehr als 35 Prozent der weltweiten Rüstungsausgaben verantwortlich, verfügen über rund 800 Militärstützpunkte in allen Teilen der Welt und sind infolgedessen global wie keine andere Nation zur Projektion militärischer Macht fähig. Dieser Mix an Fähigkeiten – die es den USA ermöglichen, nahezu jedes ernsthafte Interesse notfalls im Alleingang zu verwirklichen – ist weiterhin singulär, auch wenn der Abstand zu den anderen Großmächten in den vergangenen Jahren kleiner geworden ist.

US-amerikanische Ordnungsvorstellungen sind insgesamt stärker herausgefordert, als das mit dem Ende des Ost-West-Konflikts vorstellbar schien.

- ✔ Eine **pragmatische Wende** in der Weltpolitik wurde durch den »Trumpismus« verstärkt, aber nicht kausal verursacht.
- ✔ Die monetären Kosten und politischen Risiken eines **klassischen Hegemons** bedürfen eines Grades an Gestaltungswillen, der künftig von vermutlich niemandem mehr aufgebracht werden will und kann.

In der Konsequenz sehen auch ausgewiesene und nüchterne Transatlantiker wie die damalige Bundeskanzlerin Angela Merkel eine **veränderte Rolle der USA**. In ihrer berühmten Bierzelt-Rede in München sagte sie im Mai 2017: »Und die Zeiten, in denen wir uns auf andere völlig verlassen konnten, die sind ein Stück vorbei. Und deshalb kann ich nur sagen: Wir Europäer müssen unser Schicksal wirklich in unsere eigene Hand nehmen. Natürlich in Freundschaft zu den Vereinigten Staaten von Amerika. Aber wir müssen wissen, wir müssen selber um unsere Zukunft kämpfen, als Europäer für unser Schicksal.«

Chinas Mehrrollenstrategie

China versteht das 20. Jahrhundert als historische Anomalie – und dies kann auch aus guten Gründen so gesehen werden. Denn seinem Selbstbild nach ist China das jahrtausendealte »Reich der Mitte«, das dann von den Opiumkriegen der 1830er-Jahre über den japanischen Überfall im Zweiten Weltkrieg bis zur »Kulturrevolution« unter Mao Zedong einen dramatischen Niedergang im »Jahrhundert der Schande« erlitten hat. Chinas Außenpolitik hat sich von einer passiven, fremdbestimmten Rolle im frühen 20. Jahrhundert zu einer aktiven, globalen Machtposition entwickelt. Die Strategien schwankten zwischen Isolation, pragmatischer Öffnung und expansivem Einfluss.

- Nach dem **gescheiterten Boxeraufstand** im Jahre 1900 und dem Sturz der Qing-Dynastie 1911 begann eine Phase des Zerfalls und der Fremdherrschaft.
- Nach Gründung der Volksrepublik China im Jahr 1949 und einer überaus blutigen **Kulturrevolution** mit ihren verheerenden sozioökonomischen Folgen unter Mao Zedong bis 1976 war China weitgehend mit sich selbst beschäftigt.
- Nach Jahrzehnten der **Isolation** knüpfte China ab Ende der 1970er-Jahre diplomatische Beziehungen zu westlichen Staaten. Die Reform- und Öffnungspolitik unter Staats- und Parteichef Deng Xiaoping trug maßgeblich dazu bei, China von einem armen Land mit einer unterentwickelten Wirtschaft und zentraler Planung in ein wirtschaftlich starkes, international eingebundenes und marktwirtschaftlich orientiertes Land zu transformieren.
- Die Außenpolitik unter Präsident Xi Jinping, der seit 2012 an der Macht ist, zeichnet sich durch eine Kombination aus **Selbstbewusstsein und Pragmatismus** aus.
- Sie hat Chinas Status als **globale Macht** gefestigt, während sie gleichzeitig Spannungen mit anderen Ländern hervorgerufen hat. Xi Jinping verfolgt das Ziel Chinas »nationaler Wiedergeburt«.

In der chinesischen Außenpolitik spielt die »Tianxia-Konzeption« (»Alles unter dem Himmel«) eine bedeutsame Rolle.

- Tianxia ist ein traditionelles chinesisches Konzept, das ursprünglich das Ziel einer Art **kosmopolitischen Weltordnung** beschreibt, in der China als kulturelles und politisches Zentrum fungiert. Tianxia wird von China als Gegenmodell zur westlichen Hegemonie verstanden.
- Tianxia zielt jedoch auch darauf ab, Chinas Einfluss auszubauen und eine Weltordnung zu schaffen, die Chinas **langfristigen Interessen** dient.
- Kritiker sehen darin eine subtile Form des **geopolitischen Machtanspruchs**, mit dem der bestehenden Weltordnung ein Ende gesetzt und eine *Pax Sinica*, eine neue und von China dominierte Weltordnung etabliert werden soll.

In der internationalen Politik ist China seit Xi Jinping eine aktive Beteiligung an multilateralen Prozessen wie der G20, der Welthandelsorganisation, der Asiatisch-Pazifischen-Wirtschaftskooperation (APEC) und anderen Formaten zu bescheinigen. Auch in den Vereinten Nationen spielt China (das diesen erst seit 1971 angehört) inzwischen eine wichtige Rolle. Es ist als Vetomacht im VN-Sicherheitsrat nicht nur darauf bedacht, dessen Rolle nicht zu schwächen, sondern beteiligt sich auch intensiv an VN-geführten Friedensmissionen. Sein außenpolitischer Ansatz, aus nachvollziehbaren Gründen zunächst nur ein begrenztes internationales Profil zu zeigen und sich auf die innere Entwicklung zu konzentrieren, hat jedoch inzwischen ausgedient.

- China bemüht sich erkennbar darum, als **verantwortungsvolle Großmacht** wahrgenommen zu werden, und orientiert sich an den selbst definierten »Prinzipien der friedlichen Koexistenz« – gegenseitiger Respekt der Souveränität und territorialen Integrität, gegenseitiger Verzicht auf Aggression, gegenseitige Nichteinmischung in die inneren Angelegenheiten sowie Gleichberechtigung und gegenseitiger Nutzen in einem friedlichen Miteinander.

- Als die USA unter Präsident Trump ab 2017 unverhüllt auf eine Abkehr vom Freihandel und Multilateralismus setzten, bot sich China sogar als eigentlicher **Verteidiger einer offenen Welthandelsordnung** an – nicht zuletzt, weil es in den vergangenen Jahrzehnten riesige Handelsbilanzüberschüsse mit nahezu allen Teilen der Welt erzielt hat (2022 allein mit den USA über 380 Milliarden US-Dollar) und darin sein Wachstumskurs zu einem Großteil begründet liegt.

Als Beleg dafür, dass China die Entwicklung von neuen Formaten vorantreibt, wenn die etablierten Institutionen (in diesem Fall der Internationale Währungsfonds) nicht mehr der chinesischen Interessenlage entsprechen, kann die Gründung der *Asian Infrastructure Investment Bank* (AIIB) im Jahr 2015 gelten. Dies fällt zusammen mit einem zunehmend machtbewussten Auftreten in der internationalen Politik, nicht zuletzt zur Absicherung des wirtschaftlichen Wachstumskurses und der dazu erforderlichen Energieimporte.

Wichtiger Aspekt in diesem Zusammenhang ist die **chinesische Konnektivitätsinitiative** und der Bau einer **Neuen Seidenstraße** (*Belt and Road Initiative*), mit der China ein gigantisches globales Infrastrukturinvestitionsprogramm anschiebt. Die Finanzierung (insgesamt rund 1000 Milliarden US-Dollar) soll mithilfe der Devisenreserven Chinas und durch Investitionen der von der chinesischen Initiative profitierenden Länder gewährleistet werden. Eine von zwei Seidenstraßen soll vom Westen Chinas aus Europa erreichen, eine zweite soll über Korridore durch Pakistan und Südostasien über den Indischen Ozean nach Afrika führen. China will damit zum Knotenpunkt eines weltweiten Transport- und Kommunikationsnetzes werden und auf diesem Weg seinen bereits erwähnten Status als »Reich der Mitte« wiederbeleben. Von China ins Leben gerufene Institutionen wie die »Shanghai Organisation für Zusammenarbeit« (SCO) oder die bereits erwähnte AIIB sollen diese Vorgehensweise aktiv unterstützen.

Für die internationale Politik haben der Aufstieg Chinas und seine zunehmend aktive Außenpolitik erhebliche Konsequenzen.

- Der bisher vergleichsweise **friedliche Aufstieg** zur globalen Macht ohne aktive Kriegsbeteiligung oder direkte militärische Machtprojektion in anderen Ländern muss nicht für alle Zeiten so bleiben.
- Am Beispiel der **chinesischen Afrikapolitik** zeigt sich zugleich, wie intensiv China inzwischen global aktiv ist. Dabei verfolgt China machtbewusst das Ziel, Ressourcen zu sichern, Märkte zu erweitern und geopolitischen Einfluss zu gewinnen. Die Beziehung zwischen China und Afrika ist ein dynamisches Beispiel für die Verschiebung globaler Machtverhältnisse.
- Auch die Auseinandersetzungen um die **Vorherrschaft im Südchinesischen Meer** und in den Beziehungen zu Staaten wie Taiwan, Japan, den Philippinen, Vietnam und Südkorea zeigen den zunehmend machtbewussten Ansatz Chinas.
- Besonders risikoträchtig ist mittelfristig das **Verhältnis zu den USA**, die in Ostasien immer noch wichtiger Sicherheitsgarant und damit strategischer Rivale Chinas sind.

- Eine umfassende Reform der **chinesischen Streitkräfte** soll die Volksbefreiungsarmee in die Lage versetzen, erfolgreich einen Krieg moderner Prägung zu führen. Diese Ambitionen zeigen, dass militärische Machtprojektion zunehmend zum gewichtigen Teil der chinesischen Agenda wird, worauf auch der Abschuss eines Satelliten zu Testzwecken im Jahr 2016, die Beschaffung von insgesamt sechs Flugzeugträgern (die ersten drei sind bereits in Betrieb) oder die Eröffnung der ersten ausländischen Militärbasis Chinas im ostafrikanischen Dschibuti im Jahr 2017 hinweisen.

Ein Beleg für eine machtbewusstere Rolle Chinas sind auch die **erheblich gestiegenen Rüstungsausgaben** inklusive des Aufbaus maritimer Fähigkeiten zur regionalen und globalen Machtprojektion. Nach SIPRI-Angaben lag der Verteidigungshaushalt Chinas 2023 bei gut 290 Milliarden US-Dollar (was rund 2,1 Prozent des BIP entspricht) und ist damit nach den USA der zweitgrößte weltweit. Die 2015 erstmals veröffentlichte chinesische Militärstrategie zielt insbesondere auf die Sicherung der für die Handelsmacht China wichtigen Seeverbindungen. Die militärische Präsenz der USA zusammen mit der Unterstützung für Staaten wie Japan, Vietnam oder die Philippinen, mit denen sich die Volksrepublik um Inseln und Seegebiete streitet, wird als Herausforderung betrachtet. Von zentraler Bedeutung bleiben aus chinesischer Perspektive auch militärische Vorkehrungen für den Fall einer Eskalation im Verhältnis zu Taiwan (das nach Auffassung Chinas zu seinem Staatsgebiet gehört) – spätestens in einem solchen Szenario steht dann eine direkte gewaltsame Konfrontation mit den USA zu befürchten.

Trotz der erkennbaren Absichten Chinas, auch im militärischen Bereich eine seiner internationalen Rolle angemessene Stärke aufzubauen, liegt hier nicht die Hauptquelle seiner derzeitigen Machtprojektion. Vielmehr geht es dem Land nicht um kurzfristig motiviertes Säbelrasseln, sondern um strategische Geduld in der keineswegs abwegigen Annahme, die Zeit sei auf seiner Seite und auf lange Sicht die ökonomische Frage die entscheidende hinsichtlich der globalen Rangfolge der Zukunft.

- Zu erwarten ist eine Art **Mehrrollenstrategie Chinas** mit wechselweise diplomatischen, ökonomischen und militärischen Mitteln, die teilweise mit seiner internationalen Umwelt und der bestehenden internationalen Ordnung in Einklang steht, teilweise aber auch revisionistische oder expansive Züge annimmt.
- Das **Südchinesische Meer** etwa, auf das alle Anrainerstaaten Territorialansprüche geltend machen, wird komplett von China beansprucht. Obwohl ein Schiedsspruch des Internationalen Seegerichtshofs erklärt hat, die chinesische Position sei nicht mit dem internationalen Seerecht vereinbar, akzeptiert China dies nicht und löst damit erhebliche Irritationen in der ganzen Region aus.
- Wenn sich dieser Ansatz fortsetzt und er durch vor allem **innenpolitische Störfaktoren** nicht gravierend unterlaufen wird, wird China in wenigen Jahren mindestens Augenhöhe mit den USA erreicht haben.
- Offenkundig ist, dass China die internationale Ordnung der absehbaren Zukunft **prägen beziehungsweise mitprägen** wird.
- Unklar ist jedoch, in **welcher Weise Chinas Aufstieg** die globalen Gewichte in der internationalen Politik verändern und welche Rolle das Land einnehmen wird.

Indiens Sonderrolle

Die Entwicklung des (gemeinsam mit China) bevölkerungsreichsten Landes der Erde zu einem gewichtigen Zentrum multilateraler Politik steht sinnbildlich für die globalen Kräfteverschiebungen im 21. Jahrhundert. Als größte Demokratie der Erde steht Indien inzwischen als Volkswirtschaft vor Großbritannien auf Platz 5, wenngleich die Wirtschaftskraft pro Kopf der Bevölkerung weiterhin gering ist. In manchen Bereichen ist Indien eine angehende Weltmacht, in anderen weiter ein armes Entwicklungsland.

Die jahrtausendealte Zivilisation auf dem Gebiet des heutigen Indiens hat eine lange Kolonialgeschichte hinter sich. Diese ist geprägt von einer jahrhundertelangen Periode der Kontrolle und Ausbeutung durch europäische Mächte, insbesondere Großbritannien. Indien erlangte erst 1947 seine Unabhängigkeit von der britischen Kolonialherrschaft. Folge war auch eine Teilung in zwei rivalisierende Staaten – Indien und Pakistan –, die Millionen von Menschen zur Flucht zwang und zu religiösen Spannungen führte. Viele Muslime flohen in das neu gegründete Pakistan, während viele Hindus und Sikhs auf indischem Gebiet Zuflucht fanden. Als neu gegründeter Staat ist Indien ein riesiger Vielvölkerstaat mit zahlreichen religiösen und ethnischen Minderheiten und inneren Konflikten. Die indische Außenpolitik ist bis heute von diesen Erfahrungen geprägt.

- ✔ Die erste Phase indischer Außenpolitik ist eng mit der der Person des ersten Premierministers des unabhängigen Indiens, **Jawaharlal Nehru**, verbunden, dessen Tochter **Indira Gandhi** später ebenfalls Premierministerin wurde. Seine bis zu seinem Tod 1964 dauernde Amtszeit war geprägt von außenpolitischer Neutralität und der Ablehnung von militärischen Allianzen mit den USA oder der Sowjetunion im Kalten Krieg. Vielmehr strebte Indien eine führende Rolle in der **Bewegung der blockfreien Staaten** an.

- ✔ Nach dem kurzen indisch-chinesischen Krieg von 1962 um die umstrittenen Grenzgebiete entlang der Himalaya-Region, der mit einer Niederlagen Indiens endete, näherte sich Indien in dieser Phase der Sowjetunion an. Mit der **Indira-Doktrin** – benannt nach der indischen Premierministerin Indira Gandhi (1966–1977 und 1980–1984) – betrachtete Indien Südasien als seine primäre Einflusszone.

- ✔ **Militärische Konflikte**, etwa in den 1970er-Jahren Indiens Unterstützung des Unabhängigkeitskampfes von Bangladesch gegen Pakistan, die zur Entstehung eines neuen Staates führte, oder in den 1980er-Jahren die Entsendung von Truppen nach Sri Lanka prägten Indiens regionale Rolle. Trotz anhaltenden Wirtschaftswachstums blieb Indien ein armes Land mit riesigen Unterschieden zwischen Arm und Reich und daraus resultierenden gesellschaftlichen Spannungen.

- ✔ Nach dem Zusammenbruch der Sowjetunion passte sich die indische Außen- und Wirtschaftspolitik mit einer **Öffnung** an die neuen Rahmenbedingungen der Globalisierung an und verstärkte die Wirtschaftsbeziehungen auch zu den USA und zu westlichen Ländern. Durch die Integration in den Weltmarkt stiegen die Wachstumsraten und die Wirtschaftskraft an, ohne allerdings die massive Ungleichheit im Land selbst deutlich zu verkleinern.

- Indien baute zugleich seine **Nuklearkapazitäten** aus und verfügt heute (ebenso wie sein Rivale Pakistan) über schätzungsweise 150 Nuklearwaffen. Auf internationaler Bühne wurde Indien zunehmend aktiv, sichtbar auch in dem langjährigen (bisher erfolglosen) Bemühen um einen ständigen Sitz im Sicherheitsrat der Vereinten Nationen.
- Mit Amtsantritt des Premierministers Narendra Modi im Jahr 2014 setzen sich die Grundlinien der Außenpolitik fort. Innenpolitisch führt der **Hindu-nationalistische Ansatz** der Regierung Modi jedoch zu Konflikten. Außenpolitisch fördert Modi eine Indo-pazifische Strategie, um Indien als Sicherheitsakteur in der Region zu stärken und eine chinesische Dominanz in der Region zu verhindern. Diesem Ziel dient ein gleichzeitiges Engagement in Formaten wie »Quad« (USA, Japan, Australien, Indien) und BRICS, in denen seinerseits auch China beteiligt ist.

1949 skizzierte Nehru in einer programmatischen Rede diese bis heute gültige Grundhaltung: Man wolle sich von den **Machtblöcken fernhalten**, dies bedeute aber nicht, dass die Beziehungen zu einigen Ländern nicht enger sein sollten als zu anderen. Indien werde und müsse ein Land sein, das im Weltgeschehen eine Rolle spielt. Dies ist für Indien auch deshalb herausfordernd, weil es neben zahlreichen inneren Konflikten auch weiterhin in einem regionalen Umfeld agieren muss, dass unter anderem durch ungeklärte Grenzfragen – etwa mit China, Afghanistan und Pakistan – geprägt ist.

- Indiens Außenpolitik ist in ihren Grundlinien seit Gründung des Landes durch das Bemühen um **Eigenständigkeit und Wahrung der Balance** gekennzeichnet.
- Während in den Zeiten des Ost-West-Konflikts die **Blockfreiheit** das Mittel der Wahl war, setzt Indien seitdem auf **strategische Autonomie** und vielseitige und flexible Beziehungen zu mehreren wichtigen Akteuren (*multi-alignment*).
- In der indischen Außenpolitik wird dieser Ansatz **Bharat** genannt. Dies meint ein Konzept nationaler und antikolonialer Identität, das mit kultureller Tradition und geopolitischen Ambitionen des Landes verbunden wird.
- Es spiegelt das Streben Indiens wider, seine Unabhängigkeit und regionale Dominanz zu wahren und sich als wichtiger Akteur in der globalen Politik zu positionieren.

Russlands Irrwege

Nach dem Ende der Sowjetunion im Dezember 1991 – die vier Jahrzehnte lang in der internationalen Politik als Blockführungsmacht des östlichen Lagers eine herausragende Rolle gespielt hatte – trat Russland die Rechtsnachfolge auf den Trümmern eines zusammengebrochenen Imperiums an. Unter dem russischen Präsidenten Boris Jelzin orientierte sich das Land zunächst nach Westen und trat beispielsweise 1994 als zeitweise achtes Mitglied der erweiterten G7 bei.

- Innenpolitisch waren die Jelzin-Jahre eine **Zeit der Schwäche** und spätestens mit der Rede des 2000 ins Amt gekommenen russischen Staatspräsidenten Wladimir Putin auf der Münchner Sicherheitskonferenz 2007 wurde ein **Paradigmenwechsel** russischer Außenpolitik eingeleitet.

- ✔ Dieser ließ zumindest im Westen eine wiederkehrend alte Frage aufkommen: Soll Russland **Partner** sein und möchte es – so wie dies nach dem Ende der Sowjetunion 1991 erhofft wurde – auch als solcher gesehen werden, oder ist das Land wieder als **Rivale** oder gar **Gegner** zu betrachten?

Russland spielte in der europäischen Geschichte oft eine Sonderrolle, allein schon wegen seiner Größe. Es gehört unzweifelhaft zu Europa, ist aber zugleich eine asiatische Macht. Es ringt mit seiner Rolle in der Grundfrage, ob es sich nach Osten oder nach Westen orientieren sollte. Eine Hinwendung nach Osten birgt das Risiko, angesichts eines erstarkenden Chinas früher oder später zu dessen Juniorpartner zu werden. Eine Öffnung nach Westen hingegen erschwert die Tatsache, dass die Europäer dies nicht zu den russischen Konditionen und auch nicht zulasten der transatlantischen Beziehungen akzeptieren.

- ✔ Als flächenmäßig größtes Land der Welt mit **unermesslichem Rohstoffreichtum**, ständiges Mitglied im Sicherheitsrat der Vereinten Nationen und als nukleare Großmacht spielt Russland machtpolitisch in der ersten Liga der internationalen Politik.
- ✔ Es kann allerdings hinsichtlich seiner **Wirtschaftskraft** nicht mit den anderen Großmächten mithalten. Beim *Bonn Power Shift-Monitor* (siehe Kapitel 17) liegt Russland auf dem neunten Platz und ist unter den G20 ein wichtiger, aber kein *Top-Power-Player.*
- ✔ Das volkswirtschaftliche Grundmuster ähnelt einem **typischen Rentierstaat**. Es leitet sich im Kern aus einem riesigen Raum mit gewaltigen Bodenschätzen und natürlichen Ressourcen, der Verfügbarkeit vergleichsweise billiger Arbeitskräfte und zugleich einem Mangel an Kapitalinvestitionen ab.
- ✔ Dementsprechend war Russland nie zu Innovationen und zur Entwicklung **moderner Technologien** (mit Ausnahme der Rüstung und von Prestigeprojekten im weiteren Sinne), zur Behauptung auf den Weltexportmärkten oder zu einer Förderung des Wettbewerbsgedankens gezwungen, was im Ergebnis eine »ökonomische Verspätung« bewirkte, die noch immer nicht überwunden ist.
- ✔ Zugleich scheint Russland unbeirrt auf eine Monopolmacht hinsichtlich seiner Stellung als **internationaler Energielieferant** zu setzen und hat es geschafft, nach Ausfall des Westens als Abnehmer von Gas und Öl in andere Weltregionen zu exportieren.

Unter dem Strich muss man die volkswirtschaftliche Kraft Russlands – das 2023 mit einer Bevölkerungsgröße von gut 144 Millionen Menschen ein Bruttoinlandsprodukt wie Kanada mit 38 Millionen Einwohnern erwirtschaftet hat – wegen ihrer Einseitigkeit und damit Verwundbarkeit nüchtern bewerten. Die westlichen Sanktionen infolge des Ukraine-Kriegs haben eine schwierige Lage noch schwieriger gemacht. Russland scheint sich jedoch von dem wirtschaftlichen Schock weitreichender westlicher Sanktionen erholt und die Beziehungen zu alternativen Geschäftspartnern gestärkt zu haben.

- ✔ In sichtbarem Gegensatz zu den wirtschaftlichen Problemen Russlands steht die Entwicklung seiner **militärischen Fähigkeiten**. Auch das ist historisch bezeichnend, lag für Russland doch stets eine hohe Priorität auf einer schlagkräftigen Armee.
- ✔ Russland hat seit etwa einer Dekade **enorme Anstrengungen** unternommen, sich dem früheren militärischen Potenzial aus Sowjetzeiten wieder zu nähern – vor allem

im Bereich der Nuklearwaffen, der Luftverteidigung, der Raketentechnik, der Spezialkräfte und auch bei neueren Methoden hybrider Kriegsführung.

- ✔ Nach Angaben des *International Institute for Strategic Studies* (IISS) gab Russland 2023 gut 109 Milliarden US-Dollar für Rüstung aus, was 5,9 Prozent seines Bruttoinlandsprodukts entspricht. Mit dem Ukraine-Krieg hat Russland auf **Kriegswirtschaft** umgestellt.
- ✔ Neben dem **Krieg gegen die Ukraine** darf ein anderes Motiv aber auch nicht gänzlich übersehen werden: Russland wurde zwar nie in seiner Geschichte von Westen her erobert, aber einige Male sehr wohl vorübergehend überrannt (zuletzt von der deutschen Wehrmacht mit Millionen Opfern). Hier mag eine Erklärung für die aus westlicher Sicht **paranoid anmutende Bedrohungsperzeption** liegen.

Die **russischen Wahrnehmungen** der Realität zeichnen ein völlig anderes Bild als diejenigen des Westens. Es gibt eine ganze Reihe von Ereignissen der jüngeren Zeitgeschichte, deren Narrative sich diametral voneinander unterscheiden und damit nicht nur zu einem gegenseitigen Entfremdungsprozess geführt haben, sondern eine vernünftige Verständigung verhindern: der Zerfall der Sowjetunion, die Osterweiterung der NATO und der EU, die westliche Anerkennung der Republik Kosovo und der Krieg der NATO gegen Russlands Verbündeten Serbien, die westlichen Interventionen im Irak und in Libyen, die farbigen Revolutionen in den ehemaligen Sowjetrepubliken und einiges andere mehr. Im Ergebnis verweist Russland gerne auf einen angeblich legitimen Anspruch als alleinige Ordnungsmacht in seinem nahen Umfeld und es unterstellt dem Westen eine traditionell antirussische Politik sowie eine notorische Verwendung von rechtlichen oder moralischen Doppelstandards.

- ✔ Solange diese **gegensätzlichen Perzeptionen** sich nicht annähern und einen für beide Seiten halbwegs akzeptablen Ausgleich erleichtern, ist ein erneutes Aufleben einer Partnerschaft kaum zu erreichen. Im Gegenteil zeigt ein tieferer Blick auf die innenpolitische, volkswirtschaftliche, militärische und außenpolitische Lage Russlands, wie sehr in der Summe die Werte, Prinzipien und Denkansätze von denen des Westens wegdriften.
- ✔ Nach dem **völkerrechtswidrigen russischen Angriff** auf die Ukraine im Jahr 2022 scheint diese Frage vorläufig beantwortet zu sein. Russland ist zu einer revisionistischen Macht geworden, die gemeinsam vereinbarte Spielregeln systematisch missachtet. Das gilt sowohl für das Gewaltverbot der Charta der Vereinten Nationen als auch hinsichtlich der Art der Kriegsführung in der Ukraine mit massiven Verletzungen des humanitären Völkerrechtes.
- ✔ Auch wenn etwa in der Generalversammlung der Vereinten Nationen eine überwiegende Zahl der Staaten den Angriff **verurteilt** hat, ist Russland international nicht so isoliert, wie das angesichts des verbrecherischen Angriffskrieges gegen die Ukraine hätte erwartet werden können.
- ✔ Das gilt beispielsweise im **Verhältnis zu China** (das weiterhin ein enger Verbündeter Russlands ist) und Indiens (das sich ebenso wie Südafrika und Brasilien den westlichen Sanktionen nicht angeschlossen hat) oder für die sich intensivierende Zusammenarbeit mit anderen Staaten in Formaten wie BRICS-Plus.

Ein Akteur mit positiver Gestaltungskraft ist Russland damit nicht. Vielmehr scheint dessen risikofreudige und militarisierte Außenpolitik fernab jeder erkennbaren Selbstkritik keiner durchdachten Strategie zu folgen, sondern mittelfristig nicht zuletzt Russland selbst zu schaden.

✔ Russland kann in den vergangenen Jahren eher als *spoiler* denn als *builder* einer stabilen internationalen Ordnung bezeichnet werden.

»Zusammengesetzte Außenpolitik« der EU

Die Zahlen sprechen eigentlich eine eindeutige Sprache: Die Europäische Union ist die größte eng verbundene Staatengruppe der Welt. Ihre Wirtschaftskraft ist zwar deutlich schwächer als die der USA, sie liegt aber etwa gleichauf mit China und im Welthandel nimmt sie eine herausragende Stellung ein. Für mehr als 80 Länder ist die EU der wichtigste Handelspartner, ein erheblicher Teil der weltweiten öffentlichen Entwicklungshilfe stammt von der EU und ihren Mitgliedsstaaten. Aber welche Rolle die EU tatsächlich in der internationalen Politik spielt und ob es eine europäische Außenpolitik gibt – und wenn ja, wie sie funktioniert –, ist damit noch nicht gesagt.

✔ Zu den allgemeinen Zielen, die sich die EU gesetzt hat, gehört die »Behauptung ihrer **Identität und ihrer Interessen auf internationaler Ebene**« (so heißt es im Vertrag von Lissabon).

✔ Zur Erreichung dieser Ziele soll über einen **einheitlichen institutionellen Rahmen** verfügt und – jedenfalls de jure – insbesondere auf die Kohärenz aller ergriffenen außenpolitischen Maßnahmen im Rahmen ihrer Außen-, Sicherheits-, Wirtschafts- und Entwicklungspolitik geachtet werden.

✔ Die Außenbeziehungen der Europäischen Union stellen sich aber faktisch als ein überaus komplexes, analytisch nur schwer zu durchdringendes **Konglomerat** aus verschiedenen Handlungsebenen, Instrumenten und Verfahren dar.

Dies gilt neben unklaren beziehungsweise doppelten Zuständigkeiten, mangelnder Kohärenz und Kontinuität, schwerfälligen Entscheidungsprozessen sowie unterschiedlichen Reaktionen zwischen den Mitgliedsstaaten auf tagesaktuelle Probleme insbesondere für die »dualistische Säulenstruktur« der Europäischen Union, die nur aus dem bisherigen Integrationsverlauf zu erklären ist.

Der **verzahnte Dualismus** aus supranational und intergouvernemental gestalteten Außenbeziehungen macht es nicht immer leicht, das Auftreten der EU auf der internationalen Bühne zu verstehen. Er ist aber nicht nur der entscheidende Schlüssel zum Verständnis, sondern wirft auch die **zentrale Machtfrage** in den EU-Außenbeziehungen auf. Während weite Teile der Außenhandelspolitik sowie der Währungspolitik den Entscheidungsverfahren der ersten Säule unterliegen (und mithin unter maßgeblicher Beteiligung der Kommission **supranational entschieden** werden), werden sowohl die Gemeinsame Außen- und Sicherheitspolitik (GASP) als auch die Europäische Sicherheits- und Verteidigungspolitik (ESVP) nach den Spielregeln der zweiten, **intergouvernementalen Säule**

gestaltet. Dies impliziert als Entscheidungsverfahren im Grundsatz das Einstimmigkeitsprinzip. Das heißt also im Klartext: Der Langsamste bestimmt das Tempo, die Zögerlichen geben den Ton an.

Die daraus resultierende strategische Grundfrage lautet:

- ✔ Soll die dem Gemeinschaftsinteresse und den EU-Verträgen verpflichtete **Europäische Kommission** mit ihren wichtigen Generaldirektionen Außenbeziehungen, Entwicklung, Erweiterung und Handel die Interessen der EU in der internationalen Politik wahrnehmen, definieren, gestalten und repräsentieren,
- ✔ oder sind es weiterhin die **Mitgliedsstaaten** die – soweit sie sich überhaupt das Heft des Handelns aus der nationalen Hand nehmen lassen – in Gestalt des Rates die Prärogative auf dem Feld der Außenpolitik je nach nationaler Interessenlage gemeinsam oder einzeln ausüben sollen?

Nähme man das Kriterium der Subsidiarität (also der Gedanke, dass die höheren Ebenen nur dann eingreifen, wenn die unteren Ebenen nicht in der Lage sind, die Aufgabe eigenständig zu bewältigen) als Maßstab für einen sinnvollen europapolitischen Kompetenzkatalog, ließe sich kaum bestreiten, dass der Bereich Außen- und Sicherheitspolitik an prominenter Stelle der europapolitischen Agenda stehen müsste. Gleichwohl existieren unterschiedliche Einschätzungen über die Machbarkeit und die Wünschbarkeit einer europäischen Außenpolitik.

- ✔ Eine **erste Schule** weist darauf hin, dass es bereits eine europäische Außenpolitik gebe, ob sie nun als solche benannt werde oder nicht.
- ✔ Eine **zweite Schule** ist der Auffassung, eine europäische Außenpolitik sei erstrebenswert, es gebe sie aber noch nicht,
- ✔ während **eine dritte Schule** argumentiert, es gebe keine, es solle keine geben und es werde auch aufgrund der Strukturmerkmale der internationalen Politik keine europäische Außenpolitik geben.

Zusammengesetzte Außenpolitik

Die EU hat ungeachtet dieser grundlegenden Einschätzungen nach wie vor das Handicap, dass sie die Gestaltung ihrer Außenbeziehungen **mit den Mitgliedsstaaten teilen** muss. Die seit Jahrzehnten gültige Erkenntnis, dass die Außenpolitik der EU nicht von Kräften bestimmt wird, die entweder europäische oder nationale Lösungen anstreben, sondern davon geprägt ist, dass nur die Kombination von nationalen und gemeinschaftlichen Handlungsmöglichkeiten ihr die notwendige Dimension zur Bewältigung ihrer außenpolitischen Aufgaben verleihen kann, gilt weiterhin. In der Wissenschaft hat sich dafür der Begriff der **zusammengesetzten Außenpolitik der EU** eingebürgert. Beispielsweise hat die EU-Kommission in der Welthandelsorganisation die Verhandlungsführung und vertritt die Interessen der EU-Staaten, während etwa mit Frankreich als ständigem Mitglied im Sicherheitsrat der Vereinten Nationen ein EU-Staat sitzt, der nicht beabsichtigt, seine Stimmrechte einem gemeinsamen EU-Sitz zu übertragen.

Trotz der aus dieser komplexen Struktur resultierenden beschränkten Handlungsmöglichkeiten verfügt die EU über eine enorme Bandbreite an außenpolitischen Instrumenten, die von handels-, entwicklungs- und außenwirtschaftspolitischen bis hin zu sicherheitspolitischen, polizeilichen und militärischen Instrumenten reichen: eine Vielfalt, die keine andere internationale Organisation besitzt. Auch die Bestimmungen zur Sicherheitspolitik im EU-Vertrag böten die Möglichkeit, einen sicherheitspolitischen Ansatz mit entsprechenden Fähigkeiten zu stärken und weiterzuentwickeln, denn die Instrumente beziehungsweise der rechtliche Handlungsrahmen sind grundsätzlich vorhanden.

- ✔ Das Problem ist jedoch politisch: Es fehlt am **Willen**, die bestehenden Instrumente zu nutzen. In sicherheitspolitischen Fragen bleibt die EU einstweilen eine »Macht im Konjunktiv«.
- ✔ Zudem ist die EU abermals in eine Phase der **Beschäftigung mit sich selbst** eingetreten. Insbesondere die Sicherheits- und Verteidigungspolitik ist unter diesen Vorzeichen je nach Auslegung in eine Phase der Stagnation oder sogar Erosion abgerutscht. Die EU bleibt ein nach außen fragmentierter Akteur, der in jeder Krise um den inneren Zusammenhalt ringen muss.
- ✔ Durch die **Erweiterung** sind auch die ohnehin heterogenen außen- und sicherheitspolitischen Interessen und Prioritäten der Mitgliedsstaaten weiter divergiert. Während etwa Frankreich und Belgien noch deutliche Prioritäten in Afrika haben, gilt das sicherheitspolitische Interesse der mittel- und osteuropäischen Mitgliedsstaaten stärker Osteuropa. Auch im Nahostkonflikt gibt es wenig Gemeinsamkeiten.
- ✔ Umstritten bleibt auch, ob die GSVP (Gemeinsame Sicherheits- und Verteidigungs-Politik) sich auf **zivil-militärische Einsätze** konzentrieren oder perspektivisch auch auf militärische Einsätze im obersten Spektrum ausgerichtet werden soll. Anders formuliert: Die strategischen Kulturen der Mitgliedsstaaten sind weiterhin sehr unterschiedlich und verhindern gemeinsames Handeln.
- ✔ Es klafft weiterhin eine sehr **große Lücke** zwischen den rhetorischen Ambitionen der EU und den tatsächlich von den Mitgliedsstaaten bereitgestellten Fähigkeiten.
- ✔ Die GSVP kann aber dauerhaft nur in dem Maße funktionieren und wachsen, wie sich die gesamte EU in Richtung eines **einheitlichen politischen Akteurs** entwickelt, was die Mitgliedsstaaten aber mehrheitlich nicht wollen.

Trotzdem sind die Verflechtung und die gegenseitige Abhängigkeit der EU-Staaten untereinander bereits heute derart hoch, dass der große Sprung hin zu einer wirklichen europäischen Außenpolitik mitsamt einer Europa-Armee eines Tages womöglich doch die logische Folge des europäischen Integrationsprozesses sein könnte. Jedenfalls wäre dieser Bereich ein zentraler Aspekt einer politischen Union – die aber aktuell meilenweit entfernt ist. »Weltpolitikfähig« ist die EU – anders als die anderen Großmächte in der internationalen Politik wie USA, China und Indien – in ihrer derzeitigen Verfassung jedenfalls nicht.

IN DIESEM KAPITEL

Staatliche und nichtstaatliche internationale Organisationen

Organisationen als Instrumente, Arenen und Akteure

Wer in internationalen Organisationen entscheidet

Kapitel 17
Internationale Organisationen

Neben Staaten und internationalen Organisationen ganz unterschiedlicher Art treten mit einer transnational vernetzten Zivilgesellschaft neue Akteure auf die Bühne der Weltpolitik. Internationale Organisationen sind in der Geschichte der internationalen Beziehungen gleichwohl ein verhältnismäßig junges Phänomen.

- ✔ Die Entwicklung **internationaler Organisationen** begann im 19. Jahrhundert und im Verlauf des 20. Jahrhunderts erhielten sie zentrale Bedeutung.
- ✔ Heute spielen sie in **unzähligen Politikfeldern** von A (Abrüstung) bis Z (zivile Konfliktbearbeitung) eine herausragende Rolle.
- ✔ Ohne eine Analyse von internationalen Organisationen und deren Tätigkeiten ist das **Netzwerk Weltpolitik** heute kaum mehr zu erklären.

Unterscheidungskriterien und Typologien

Es lassen sich allgemein zunächst drei Dimensionen unterscheiden:

- ✔ **Internationale Ordnungsprinzipien:** Das Phänomen der Anarchie kennen Sie bereits, aber es gibt darüber hinaus allgemeine Ordnungsprinzipien (oder Konventionen), die gewissermaßen die unterste Stufe im internationalen Institutionalisierungsprozess darstellen. Konventionen sind weder auf spezifische Politikfelder rückführbar noch wird mit ihnen eine rechtliche »Akteursqualität« begründet. Vielmehr wird durch diese konstitutiven Normen und Regeln oder allgemeinen Praktiken die internationale Ordnung erst verfasst und begründet. Wichtige internationale Ordnungsprinzipien sind die staatliche Souveränität oder das Prinzip der Vertragstreue (*pacta sunt servanda*).

- **Internationale Regime:** Zunächst muss mit einer sprachlichen Verwirrung aufgeräumt werden, denn Sie mögen im Alltagsverständnis bei »Regimen« vielleicht an Terrorregime oder irgendetwas anderes Schlechtes denken. In den internationalen Beziehungen ist dieser Begriff aber anders besetzt. Regime zeichnen sich durch inhaltliche und prozedurale Normen aus, die das Verhalten der Staaten in einem spezifischen Problemfeld sanft steuern. Von internationalen Organisationen unterscheiden sich internationale Regime dadurch, dass sie nicht zum eigenen Handeln befähigt sind, das heißt, sie besitzen keine eigene »Akteursqualität«. Ein internationales Regime besteht gleichwohl aus gemeinsamen Prinzipien, Normen, Regeln und Verfahren unterschiedlicher Art – es ist aber keine formale Organisation.

  Beispiele sind die Regime zum Schutz der Antarktis, des Weltklimas oder der Wale. Auch die Gruppenformate wie G7, G20 oder das BRICS-Format lassen sich als internationale Regime verstehen. Gleichzeitig können sich internationale Regime auch zu internationalen Organisationen fortentwickeln, wie die Schaffung der Organisation WTO (1994) auf der Grundlage des 1947 geschlossenen Regimes des »Allgemeinen Zoll- und Handelsabkommen« (GATT) oder die Fortentwicklung des Regimes »Konferenz für Sicherheit und Zusammenarbeit in Europa« (KSZE) aus dem Jahr 1975 zur 1995 gegründeten »Organisation für Sicherheit und Zusammenarbeit in Europa« (OZSE) zeigt.

- **Internationale Organisationen:** Diese stellen die höchste Stufe im internationalen Institutionalisierungsprozess dar. Sie zeichnen sich dadurch aus, dass in ihnen Normen und Regeln fester verankert sind, die die Institutionen dazu befähigen, zu regulieren und zu steuern. Im Gegensatz zu den internationalen Regimen verfügen internationale Organisationen über rechtliche »Akteursqualität«, die durch eine eigene Bürokratie auch sichtbar wird.

Nach dem Wiener Kongress (1815) bildeten sich die Vorläufer der ersten internationalen Organisationen vor allem zur Lösung technischer und humanitärer Probleme heraus. Grund war also in funktionalistischer Logik eine Art Sachzwang, dem die Staaten allein nicht mehr gerecht werden konnten, sondern nur durch Kooperation und gemeinsame Regelungen.

- So wurden 1815 die **»Kommission für die Regelung der Rheinschifffahrt«**, 1863 das »Internationale Komitee des Roten Kreuzes« und 1865 die »Internationale Telegraphenunion« gegründet.

- Das »Europäische Konzert« im 19. Jahrhundert – also die **Pentarchie** der fünf Großmächte England, Preußen, Russland, Österreich und Frankreich nach den Napoleonischen Kriegen – kann hingegen als Beispiel für ein internationales Regime unterhalb der formalen Organisationsschwelle betrachtet werden.

- Neben politisch-militärischen Organisationen bildeten sich in Europa mit **fortschreitender Ausdehnung** der Wirtschafts- Verkehrs-, Kultur- und Sozialinteressen der Staaten die grenzüberschreitenden Interaktionen derart aus, dass gemeinschaftliche Verwaltungen eingerichtet werden mussten. Diese internationalen Verwaltungsgemeinschaften – beispielsweise Gesundheitskommissionen, Postunionen, Flusskommissionen, Verkehrs- und Nachrichtenunionen – entstanden zwischen 1840 und 1900.

- ✔ Zu Beginn des 20. Jahrhunderts erforderte die **zunehmende Industrialisierung** eine gemeinsame Verwaltung beispielsweise in den Bereichen der Chemie, der Elektrizität und der Motorisierung.
- ✔ Der **grenzüberschreitende Strom** von Gütern, Dienstleistungen, Informationen und Reisenden schwoll derartig an, dass sich zu Beginn des 21. Jahrhunderts ein quasi globales System herausbildete. Darauf ist auch das rasante Ansteigen der Zahl internationaler Organisationen zurückzuführen.

Immer deutlicher wurde: Mit den klassischen Mitteln einer auf den Nationalstaat orientierten Politik konnten die grenzüberschreitenden Interaktionen nicht mehr hinreichend gesteuert und beeinflusst werden. Es bedurfte daher internationaler Organisationen, um Steuerungs- und Managementaufgaben, die der Staat als Akteur nicht mehr allein erledigen konnte, wahrzunehmen.

Die Vereinten Nationen (VN) als Weltorganisation

Die Organisation der Vereinten Nationen hat **80 Jahre nach ihrer Gründung** (am 24. Oktober 1945 trat die am 26. Juni 1945 in San Francisco unterzeichnete Charta der VN in Kraft) ihre Zusammensetzung und Tätigkeitsfelder erheblich ausgeweitet, ohne dass es bisher zu grundlegenden Änderungen in der Charta selbst gekommen wäre. Von damals 51 Gründerstaaten ist sie auf 193 Staaten angewachsen. Von einer Organisation, die in erster Linie den Krieg als Mittel der Politik ächten sollte, ist sie zu einem **globalen Forum** geworden, in dem alle grundlegenden Weltprobleme diskutiert und zum Teil einer Lösung nähergebracht werden.

- ✔ Die multidimensionale Arbeit der VN lässt sich in insgesamt **drei Hauptfelder** einteilen: Aufgaben im Bereich der Sicherung des Weltfriedens und der internationalen Sicherheit, Aufgaben im Bereich des Menschenrechtsschutzes und der Fortentwicklung des Völkerrechts und Aufgaben in den Bereichen Wirtschaft, Entwicklung und Umwelt. Das **System der Vereinten Nationen** besteht aus der eigentlichen **Hauptorganisation** und verschiedenen zum Teil selbstständigen, dezentralen Organisationen und Programmen mit jeweils eigenen Satzungen, Mitgliedschaften, Strukturen und Haushalten.
- ✔ **Finanziert** wird die Arbeit der VN in einer komplexen Mischung aus Pflichtbeiträgen, freiwilligen Beiträgen und spezifischen Haushalten für verschiedene Programme und Missionen. Der Kernhaushalt der VN beträgt 2024 etwa 3,6 Milliarden US-Dollar; insgesamt stehen dem VN-System jährlich deutlich mehr als zehn Milliarden US-Dollar zur Verfügung.
- ✔ Nach den Erfahrungen mit dem Völkerbund und vor dem Hintergrund zweier Weltkriege, massiver Verletzungen der Menschenrechte sowie der fatalen Folgen der Weltwirtschaftskrise wurde mit den Vereinten Nationen ein neuer Versuch unternommen, das internationale System zu regulieren und dauerhafte Sicherheit zu schaffen. Dies kann als großer Fortschritt in der Geschichte der internationalen Politik bezeichnet werden.

✔ Allerdings ist der Ruf nach Reformen fast so alt wie die Organisation selbst. Die Frage, ob und wie eine adäquate Weiterentwicklung gelingen kann, richtet sich dabei an erster Stelle an die Mitgliedsstaaten, weil nur sie die Macht zu Veränderungen besitzen. Der anhaltende Reformbedarf der Weltorganisation sollte nicht den Blick dafür verstellen, dass die Vereinten Nationen für die Stabilität des internationalen Systems unverzichtbar sind. Einer erneuerten Weltorganisation kommt daher die Aufgabe zu, die in der Charta formulierten Ziele und Grundsätze einzulösen. Wenn die Mitgliedsstaaten die Organisation darin nicht stärker unterstützen, wird der Erfolg allerdings ausbleiben.

Die einfachste Unterscheidung bei internationalen Organisationen folgt der Frage, wer denn Mitglied in einer Organisation sein kann: Staaten einerseits oder nichtstaatliche Akteure andererseits. Daraus ergeben sich zwei Typen internationaler Organisationen:

✔ **Regierungsorganisationen**, in denen die Mitglieder Staaten sind (*International Governmental Organizations*, IGOs).

✔ **Nichtregierungsorganisationen**, in denen die Mitglieder nichtstaatliche Akteure sind (*International Nongovernmental Organizations*, INGOs)

✔ Eine **Internationale Regierungsorganisation (IGO)** ist eine durch multilateralen völkerrechtlichen Vertrag geschaffene Staatenverbindung mit eigenen Organen und Kompetenzen, die sich als Ziel die Zusammenarbeit von mindestens drei Staaten (bei zwei Staaten würde es sich um Bilateralismus handeln) auf politischem und/oder ökonomischem, militärischem, kulturellem, sozialem oder ähnlichem Gebiet gesetzt hat. Durch einen Gründungsvertrag beziehungsweise ein Gründungsabkommen werden neben den Zielen und Methoden der Zusammenarbeit auch die – wie auch immer geartete – ständige Organisationsstruktur zur Bewältigung der Aufgaben und die Modalitäten des Entscheidens festgelegt. Die Struktur umfasst oft ein festes Sekretariat mit einer Leitung (meist Generalsekretär oder Direktorium) und einen administrativen Unterbau unterschiedlicher Größe. Beispiele sind Vereinte Nationen, NATO, Weltgesundheitsorganisation (WHO), Golf-Kooperationsrat, Internationale Atomenergie-Organisation (IAEO), Organisation der Erdöl exportierenden Länder (OPEC) und viele andere mehr.

Die genannten Kriterien unterscheiden internationale Organisationen von internationalen Regimen, die eine lockere Form der internationalen Zusammenarbeit in bestimmten Politikfeldern unterhalb der formalen Organisationsschwelle darstellen. Zwischen unterschiedlichen Regierungsorganisationen schwankt der Grad des staatlichen Souveränitätstransfers erheblich. Als Unterscheidungsmerkmal ist das Begriffspaar »intergouvernemental« und »supranational« hilfreich:

✔ **Intergouvernementale Kooperation** bezeichnet die Zusammenarbeit zwischen verschiedenen Staaten oder Regierungen auf internationaler Ebene, um gemeinsame Ziele zu erreichen oder bestimmte Probleme zu lösen.

Dabei handeln die beteiligten Staaten auf der Grundlage gegenseitiger Zustimmung und berücksichtigen ihre nationalen Interessen. Es werden keine direkten staatlichen Souveränitätsrechte abgegeben und die alleinige Entscheidungsbefugnis verbleibt bei den Mitgliedsstaaten. Diese Form ist der Regelfall bei internationalen Organisationen, beispielsweise den Vereinten Nationen, der Weltbank, der Welthandelsorganisation und vielen anderen mehr.

✔ **Supranationale Integration** bezeichnet den Prozess, bei dem mehrere souveräne Staaten Teile ihrer nationalen Souveränität an eine übergeordnete Organisation abtreten, um gemeinsame Ziele und Interessen effektiver zu verfolgen.

Dies bedeutet, dass die beteiligten Staaten nicht nur eng kooperieren, sondern sich in bestimmten Bereichen auch verpflichten, Entscheidungen einer übergeordneten Institution zu akzeptieren, selbst wenn diese im Einzelfall nicht auf volle Zustimmung stoßen. Hierbei treten Staaten Teile ihrer Souveränität an ein supranationales Gremium ab und müssen dann auch damit rechnen, in Einzelfällen überstimmt zu werden. Supranationalität äußert sich also darin, dass von einer internationalen Organisation für die Mitgliedsstaaten unmittelbar bindende Beschlüsse erlassen werden können. Das kommt in der internationalen Politik sehr selten vor. Ein Beispiel ist die Europäische Union – wobei selbst diese nicht durchgängig supranational ist, sondern nur einzelne Politikbereiche wie etwa die Außenhandels- oder Währungspolitik nach diesem Modus funktionieren. Andere Bereiche, etwa die gemeinsame Außen- und Sicherheitspolitik, bleiben intergouvernemental.

Eine **Internationale Nichtregierungsorganisation (INGO)** ist eine unabhängige und in mindestens zwei Staaten tätige Organisation, die weder Teil eines Staates noch einer Regierung ist und meist gemeinnützig arbeitet. INGOs sind Teil der internationalen Zivilgesellschaft und agieren auf lokaler, nationaler oder internationaler Ebene. Sie finanzieren sich in aller Regel durch Spenden, Mitgliedsbeiträge und in manchen Fällen auch durch staatliche Zuschüsse. Sie verfolgen eine Vielzahl von Zielen, die von sozialer Gerechtigkeit über Umweltschutz bis hin zu Menschenrechten reichen. Beispiele sind Ärzte ohne Grenzen, Transparency International, International Crisis Group und viele andere mehr.

Die Gestaltungsmacht solcher Akteure der transnationalen Zivilgesellschaft ist inzwischen größer als die einiger kleiner und mittlerer Staaten. Akteure der transnationalen Zivilgesellschaft versuchen durch direkte Interaktion mit Entscheidungsträgern (*Insider-Strategien*) und über öffentlichen Druck (*Outsider-Strategien*), internationale Politik zu beeinflussen.

✔ Die zunehmende Bedeutung der **transnationalen Zivilgesellschaft** kann eine gewisse Bürgerbeteiligung in der internationalen Politik ermöglichen und ist eine Form, um politische Interessen jenseits staatlicher Akteure zu artikulieren. Damit kann die Einhaltung oder Verstärkung internationaler Normen verbessert werden.

✔ Dem kann entgegengehalten werden, dass Akteure des Globalen Nordens meist mehr finanzielle Ressourcen haben und von politischen Akteuren auch häufiger um Input gebeten werden als Akteure des Globalen Südens. Dies reproduziert globale Ungleichheiten.

IGOS wie INGOS lassen sich auch nach Kriterien wie geografischer, sektoraler und funktionaler Reichweite beziehungsweise Organisationsgrad und nach mannigfachen anderen, auch aus unterschiedlichen Wissenschaftsdisziplinen abzuleitenden Typisierungs- und Abgrenzungsmerkmalen klassifizieren. Diese Klassifizierungen zeigen die Vielfalt der nichtstaatlichen Organisationen und verdeutlichen auch, wie sie sich in ihren Strukturen, Zielen und Arbeitsweisen unterscheiden. Beispiele sind:

- ✔ BINGOs (*Business and Industry Non-Governmental Organizations*), also Nichtregierungsorganisationen, die im Interesse von Unternehmen oder Industrien tätig sind, beispielsweise der »Internationale Rat der Chemieverbände«.
- ✔ QUANGOs (*Quasi Autonomous Non-Governmental Organizations)*, also quasi-autonome Nichtregierungsorganisationen, die formal unabhängig von Regierungen agieren, aber oft öffentliche Aufgaben übernehmen oder von der Regierung finanziert werden.
- ✔ GONGOs (*Government Organized NGOs*), also Nichtregierungsorganisationen, die von Regierungen gegründet oder stark beeinflusst werden, um ihre Interessen auf nationaler oder internationaler Ebene zu fördern. Sie wirken wie unabhängige Organisationen, sind jedoch oft Sprachrohr staatlicher Positionen.
- ✔ ENGOs (*Environmental NGOs*), also Nichtregierungsorganisationen, die sich auf Umwelt- und Naturschutzthemen konzentrieren wie beispielsweise Greenpeace.
- ✔ TANGOs (*Technical Assistance NGOs*), also Nichtregierungsorganisationen, die technische Expertise oder Unterstützung in spezifischen Bereichen bereitstellen, oft in Entwicklungsprojekten, beispielsweise Care International.
- ✔ RINGOs (*Religious NGOs*), also Nichtregierungsorganisationen, die auf religiösen Prinzipien basieren und oft humanitäre oder soziale Dienste anbieten, wie Caritas oder Islamic Relief.
- ✔ MANGOs (*Market Advocacy NGOs*) also Nichtregierungsorganisationen, die Marktmechanismen fördern oder an Marktinteressen ausgerichtet sind, etwa in der Fair-Trade- oder nachhaltigen Wirtschaftsförderung.
- ✔ FANGOs (*Fake NGOs*), also Organisationen, die als Nichtregierungsorganisationen auftreten, tatsächlich jedoch privatwirtschaftliche oder staatliche Interessen verfolgen, beispielsweise die Global Climate Coalition, die den Anschein einer unabhängigen Organisation erweckte, tatsächlich aber von Unternehmen der fossilen Brennstoffindustrie finanziert wurde.

Das internationale System der Gegenwart besteht aus weniger als 200 Staaten. Dazu kommen nach Zählweise der *Union of International Associations* (UIA), die sich mit der Dokumentation, Forschung und Förderung zu internationalen Organisationen und ihren Aktivitäten befasst:

- ✔ etwa 300 **Regierungsorganisationen**
- ✔ etwa 40.000 **Nichtregierungsorganisationen**

- ✔ etwa 70.000 **transnationale Konzerne**
- ✔ Die von den Vereinten Nationen geführte Vertragssammlung (*treaty collection*) listet mehr als 5600 seit 1945 abgeschlossene **multinationale Abkommen** auf.

Deutlich wird jedenfalls, wie sehr die Gattung internationale Organisationen in den vergangenen Jahrzehnten zugenommen hat. Tabelle 17.1 hält einige Meilensteine fest:

Jahr	Regierungsorganisationen (IGOs)	Nichtregierungsorganisationen (INGOs)
1800	Keine nach heutigem Verständnis; internationale Kooperation verläuft eher informell	Sehr wenige, erste wohltätige Organisationen, beispielsweise British and Foreign Anti-Slavery Society (1839)
1860–1900	Internationale Telegraphenunion (ITU) 1865 als erste internationale Organisation mit globaler Reichweite, Weltpostverein 1874	Internationales Rotes Kreuz (1863) als erste große INGO
1900	Völkerbund (1919) als erste globale zwischenstaatliche Organisation	Entstehung von verschiedenen wohltätigen und humanitären INGOs wie Save the Children (1919)
1945–1970	Vereinte Nationen gegründet (1945), Zahl der IGOs wächst nach dem Zweiten Weltkrieg; viele neue IGOs, vor allem in Europa und Asien (beispielsweise OECD, WHO)	Zahl nimmt zu, zahlreiche Umwelt- und Menschenrechtsorganisationen entstehen, etwa Amnesty International (1961) oder Greenpeace (1971)
1970–1990	Weiterer Anstieg, beispielsweise Weltorganisation für geistiges Eigentum (WIPO), Welttourismusorganisation (UNWTO), internationaler Fonds für landwirtschaftliche Entwicklung (IFAD)	Internationale NGOs boomen, besonders in den Bereichen Umweltschutz und Entwicklungshilfe
1990	Ende des Ost-West-Konflikts bringt die Gründung neuer IGOs etwa Organisation für Sicherheit und Zusammenarbeit in Europa (OSZE).	INGOs wachsen rasant, über 30.000 NGOs weltweit, besonders im Bereich der Menschenrechte, Umwelt und Entwicklung.
2000	Zahl der IGOs weiterhin wachsend, viele neue Organisationen entstehen, vor allem im Bereich der Sicherheit und des Handels, etwa Organisation des Vertrags über kollektive Sicherheit (OVKS).	INGOs wachsen weiter und sind in nahezu allen Bereichen aktiv, beispielsweise Ärzte ohne Grenzen, World Wildlife Fund (WWF).
2020	Insgesamt bestehen rund 300 IGOs weltweit, weiteres Wachstum allerdings langsam.	Insgesamt bestehen mehr als 40.000 INGOs weltweit, Zahl wächst weiter.

Tabelle 17.1: Meilensteine in der Entwicklung von IGOS und INGOs, eigene Darstellung

Erklärungsansätze und Rollen

Die Frage nach Entstehung und Funktion von internationalen Organisationen wird in den IB unterschiedlich beantwortet. Funktional lassen sich IGOs in dreifacher Hinsicht unterscheiden:

- ✔ Die erste Sichtweise sieht in internationalen Organisationen vornehmlich **Instrumente staatlicher Diplomatie**. Das bedeutet, Staaten instrumentalisieren internationale Organisationen, um ihre eigenen Interessen mit ihrer Hilfe in einer grundsätzlich anarchischen Umwelt durchzusetzen. Abmachungen sind wenig verlässlich, weil ein Partner sie je nach Interesse jederzeit brechen und das kooperative Verhalten der anderen Seite ausnutzen kann. Dem ehemaligen französischen Staatspräsidenten Charles de Gaulle wird der Satz zugeschrieben: »Verträge sind wie Rosen; sie halten so lange, wie sie halten.«
- ✔ Eine zweite Sichtweise interpretiert internationale Organisationen vornehmlich als **Arenen in der internationalen Politik**, die als diplomatische Dauereinrichtungen unterschiedliche Politikfelder auf unterschiedlichen Kooperationsniveaus behandeln und im Unterschied zu der instrumentellen Sichtweise eher als Rahmen denn als Mittel zum Erreichen bestimmter Ziele gesehen werden.
- ✔ Die dritte Sichtweise weist internationalen Organisationen eine eigenständige Qualität als **Akteur in der internationalen Politik** zu, der zudem als ursächlicher Faktor in der Lage ist, die Grundmuster internationaler Politik im Sinne einer Minderung des anarchischen Grundzustands zu verändern.

Sie kennen das bereits aus Teil I: Niemand »zwingt« Sie, sich einer dieser Sichtweisen anzuschließen, vielmehr sind unterschiedliche Perspektiven vollkommen in Ordnung und auch wohl je nach Thema unterschiedlich zutreffend:

- ✔ Wird einerseits der analytische Schwerpunkt auf die kooperationshemmende **strukturelle Anarchie** des internationalen Systems gelegt, auf nationale Interessen verwiesen und die Kooperationschancen insgesamt eher negativ beurteilt,
- ✔ rücken andere Sichtweisen eher die **Chancen der Kooperation** mit der Hilfe von Institutionen in den Mittelpunkt und gehen von der Grundannahme *organizations matter* aus.

Institutionalisten halten im Unterschied zu **Realisten** stabile internationale Kooperation eher für möglich und schreiben darüber hinaus internationalen Institutionen, die einen bestimmten Politikbereich normativ verregeln, einen größeren Einfluss auf die Interessen und das Verhalten der Staaten zu. Voraussetzung ist, dass die Akteure gemeinsame Interessen haben, sie also einen erfahrbaren Vorteil durch Kooperation haben oder einen solchen erwarten dürfen. Dann hängen staatliche Aktionen zu einem beträchtlichen Grad von der bestehenden institutionellen Ordnung ab. Institutionen ermöglichen Staaten Aktionen, die sonst nicht vorstellbar wären, reduzieren die Transaktionskosten und beeinflussen das Rollenverhalten von Staaten in Bezug auf ihre Interessenvorstellungen.

Zudem erhalten Staaten durch internationale Organisationen verlässliche Informationen über das Verhalten anderer Staaten, wodurch wiederum Vertrauen geschaffen und Angst abgebaut wird.

Entscheidungsträger in internationalen Organisationen

In internationalen Organisationen gibt es unterschiedliche Entscheidungsprozesse.

- ✔ Beim Abstimmungsverfahren nach dem **Einstimmigkeitsprinzip** müssen alle Mitglieder zustimmen (beispielsweise in der NATO); einzelne Mitglieder können folglich Entscheidungen blockieren (so etwa die fünf ständigen Mitglieder des VN-Sicherheitsrats).
- ✔ Bei **Mehrheitsentscheidungen** gibt es die Möglichkeit, mit einfacher oder qualifizierter Mehrheit (beispielsweise im Ministerrat der Europäischen Union) abzustimmen.
- ✔ Viele internationale Organisationen bevorzugen gleichwohl **Konsensentscheidungen**, um Konflikte zu vermeiden und breite Unterstützung zu gewährleisten.
- ✔ Forderungen nach **Transparenz** und die Einbindung externer Akteure beeinflussen die Entscheidungsfindung zunehmend.

Wer aber sind die Entscheidungsträger in internationalen Organisationen? Wenn zu Recht betont wird, dass in den internationalen Organisationen gouvernementaler Art die Mitgliedsstaaten das letzte Wort haben, diese also nach ihren jeweiligen nationalen Interessen entscheiden, dann bedarf dies der präziseren Antwort auf eine Frage: Was ist »der Staat« und wie laufen Entscheidungen tatsächlich ab?

- ✔ Zunächst gilt es festzuhalten, dass sich die **Akteure** in internationalen Organisationen bei näherer Betrachtung in ganz unterschiedliche Kategorien unterteilen lassen.
- ✔ Zwar sind **Regierungen** die Hauptakteure in der internationalen Politik und die Regierungsvertreter haben das letzte Wort, ihr Handeln wird aber von zahlreichen anderen Akteuren (Parlamenten, Interessengruppenvertretern, NGOs, Beratern, Massenmedien) beeinflusst.

Lassen Sie uns in einem kleinen Exkurs eine **konstruktivistische Perspektive** einnehmen, die in der Theorie der internationalen Beziehungen in den vergangenen Jahren an Einfluss gewonnen hat (siehe Kapitel 4). Ausgehend von der Behauptung, dass es sich bei IGOs vornehmlich um eine **internationale Bürokratie** handelt, werden von den Vertretern dieses Ansatzes die typischen Entscheidungsmuster und Wirkungsweisen internationaler Organisationen untersucht. Wie jede andere Bürokratie sind demnach auch IGOS durch ein breites Spektrum allgemeiner Regeln und Verfahren gekennzeichnet, durch die sie sich nicht nur selbst als System etablieren, sondern gleichzeitig die soziale Welt konstruieren. Dementsprechend werden IGOs in ihrer Eigenschaft als internationale Bürokratie, als autonome Akteure der internationalen Politik betrachtet, womit die Theorie sich unmissverständlich in **Opposition zu den weit verbreiteten (neo-)realistischen Anschauungen** begibt. Internationale Organisationen verfügen demnach in konstruktivistischer Perspektive über eine beträchtliche Macht, soziale Realitäten und damit auch die Interessen der Staaten zu beeinflussen, ja diese zielgerichtet zu manipulieren. Diese Erkenntnis beinhaltet, dass internationale Organisationen sich eigenständig, das heißt unter Umständen auch ungeachtet der Präferenzen ihrer Mitgliedsstaaten, wandeln können – was Realisten für unmöglich halten.

Doch worin besteht die Autorität einer internationalen Bürokratie, aus der schließlich Macht erwachsen und Autonomie hervorgehen soll? Es lassen sich vier Quellen der Autorität nennen:

- ✔ An erster Stelle steht die klassische Vorstellung einer durch **Delegationsprozesse abgeleiteten Autorität.** Meist sind es die Mitgliedsstaaten einer Organisation, die spezielle Kompetenzen auf die Gemeinschaftsorgane übertragen. Diese abgeleitete Autorität bildet somit den exogenen Anteil bürokratischer Macht (abgeleitete Autorität).
- ✔ Darüber hinaus gibt es jedoch auch **endogene Quellen der Autorität**. Internationale Organisationen verfügen demnach über ein mehr oder weniger komplexes Regelwerk, das den Mitgliedern in festgelegten Bereichen Verhaltensweisen verbindlich vorschreibt. Daraus erwachse der Organisation ihre rational-legale Autorität rational-legale Autorität.
- ✔ Des Weiteren gelten internationale Organisationen im Gegensatz zu Staaten als neutrale, unparteiische Akteure. Ihre Qualität als internationale Gemeinschaft, als überstaatliches Bündnis mit liberalen Werten verleihe ihnen einen **moralischen Vorsprung**, der durch die eigenwilligen, den eigenen Nutzen maximierenden Staaten nicht einzuholen sei.
- ✔ Zudem wird eine Bürokratie als ein **Hort von Spezialisten** auf dem entsprechenden Fachgebiet betrachtet. In vielen Fällen verfügt keine nationale Behörde über ein vergleichbar umfangreiches Wissen wie die entsprechende internationale Organisation. Oft kommt der Organisation infolge eines Wissensvorsprungs sowie der Möglichkeit zur Schaffung neuer Kategorien und Verfahren die Definitionshoheit und Zuständigkeitsvermutung zu.

Diese vier unterschiedlichen Einzelautoritäten erzeugen allerdings keineswegs zwangsläufig einheitliche oder auch nur vereinbare Entscheidungen. Vielmehr komme es vor, dass beispielsweise eine Friedensmission aus moralischer Perspektive geboten erscheine, aus nationalstaatlicher Sicht aber ein untragbares Risiko darstelle, oder die Experten befürworten einen Einsatz, der aber durch die formalen Regeln in keiner Weise gedeckt sei (beispielsweise der Krieg der NATO im Kosovo 1999, der nicht durch ein Mandat des VN-Sicherheitsrats gedeckt war). In derartigen Fällen kommt es zu einem kulturellen Wettkampf (*cultural contestation*).

Angesichts der beträchtlichen Macht, die dieser Ansatz internationalen Organisationen zuspricht, aber auch angesichts der gravierenden Fehlfunktionen, die eine internationale Bürokratie oftmals aufweist, liegt die Frage nach der Legitimität von IGOs selbstverständlich auf der Hand. Insgesamt zeichnet dieser konstruktivistische Ansatz ein differenziertes Bild internationaler Organisationen, das sich weit von den gängigen Vorstellungen insbesondere der realistischen Schule entfernt.

Brückenfunktionen für das internationale System

Eine alternative und sehr nützliche Beschreibung von internationalen Organisationen stammt von dem deutschen IB-Forscher Thorsten Benner. Er nimmt die Funktion als Kriterium für eine Klassifizierung und diese Sichtweise ist anschlussfähig an die vorhergenannten tiefer wurzelnden Theorien. Es wird also hier gefragt, welche Schnittstellen für welche Themen (oder *policies*) relevant sind.

- ✔ Als **themenfokussierte Schnittstellen** könnten internationale Organisationen demnach drei verschiedene Rollen wahrnehmen,
- ✔ als **Verhandlungsplattform** ihre Reichweite nutzen und unterschiedliche Akteure zusammenbringen,
- ✔ als **Wissensmanager** Wissen zusammenfügen, Lernprozesse ermöglichen und Beratungsdienste anbieten und
- ✔ als **Implementierungsagenturen** Vereinbarungen umsetzen und deren Einhaltung überwachen.

Die wesentliche Funktion internationaler Organisationen bestehe zukünftig darin, **Brückenfunktionen im internationalen System** zwischen verschiedenen Akteuren und Problembereichen zu übernehmen. Brückenbauer zwischen Akteuren und Herausforderungen im internationalen System ermöglichen oder verbessern Kommunikation, Kooperation und kollektives Handeln. Ihre Bedeutung wächst mit der zunehmenden Globalisierung, da viele Probleme – wie Klimawandel, Pandemien oder internationale Sicherheit – wirksamer durch gemeinsames Handeln bewältigt werden können.

IN DIESEM KAPITEL

»Globaler Norden« und »Globaler Süden« in den internationalen Beziehungen

Globale Machtverschiebungen und deren Messung

Neue Formate als Konkurrenz zur westlich geprägten Ordnung

Kapitel 18
Der Aufstieg »der Anderen« und das Ende des Westens?

Der »Westen« beziehungsweise der »Norden« ist nicht mehr das alleinige Zentrum der Weltpolitik und die Staaten des »Globalen Südens« treten seit einiger Zeit mit neuem Selbstbewusstsein auf. Teile der Welt, die viele in Europa noch vor wenigen Jahren »Entwicklungsländer« nannten, sind heute globale Mächte mit erheblicher Wirtschaftskraft. Allerdings sind die Begrifflichkeiten schwammig. Wie früher »Orient« und »Okzident« oder »Morgenland« und »Abendland« steht heute die Bezeichnung »Globaler Süden« in einer Reihe von Begriffsfindungen, die geprägt wurden, um das »Andere« zu beschreiben.

- ✔ Mit Gründung der **Blockfreienbewegung** auf der Konferenz in Bandung im Jahr 1955 schärfte sich allmählich das Bewusstsein für die massive Ungleichheit zwischen der nördlichen und der südlichen Hemisphäre und damit auch für die koloniale Verantwortung westlicher Staaten.
- ✔ Daraus entstand 1964 die **Gruppe der 77** (G 77), der heute 134 Länder angehören. Sie ist die größte zwischenstaatliche Plattform, die versucht, die kollektiven wirtschaftlichen Interessen des »Globalen Südens« zu artikulieren und zu fördern sowie deren gemeinsame Verhandlungskapazität für internationale Wirtschaftsfragen innerhalb des Systems der Vereinten Nationen zu stärken und damit die Süd-Süd-Kooperation zu fördern.
- ✔ Der Begriff **Globaler Süden** wurde dann in den frühen 1980er-Jahren von den Berichten der »Brandt-Kommission« (benannt nach deren Vorsitzendem und ehemaligem deutschen Bundeskanzler Willy Brandt) verwendet, die die westliche

Verantwortung für die massiven Ungleichheiten auf dem Globus betonten. Die Brandt-Kommission zog eine Linie etwa auf der Höhe von 30 Grad nördlicher Breite und stellte eklatante Wohlstandsunterschiede zwischen den Regionen nördlich und südlich davon fest.

- Man kann also vereinfacht sagen, dass mit **Globaler Norden** die Gruppe der westlichen Industriestaaten und mit **Globaler Süden** die Gruppe der (aktuellen oder ehemaligen) Entwicklungsländer gemeint ist. Im Detail ist es aber etwas komplexer:

Globaler Süden und **Globaler Norden** sind heute nicht mehr durch klare räumliche Grenzen getrennt. Es sind vielmehr veränderbare und sich verändernde Kategorien und damit Identitätszuschreibungen. Die Länder des »Globalen Südens« bilden eine sehr heterogene Gruppe. Gemäß einer UNDP-Definition umfasst die Kategorie aktuell die meisten Länder Afrikas, Asiens, Lateinamerikas und der Karibik. Der Begriff »Globaler Norden« meint die lose Gruppe der Industrieländer in Europa und Nordamerika. Beide Gruppendefinitionen sind unscharf, denn beispielsweise Australien und Neuseeland sowie Taiwan, Singapur, Südkorea, Indonesien, Malaysia, Thailand, Vietnam und nicht zuletzt China und Indien passen in dieses einfache Schema nicht (mehr). Gleiches gilt für Südafrika und einige lateinamerikanische Länder wie Brasilien, Chile und Argentinien.

Machtpolitische Veränderungen

Feststeht: Keine der drängenden globalen Herausforderungen kann mehr durch den Globalen Norden allein gelöst werden. In einer multipolaren Weltordnung wird der »Globale Süden« an Einfluss und Bedeutung gewinnen – und die Spielregeln zunehmend mitdefinieren wollen. Zur Messung dieser Machtverschiebungen gibt es eine Vielzahl an Indizes, beispielsweise:

- den *Global Innovation Index* von der Weltorganisation für geistiges Eigentum
- den *Global Diplomacy Index* und den *Global Asia Power Index* vom australischen Lowy-Institut
- den *Global Firepower Index* der gleichnamigen US-amerikanischen Organisation
- den *Global Competitiveness Index* des Weltwirtschaftsforums
- den *Bonn Power Shift Monitor* (BPSM) des *Center for Global Studies* an der Universität Bonn

Letzterer ist ein umfassendes Modell zur Messung von Machtverschiebungen. Er analysiert Veränderungen in den internationalen Machtverhältnissen zwischen führenden Industrie- und Schwellenländern und erstellt daraus ein Punktesystem basierend auf acht Indikatoren:

- **Bruttoinlandsprodukt:** Gesamtwert aller innerhalb eines Landes produzierten Waren und Dienstleistungen und Indikator für die wirtschaftliche Stärke.

- **Exporte von Waren und Dienstleistungen:** Wert aller exportierten Güter und Dienstleistungen, der die Integration und Wettbewerbsfähigkeit einer Volkswirtschaft auf dem globalen Markt widerspiegelt.

- **Anzahl der Fortune-Global-500-Unternehmen:** Zählt die weltweit umsatzstärksten Unternehmen mit Hauptsitz in einem Land und zeigt die wirtschaftliche Präsenz und Einflussnahme auf globaler Ebene.

- **Gesamtreserven:** Beinhaltet die Währungsreserven eines Landes und gibt Aufschluss über die finanzielle Stabilität und Fähigkeit zur Krisenbewältigung.

- **Militärausgaben:** Erfasst die Höhe der staatlichen Ausgaben für das Militär und dient als Maß für die militärische Stärke und Verteidigungsfähigkeit.

- **Anzahl der Spitzenuniversitäten:** Zählt die Universitäten eines Landes, die in globalen Rankings vertreten sind, und reflektiert das Bildungsniveau sowie die Innovationskraft.

- **Kontrolle über maritime Engpässe:** Bewertet die Fähigkeit eines Landes, strategisch wichtige Seewege (*chokepoints*) zu kontrollieren, was für den globalen Handel und militärische Strategien von Bedeutung ist.

- **UNESCO-Welterbestätten:** Zählt die kulturellen und natürlichen Stätten eines Landes, die als UNESCO-Welterbe anerkannt sind, und spiegelt das kulturelle Erbe und die Attraktivität wider.

Die BPSM-Berichte zeigen eine zunehmende Machtkonzentration bei den führenden Nationen, insbesondere den USA und China, während andere Länder entweder stagnieren oder an Einfluss verlieren. Zu den wichtigsten Ergebnissen der globalen Machtverschiebungen im Zeitraum von 2019 bis 2023 gehören demnach:

- Mit einem Punktewert von 18,50 im Jahr 2023 bleiben die **USA** die führende Macht, obwohl ihr Score seit 2019 nahezu stagniert.

- **China** verzeichnete einen Anstieg des Punktewerts von 12,78 auf 13,30 und verkürzt somit den Abstand zu den USA.

- **Indien** erzielte einen Punktewert-Anstieg um plus 0,15.

- **Südafrika und Argentinien** verzeichneten beide einen Rückgang ihrer Punktewerte.

Zusammengenommen ist der Anteil des Globalen Nordens (also der Industrieländer) an der Wirtschaftskraft der Welt von 63 Prozent im Jahr 1990 auf 41 Prozent im Jahr 2023 zurückgegangen, der Anteil des Globalen Südens ist hingegen von knapp 37 Prozent in 1990 auf 58 Prozent in 2023 gestiegen. Tabelle 18.1 fasst diese Befunde im Überblick zusammen:

Länder(gruppen)	Anteil am globalen Bruttoinlandsprodukt (BIP) in Prozent	
	1990	2023
Globaler Norden insgesamt	*63,04*	*41,15*
Globaler Süden insgesamt	*36,96*	*58,85*
USA	21,52	15,42
Europäische Union	23,42	14,55
Deutschland	5,84	3,17
China	4,0	18,82
Indien	3,47	7,51

Tabelle 18.1: Anteile an der Weltwirtschaftskraft nach Ländergruppen, Quelle: eigene Zusammenstellung auf der Basis von Daten des Internationalen Währungsfonds

Aufstieg Chinas als Fallbeispiel

Der Aufstieg der Volksrepublik China vom Entwicklungsland zu einer der führenden Wirtschaftsnationen gehört zu den bedeutendsten und bemerkenswertesten Entwicklungen im internationalen System der vergangenen Jahrzehnte. Während China vor Beginn der Reform- und Öffnungspolitik in den späten 1970er-Jahren weder die Grundbedürfnisse seiner riesigen Bevölkerung (im Jahr 2023 etwa 1,4 Milliarden Menschen) befriedigen konnte noch eine sichtbare internationale Rolle spielte, ist das Land heute eng mit allen Weltregionen verflochten und übersetzt sein wirtschaftliches Gewicht zunehmend auch in politischen und militärischen Einfluss (siehe dazu auch Kapitel 19).

- ✔ Der Anteil **Chinas am weltweiten Bruttoinlandsprodukt** lag 1970 noch bei unter einem Prozent, 2023 dagegen bei fast 19 Prozent.
- ✔ Die Basis dafür ist das mit jährlich mindestens sechs Prozent rasante **Wirtschaftswachstum** der vergangenen drei Jahrzehnte. Falls sich dies in den kommenden Jahren so fortsetzen sollte, dürfte China bald die USA als stärkste Wirtschaftsnation der Welt überholt und die chinesische Währung Renminbi den US-Dollar und den Euro als Leitwährung ergänzt oder gar abgelöst haben.
- ✔ Insbesondere Staatspräsident Xi Jinping trat ab 2013 mit dem klar formulierten Anspruch an, das Land auf seinen jahrhundertelang angestammten Platz im Kreis der **führenden Weltmächte** zurückzuführen.
- ✔ Wenn es eine natürliche **Groß- und Ordnungsmacht** in der Welt des späten 21. Jahrhunderts geben wird, so dürfte es angesichts der Größe der Bevölkerung und des Territoriums, des Wirtschaftspotenzials und der technologischen Möglichkeiten China sein.

Xis nach seinem Amtsantritt vorgestellter »chinesischer Traum« von der umfassenden Erneuerung der Volksrepublik erschien anfänglich noch undefiniert, erhielt aber mit den von ihm formulierten zwei »Jahrhundertzielen« eine gewisse programmatische Präzisierung und auch einen zeitlichen Rahmen: Bis zum Jahr 2049 – dem 100. Geburtstag der Volksrepublik – soll China als ein reiches und starkes Land dastehen.

Ob dieser Plan aufgeht, kann heute nicht abschließend beurteilt werden. Der **Staatskapitalismus chinesischer Prägung,** also ein marktwirtschaftliches System mit autokratischer Regierungsführung und teilweise oligarchischen, korrupten Strukturen ohne funktionierende *checks and balances* und Beachtung von grundlegenden Freiheits- und Menschenrechten, hat bislang jedenfalls offenkundig funktioniert. Bisher wird die Staatsgewalt in China effektiv ausgeübt. Das Land folgt dabei einem sehr klassischen Souveränitätsverständnis, das sich eine internationale Einmischung in seine inneren Angelegenheiten verbittet und diesen Grundsatz auch im Umgang mit anderen Staaten dezidiert verfolgt. So orientieren sich etwa Chinas Aktivitäten in Afrika ausschließlich an ökonomischen Interessen und nicht etwa an Fragen wie guter Regierungsführung oder Menschenrechtsstandards – was dort zugleich die Zusammenarbeit mit anderen autoritären Staaten vielerorts attraktiv macht und der chinesischen Seite so manchen Wettbewerbsvorteil verschafft. Gleichzeitig liegt das chinesische Bruttoinlandsprodukt pro Kopf immer noch sehr deutlich unterhalb desjenigen der westlichen Industriestaaten und zudem gibt es ganz erhebliche regionale Unterschiede im Riesenreich China. Nicht zuletzt gefährden demografische und umweltpolitische Probleme sowie Korruption die innere Stabilität. Der weitere Aufstieg ist also kein Naturgesetz.

- ✔ Die chinesische Führung zieht aus ihren dennoch unabweisbaren Erfolgen Legitimation, politische Stabilität und **Gestaltungsanspruch**.
- ✔ Auch leitet sie daraus einen **Überlegenheitsanspruch** gegenüber anderen, insbesondere auch westlich-demokratischen Systemen ab und bietet das politische wie wirtschaftliche Modell einer »demokratischen Diktatur des Volkes« teilweise aktiv anderen Staaten an.
- ✔ Der »Beijing Consensus« – also autoritäre politische Führung plus Marktwirtschaft ohne Einmischung von außen in die inneren Angelegenheiten oder das Beharren auf menschenrechtlichen Standards – könnte insofern für einige Staaten ein attraktives Modell sein.

»Gruppe der 20« und »BRICS-Plus«

Es ist aber nicht allein der Aufstieg Chinas, der die weltpolitischen Gewichte verschiebt. Auch andere große Mächte wie beispielsweise Indien oder die Mittelmächte Brasilien, Indonesien, Iran, Mexiko, Nigeria, Saudi-Arabien, Südafrika und die Türkei prägen die internationalen Beziehungen maßgeblich mit. Sie tun dies als sich rasch entwickelnde Staaten, die aufgrund ihrer gestiegenen Wirtschaftskraft und demografischen Entwicklung auch an internationalem Gewicht gewinnen. Zunehmend schließen sich diese Staaten aber auch in Formaten mit oder auch ohne westliche Beteiligung zusammen.

Zwei Formate zeigen in besonderer Weise die Verschiebungen der weltpolitischen Gewichte an: die »Gruppe der 20« und das »BRICS-Plus-Format«.

Mitglieder der im Jahr 1999 gegründeten **Gruppe der 20** sind derzeit die 20 größten Volkswirtschaften der Welt, die nicht allein aus westlichen Staaten bestehen: Argentinien, Australien, Brasilien, China, Deutschland, Frankreich, Indien, Indonesien, Italien, Japan, Kanada, Mexiko, Russland, Saudi-Arabien, Südafrika, Südkorea, Vereinigtes Königreich, Vereinigte Staaten von Amerika, Türkei und die Europäische Union. Es handelt sich nicht um eine klassische internationale Organisation, sondern um ein sich entwickelndes Regime (siehe Kapitel 18).

✔ Die **Gruppe der Zwanzig** (G20) ist ein internationales Forum, das sich aus 19 Staaten und der Europäischen Union zusammensetzt. Es wurde im Jahr 1999 gegründet und hat zum Ziel, die Zusammenarbeit in politischen, wirtschaftlichen und finanziellen Fragen auf globaler Ebene zu fördern. Die Mitglieder der G20 repräsentieren etwa 85 Prozent des weltweiten Bruttoinlandsprodukts und rund 75 Prozent des internationalen Handels. Die G20 umfasst sowohl große Industrie- und Schwellenländer als auch Entwicklungsländer.

Infolge der globalen Finanzkrise 2008/2009 zeigte sich, dass die in der damaligen »Gruppe der 8« (G8) organisierten wichtigsten westlichen Industrienationen plus Russland gezwungen waren, weitere wichtige Länder in eine größere Gruppe einzubinden und auf Gipfeltreffen die Grundrisse einer neuen internationalen Finanz- und Wirtschaftsarchitektur zu erarbeiten. Die G8 nahm ihren Ursprung bereits 1975 als G6, wurde 1976 durch die Aufnahme Kanadas zur G7 und hat in den 1990er-Jahren zeitweise Russland aufgenommen. Im Rahmen des »Heiligendamm-Prozesses« (benannt nach einer Tagung unter deutscher Präsidentschaft im Ostseebad Heiligendamm) wurden 2007 erstmals die Staats- und Regierungschefs von Brasilien, China, Indien, Mexiko und Südafrika als G5 zur G8 hinzugebeten – dann als G13. Das erfreute aber zahlreiche nicht eingeladene Staaten nicht, und so schafften es einzelne weitere Staaten, sich gewissermaßen auf die Gästeliste zu kämpfen – das Format G20 war geboren.

Die G20-Treffen bieten eine Plattform für die Regierungschefs der Mitgliedsländer, um über globale wirtschaftliche Themen wie Wachstum, Handel, Finanzmärkte, Klimawandel und andere wichtige internationale Herausforderungen zu diskutieren. Jedes Jahr führt ein Land die Präsidentschaft und richtet dann große Gipfeltreffen aus. Das Forum hat keine ständige Verwaltung, sondern die Verantwortung für die Organisation und Durchführung der jährlichen Gipfeltreffen wechselt unter den Mitgliedsländern. Neben den jährlichen Gipfeln der Staats- und Regierungschefs gibt es auch Treffen der Finanzminister und Zentralbankpräsidenten sowie zahlreiche Arbeitsgruppen und Ministertreffen zu verschiedenen Themen. Die G20 hat sich im Lauf der Zeit zu einem wichtigen Abstimmungsforum entwickelt, in dem eine Reihe an zentralen Problemen der internationalen Beziehungen adressiert wird. Sie können mehr darüber in den Kapiteln 21 und 22 lesen.

Das 2006 gegründete **BRICS-Format** ist ein Zusammenschluss unterschiedlicher Staaten als Gegengewicht zur Dominanz westlich geprägter Institutionen. Seit 2024 zählen zusätzlich zu den namensgebenden Mitgliedern Brasilien, die Russischen Föderation, Indien, China und Südafrika nun auch Ägypten,

Äthiopien, Iran und die Vereinigten Arabischen Emirate zu den Mitgliedern. Auf dem Gipfel 2023 in Johannesburg wurden die vier letztgenannten Staaten zum Beitritt zur BRICS-Gruppe eingeladen. Argentinien und Saudi-Arabien erhielten ebenfalls eine Einladung. Nach anfänglicher Annahme der Einladung lehnte Argentinien den Beitritt unter seinem neuen Präsidenten ab. Saudi-Arabien hat den Beitritt bisher nicht vollzogen, erwägt diesen aber weiterhin. Am BRICS-Gipfel in Kasan im Oktober 2024 haben 36 Länder teilgenommen – und dies, obgleich der Gastgeber Russland aufgrund des Krieges gegen die Ukraine mit massiven westlichen Sanktionen belegt war. Im Januar 2025 ist Indonesien (bevölkerungsmäßig das viertgrößte Land der Welt) als zehntes Mitglied beigetreten. BRICS ist ebenso wie G20 keine klassische internationale Organisation, sondern ebenfalls ein sich entwickelndes internationales Regime.

- ✔ Die **BRICS-Mitgliedsstaaten** repräsentierten im Jahr 2023 insgesamt fast 45 Prozent der Weltbevölkerung und erwirtschafteten knapp 36 Prozent der weltweiten Wirtschaftsleistung. Mit dem Beitritt Indonesiens im Jahr 2025 erhöht sich der Anteil weiter. Das Format ist als informelles Forum weder eine institutionelle Organisation noch besitzt es einen Verwaltungsapparat. Der Vorsitz rotiert nach der Reihenfolge der Länder des Akronyms. Das vorsitzführende Land bestimmt in Absprache mit den anderen BRICS-Mitgliedern die thematischen Schwerpunkte, legt die Termine der Treffen der verschiedenen Gruppen und Ebenen fest und übernimmt die Rolle des Gipfelgastgebers.
- ✔ In mehr als 30 Abkommen und Absichtserklärungen haben die BRICS-Staaten die rechtlichen Grundlagen für ihre Zusammenarbeit in **mehreren Bereichen** wie zum Beispiel dem Finanz- und Bankensektor, bei Zöllen, in Wissenschaft und Technologie oder der Wettbewerbspolitik geregelt.
- ✔ Die zunehmende Instrumentalisierung des globalen Finanzsystems durch den Westen in Form von **Sanktionen** und Einschränkungen des internationalen Zahlungsverkehrs hat viele Schwellenländer dazu veranlasst, ihre Abhängigkeit vom US-Dollar und dem westlich dominierten Finanzsystem zu hinterfragen.
- ✔ So verfügt die BRICS über eine **eigene Bank** mit Sitz in Shanghai und denkt über die Einführung einer gemeinsamen Währung als Alternative zum US-Dollar nach.

Umstritten ist, inwieweit innerhalb der sehr heterogenen BRICS-Plus-Gruppe Gemeinsamkeiten entwickelt werden können oder lediglich eine antiwestliche oder einfach nur »ohne westliche« Zielrichtung als Minimalkonsens besteht.

Zwar gibt es regelmäßige **BRICS-Gipfelerklärungen**, in denen eine gemeinsame Weltsicht bekundet wird – etwa die Feststellung, dass sich neue Zentren der Macht und der politischen Entscheidungsfindung herausbilden, »die den Weg für eine gerechtere, demokratische und ausgewogene multipolare Weltordnung ebnen können« (so etwa die »Erklärung von Kasan 2024«). Es ist bemerkenswert, dass sich eine Reihe von Staaten der vom Westen betriebenen Isolation Russlands aufgrund des Angriffskrieges gegen die Ukraine dezidiert nicht anschließen will und weiter mit Russland kooperiert. Zugleich gibt es erhebliche Unterschiede etwa zwischen Indien und China (die zudem auch gravierende Streitfragen miteinander haben). China versteht BRICS offenkundig in besonderer Weise als eine Art systemische Konkurrenz zum Westen und gegen die USA. Indien, Brasilien und Südafrika sehen das in dieser Form nicht. Ob BRICS-Plus in diesem Sinne Teil einer zukünftigen zweigeteilten internationalen Ordnung mit den Polen »Globaler Süden« und »Globaler Norden« sein wird, kann noch nicht abschließend beurteilt werden.

»Entwestlichung« der internationalen Ordnung

Das Ziel von Formaten wie BRICS-Plus ist die Veränderung der regelbasierten liberalen Weltordnung, die nach wie vor stark westlich dominiert ist. Diese »Entwestlichung« der internationalen Ordnung bezeichnet einen Prozess, bei dem die Dominanz westlicher Staaten – insbesondere der USA und Europas – in der globalen Politik, Wirtschaft, Kultur und den internationalen Institutionen abnimmt. Er befördert die Entwicklung eines multipolaren Systems, das stärker von nicht-westlichen Akteuren geprägt sein wird. Dieser Wandel spiegelt die Veränderungen in den Machtverhältnissen, Werten und Normen wider, die die internationale Ordnung ausmachen. Sie können diese Veränderungen in diesem Sinne:

- ✔ als aufgrund der neuen geopolitischen Rahmenbedingungen **unvermeidlich** betrachten,
- ✔ als eine mögliche **neue globale Konfrontation** zwischen demokratischen und autoritären Lagern sehen
- ✔ oder als Fingerzeig dafür, dass der politische Westen viele Jahrzehnte **zu wenig** auf die Bedürfnisse und Interessen der Staaten des Globalen Südens eingegangen ist.

Stellvertretend dafür steht die Aussage des indischen Außenministers Subrahmanyam Jaishankar, der nicht müde wird, zu betonen, Europa müsse aus dem Denkmuster herauswachsen, »dass Europas Probleme die Probleme der Welt sind, aber die Probleme der Welt nicht die Probleme Europas« (siehe auch Kapitel 22).

In diesem Sinne argumentiert auch ein Positionspapier des Netzwerks »Der Globale Süden in deutschsprachigen Medien«, dass unausgewogen über die Länder des Globalen Südens berichtet werde. In den ohnehin seltenen Berichten würden negative und monodimensionale Erzählungen eine fatalistische Sichtweise fördern.

Die übersehene Welt: der Globale Süden in deutschsprachigen Medien

»Durch die mediale Vernachlässigung des Globalen Südens kommen die Lebensumstände von etwa 85 Prozent der Weltbevölkerung kaum in unseren Medien vor. Auch dann nicht, wenn dort Kriege, Hungersnöte oder Epidemien erhebliche Opferzahlen erzeugen. Dabei sind die betroffenen Länder politisch und wirtschaftlich längst nicht mehr die einst buchstäblich (von den Kolonialländern) abgehängte ›Dritte Welt‹, sondern im Gegenteil heute vielfach potente Wirtschafts- und Militärmächte, die zunehmend in Opposition zum Westen (oder Norden) gehen. In der Berichterstattung taucht der Globale Süden jedoch erst auf, wenn Menschen oder Interessen des Globalen Nordens in irgendeiner Form direkt betroffen sind. Das ist zu spät. Aktuelle UN-Abstimmungen zeigen divergierende geopolitische Vorstellungen des Globalen Nordens und Südens und irritieren den Westen, der sich teilweise uninformiert über die sicherheitspolitischen Interessen des Globalen Südens zeigt. Eine quantitativ umfangreichere und vor allem konsequente Berichterstattung über die Länder des Globalen Südens wäre wichtig, um dortige politische Prozesse verstehen und ihnen adäquat begegnen zu können« (Quelle: Positionspapier des Netzwerks »Der Globale Süden in deutschsprachigen Medien« vom Oktober 2024).

Die Schlussfolgerung des Netzwerks lautet: Es sei notwendig, in größerem Maße über den Globalen Süden zu berichten und dabei negative Ereignisse und Entwicklungen nicht zu verharmlosen, zugleich aber auch Positives zu thematisieren und damit zu einer ausgewogenen Diskussion beizutragen.

IN DIESEM KAPITEL

Grundlagen und Veränderungen der außenpolitischen Kultur

Zeitenwende Ukraine-Krieg

Bestimmung deutscher Interessen

Kapitel 19
Deutsche Außenpolitik in einer turbulenten Welt

Als die Bundesrepublik Deutschland im Mai 1949 auf den Trümmern des nationalsozialistischen »Dritten Reiches« mitsamt dessen vollständiger militärischer, politischer, ökonomischer und moralischer Niederlage gegründet wurde, war an eine souveräne Außenpolitik nicht zu denken. Das Besatzungsstatut begrenzte den Handlungsspielraum des geteilten Landes massiv. Erst mit den Pariser Verträgen vom Mai 1955 wurden der eng im Westen verankerten Bundesrepublik Teile ihrer Souveränitätsrechte zurückgegeben. Neben den internationalen Rahmenbedingungen sind für das Verständnis der deutschen Außenpolitik all jene Punkte wichtig, die für die Außenpolitik eines jeden Staates wichtig sind:

- ✔ die **geografische Lage** und die Nachbarn,
- ✔ die **verfassungsrechtlichen Grundlagen**, das Selbstverständnis und die außenpolitische Kultur,
- ✔ die **außenwirtschaftliche Verflechtung** und die Abhängigkeit von Importen sowie
- ✔ Umfang und Qualität der **militärischen Machtmittel**.

Grundorientierungen und Handlungsmuster

Es gibt zwei Faktoren, die für die deutsche Außenpolitik in ihren Anfängen in besonderer Weise galten:

- ✔ Zum einen die **Erfahrung des nationalsozialistischen Regimes**, das während des Zweiten Weltkriegs nahezu den gesamten europäischen Kontinent unterjochte und durch dessen Vernichtungssystem sechs Millionen europäische Juden ermordet und viele Millionen Soldaten und Zivilisten getötet worden sind. Ganz eindeutig hat diese Erfahrung das Verhalten der europäischen Nachbarn gegenüber west- und ostdeutscher Politik ebenso geprägt, wie es den Handlungsspielraum der deutschen Seite bestimmt hat.

✔ Zum anderen die **deutsche Teilung**, deren Überwindung für die Bundesrepublik vier Jahrzehnte lang zentrales Anliegen ihrer Außenpolitik war. Unabhängig von den unterschiedlichen Interessen, die beide deutschen Staaten in dieser Frage hatten, standen sie in einem Punkt wieder vor dem gleichen Problem: Es waren nicht sie selber, die über die Frage der deutschen Teilung beziehungsweise der Wiedervereinigung zu entscheiden hatten.

Grundlage der westdeutschen Strategie war der Gedanke **Souveränität durch Integration** – also die Wiedererlangung nationaler Selbstbestimmung durch Einbindung in westliche Strukturen. In der deutschen Innenpolitik setzte sich gegen Widerstände das Konzept der Westintegration von Bundeskanzler Konrad Adenauer durch und fand mit den Römischen Verträgen von 1957 seinen vorläufigen Abschluss. In dieser Phase erlangt die Bundesrepublik den Status eines souveränen Staates, allerdings mit politischen wie rechtlichen Einschränkungen. Die Phase der Entspannungspolitik ab den 1970er-Jahren ließ mehr Beweglichkeit in die deutsche Außenpolitik kommen und erweiterte den außenpolitischen Handlungsspielraum. Die West- und Ostpolitik zusammengenommen gaben den Regierungen Schmidt und Kohl seit den 1970er-Jahren ein Fundament für ein größeres weltpolitisches Engagement.

✔ Die Außenpolitik der im Oktober 1949 gegründeten und im Herbst 1989 untergegangenen **DDR** wurde nahezu vollständig von Moskau bestimmt.

✔ Erst der am 12. September 1990 abgeschlossene **Zwei-plus-vier-Vertrag** zwischen den beiden deutschen Staaten und den vier Siegermächten des Zweiten Weltkrieges (USA, Sowjetunion, Frankreich und Großbritannien) stellte die endgültige innere und äußere Souveränität des vereinten Deutschlands in den international anerkannten Grenzen her.

Seit dem 3. Oktober 1990 trägt das vereinigte Deutschland die alleinige Verantwortung für seine Außenpolitik.

✔ Deutschland liegt nach **Gebietsgröße** im weltweiten Vergleich nur auf Platz 62 und ist damit flächenmäßig klein. Mit rund 83 Millionen Einwohnern liegt es aber hinter der Türkei und vor Thailand weltweit auf Platz 19 und ist damit hinsichtlich der **Bevölkerungsgröße** ein mittelgroßer Staat.

✔ Deutschland ist gemessen an der **Wirtschaftskraft** unter den fünf größten Wirtschaftsmächten der Welt und liegt hinter den USA und China etwa gleichauf mit Japan auf Platz drei beziehungsweise vier, noch vor Indien – ist also damit wirtschaftlich ein großer Staat.

- Deutschland ist zudem **wichtigster Staat** in der Europäischen Union, drittgrößter Beitragszahler der Vereinten Nationen und einer der größten Geberstaaten bei humanitärer Hilfe und Entwicklungszusammenarbeit.

Deutschlands Rolle als »Zentralmacht Europas« sollte mithin weder unter- noch überschätzt werden. Der damalige Außenminister Frank-Walter Steinmeier formulierte das 2014 so: »Deutschland ist zu groß, um Weltpolitik nur zu kommentieren. Es geht um tätige Außenpolitik: Es wird zu Recht von uns erwartet, dass wir uns einmischen und mit unseren Möglichkeiten die Bearbeitung von Konflikten so frühzeitig wie möglich angehen.«

Außenpolitische Kultur Deutschlands

Deutschland hat wie jeder Staat tradierte Orientierungen und Handlungsmuster, die hierzulande im Sinne einer außenpolitischen Kultur traditionell von einem breiten parteipolitischen Konsens getragen werden. Dazu zählen insbesondere:

- die **Westintegration**, mit der Deutschland fest in den europäischen und transatlantischen Strukturen verankert war und ist,
- die Offenheit für einen breit angelegten, regionalen und globalen **Multilateralismus** mit dem Ziel einer weitgehenden Verrechtlichung und Institutionalisierung der internationalen Politik,
- die zentrale Bedeutung von **Wirtschafts- und Handelsfragen**, die sich aus der Vernetzung mit der Weltwirtschaft sowie einer enormen Export- wie Importabhängigkeit ergibt, sowie
- die lange Zeit selbstgewählte **Kultur der Zurückhaltung** in machtpolitischen und insbesondere militärischen Fragen.

Schon in der Präambel des Grundgesetzes heißt es, man wolle »als gleichberechtigtes Glied in einem vereinten Europa dem Frieden der Welt dienen«. Das Grundgesetz gibt zugleich eine Reihe an Leitplanken für die Außenpolitik vor, so etwa:

- das Bekenntnis zu einem **kooperativen Internationalismus**
- die Verpflichtung zur Mitwirkung an der **europäischen Integration**
- das Eintreten für **Menschenrechte** und eine friedensstaatliche Grundorientierung
- die enge **parlamentarische Kontrolle** von Auslandseinsätzen der Bundeswehr im Sinne der Möglichkeit zur Mitwirkung an Systemen kollektiver Sicherheit

Wichtigstes Element ist dabei der Multilateralismus. Dieser ist im Fall Deutschlands sowohl Ziel als auch Methode der Außenpolitik, und zwar aus mindestens drei Gründen:

- Als bedeutsame Mittelmacht mit **weltweiten Verflechtungen** hat Deutschland besonderes Interesse an einem funktionierenden internationalen Ordnungssystem.

- ✔ Die **historischen Erfahrungen**, insbesondere die Vorstellung, dass Deutschland in der Außen- und Sicherheitspolitik nicht auf Alleingänge setzen sollte, ist eine der zentralen Lehren aus der deutschen Geschichte.
- ✔ Stärker als bei anderen Staaten ergibt sich aus der **Verfassung** als auch aus der innenpolitischen Ordnung (beispielsweise Föderalismus, Koalitionsregierungen) eine hohe Konsensorientierung, die oft auch auf die Außenpolitik übertragen wird.

Deutsche Außenpolitik setzte und setzt erklärtermaßen auf einen multilateralen Politikstil, der seit der schrittweisen Wiedererlangung der außenpolitischen Handlungsfähigkeit im Jahr 1955 beziehungsweise der vollständigen Souveränität im Jahr 1990 im Grundsatz nicht zur Disposition stand. Mit diesem Politikstil gelang es der alten Bundesrepublik gut, ihre nationalen Interessen im Gleichklang mit ihren Partnern durchzusetzen.

Mehr als andere Industriestaaten war die Bundesrepublik in das internationale Wirtschaftssystem integriert (was sich an einem überdurchschnittlich hohen Anteil der Exporte an der Wirtschaftsleistung zeigte) und damit auch auf seine Funktionsfähigkeit angewiesen. Deutschland stieg nach den USA und Japan zur drittgrößten Wirtschaftsmacht der Welt auf, mit entsprechenden politischen Gestaltungs- und Einflussmöglichkeiten. Deutschland galt dabei als »Zivilmacht«, weil es nicht wie klassische ökonomische Groß- und Mittelmächte auch im sicherheitspolitischen und militärischen Bereich eine wichtige Rolle anstrebte, sondern sich vielmehr auf eine politische Rolle konzentrierte.

Narrative im Wandel

Mehr als drei Jahrzehnte souveräne deutsche Außenpolitik zeigen einen sehr weitgehenden Wandel in der Selbst- wie Fremdwahrnehmung deutscher Größe, Wirtschaftskraft sowie politischer und militärischer Gestaltungsansprüchen.

Die **Vereinigung Deutschlands** vor 35 Jahren hatte bei Freunden wie Gegnern trotz anderslautender Rhetorik zunächst zu großer Verunsicherung geführt. Außer den USA standen die engsten Partner der Vereinigung zunächst sehr kritisch gegenüber, fürchteten sie doch nicht nur eine veränderte machtpolitische Balance in Europa, sondern auch die neue deutsche Größe, die früher oder später zu Dominanz oder gar zur Rückkehr deutscher Großmachtpolitik führen könnte. Besonders deutlich wird das in einem dem damaligen französischen Staatspräsidenten Francois Mitterrand zugeschriebenen Bonmot, er liebe Deutschland so sehr, dass er sich zwei davon wünsche.

Trotz eines enormen Vertrauenskapitals, das die Regierungen unter den Kanzlern Adenauer, Ehrhardt, Kiesinger, Brandt, Schmidt und Kohl von 1949 bis 1989 in vier Jahrzehnten verlässlichen Handelns in der internationalen Politik aufgebaut hatten, war es alles andere als klar, wie sich die Außenpolitik des vereinten Deutschlands entwickeln würde. Als Helmut Kohl 1998 nach langer Regierungszeit als »Kanzler der Einheit« aus dem Amt schied, sagte der Außenminister der neuen rot-grünen Bundesregierung, Joschka Fischer, auf die Frage, was die größte Veränderung in der künftigen Außenpolitik sei: »keine«. Dies reflektierte den Wunsch nach Kontinuität.

- ✔ Die Außen- und Sicherheitspolitik der Bundesrepublik Deutschland war lange von **beachtlicher Kontinuität** geprägt. Konstante war dabei eine grundsätzliche Zurückhaltung in Bezug auf Führungs- und Gestaltungsansprüche jenseits ökonomischer Fragen.
- ✔ Zugleich wirkte die deutsche Außenpolitik mit der **Leitidee der »Zivilmacht«**, die insbesondere durch wirtschaftliche Beziehungen und umfangreiche diplomatische Bemühungen bei gleichzeitiger machtpolitischer Zurückhaltung geprägt war, durchaus effektiv.
- ✔ Der stille und doch stetige Aufstieg zur **Führungsmacht in Europa** war der deutlichste Beleg hierfür. Aber auch in anderen internationalen Kontexten hatte die Bundesrepublik einen starken Einfluss als *soft power* und sich nicht selten, wie beispielsweise im Nahen Osten, auch den Ruf als »ehrlicher Makler« erworben.
- ✔ Es wurde jedoch zunehmend deutlich, dass die Sorge vor deutscher Macht nicht mehr das zentrale Problem ist, sondern im Gegenteil die **Erwartungen** an deutsches Engagement rasant gestiegen waren.

Zentrales Projekt war dabei stets die **europäische Integration** und mit ihr die deutsche Einbindung, die lange Zeit unangefochten als deutsche Staatsräson gelten konnte. Aus diesem Grund fiel es Deutschland auch wesentlich leichter als anderen Staaten wie Frankreich oder gar Großbritannien, Souveränitätsrechte an die EG und später die EU abzutreten. Die Aussöhnung und enge Zusammenarbeit mit Frankreich, mit dem Deutschland zwischen 1870 und 1945 dreimal blutige Kriege geführt hatte, gehört neben der Orientierung auf die europäische Integration zu den Grundkonstanten bundesdeutscher Außenpolitik. Für die **Handlungsmöglichkeiten** deutscher Außenpolitik bleibt es zentral, dass deren Entfaltungs- und Wirkungsmöglichkeiten durch die europäische Ebene verstärkt beziehungsweise im Grunde genommen erst ermöglicht werden. Das deutsche Interesse am Aufbau eines geeinten Europas war somit nicht nur uneigennützig. Anders als für die anderen europäischen Nationalstaaten bedeutete die europäische Zusammenarbeit für Deutschland den Weg zu mehr Selbstständigkeit und zu einem zunehmenden politischen Gewicht.

Neben der europäischen Einbindung und der deutsch-französischen Zusammenarbeit bildet die atlantische Bindung die dritte entscheidende Grundkonstante bundesdeutscher Außenpolitik. Zentrales Element der Bindung an die USA war die deutsche Mitgliedschaft in der Nordatlantischen Allianz. Die Sicherheitsgarantie der USA für Deutschland (einschließlich West-Berlins) war von existenzieller Bedeutung für die Bundesrepublik, lag Deutschland doch als direkter Nachbar der Warschauer-Pakt-Staaten an der Nahtstelle des Ost-West-Konflikts.

Seit einigen Jahren hat sich Deutschland zunehmend von diesen etablierten Bezugspunkten gelöst und bewegt sich im Spannungsfeld zwischen Kontinuität und Wandel inzwischen recht deutlich in Richtung Wandel.

- ✔ Ein Grund hierfür liegt in der Suche nach einer **neuen Rolle für das vereinigte Deutschland** nach 1990, die naturgemäß anders zu bewerten sein musste als jene der noch nicht vollständig souveränen beiden deutschen Staaten zuvor.

- ✔ Neben dem eigenen, zunächst **zögerlichen Vortasten** auf die internationale Bühne – gekennzeichnet beispielsweise durch die erstmalige Beteiligung deutscher Soldaten an Einsätzen im Rahmen der Vereinten Nationen und der NATO in der ersten Hälfte der 1990er-Jahre – wuchsen zunehmend auch die Erwartung der Partnerstaaten.
- ✔ Diese Entwicklung hat spätestens seit der **Finanz- und Schuldenkrise** ab 2008 dazu geführt, dass selbst Staaten mit einer historisch bedingten Zurückhaltung gegenüber deutschem Einfluss Führung anmahnen. Besonders sichtbar wurde das in der Aussage des damaligen polnischen Außenministers Radosław Sikorski im Jahr 2011, dass er deutsche Macht heute weniger fürchte als deutsche Untätigkeit.

Zur Beurteilung der Außen- und Sicherheitspolitik der Bundesrepublik Deutschland sind vereinfacht zwei Sichtweisen anzutreffen.

- ✔ Die erste kann als »**Seht, wie weit wir gekommen sind-Narrativ**« beschrieben werden. Demzufolge hat Deutschland seit der Zurückerlangung seiner vollständigen Souveränität 1990 immer mehr außen- und sicherheitspolitische Verantwortung übernommen und dabei klug und zurückhaltend gehandelt. Empirisch messbar ist die steigende deutsche Beteiligung an internationalen Einsätzen. In Konflikten und Kriegen von Somalia über den Balkan bis hin zu Afghanistan hat sich Deutschland als eine »normale« Nation etabliert, die auch einen militärischen Beitrag zur gemeinsamen Sicherheit zu leisten bereit ist, aber auch Nein sagen kann. In der internationalen Wirtschafts- und Finanzkrise sowie der Eurokrise ab 2008 hat sich Deutschland zudem als Zentralmacht etabliert und Verantwortung übernommen.
- ✔ Die zweite Sichtweise kann als »**Zu wenig, zu spät-Narrativ**« beschrieben werden. Außenpolitische Entscheidungen werden durch den Zweiklang, was außenpolitisch machbar und was innenpolitisch mehrheitsfähig ist, bestimmt. Beide Parameter in diesem Zweiklang haben sich massiv verändert: Außenpolitisch ist die Lage nochmals komplexer geworden, und innenpolitisch wird ein unterentwickeltes Verständnis für eine Rolle als »aktiver Multilateralist« kritisiert. Von einer wichtigen Mittelmacht mit globalen Interessen sollte in der Tat erwartet werden, dass sie eigene Vorstellungen in der internationalen Politik entwickelt und versucht, diese durchzusetzen. Bei der Umsetzung dieser Erkenntnisse gibt es gleichwohl eine Reihe an Defiziten.

Ukraine-Krieg als »Zeitenwende«

Der massive Wetterumschwung in den internationalen Beziehungen zu Beginn des Jahres 2022 – also der russische Krieg gegen die Ukraine und die darauf folgende Eiszeit im Verhältnis zwischen Russland und dem Westen – hat zunächst zu einer engeren Zusammenarbeit mit den klassischen westlichen Partnerstaaten und insbesondere auch den USA geführt. Es bleibt jedoch abzuwarten, wie sich die Bundesrepublik nach dieser Krise in einem vielleicht nicht gänzlich neuen, aber doch anders strukturierten internationalen Gefüge positionieren wird.

- ✔ Vor diesem Hintergrund ist die **sicherheitspolitische Zeitenwende** zu betrachten, die Bundeskanzler Olaf Scholz in einer Rede vor dem Deutschen Bundestag am 27. Februar 2022 ankündigte.

- Er argumentierte, dass Deutschland deutlich mehr in die **Sicherheit des Landes** investieren müsse, um auf diese Weise »unsere Freiheit und unsere Demokratie zu schützen«.
- Das sei eine große **nationale Kraftanstrengung** mit dem Ziel einer leistungsfähigen, hochmodernen, fortschrittlichen Bundeswehr, »die uns zuverlässig schützt«.

Kriegstüchtigkeit als umstrittenes Paradigma

Diese Erfahrungen haben in Deutschland den Beginn eines sicherheitspolitischen Umdenkens eingeleitet. Der Begriff der »Zeitenwende« spiegelt das wider – konkretisiert etwa durch eine bisher für undenkbar gehaltene Steigerung der Verteidigungsausgaben inklusive eines Sondervermögens für die Bundeswehr von 100 Milliarden Euro. Die Verantwortung in der Sicherheitspolitik wird neu ausbuchstabiert werden müssen und dazu führen, dass das Politikfeld Sicherheit an Relevanz und Aufmerksamkeit gewinnt.

Bereits das **Weißbuch zur Sicherheitspolitik und zur Zukunft der Bundeswehr** von 2016 ließ erkennen, dass die deutschen Streitkräfte seit Jahren von der Substanz leben, das heißt, an Unterfinanzierung bei gleichzeitig erhöhtem Gestaltungsanspruch der Politik litten. Lange bevor Bundeskanzler Scholz seine »Zeitenwende-Rede« gehalten hat, hatte die **Münchner Sicherheitskonferenz** diesen Begriff geprägt und in dem Band »**Zeitenwende – Wendezeiten**« ausführlich dargelegt. Das Argument lautete: Obwohl Deutschland seit 2014 mehr Verantwortung übernommen habe, sei die Nachfrage nach deutscher Führung noch viel stärker gewachsen als das Angebot. Der Bericht beleuchtet die Abhängigkeit Deutschlands von einer regelbasierten internationalen Ordnung und fordert massive Investitionen in der Außen-, Entwicklungs-, Sicherheits- und Verteidigungspolitik. Auf der Basis von repräsentativen Umfragen wird zudem ein Überblick zur öffentlichen Meinung in außenpolitischen Fragen gegeben sowie der Reformbedarf des außenpolitischen Entscheidungsprozesses skizziert.

- Die **Nationale Sicherheitsstrategie** vom Juni 2023 – die erste überhaupt in der Geschichte der Bundesrepublik Deutschland – definiert Landes- und Bündnisverteidigung als Kernauftrag der Bundeswehr.
- In den **Verteidigungspolitischen Richtlinien** vom November 2023 heißt es, dass Staat und Gesellschaft die Bundeswehr jahrzehntelang vernachlässigt hätten. Zu lange sei das Szenario eines Krieges in Europa und einer direkten Bedrohung unseres Landes für kaum vorstellbar gehalten und die Bundeswehr stattdessen auf weltweite Einsätze zum internationalen Krisenmanagement ausgerichtet worden. Um auch künftig in Frieden, Freiheit und Sicherheit leben zu können, »müssen wir wehrhaft und resilient sein. Unsere Wehrhaftigkeit ist eine gesamtstaatliche und gesamtgesellschaftliche Aufgabe, weil Bedrohungen mit allen Instrumenten der Integrierten Sicherheit begegnet werden muss. Die Bundeswehr ist ein Kerninstrument unserer Wehrhaftigkeit gegen militärische Bedrohungen. Hierzu muss sie in allen Bereichen kriegstüchtig sein.«

»Kriegstüchtigkeit« in der Debatte

In den sicherheitspolitischen Grundlagendokumenten wird einerseits eine blanke Selbstverständlichkeit ausgesprochen: Wer Frieden sichern will, muss verteidigungsfähig sein, und wer Streitkräfte hat, muss diese auch so aufstellen, dass sie einsatzfähig sind. Es ist vollkommen nachvollziehbar, dass das russische Verhalten wie auch die durchwachsene Bilanz der *out of area-Missionen* zu massiven Reaktionen und zur Neubewertung der Lage führen. Der völkerrechtswidrige Angriff Russlands auf die Ukraine ist ebenso und unmissverständlich zu verurteilen wie auch der Terrorangriff der Hamas auf Israel. Die Schuldfrage ist in diesen Fällen eindeutig. Das heißt aber nicht, dass die Begleitstrategien unstrittig wären. Militärische Mittel sind und bleiben dabei unverzichtbar, reichen jedoch nicht hin und sollten mit großer Bescheidenheit und nur mit einem klaren politischen Ziel eingesetzt werden. Deshalb muss besonders auf das »*Framing*« geachtet werden. Zudem ist nach der Ukraine- die Nahostkrise der zweite Fall, bei dem sehr viele in Deutschland eher unreflektiert und in überraschender Eindimensionalität auf militärische Mittel setzen. Wenn Sie eine normale deutsche Nachrichtensendung sehen oder eine beliebige Tageszeitung lesen, finden Sie Belege dafür. Fast alle in der deutschen Politik haben verstanden, dass Sicherheitspolitik in Deutschland in der Vergangenheit allzu stiefmütterlich behandelt wurde. Diese Erkenntnis sollte nicht durch unnötige Kriegsrhetorik konterkariert werden. Insofern ist das Gerede von der »Kriegstüchtigkeit« überzogen und trifft nicht den richtigen Ton. Deutschland sollte vielmehr ein realistisches Verständnis von außenpolitischer Verantwortung entwickeln.

Der Kern der internationalen sicherheitspolitischen Verantwortung Deutschlands sollte sich aus Gründen seiner Lage, Größe, Wirtschaftskraft und auch Geschichte vor allem auf seine stabilisierende Funktion in Europa beziehen.

- ✔ Mit Blick auf die **Rolle seiner Streitkräfte** ergibt sich daraus eine besondere Verantwortung für das Thema Landes- und Bündnisverteidigung, und hier hat Deutschland auch dezidiert Verantwortung übernommen – selbst wenn diese lange nicht durch entsprechende finanzielle Ressourcen unterfüttert war.
- ✔ So wurde vielfach beklagt, dass Deutschland wie kaum ein anderes Land von der **liberalen internationalen Ordnung** profitiert, zu deren Erhalt es jedoch zumindest militärisch bisweilen nur wenig beigetragen hat.

Deutsche Interessen

Das deutsche Interesse (Sie finden in Kapitel 20 noch etwas Grundsätzlicheres dazu) lässt sich vereinfacht wie folgt formulieren:

- ✔ Deutschland ist in besonderem Maße auf eine **offene, kooperative internationale Ordnung** angewiesen, in der sowohl freier Zugang zu Ressourcen sichergestellt als auch Handelswege offen sind und keine Zonen der reinen Anarchie geduldet werden können. Das deutsche Geschäftsmodell war in der Vergangenheit stark von wirtschaftlichen Interessen geprägt, insbesondere von Exportorientierung und internationaler wirtschaftlicher Verflechtung. Die jüngsten globalen und geopolitischen Entwicklungen stellen jedoch diese Strategie infrage.

- ✔ Damit verbunden liegt es im langfristigen deutschen Interesse, dass eine **strategische Konfrontation des Westens** mit den aufsteigenden Mächten China und Indien (und möglicherweise Brasilien, Südafrika und Indonesien) und ein dauerhafter Rückfall in alte Konfliktstrukturen im Osten Europas bestmöglich verhindert werden.
- ✔ Auch die Frage, wie sich Deutschland mit Blick auf die Frage positioniert, ob **Demokratie und Menschenrechte zentraler Maßstab** für außenpolitisches Handeln sein sollen oder aber auch mit autoritären Staaten wie China ein stabiler und womöglich pragmatischer Interessenausgleich möglich ist, wird zu den zu entscheidenden Richtungsfragen gehören.

Zurückhaltung – sofern sie dogmatisch beziehungsweise prinzipiell begründet wird – ist dabei keine angemessene Grundhaltung. Das bedeutet nicht, dass Deutschland sich künftig leichtfertiger militärisch engagieren und in einer Art Automatismus allen Wünschen und Forderungen von Partnern öffnen sollte. Es bedeutet aber sehr wohl, dass Deutschland:

- ✔ seine **Interessen stärker definieren** muss und dabei auch zwischen Wirtschaftsinteressen und Interessen an der Einhaltung von Menschenrechten und Rechtsstaatlichkeit wird abwägen müssen sowie
- ✔ in den (vermutlich wenigen) Fällen, in denen der Einsatz seiner **Streitkräfte zur Problemlösung** nachhaltig beitragen kann, dies im multilateralen Verbund verlässlich tun können sollte.

In der deutschen Außenpolitik ist viel geschehen – aber es bleibt viel zu tun. Deutsche Außenpolitik, so der deutsche IB-Forscher Stefan Fröhlich, sei besser als ihr Ruf und sei längst in der **politischen Realität des 21. Jahrhunderts angekommen**. Das Land habe bereits in den vergangenen Jahren mit zahlreichen Tabus gebrochen und Führung in Europa übernommen. Eine deutsche Selbstgefälligkeit zu beklagen sei unangemessen. Berlin, so Fröhlich, betreibe längst einen »**neuen Pragmatismus** zur Bewältigung der zentralen europäischen und globalen Herausforderungen«. Insgesamt solle jedoch aktiver vermittelt werden, dass deutsche Geschichte wirksame Mahnung bleiben muss, aber nicht gegen eine aktive Führungsrolle beim Gestalten der internationalen Ordnung, sondern dafür. Die **Kultur der Zurückhaltung** und die **Kultur der Verantwortung** sind in den vergangenen Jahren wohl nicht immer richtig austariert worden. Der in einer bestimmten historischen Konstellation nach der Wiedererlangung der vollen Souveränität 1989/90 zu Recht beschworene Gegensatz von »Verantwortungspolitik« und »Machtpolitik« ist jedenfalls heute nicht mehr das Kernproblem für deutsche Sicherheitspolitik.

Es war immer die Stärke deutscher Außenpolitik, nicht in die eine oder andere Extremposition zu verfallen und sich zudem nicht allzu sehr von öffentlichen Stimmungen leiten zu lassen.

- ✔ Zentrales deutsches außenpolitisches Paradigma könnte in diesem Sinne der Begriff **Handlungsfähigkeit** sein.
- ✔ Deutsche Außen- und Sicherheitspolitik müsste dann **erwachsen sein** beziehungsweise werden. Das bedeutet, Verantwortung zu übernehmen und sich nicht hinter anderen zu verstecken – mit allen Herausforderungen und Anstrengungen, die damit zusammenhängen.
- ✔ Jedenfalls ist Deutschland – wie der deutsche Politikwissenschaftler Hans-Peter Schwarz es bereits in den 1970er-Jahren formulierte – ein **Kind der internationalen Politik**, das stark durch internationale Bezüge geprägt ist. Dieser Befund ist unverändert gültig.

Kind der internationalen Politik

»Jedermann weiß, dass die auswärtigen Beziehungen für die Bundesrepublik Deutschland von ausschlaggebender Bedeutung sind. Dieser Staat ist ein **Kind der internationalen Politik**. Sein Selbstverständnis wird stärker als das vieler anderer Staaten durch das internationale System geprägt. Die wenigen großen politischen Kontroversen, die in der Bundesrepublik ausgefochten wurden, drehten sich meist um die Gestaltung der auswärtigen Beziehungen. Ebenso ist man sich in allen politischen Lagern und in der Öffentlichkeit über den vorrangigen Stellenwert der weltwirtschaftlichen Verflechtung im Klaren. Weniger ausgeprägt ist hierzulande meist das Bewusstsein dessen, wie sehr die Bundesrepublik seit ihrer Gründung auch ein Staat ist, dessen außenpolitische Entscheidungen weit über die deutschen Grenzen hinaus von ganz erheblichem Gewicht sind« (Quelle: Hans-Peter Schwarz: Handbuch der deutschen Außenpolitik, München 1975, S. 23).

Teil V
Ein Blick in die Zukunft

IN DIESEM TEIL ...

- Spannungsfeld zwischen Werten und Interessen
- Weltordnung, Multilateralismus und *Global Governance* unter Druck
- Machtmittel und deren Durchsetzung
- Zentrale Aufgaben der internationalen Beziehungen

IN DIESEM KAPITEL

Probleme der wertegeleiteten Außenpolitik

Woher Werte und Interessen kommen

Wie Interessen bestimmt werden

Kapitel 20
Die Debatte um Werte und Interessen

Angesichts einer zunehmend multipolaren Weltordnung und oftmals abnehmender Verbindlichkeit des Völkerrechts stellt sich die Frage, auf welche (womöglich neue) Weise über stabile internationale Beziehungen nachgedacht werden kann. Die Kategorien »Werte und Interessen« spielen dabei eine zentrale Rolle.

- ✔ 1748 bemerkte einer der Theoretiker des modernen Staates: »Wer hätte das gedacht: Sogar die **Tugend hat Grenzen nötig**« (Montesquieu). Dass es zu viel Moral geben könnte, ist provokant für die Gegenwart wie auch schon für das damalige Zeitalter der Aufklärung, das in Politik und Gesellschaft mehr Tugend forderte.
- ✔ Helfen Rückbezüge auf das **Gedankengut der Aufklärung** und Denker wie Immanuel Kant, der vor 230 Jahren in seiner Schrift *Zum ewigen Frieden* Wegweisendes dazu gedacht hat?
- ✔ Wird dieses Gedankengut heute lediglich unzureichend aufgegriffen – oder gehen womöglich genau darauf einige **kategoriale Denkfehler** zurück?

Den Krieg grundsätzlich zu ächten, das war eine Errungenschaft der Aufklärung. Die Überlegungen von Kant zur internationalen Friedensordnung sind wesentlich in die Konstruktionen des modernen Völkerrechts und in die VN-Charta eingeflossen. Zugleich gibt es einen – wie Kant es nennt – »geheimen Zusatzartikel« in seiner Schrift. Sich zum Kriege rüstende Staaten sollten zugleich maßgebliche Ansichten der Gelehrten zur Wahrung des öffentlichen Friedens anhören. Dies gehöre zur »Menschenvernunft« und kann als weitere Errungenschaft der Aufklärung gelten. Brasiliens Präsident Lula da Silva hat den bestehenden Handlungsbedarf auf der VN-Generalversammlung im Jahr 2024 so benannt: »Wir können nicht auf eine weitere globale Tragödie wie den Zweiten Weltkrieg warten, um auf ihren Trümmern eine neue Global Governance aufzubauen.«

Der Kant'sche Aufruf zur **unangeleiteten Nutzung des eigenen Verstandes** schlug sich im Hinterfragen grundsätzlicher Kategorien gesellschaftlichen Zusammenlebens nieder. Vor dem Hintergrund der Entwicklungen im europäischen Staatenwesen, die mit dem Westfälischen Frieden 1648 begannen und 1789 in die Französische Revolution mündeten, fragten die Aufklärer nach den Aufgaben des Staates, dessen Legitimation und der Reichweite seiner Kompetenzen. Die Frage nach dem idealen Staat betraf dessen innere Ordnung, aber auch seine Einbettung in die internationale Gemeinschaft. Bei Kant steht das eine in unmittelbarem Zusammenhang zum anderen: Eine republikanische Verfassung, in der alle an dasselbe Recht und Gesetz gebunden seien, und ein freies Weltbürgerrecht, das durch die Möglichkeit zum freien Handel ein kosmopolitisches »Gewebe« unter den Völkern knüpfe, sind ihm die zivilisatorischen Voraussetzungen für einen friedensstiftenden Völkerbund. Diesen Friedensbund denkt sich Kant als permanenten, freiwilligen Staatenkongress, der als internationales Schiedsgericht den Krieg grundsätzlich obsolet macht, statt sich damit aufzuhalten, individuelle kriegerische Konflikte zu beenden.

Fallstricke einer wertegeleiteten Außenpolitik

Sie werden diesen Gedanken vermutlich ebenso faszinierend finden wie ich. Zugleich verfügen Staaten über begrenzte politische, ökonomische und militärische Ressourcen. Sie stehen daher vor der Aufgabe, sowohl ihre Ziele und Vorstellungen gegenüber dem internationalen System zu formulieren als auch deutlich zu machen, in welcher Weise sie ihren Einfluss und ihre Macht zu deren Realisierung einsetzen wollen. Grundlegende Kriterien für die Konstruktion eines solchen Orientierungsrahmens sind vor allem Werte und Interessen. In den internationalen Beziehungen befinden sich diese jedoch in einem noch ausgeprägteren Spannungsverhältnis als im nationalen Kontext.

Der Kontrast zwischen Werte- und Interessenorientierung in der internationalen Politik fällt stark ins Gewicht. Das liegt auch daran, dass der Wertbegriff mit einer gewissen Beliebigkeit verwendet wird. Eine auf den ersten Blick verständliche »werteorientierte Außenpolitik« orientiert sich an etwas, das selbst im definitorischen Dunkel bleibt: »dem Wert«. Für die Sozialwissenschaften hat der Wertbegriff grundsätzlich einen bedeutenden Stellenwert. Denn Menschen orientieren ihr soziales Handeln natürlich an Werten. Diese werden ihnen oft zu allgemein gültigen Leitideen, Idealen und moralischen Verbindlichkeiten und dienen somit, so der deutsche Sozialwissenschaftler Arnold Gehlen, »in entlastender Weise als Instinktersatz«.

- ✔ Der deutsche Soziologe Max Weber wiederum unterscheidet **zweckrationales und wertrationales Verhalten**, wobei Letzteres sich durch den bewussten Glauben an den »unbedingten Eigenwert eines bestimmten Sichverhaltens rein als solchen und unabhängig vom Erfolg« auszeichnet. Weber verweist auch auf die Subjektivität des Wertbegriffs. Demnach ist wertrationales Handeln »ein Handeln nach Geboten oder gemäß Forderungen, die der Handelnde an sich selbst gestellt glaubt«.

- Allerdings weisen Philosophen darauf hin, dass es überhaupt keinen absoluten Stillstand des Wertbewusstseins gebe. Vielmehr sei auch hier wie überall **alles im Fluss** und Werte, so der österreichisch-amerikanische Politikwissenschaftler Stanley Hoffmann, *»as unstable as the forms of clouds«*.
- Hoffmann versucht sich in seinem Werk *Duties Beyond Borders* an der Übertragung der Werte-Idee auf den Bereich der internationalen Beziehungen beziehungsweise daran, realistische Visionen internationaler Politik mit ethischen Vorstellungen zu verbinden. Der wesenhafte Relativismus der Werte, so Hoffmann, werde auf der Ebene des anarchischen internationalen Systems noch verschärft. Denn hier gebe es keinerlei allgemein verbindlichen moralischen Code, sondern allenfalls **rivalisierende Konzepte der Moralität**.

Auch das Völkerrecht vermag – Sie haben es in Kapitel 7 gelesen – letztlich keine universalen Werte zu setzen. Denn dessen zweifellos sinnvolle Wertansätze gewährleisten lediglich eine Gemeinschaft des Vokabulars, nicht aber der Werte selbst. So gut sich also Werte wie Menschenrechte begründen lassen, so wenig helfen sie in konkreten Situationen weiter – denn in solchen geht es immer um einen Preis, den man bereit ist, für deren Durchsetzung zu bezahlen. Der deutsche Staatstheoretiker Carl Schmitt unterstellt (sicherlich extrem), dass eine moralische Politik politische Konflikte verschärft und sie dadurch ihre Lösung erschwert.

Kategorisierung von Interessen

Wenn mithin Werte nicht allein handlungsleitend sein können, dann gilt es, begleitende Konzepte zu entwickeln. Lassen Sie mich daher in einem weiteren Schritt einige Gedanken zur Kategorisierung von Interessen entwickeln. Zunächst stellt sich die Frage, was denn ein gesamtstaatliches Interesse ist und ob es ein solches überhaupt geben kann. Anders gewendet: Woher stammen in den internationalen Beziehungen Interessen und wer formuliert sie? Zur Beantwortung dieser Frage lassen sich zwei Extrempositionen ausmachen – Sie haben in Kapitel 4 bereits davon gelesen.

- **Realisten** unterstellen, es gebe ein kohärentes nationales Interesse als Machtkonzept. In Gestalt einer objektiven Kategorie sei es durch Gegebenheiten wie geografische Lage, Größe, Ressourcenausstattung oder Handelsströme objektiv bestimmbar. Aufgabe der Politik ist es demnach, aus diesen Interessen Handlungsoptionen zu formulieren und diese unabhängig vom Grad des Applauses des Publikums durchzusetzen.
- **Liberale und Sozialkonstruktivisten** sehen das anders. Für sie sind Interessen eher Produkt innenpolitischer Normen und Entscheidungsprozesse: weniger festgelegt, sondern politisch-situativ bestimmbar.

Die wesentliche Funktion von Interessen besteht in den internationalen Beziehungen darin, als Referenzkategorie für die außen- und sicherheitspolitischen Entscheidungen eines Landes zu wirken. Nun könnte man in diesem Zusammenhang vielfältige Unterscheidungen und Abgrenzungen treffen, etwa zwischen eher langfristig angelegten und eher situativen Interessen auf der einen sowie zwischen wichtigen und nachrangigen Interessen auf der anderen Seite.

- **Langfristige Interessen** sind diejenigen Interessen, über die ein breiter gesellschaftlicher Konsens über Generationen und wechselnde Regierungen Bestand hat und deren Revision nur im Rahmen eines politischen Paradigmenwechsels vorstellbar ist. Im Falle Deutschlands wäre dies etwa die europäische Integration oder auch die transatlantische Bindung.

- **Situative Interessen** dagegen sind stärker durch den tagespolitischen Prozess bestimmt und unterliegen rascheren Veränderungen, auch durch parteipolitische Entscheidungen der jeweiligen Regierung.

Wichtige beziehungsweise nachrangige Interessen lassen sich anhand der Bedeutung für die Existenz und Wohlfahrtssicherung des Staates bestimmen. In den USA wird diese Debatte intensiver als etwa in Deutschland geführt. In den USA ist es üblich, eine dreifache Kategorisierung vorzunehmen, und zwar zwischen:

- existenziellen Interessen,
- vitalen Interessen und
- wertbezogene Interessen.

Wenn Sie diese drei Kategorien etwas näher ausbuchstabieren und ihnen jeweils konkrete Ziele und Aufgaben zuordnen, dann könnte das mit Tabelle 20.1 wie folgt aussehen:

Ziele und Aufgaben bei der Wahrung existenzieller Interessen	Ziele und Aufgaben bei der Wahrung vitaler Interessen	Ziele und Aufgaben bei der Wahrung wertebezogener Interessen
Sicherung des Überlebens einer Nation	Verteidigung und Schutz von engen Bündnispartnern	Verhinderung von Kriegen
Sicherung der territorialen Integrität	Verteidigung demokratischer Staaten	Friedensschaffende Operationen
Sicherung der Funktionsfähigkeit der Wirtschaft	Abschreckung und Gewinn von Regionalkonflikten	Humanitäre Interventionen

Tabelle 20.1: Kategorisierung von Interessen, Quelle: eigene Darstellung

Es wird deutlich, dass Interessen keine metrisch zu messende Größe sind, sich aber zumindest innerhalb bestimmter Grenzen als politischer Orientierungs- und Analyserahmen eignen. Mit Max Weber könnte man sagen: »Interessen, nicht Ideen, beherrschen unmittelbar das Handeln der Menschen. Aber: die Weltbilder, welche durch Ideen geschaffen wurden, haben sehr oft als Weichensteller die Bahnen bestimmt, in denen die Dynamik der Interessen das Handeln fortbewegte.« Aufgabe von Politik ist, das jeweilige Interesse in einer konkreten Situation nüchtern zu bestimmen. Nach dem Politiker Klaus von Dohnanyi bedeutet dies, »Wünsche von Interessen und Interessen von Möglichkeiten zu unterscheiden«.

Ein strategisch handelnder Staat muss jedenfalls eine inhaltliche und zeitliche Hierarchisierung und Priorisierung seiner Interessen erkennen lassen.

✔ Nur dadurch werden Handlungsoptionen und Handlungsprioritäten sichtbar. Wenn zudem die **Ziel-Mittel-Relation** nicht sauber beschrieben wird, kann nicht von strategischem Handeln gesprochen werden.

✔ Man könnte auch den ehemaligen deutschen Kanzler Helmut Schmidt zitieren: »Es gibt Probleme in der Welt, die für uns **nicht lösbar** sind. Die lösbaren Probleme soll man lösen, wenn man dazu fähig ist. Die unlösbaren Fragen müssen wir mit Gelassenheit auf sich beruhen lassen.«

✔ Insbesondere die Frage, wie sich Staaten mit Blick auf die Frage positionieren, ob **Demokratie und Menschenrechte** zentraler Maßstab für außenpolitisches Handeln sein sollen oder aber auch mit autoritären Staaten wie China und Russland ein stabiler und womöglich pragmatischer Interessenausgleich möglich ist, zählt dabei zu den entscheidenden Richtungsfragen.

Eine rein **werteorientierte Außenpolitik** ist oft vorwiegend etwas für die innenpolitische Galerie. Wer zudem Werte verabsolutiert, wird schnell politikunfähig. Denn internationale Politik ist das mühsame Geschäft des Austarierens von Interessen. Das bedeutet nicht, über Menschenrechtsverletzungen hinwegzusehen und Wirtschaftsinteressen absolut zu setzen. Es bedarf aber Kompetenz und Empathie, andere Länder nach Maßgabe ihrer eigenen historischen und gesellschaftspolitischen Entwicklung einzuschätzen und zu verstehen. Werte wie Demokratie und Menschenrechte als Maß aller Dinge zu nehmen, erschwert realistische Außenpolitik, die der Vielfalt der Staats- und Regierungssysteme und den Widersprüchen der Weltpolitik Rechnung trägt. Leitend sollte immer die Bewahrung des Friedens und der eigenen Wertebasis sein, aber dort, wo eine wertegeleitete Politik sich als nicht durchsetzbar erweist, muss Realpolitik im Sinne einer realistischen Betrachtung der gegebenen Kräfteverhältnisse und Handlungsmöglichkeiten an ihre Stelle treten.

Womöglich geht der zugrunde liegende Denkfehler auf die Aufklärung selbst zurück, sei es als Missverständnis oder sei es, weil auch die Aufklärer die richtigen Antworten nicht gepachtet haben. Kants Idee der republikanischen Verfassung und des Weltbürgerrechts findet sich in der liberalen Theorie der internationalen Beziehungen wieder, der zufolge Demokratisierung und wirtschaftliche Liberalisierung die Friedensfähigkeit eines Staates grundlegend verbessern.

✔ Nur ging es Kant freilich nicht um Demokratie – er hielt die **Monarchie** für eine der geeignetsten Herrschaftsformen –, sondern darum, dass die Bevölkerung selbst entscheiden müsse, ob sie einen Krieg führen wolle, da sie schließlich die Last des Krieges zu schultern habe.

✔ Das **Eingreifen** in einen anderen Staat mit dem Ziel, dessen Herrschaftsform zu beeinflussen, war bei ihm nicht vorgesehen. Zugleich ist heute in etlichen Fällen – denken Sie etwa an die westlichen Interventionen in Afghanistan ab 2001 (mit klarer völkerrechtlicher Grundlage) oder im Irak ab 2003 (ohne klare völkerrechtliche Grundlage), dass eine gewaltsame »Demokratisierung von außen« zur Destabilisierung einer Gesellschaft beitragen und die Kriegsgefahr beträchtlich erhöhen kann.

- Die USA, in ihrer Selbstdarstellung **Fackelträger der Demokratie**, haben in den vergangenen drei Jahrzehnten laut Angaben des wissenschaftlichen Dienstes des US-Kongresses 251 militärische Interventionen in aller Welt zu verantworten.
- Und etwa China oder andere **autoritäre Staaten** sind nicht per Verfassung eine Bedrohung für den Frieden, selbst wenn man deren innenpolitische Spielregeln verurteilen mag.

Moral- versus Realpolitik

Mithin haben Demokratisierung und Liberalisierung selbst vielfach Anlässe zum Krieg geliefert. Als handlungsleitende Werte eignen sich diese Kategorien nicht. Besonders die Menschenrechte – oftmals als Ergebnis der Aufklärung gefeiert – dienen dem Westen allzu oft als Instrument der Propaganda, als seien sie deren ureigenster Besitz, so der Sozialphilosoph Hans Joas. Fraglich ist, ob die Vermittlung von Werten auf dem Weg der äußeren Einflussnahme Erfolg versprechend sein kann. Joas nimmt jedenfalls an, dass Werte – anders als Normen – nicht vermittelt, sondern nur durch Erfahrung erlebt und angenommen werden können. Zu den Menschenrechten lesen Sie mehr in Kapitel 9.

Das Anliegen von Aufklärern wie Kant war es gerade nicht, **moralistische Dogmen** zur Prämisse politischen Handelns zu machen. Das Primat galt der **Vernunft**, die die Beziehungen unter den Menschen und – so muss man annehmen – auch unter den Staaten beeinflussen sollte. Die nüchterne Analyse der staatlichen Interessen kommt diesem Anliegen weit mehr entgegen als deren normative und kategoriale Bewertung. Die Trennung von Analyse und Bewertung allerdings scheint im öffentlichen Diskurs zunehmend zu verschwimmen; die Freiheit der Meinungsäußerung gerät oftmals in den Sog der Wertedebatte. Dabei wäre nach Kant gerade diese Freiheit der Garant und der höchste Ausdruck des aufgeklärten Denkens: »Zu dieser Aufklarung aber«, so der Philosoph im Jahre 1784, »wird nichts erfordert als Freiheit; und zwar die unschädlichste unter allem, was nur Freiheit heißen mag, nämlich die: Von seiner Vernunft in allen Stücken öffentlichen Gebrauch zu machen.«

Der US-amerikanische Publizist Robert D. Kaplan hat bereits vor einigen Jahren ein radikales Gegenprogramm zur wertegeleiteten Außenpolitik formuliert und eine Art »realistisches Glaubensbekenntnis« aufgestellt.

- Er markiert dabei zunächst den Unterschied zwischen **»Moral« und »Moralismus«:** Moral akzeptiere schwierige Entscheidungen und deren Folgen, während Moralismus dies ablehne.
- Die **menschliche Natur** sei – so argumentiert er unter Bezug auf Thukydides Werk *Der Peloponnesische Krieg* aus dem fünften Jahrhundert vor Christus – getrieben von Angst (*phobos*), Eigennutz (*kerdos*) und Ehre (*doxa*).
- Realismus bedeute mit den **niederen Kräften** der menschlichen Natur zu arbeiten, nicht gegen sie. Für Kaplan ist Realismus ein Wertsystem, aber keine konkrete

Handlungsanweisung für die internationalen Beziehungen. Erfolgreiche Staatenlenker müssten dennoch eine Reihe von Überzeugungen entwickeln, die er als das »Credo der Realisten« bezeichnet.

Das »Credo der Realisten« nach Robert D. Kaplan

- ✔ **Ordnung kommt vor Freiheit:** Viele mögen glauben, Freiheit sei der wichtigste politische Wert. Doch Realisten wissen, dass ohne Ordnung niemand Freiheit genießen kann. Wenn Anarchie herrscht und niemand das Sagen hat, sei Freiheit wertlos. Deshalb würden Realisten nervös, wenn Diktatoren gestürzt werden, denn sie wüssten, dass eine stabile Demokratie als Ersatz nicht garantiert sei, und fragten sich daher, was danach komme. Selbst Tyrannei sei besser als reine Anarchie.
- ✔ **Arbeiten mit dem Material, das vorhanden ist:** Man könne nicht einfach weltweit Regime stürzen, die einem nicht gefallen, nur weil sie nicht denselben Menschenrechtsstandards genügen, deren Führer korrupt oder nicht aufgeklärt oder weil sie keine Demokraten seien. Man müsse mit dem arbeiten, was in jedem Land existiert. Es mag ausländische Führer geben, die so sehr gegen die Interessen des eigenen Landes handeln, dass Krieg oder Sanktionen notwendig seien – doch solche Fälle seien relativ selten. Realisten lernten, mit schlechten Optionen zu arbeiten; Idealisten hingegen gingen oft fälschlicherweise davon aus, dass es gute geben müsste.
- ✔ **Tragisch denken, um Tragödien zu vermeiden:** Pessimismus sei mehr wert als ein fehlgeleiteter Optimismus. Da viele Regime weltweit schwierig seien oder in Schwierigkeiten steckten, würden Realisten wissen, dass sie stets darüber nachdenken müssen, was schiefgehen könnte. Realisten seien gute »Sorgenmacher«.
- ✔ **Nicht jedes Problem hat eine Lösung:** Es sei eine besondere Hybris, zu glauben, jedes Problem sei lösbar. Das sei es nicht. Chaos und Menschenrechtsverletzungen seien weit verbreitet, und man könne nicht überall eingreifen. Deshalb seien Realisten bereit, in manchen Situationen wenig oder gar nichts zu tun, auch wenn sie sich mit herzzerreißenden Zuständen genauso schlecht fühlten wie Idealisten.
- ✔ **Interessen gehen vor Werten:** Ein Land wie die Vereinigten Staaten habe Interessen: Schutz von Seewegen, Zugang zu Energie, weiche Dominanz auf der westlichen Hemisphäre und ein günstiges Machtgleichgewicht auf der östlichen Hemisphäre. Dies seien amoralische Anliegen, die zwar nicht unbedingt im Widerspruch zu liberalen Werten stünden, aber in einer anderen Kategorie operieren. Wenn arabische Diktaturen sichere Seewege besser garantieren könnten als chaotische Demokratien, würden Realisten die Diktatur wählen – eine tragische, aber notwendige Entscheidung.
- ✔ **Leidenschaft und gute Politik passen oft nicht zusammen:** Außenpolitik erfordere Praktiker, bei denen das Blut kalt flösse. Während lautstarke Stimmen forderten, etwas zu unternehmen, müsse die verantwortliche Person besonnen fragen: »Wenn ich das tue, was wird in zwei oder drei Schritten passieren?«

Diese Punkte einer realistischen Agenda sind gewiss umstritten. Aus der Debatte um Werte und Interessen lässt sich zudem leider keine konkrete Handlungsanleitung für die internationale Politik ableiten.

- ✔ Egon Bahr, deutscher Politiker und einer der Vordenker der deutschen Ost- und **Entspannungspolitik in den 1970er-Jahre**n formulierte es so: »In der internationalen Politik geht es nie um Demokratie oder Menschenrechte. Es geht um die Interessen von Staaten. Merken Sie sich das, egal, was man Ihnen im Geschichtsunterricht erzählt.«
- ✔ Man könnte erneut mit Max Weber argumentieren, dass Interessen mit **zivilisatorischen Leitideen** verknüpft und ethisch eingebunden werden müssen. In der politischen Praxis der internationalen Beziehungen dürfte Interessen zumeist der Vorrang vor Werten zukommen. Auch aus diesem Grund gilt interessengeleitete Politik häufig als egoistisch, selektiv und zynisch – wenn etwa ein Eingreifen in humanitären Katastrophen unterbleibt.
- ✔ Trotzdem kann die Besinnung auf **klar definierte nationale Interessen** einem Überdehnen der Kräfte und Möglichkeiten ebenso vorbeugen wie der mit starker Werteorientierung bisweilen einhergehenden »Neigung zum politischen Kreuzfahrertum«.
- ✔ Statt einer vorbehaltlosen wertegeleiteten Außenpolitik wäre es in diesem Sinne womöglich sinnvoller, über eine **ethisch fundierte Realpolitik** nachzudenken – und diese möglichst konkret auszubuchstabieren.

Es ginge dann weniger um die Dichotomie »Moral und Wertedurchsetzung versus Realpolitik«, sondern um unterschiedliche Wertehorizonte oder moralische Urteile. So bewegt sich eine Verteidigung von Werten ohne nüchterne Folgenabschätzung nach dem Motto »koste es, was es wolle« auf einem fragwürdigen Niveau des moralischen Urteils.

Am Beispiel der Sinnhaftigkeit von **Waffenlieferungen an die Ukraine** nach dem russischen Angriffskrieg ab 2022 lässt sich das illustrieren. Ob Sie dafür oder dagegen sind, hängt eben in besonderer Weise von den Folgenabschätzungen ab: Kann es gelingen, die Ukraine damit in ihrem berechtigten Interesse der Wahrung ihrer territorialen Integrität und politischen Selbstbestimmung zu unterstützen, oder führen Waffenlieferungen dazu, dass ein Abnutzungskrieg verlängert wird und sich die Ausgangslage für eines Tages notwendige Verhandlungen nicht entscheidend verändert?

IN DIESEM KAPITEL

Wie sich Weltordnung verändert

Multipolarität und Multilateralismus

Weltregieren ohne Weltregierung

Kapitel 21
Weltregieren und Welt(un)ordnung

Die Welt und ihre Ordnung beziehungsweise Unordnung ist – Sie haben es in den vorangegangenen Kapiteln gelesen – kaum mehr auf einen gemeinsamen und schon gar nicht auf einen einfachen Nenner zu bringen. Traditionell sind grundlegende Umbrüche in den internationalen Beziehungen durch Unsicherheit und Unruhe gekennzeichnet – und schon deshalb können Veränderungen im machtpolitischen Gefüge der internationalen Beziehungen immer als eine Art »Risikotreiber« gewertet werden. Doch was ist mit dem schillernden Begriff Weltordnung gemeint?

Gestaltungsansätze für die multipolare Konstellation

In den unterschiedlichen Epochen der Weltgeschichte (siehe Kapitel 2) hat es sehr unterschiedliche Ordnungen der und in der Welt gegeben. Nach dem Zweiten Weltkrieg prägte bis 1989/1990 gut vier Jahrzehnte lang der Ost-West-Konflikt mit seiner binären Blocklogik – USA auf der einen, Sowjetunion auf der anderen Seite – die internationale Ordnung weitestgehend. Diese Ordnung ist bereits seit fast vier Jahrzehnten untergegangen, jedoch bilden sich die Konturen einer neuen Ordnung nur langsam und mühsam heraus. Die Jahrzehnte nach Ende des Ost-West-Konflikts lassen sich als eine Art Übergangszeit verstehen, aber inzwischen wird doch sichtbar, dass sich eine ungeordnete, ja oft chaotische Welt entwickelt hat.

Unter **Weltordnung** wird die Summe grundlegender Spielregeln und wichtiger Prinzipien der internationalen Beziehungen verstanden. Sie umfasst das internationale System, das die Beziehungen zwischen Staaten, internationalen Organisationen und anderen internationalen Akteuren strukturiert und reguliert. Es nimmt damit die politischen, wirtschaftlichen, sozialen und rechtlichen

Prinzipien in den Blick, die das internationale System organisieren. Die Weltordnung spiegelt vor allem die jeweiligen Machtverhältnisse sowie die grundlegenden Normen und Regeln wider, die das Zusammenleben auf globaler Ebene prägen. Diese sind fluide.

- ✔ In der gegenwärtigen Weltordnung gibt es **unterschiedliche Pole** – beispielsweise USA, China, Russland, Indien und einige andere mehr –, die um sehr unterschiedliche Vorstellungen von weltpolitischem Gestaltungsanspruch ringen.
- ✔ **Multipolarität** kann damit als eines der zentralen Grundmuster der gegenwärtigen internationalen Beziehungen verstanden werden.
- ✔ Unklar ist aber, ob die **aufstrebenden Groß- und Mittelmächte** einer solchen multipolaren Weltordnung die etablierten Institutionen und Instrumente weiterhin mittragen und sogar stärken – oder aber ignorieren und ihrerseits Alternativen schaffen.

Angesichts der in den bisherigen fünf Teilen dieses Buches beschriebenen Entwicklungen der Internationalisierung und der Verschiebung der weltpolitischen Machtgewichte stellt sich die Frage des effektiven Regierens unter den Staaten aber auch in unterschiedlichen Formaten jenseits des Nationalstaats neu.

Offenkundig haben jedenfalls in den vergangenen Jahren die Prinzipien, Normen und Regeln der sogenannten »liberalen internationalen Ordnung« an Einfluss und politischer Bindewirkung verloren.

Als **liberale internationale Ordnung** wird die von den USA dominierte Weltordnung nach Ende des Zweiten Weltkriegs bezeichnet. Zentrale Elemente sind Demokratie, Menschenrechte, Selbstbestimmungsrecht der Völker, Multilateralismus, offene Weltmärkte und Freihandel, eine zentrale Rolle für internationale Organisationen wie Weltbank und internationalen Währungsfonds. Auch wenn nicht alle Elemente immer verwirklicht waren und sie teilweise durch den Ost-West-Konflikt überlagert wurden, war diese Ordnung zentraler normativer Anspruch des politischen Westens bis in die Gegenwart. Verwendet wird dafür auch der Begriff der regelbasierten internationalen Ordnung beziehungsweise der freien internationalen Ordnung.

In der Wissenschaft werden sehr unterschiedliche Auffassungen zur Bedeutung und Bindewirkung der liberalen internationalen Ordnung vertreten:

- ✔ Für den **deutschen Politikwissenschaftler Stefan Fröhlich** ist spätestens seit der globalen Finanzkrise 2007/2008 offensichtlich, dass die bestehenden und westlich geprägten Regelwerke »geopolitische Machtansprüche, Nationalismen und revisionistisches Großraumdenken nicht einhegen können und zunehmend an ihre Grenzen stoßen«. Gerade die Staaten, die von der Globalisierung und der Öffnung der Märkte am meisten profitiert haben, akzeptierten die Grundprinzipien der liberalen Ordnung nicht. Stattdessen würden sie eigene Ordnungsansprüche in ihren jeweiligen Einflusszonen und darüber hinaus anmelden und alternative Formate zu den vom Westen dominierten internationalen Institutionen wie beispielsweise BRICS gründen. Sie entwickelten damit »bestenfalls ein taktisch-instrumentelles Verständnis von Systemen kollektiver Sicherheit wie den Vereinten Nationen«.

- ✔ Aus Sicht des Globalen Südens habe diese vom Westen dominierte regelbasierte Ordnung, so der **indische Politikwissenschaftler Brahama Chellaney**, »nur eines mit größter Deutlichkeit gezeigt: dass das internationale Recht mächtig gegenüber den Ohnmächtigen, aber machtlos gegenüber den Mächtigen ist«. Es sei daher kaum verwunderlich, dass die »Sehnsucht nach Veränderung in großen Teilen der Welt weit verbreitet ist – eine Sehnsucht, die sich sowohl auf Strukturreformen innerhalb der bestehenden internationalen Institutionen richtet als auch auf eine ganz neue globale Ordnung«.
- ✔ Für den **deutschen Politikwissenschaftler Hanns Maull** lassen sich die Merkmale der gegenwärtigen internationalen Ordnung in einem Stichwort zusammenfassen: Sie sei »komplex und turbulent«. Die gesteigerte Komplexität der Weltgesellschaft erschwere ihr Regieren und verlange nach Ordnungen, die in der Lage seien, die »mit Volatilität und Unberechenbarkeit verbundenen Risiken und Gefahren einzuhegen und den Gang des Wandels so zu kanalisieren, dass die Zukunft friedlich und nachhaltig ist«. Die Herausforderung sei zwar keineswegs neu, »aber heute so anspruchsvoll und risikobehaftet wie wohl niemals zuvor in der Geschichte«.
- ✔ Der **deutsche Völkerrechtler Stefan Talmon** meint gar, dass die Frage der zukünftigen internationalen Ordnung zu »einem neuen Schlachtfeld der Systemrivalen geworden ist«.

Multilateralismus und »Club-Governance«

Der zentrale Begriff dabei ist das Schlagwort »Multilateralismus«. Dieser Begriff leidet aber an seiner Unschärfe und bringt zahlreiche Definitions- und Abgrenzungsprobleme mit sich.

- ✔ Nach einer **formal-deskriptiven Definition** bezeichnet Multilateralismus die Praxis der Koordination nationaler Politiken von drei oder mehr Staaten durch Ad-hoc-Vereinbarungen oder Institutionen. Damit ließe sich aber nahezu jede Form zwischenstaatlicher Zusammenarbeit jenseits von Uni- und Bilateralismus als multilateral bezeichnen.
- ✔ Deshalb gibt es gehaltvollere Konzepte, die **Multilateralismus als Politikstil** verstehen, bei dem die zwischenstaatlichen Beziehungen auf der Basis bestimmter allgemein akzeptierter Verhaltensregeln und Prinzipien ablaufen. Kennzeichnend ist in dieser Perspektive eine, wie es der US-amerikanische IB-Forscher Robert Keohane formuliert hat, »Kultur der Reziprozität«, der gegenseitigen Verlässlichkeit und des prinzipiellen Verzichts auf unabgestimmtes Verhalten.

Multilateralismus kann als ein Politikstil definiert werden, bei dem die zwischenstaatlichen Beziehungen auf der Basis bestimmter, allgemein akzeptierter Verhaltensregeln und Prinzipien ablaufen und die beteiligten Akteure bereit sind, diesen gemeinsamen Regeln entsprechend zu handeln. Nationale Interessen werden dabei keineswegs bedeutungslos, sie werden aber in ein übergeordnetes Ordnungskonzept eingebracht. Vor allem aber wird intensiv nach gemeinsamen Lösungen gesucht.

- Multilateralismus ist das konzeptionelle **Gegenmodell zum Unilateralismus**, bei dem einzelne Staaten sich vorbehalten, je nach eigener Interessenslage allein und wenn notwendig auch gegen andere Staaten zu handeln. In der politischen Praxis neigen vor allem große und mächtige Staaten zu unilateralem Vorgehen, weil sie sich davon ihre eigene Interessenmaximierung versprechen.

- Selbst wenn solche mächtigen Staaten nach dem Prinzip »so viel Multilateralismus wie möglich, so viel Unilateralismus wie nötig« verfahren würden (also nur im **»Notfall« unilateral handelten**), würde eine wichtige Voraussetzung für internationale Kooperation zumindest beschädigt. Denn wer im Einzelfall auch allein und gegen den Willen seiner potenziellen Partner handelt, der darf sich nicht wundern, wenn es ihm andere Staaten gleichtun.

- Anders gewendet: Nur wer sich selbst freiwillig den Normen der internationalen Kooperation **unterwirft**, der kann dies auch von anderen erwarten und einfordern.

Zu den **Grundsätzen multilateraler Politik** gehören das Verbot von Gewalt zur Durchsetzung politischer Ziele und die Erkenntnis, dass nationale Interessen durch Zusammenarbeit besser durchgesetzt werden können als in einem nationalstaatlichen Gegeneinander. Die gemeinschaftliche Identifikation und Betonung **gemeinsamer Interessen** ist mithin entscheidend für eine multilaterale Politik. In diesen unterschiedlichen Konzepten spiegeln sich theoretische Grundannahmen über die Beschaffenheit des internationalen Systems wider, wie sie beispielsweise im Institutionalismus oder auch in zahlreichen konstruktivistischen Ansätzen anzutreffen sind. Es wird schnell deutlich, dass der Unilateralismus enge Bezüge zum Realismus aufweist, während der Multilateralismus beziehungsweise seine Phänomene in verschiedenen Theorien thematisiert werden (siehe Kapitel 4).

- Unterstellt das **multilaterale Konzept** bei zentralen Akteuren das Bewusstsein einer interdependenten Welt, die als ein dichtes Netz formeller und informeller Normen handlungsleitend wird, so hebt das unilaterale Konzept stärker auf den anarchischen Grundzustand des internationalen Systems ab. In der unilateralistischen Sichtweise sind zudem Staaten die zentralen Akteure der internationalen Arena und internationalen Organisationen wird nur eine untergeordnete Bedeutung zugemessen. Die multilaterale Gegenposition unterstellt hingegen, dass zahlreiche internationale Prozesse nur im Hinblick auf die Motive und Verhaltensweisen von internationalen Organisationen erklärt werden können.

- **Unilateralisten** sehen internationale Politik als Ergebnis einzelstaatlicher Aktionen. Die mit Gewaltanwendung verbundene Verletzung von Regeln zur eigenen kurzfristigen Nutzenmaximierung (manchmal sogar wider besseres Wissen) wird als **ehernes Gesetz der Weltpolitik** betrachtet, und es ist in dieser Sichtweise nicht zu erwarten, dass internationale Politik langfristig normgeleitet, friedlich, interdependenz- und konsensorientiert abläuft.

- Selbst wenn sich ein Akteur an multilaterale Spielregeln halten würde, hieße dies noch lange nicht, dass er sich darauf verlassen kann, dass dies alle anderen Akteure auch tun. Multilateralismus wird insofern als **Schönwetterveranstaltung** gesehen, die der Natur internationaler Politik nicht gerecht wird. Im Extremfall helfe nur ein unilaterales Verhalten weiter. Multilateralisten zielen hingegen auf internationale Politik als Ergebnis grenzüberschreitender Aktionen zahlreicher Akteure und sehen internationalen Einfluss als Resultante des gekonnten Umgangs mit den Banden der Interdependenz.

Die Bilanz klassischer multilateraler Zusammenarbeit ist gemischt. Einerseits ist bei bestimmten Problemkonstellationen unstrittig, dass nur ein solcher inklusiver Ansatz erfolgversprechend sein kann. In zahlreichen Politikfeldern hat die Diskrepanz zwischen einer zunehmend globaler werdenden Problemstellung und den nach wie vor hauptsächlich auf den Nationalstaat bezogenen Handlungsansprüchen und Entscheidungskompetenzen zu einer »Zuständigkeitslücke« geführt. Andererseits ist in der Praxis der internationalen Beziehungen eine fortschreitende Erosion von klassischen multilateralen Formaten zu beobachten.

✔ Unter dem **klassischen Multilateralismus** wird der formalisierte Multilateralismus, symbolisiert insbesondere durch das System der Vereinten Nationen, verstanden. Er zeichnet sich durch eine oftmals über Jahrzehnte gewachsene Institutionalisierung mit geregelten Verfahren und konsensorientierten Entscheidungsprozessen aus.

✔ Der **neue Multilateralismus** hingegen ist stärker selektiv im Sinne eines Zusammenschlusses Gleichgesinnter zur Lösung bestimmter Probleme. Er zeichnet sich durch eine lockerere Form von Ad-hoc-Koalitionen und mithin einen schwachen Institutionalisierungsgrad zugunsten von Informalität und Flexibilität aus.

Tabelle 21.1 stellt die Unterschiede zwischen altem und neuem Multilateralismus im Überblick dar.

Kategorie	Alter Multilateralismus	Neuer beziehungsweise selektiver Multilateralismus
Institutionen und Akteure	insbesondere System der Vereinten Nationen	verschiedene Club-Governance-Formate
Entscheidungsebene	Institutionen	Staaten und Ad-hoc-Formate
Entscheidungsprozess	starke Formalisierung und Verrechtlichung	schwache Institutionalisierung, Flexibilität und Informalität

Tabelle 21.1: Unterschiede zwischen altem und neuem Multilateralismus, Quelle: eigene Darstellung

Beim neuen Multilateralismus stehen gemeinsame Interessen einer Gruppe »Gleichgesinnter« im Mittelpunkt, die dann problembezogen gemeinsam verfolgt werden. Solche neuen Formate sind also keine klassischen internationalen Organisationen oder Regime, sondern informelle Zusammenkünfte von Staatenvertretern in einem beschränkten Teilnehmerkreis (wobei sie durchaus einige formelle Elemente wie eine Präsidentschaft oder die Herausgabe von Dokumentationen aufweisen können). Sie werden auch als »Club-Formate« bezeichnet.

✔ **Club-Formate**, die bestimmte Interessen oder auch gemeinsame Werte verfolgen und auf die Bearbeitung konkreter Probleme zielen, sind eine Form des neuen beziehungsweise selektiven Multilateralismus.

- ✔ In den vergangenen Jahren ist eine Art **Proliferation von Clubs** auszumachen. G7, G20 oder BRICS sind besonders prominente Beispiele. Es gibt zahlreiche solcher Ad-hoc-Formate und informeller Netzwerke.
- ✔ Der **Grad der Institutionalisierung** wird bewusst niedrig gehalten, um die Informalität und Flexibilität dieser Formate zu gewährleisten.

Um die Leistungsfähigkeit, die Grenzen und Chancen der »Club-Governance« im Vergleich zum klassischen Multilateralismus auszuloten, lassen sich die Parameter Legitimität, Effektivität, Kohärenz und Ressourcenmobilisierung unterscheiden.

- ✔ **Legitimität:** Wer ist an Entscheidungen beteiligt und wer hat Zugang zum Club?
- ✔ **Effektivität:** Sind die Gremien in der Lage, ihre Ziele zu erreichen, einen Beitrag zur Problemlösung beizusteuern und zu »liefern«?
- ✔ **Kohärenz:** Sind die Beschlüsse einigermaßen widerspruchsfrei und aufeinander abgestimmt?
- ✔ **Ressourcenmobilisierung:** Können finanzielle und politische Ressourcen zur Umsetzung der gefassten Beschlüsse in dem jeweiligen Format mobilisiert werden?

Club-Governance lässt sich unterschiedlich bewerten. Für Staaten ist die Beteiligung daran eine komplexe Herausforderung. Positiv werden Effektivität, Flexibilität und pragmatische Problemlösungsfähigkeit hervorgehoben, während Zweifel an der Legitimität bestehen. So ist diskussionswürdig, ob diese neuen Formate zur Problemlösung in den internationalen Beziehungen beitragen oder eben auch das Potenzial haben, etablierte Formate zu schwächen beziehungsweise zu untergraben. Es gibt auch Bedenken, dass damit bindende völkerrechtliche Arrangements langfristig geschwächt werden könnten und damit ein Schwenk von einem **normengeleiteten Multilateralismus** zu einem rein **interessenbasierten Multilateralismus** erfolgen könnte.

Aus dieser Argumentation lässt sich ein »magisches Viereck multilateraler Politik« konstruieren, mit dessen vier Ecken die Relevanz solcher Foren zu einem großen Teil bestimmt wird.

- ✔ Es lässt sich argumentieren, dass mit Formen des **selektiven Multilateralismus** unter Umständen effektiv auf kurzfristige Herausforderungen reagiert werden kann, die Legitimität aber womöglich nicht besonders hoch ist, weil kleine Staatengruppen Dinge unter sich ausmachen.
- ✔ Wer beispielsweise dem universellen System der Vereinten Nationen eine **höhere Legitimität** zubilligt, weil darin nahezu alle Staaten der Welt vertreten sind, der kommt zu anderen Bewertungen, als wenn man beispielsweise die Zusammenarbeit der Großmächte für besonders relevant hält.

Weltregieren ohne Weltregierung

Inwieweit lassen sich diese Formen multilateraler Zusammenarbeit – die »alte«, die »neue« und die »Club-Governance« – nun in ein übergeordnetes Konzept einordnen?

- Ein fast schon als klassisch zu bezeichnender Versuch zur Bewältigung der globalen Herausforderungen wird seit mehr als 25 Jahren unter dem Schlagwort **Global Governance** diskutiert.
- Hypothese ist dabei, dass sich bei Globalisierung der Probleme auch **»die Politik« globalisieren** muss, was sich jedoch nicht nur auf die klassische Zusammenarbeit zwischen den Staaten bezieht, sondern insbesondere auf die Entwicklung eines **neuen Politikmodells** jenseits eines simplen Mehr an Multilateralismus und globalem Denken zielt, bei dem staatliche und nichtstaatliche Akteure auf verschiedenen Ebenen neuartig zusammenarbeiten.

Das **Global-Governance-Konzept** wurde 1995 durch die »Kommission für Weltordnungspolitik« (*Commission on Global Governance*) in die Debatte eingeführt. Eine Reihe von internationalen Persönlichkeiten unter dem Vorsitz des ehemaligen Ministerpräsidenten von Schweden Ingvar Carlsson und des ehemaligen Generalsekretärs des Commonwealth Shridath Ramphal erarbeiteten darin Strategien für eine gerechte und nachhaltige globale Ordnung. Der Abschlussbericht »Unser globales Dorf« (*Our Global Neighbourhood*) war ein Meilenstein in der internationalen Diskussion. Global Governance wird als die »Gesamtheit der zahlreichen Wege, auf denen Individuen sowie öffentliche und private Institutionen ihre gemeinsamen Angelegenheiten regeln«, verstanden und eingehend diskutiert.

Das Konzept bringt nicht nur eine Neudefinition staatlicher Souveränität unter Infragestellung der unbedingten Geltung von Souveränität mit sich, sondern erfordert auch die Verdichtung und Verrechtlichung der internationalen Beziehungen durch internationale Organisationen und Regime. Zudem erfordert es die Einbeziehung neuer Akteure und Kooperationsformen zwischen öffentlichen und privaten Akteuren. Somit bedeutet Global Governance:

- die **Neudefinition staatlicher Souveränität** mit der die Basisprinzipien des Souveränitätskonzepts (Unverletzbarkeit der Grenzen, Verbot der Einmischung in »innere« Angelegenheiten, alleinige Verfügungsgewalt des Staates über gesellschaftliche Verhältnisse) infrage gestellt werden,
- die **Verdichtung und Verrechtlichung** der internationalen Beziehungen durch verschiedenartige internationale Organisationen und Regime sowie
- die Fokussierung auf die **Erweiterung des Kreises der Akteure** über die Staaten und klassischen internationalen Organisationen hinaus und die Entwicklung eines neuen Politikstils.

Das Konzept hat seitdem zahlreiche Wissenschaftler zu Definitionsversuchen und einer inhaltlichen Ausarbeitung angeregt, deren erste Gemeinsamkeit ist, dass sie sich bewusst von den weltföderalistischen Vorstellungen einer Art »Weltregierung« abgrenzen. Global Governance meint mithin eher Weltordnungspolitik.

Im Mittelpunkt globaler Strategiekonzepte stehen das System der Vereinten Nationen, andere internationale Organisationen, internationale Regime, regionale Zusammenschlüsse, die als Kerne einer solchen Entwicklung wirken könnten, aber auch verschiedene globale Netzwerke. Die tragenden Akteure solcher globalen Netzwerke sind aber internationale Nichtregierungsorganisationen der sogenannten internationalen Zivilgesellschaft.

✔ Die Einsicht in die **Unzulänglichkeit** rein zwischenstaatlicher Kooperationsprozesse wie auch die oft bescheidenen Politikergebnisse klassischer internationaler Organisationen sollen dabei den Grundstein für das Entstehen neuer Kooperationsformen zwischen öffentlichen und privaten Akteuren auf dem Weg zu einer *global public policy* bilden.

✔ Die Entwicklungen in den Bereichen **Multilateralismus und Weltordnungspolitik** sind eng miteinander verbunden. Die Evolution beispielsweise der G20 und auch des BRICS-Plus-Formats markiert in doppelter Hinsicht Einschnitte in die Entwicklung von Global Governance.

✔ Sie sind auffälliges Zeichen der Anerkennung der **zunehmenden Interdependenz** in der globalen Politik wie auch der Bedeutung der aufsteigenden (oder besser: aufgestiegenen) Mächte und sie repräsentieren einen Schwenk von einem wertebasierten zu einem interessensbasierten Multilateralismus.

✔ Das Konzept hat also den Vorteil, dass unterschiedlichste **Varianten von Multilateralismus** in den Blick genommen werden können und damit der weltpolitischen Realität eher entsprechen als die klassischen »Global-Governance-Träume«.

Einen erheblichen Teil des gegenwärtigen Weltordnungsdiskurses macht mithin die Frage aus, ob und wie über zwischenstaatliche Politik hinaus verbindliche Regelungen geschaffen werden können und müssen, die die in zahlreichen Politikfeldern erodierende nationale Souveränität im globalen Interesse relativieren und gleichzeitig die Fähigkeit zur Steuerung grenzüberschreitender Probleme zurückgewinnen.

✔ Die **»Grammatik der Weltpolitik«** hat sich in den vergangenen Jahren zunehmend verändert. Während die wichtigsten Topoi von Global Governance in den späten 1990er-Jahren Entgrenzung und Verbindung waren, stehen bei der Club Governance mit den Staaten wieder die klassischen Akteure des Realismus im Fokus.

✔ Die **»G-isierung« der internationalen Politik** bietet in diesem Kontext neben Risiken auch durchaus Chancen. Einige sprechen von einer gefährlichen Form des Multilateralismus, andere sehen darin nichts anderes als die Rückkehr einer Art »Konzert der Großmächte« im Stil des 19. Jahrhunderts.

✔ Wie auch immer: Unter den **Bedingungen von mehr Multipolarität** wird sich der internationale Multilateralismus absehbar und grundlegend wandeln.

IN DIESEM KAPITEL

Machtmittel in den internationalen Beziehungen

Bevölkerungswachstum, Klimaschutz und Rüstungsdynamik

Szenarien der künftigen Weltpolitik

Kapitel 22
Ob und wie Weltprobleme effizient gelöst werden

Zum Abschluss dieses Buches erfahren Sie, ob und womöglich dann wie Weltprobleme effizient gelöst werden (können). Allerdings sollten Sie dieses Kapitel in guter Verfassung lesen – denn ich kann Ihnen nicht versprechen, dass Sie dabei durchgängig gute Laune behalten werden. Aber

- die **Notwendigkeit internationaler Zusammenarbeit**, um die beschriebenen Herausforderungen anzugehen, ist unstrittig,
- es ergibt zugleich wenig Sinn, die Welt allein unter dem Aspekt **des Wünschenswerten** zu betrachten,
- vielmehr ist es Aufgabe von Analytikern der internationalen Beziehungen, auf der Basis einer nüchternen Bestandsaufnahme **das Machbare** auszuloten.

Denn wünschenswert ist vieles: eine gerechte, inklusive und stabile Welt, in der alle Menschen die gleichen Entwicklungschancen haben – und dies in größtmöglicher Selbstbestimmung, Freiheit, Sicherheit und einer intakten Umwelt.

- Doch wie kann das erreicht werden?
- Welche Hindernisse gibt es dabei?
- Wie sehen die Lösungsansätze aus?

Handlungsfähigkeit der »internationalen Gemeinschaft«

Eine »Gemeinschaft« kann als eine Gruppe verstanden werden, die durch gemeinsame Werte, Ziele, Identitäten und Solidarität miteinander verbunden ist. Weiter zeichnet sie sich durch ein Gefühl der Zugehörigkeit, gegenseitigen Respekt und durch Zusammenarbeit aus. In diesem Sinne gibt es keine »internationale Gemeinschaft« im engeren Sinne, sondern lediglich eine sehr lose Gemeinschaft aus einzelnen Staaten, internationalen Organisationen verschiedenster Art und Individuen, die allesamt sehr unterschiedliche Interessen verfolgen.

Die Projektion von Macht – also die Fähigkeit, sich in Konflikten durchzusetzen und Widerstände zu überwinden – beruht in den internationalen Beziehungen auf unterschiedlichen Quellen, wobei natürlich staatliche Akteure andere Möglichkeiten haben als nichtstaatliche. Mit Blick auf die großen Staaten ist eine der klassischen Unterscheidungen die zwischen »harter« und »weicher« Macht:

- ✔ **Harte Macht** (*hard power*) beruht einerseits auf der gezielten Androhung oder Anwendung militärischer Gewalt unter Wahrung der Fähigkeit zur Eskalationsdominanz. Primäre Voraussetzung dafür bilden gut ausgestattete Streitkräfte mit hoher Durchsetzungs- und Durchhaltekraft. Andererseits bedarf es einer stabilen und innovativen Volkswirtschaft, die die wichtigste Grundlage für Einfluss und Macht ist. Diese ist gleichwohl nur meistens erforderlich, aber nicht immer zwingend. So können unter Umständen auch »heruntergewirtschaftete Staaten« *hard power* mobilisieren.
- ✔ **Weiche Macht** (*soft power*) setzt auf eine Einflussnahme über wirtschaftliche (Handel, Technologie, Wettbewerbsfähigkeit) oder kulturelle Leistungsfähigkeit wie beispielsweise das Ausüben einer Vorbildrolle sowie die erfolgreiche Vermittlung eigener Normen und Werte. Die Grundlage dafür ist vor allem die Mitwirkung am klassischen Multilateralismus und die Betonung eines aktiven Engagements nicht nur für eigene Interessen, sondern auch zur Bewältigung globaler Herausforderungen.

Mit Blick auf die Handlungsmöglichkeiten von großen Mächten bietet sich die Verbindung beider Elemente an. Der US-amerikanische Politikwissenschaftler Joseph Nye und sein deutscher Kollege Ernst-Otto Czempiel haben dafür den Begriff **kluge Macht** (*smart power*) geprägt. Dahinter steht die Überzeugung, dass ein grundsätzlich breiter Werkzeugkasten benötigt wird, aus dem man sich lageabhängig und flexibel bedienen kann. Ein Machtvakuum jedenfalls ist in der internationalen Politik nicht vorgesehen. Macht ist nie »weg«, sondern Machthohlräume werden von anderen gefüllt. Machtverschiebungen führen also dazu, dass einige auf- und andere absteigen – oder umgekehrt.

Damit ist die **Globalisierung** – also der Prozess grenz- und politikfeldüberschreitender Problemvernetzung – auf der Ebene der globalen Machtstrukturen angekommen. *There is more to come.* Die globale Ordnung wird also bald anders aussehen als heute.

Aber in den internationalen Beziehungen besteht Handlungsfähigkeit eben nicht nur aus staatlicher Macht. Transnational agierende nichtstaatliche Akteure aus der Wirtschafts- und Gesellschaftswelt haben relativ zu den Staaten in den vergangenen Jahrzehnten größeres

Gewicht erhalten. Im Zusammenspiel mit einer internetgestützten globalen Öffentlichkeit ist es selbst in sensiblen Politikbereichen denkbar, dass nichtstaatliche Akteure noch stärker *Agenda-Setter* und -Vorantreiber sein werden. Über die heute schon erkennbaren organisierten Formen hinaus ist es durchaus realistisch, dass dezentral durchgeführte Aktivitäten mit gemeinsamen politischen Zielen auf der internationalen Ebene zunehmen. Treiber dahinter sind nicht zuletzt die verbesserten technischen Vernetzungsmöglichkeiten. Dies bringt eine neue Qualität mit sich, deren Anfänge sich bereits jetzt an globalen internetgestützten Kampagnen ablesen lassen.

Der Wert von Macht in den internationalen Beziehungen hängt jedenfalls stark davon ab, ob sie **klug und verantwortungsbewusst** gehandhabt wird. Es gibt unendlich viele Beispiele, bei denen Macht in destruktiver Weise genutzt wird – vom US-amerikanischen Einmarsch im Irak 2003 bis zum russischen Angriffskrieg gegen die Ukraine 2022. Die Beispiele für den verantwortungsvollen Machtgebrauch sind demgegenüber weniger spektakulär, aber es gibt sie durchaus. Die in den Kapiteln 10 und 11 dargestellten Verbesserungen in der globalen Gesundheitslage, Fortschritte bei globaler Armutsreduktion wie auch beim Human Development Index und anderes mehr gehören dazu.

Die Betrachtung von Machtressourcen der Akteure ist aber nur eine Möglichkeit, auf das Thema Handlungsfähigkeit in den internationalen Beziehungen zu blicken. Die andere ist, die »Grammatiken« und Handlungslogiken in den einzelnen Themenfeldern der internationalen Beziehungen zu betrachten. Hier spielt auch die Institutionalisierung hinein – also der Prozess, durch den Regeln, Normen, Verfahren und Strukturen geschaffen und gefestigt werden, um die Interaktionen zwischen Staaten und anderen Akteuren zu regulieren. Die in Teil III dieses Buches behandelten Themenfelder haben einen unterschiedlichen und widersprüchlichen Grad an Institutionalisierung, den Sie in Tabelle 22.1 im Überblick dargestellt sehen.

	Institutionalisierungsgrad	Zentrale Konfliktlinie
Sicherheit und Unsicherheit	gemischt; zahlreiche Organisationen auf regionaler und globaler Ebene	Sicherheitsdilemma; Kriege trotz aller Bemühungen auf internationaler Ebene weiter an der Tagesordnung, Krieg als Chamäleon in immer neuen Formen
Menschenrechte	hoch, zahlreiche kodifizierte Abkommen	Aufrechterhaltung zentraler Standards versus Verbot der Einmischung in innere Angelegenheiten der Staaten
Wirtschaft	hoch, zahlreiche Abkommen und Regelungen	De-Globalisierung, Geopolitisierung des internationalen Handels, Freihandel versus Abschottung
Entwicklung	zersplittert, Vielfalt staatlicher und privater Initiativen	enorme Entwicklungsunterschiede auf der Welt; Globaler Süden gegen Globalen Norden als zunehmend verschwimmende Kategorie

	Institutionalisierungsgrad	Zentrale Konfliktlinie
Klima- und Umwelt	hoch, zahlreiche kodifizierte Abkommen	kurzfristige versus langfristige Kosten, Recht auf (nachholende) Entwicklung versus planetare Grenzen und unmögliche Übertragbarkeit des westlichen Wohlstandsmodells
Migration und Fluchtursachenbekämpfung	hoch, zahlreiche kodifizierte Abkommen	humanitäre Motive und Menschenrechte versus Abschottung
Gesundheit	mittel, zunehmend kodifizierte Abkommen	zunehmend grenzüberschreitende Bedrohungslagen versus nationalstaatliche Handlungsvorbehalte

Tabelle 22.1: Bilanz zentraler Themenfelder der internationalen Beziehungen, Quelle: eigene Darstellung

Obschon die institutionellen Rahmenbedingungen unstrittig wichtig sind: Der Grad an Institutionalisierung ist nicht das alleinige Grundproblem. Noch zentraler ist der politische Wille, die Institutionen für gemeinsame Problemlösungen nutzbar zu machen. Daran mangelt es oft.

Dabei sind es insbesondere drei Bereiche, die für die Stabilität der künftigen internationalen Beziehungen besonders herausfordernd und folgenreich sind:

- ✔ Bevölkerungswachstum,
- ✔ Klimapolitik und nachhaltige Entwicklung sowie
- ✔ Rüstungsdynamiken und Rüstungskontrolle.

Querschnittsthema Bevölkerungswachstum

Die Besorgnis, das weltweite Bevölkerungswachstum könne die Erde früher oder später überfordern, ist nicht neu. Immerhin blickt die Völkergemeinschaft auf eine rasante Entwicklung zurück: Während es noch vor einem halben Jahrtausend »nur« 500 Millionen Menschen auf der Erde gab, setzte um die Mitte des 17. Jahrhunderts herum ein dramatisches Wachstum ein. Zwar hat sich die Dynamik seit einigen Jahren wieder leicht abgeschwächt, aber gegenwärtig leben gemäß Weltbevölkerungsbericht des Bevölkerungsfonds der Vereinten Nationen (UNFPA) 8,16 Milliarden Menschen auf der Erde. Der UNFPA prognostiziert, dass die Weltbevölkerung bis Mitte der 2080er-Jahre auf etwa 10,3 Milliarden Menschen anwachsen wird. Danach wird ein Rückgang auf etwa 10,2 Milliarden Menschen erwartet, was 700 Millionen weniger sind, als noch vor zehn Jahren prognostiziert wurde.

- ✔ Dieses Wachstum verläuft jedoch **nicht gleichmäßig**: Während einige Regionen ein rapides Bevölkerungswachstum verzeichnen, erleben andere eine rasche Alterung der Gesellschaften.

- Die **Schere** zwischen den »gut« und den »schlecht« entwickelten Regionen öffnet sich dramatisch. Das künftig zu erwartende Ungleichgewicht zwischen armen und reichen Ländern, aber auch zwischen Land und Stadt ist also das, was Sorgen bereitet.

Es gibt politische Ansätze, um den beschriebenen Trend abzuschwächen. In Asien ist dies beispielsweise den »Tigerstaaten« sowie China bereits weitgehend gelungen. Dort ist das Risiko eher die Überalterung der Bevölkerungsstruktur, ähnlich wie in weiten Teilen Europas und insbesondere in Russland. In Afrika hingegen stellt sich die Lage völlig anders dar. Dort ist in der jüngeren Vergangenheit insgesamt zwar eine spürbare Absenkung der Geburtenraten gelungen, zu einer nachhaltigen Trendabschwächung hat dies aber noch nicht geführt. Studien prognostizieren für Afrika eine Verdopplung der Bevölkerung bis 2050 von heute knapp 1,3 auf 2,5 Milliarden Menschen – wobei dann 40 Prozent der Kinder unter 18 Jahren auf der Welt dort leben werden. Diese Perspektive alarmiert in dreierlei Hinsicht:

- wegen der **absoluten Zahlen**, die erhebliche Konflikte um lebensnotwendige Ressourcen erwarten lassen,
- wegen der **Dynamik des Zuwachses**, die eine scheinbar unaufhaltsame Entwicklung in die falsche Richtung signalisiert,
- sowie angesichts der **extremen Verjüngung**, die einen volkswirtschaftlich viel zu hohen Anteil der Bevölkerung im noch nicht arbeitsfähigen Alter zur Folge haben und einige Jahre später absehbar zu scharfen Kämpfen um Arbeitsplätze oder zu Auswanderungsdruck führen könnte.

Allerdings folgen diese Befunde keiner naturgesetzlichen Logik. Bekannt sind einige der direkten Zusammenhänge, die – abseits von radikalen und mit einem liberalen individuellen Selbstbestimmungsrecht kaum vereinbaren Ansätzen wie etwa der chinesischen »Ein-Kind-Politik« – eine unausgewogene Bevölkerungsentwicklung beeinflussbar und kontrollierbar machen. Dazu gehören vor allem die Bekämpfung von Massenarmut, die Verbesserung des Gesundheitswesens, das Anheben des Bildungsniveaus, ein Zugang zu Verhütungsmitteln, der Ausbau sozialer Sicherungssysteme und generell mehr Mittel für bevölkerungspolitische Maßnahmen. Aber allein das erforderliche Maß an Wirtschaftswachstum, um der wachsenden Bevölkerung eine Perspektive zu bieten – von dem damit verbundenen Ressourcenverbrauch gar nicht zu reden –, wird erhebliche Anstrengungen und neue Ansätze erfordern.

Klimapolitik und nachhaltige Entwicklung

In den Bereichen Schutz des Weltklimas und Entwicklung folgt die internationale Gemeinschaft seit Langem einer ebenso nachvollziehbaren wie richtigen Grundphilosophie: Mit einer nachhaltigen Entwicklung (*sustainable development*) sollen die Bedürfnisse der Gegenwart so befriedigt werden, dass die Möglichkeit künftiger Generationen, ihre eigenen Bedürfnisse zu befriedigen, nicht verbaut wird (Sie haben darüber in den Kapiteln 11 und 12 gelesen).

- Trotz der mannigfaltigen Bemühungen auf vielen Ebenen der internationalen Politik sind die **Erfolge** jedoch in der Summe eindeutig kleiner, als es angesichts der Lage erforderlich wäre.

- Die **weltweite Ausbreitung** der ressourcenintensiven Lebens-, Konsum- und Produktionsweise führt absehbar zu einer Überschreitung natürlicher Belastungsgrenzen unseres Planeten.
- Die **Nachhaltigkeitsziele der Vereinten Nationen** (SDGs) versuchen, die menschliche Entwicklung so steuern, dass die Umwelt sinnvoll genutzt wird und alle Menschen auf der Erde dauerhaft gut leben können. Im Prinzip wurde ein gemeinsames Handeln von Regierungen, Unternehmen, Organisationen und Einzelpersonen weltweit festgelegt und mit klaren Zielen und nationalen Aktionsplänen operationalisiert.

Die damals 193 VN-Mitgliedsstaaten haben die Ziele einstimmig verabschiedet und alle haben die »Agenda 2030« unterzeichnet, in der die SDGs mit einem klaren Umsetzungsplan festgelegt sind. Bei zahlreichen Gelegenheiten wurden die Versprechen erneuert, etwa bei der Verabschiedung eines »Zukunftsakts der Vereinten Nationen«. Erstmals seit dem Weltgipfel 2005 behandelte dieser Gipfel 2024 alle drei großen Themenbereiche der VN gemeinsam: nachhaltige Entwicklung, Frieden und Sicherheit sowie Menschenrechte und humanitäre Angelegenheiten. Außerdem befasste er sich unter dem Schlagwort »Transformation von Global Governance« mit der Reform des gesamten VN-Systems und der internationalen Finanzarchitektur. Der Pakt ist in 56 Aktionen gegliedert, von denen allerdings so gut wie keine aktionsorientiert ist. Vielmehr wimmelt es von Prüfaufträgen sowie Konjunktiven und die Mehrzahl der Aussagen hat vor allem appellativen Charakter.

Andererseits gibt es auch im Umweltbereich erfolgreiche Abkommen, wie das Verbot von Fluorchlorkohlenwasserstoffen, die für den Rückgang der Ozonkonzentration (»Ozonloch«) verantwortlich waren. Ohne drastische Maßnahmen hätte UV-Strahlung Pflanzen, Plankton und andere Lebewesen geschädigt, die empfindlich auf UV-Licht reagieren und zu massiven Problemen im globalen Ökosystem geführt. Das **Montreal-Protokoll von 1987** war ein multilateraler internationaler Vertrag, der den schrittweisen Ausstieg aus der Produktion von Ozon schädigenden Stoffen regelte. Dank der weltweiten Bemühungen zeigt die Ozonschicht Anzeichen einer langsamen Erholung. Sie können also sehen: Es geht.

- Insgesamt gelingt im Bereich Klimapolitik und nachhaltige Entwicklung die **Umsetzung der ambitionierten Ziele** jedoch absehbar nicht und es herrscht auch keine Einigkeit zwischen dem Globalen Süden und dem Globalen Norden über eine angemessene Form der Lastenteilung.
- Insbesondere die internationale Klimadiskussion offenbart damit – wie in Kapitel 12 dargestellt – zahlreiche Widersprüche, die weniger auf der **Erkenntnisebene** als auf der **Umsetzungsebene** liegen.
- Die **Positivbeispiele** zeigen allerdings auch, dass bei einer **Kombination** aus ausreichendem Problemdruck, hinreichendem Willen der Staaten und geschickter multilateraler Diplomatie Fortschritte möglich sind.
- Ob diese Dreier-Kombination in der **derzeitigen weltpolitischen Großwetterlage** wiederholbar ist, kann aber bezweifelt werden.

Rüstungsdynamiken und Rüstungskontrolle

Im Bereich Sicherheit und Unsicherheit – dem Kern- und Ursprungsproblem der internationalen Beziehungen – sind es nach wie vor die ganz unterschiedlichen Formen von Gewalt, die die internationalen Beziehungen prägen. Es spricht alles dafür, dass dies auch künftig ein Kernproblem sein wird. Doch nicht nur einzelne Kriege sind für die betroffenen Gesellschaften, Staaten, Regionen oder bei besonders folgenreichen Kriegen auch für weite Teile der Welt ein zentrales Problem. Vielmehr sind die Rüstungsdynamiken und die wenig erfolgreichen Versuche, diese einzuhegen, selbst zur Herausforderung geworden.

Das grundsätzliche Dilemma von Rüstung und Wettrüsten ist nicht neu, scheint aber bis heute in der internationalen Sicherheitspolitik nicht wirklich auflösbar. In der Charta der Vereinten Nationen wird in Artikel 26 als Ziel genannt, die internationale Sicherheit dadurch zu fördern, »dass von den menschlichen und wirtschaftlichen Hilfsquellen der Welt möglichst wenig für Rüstungszwecke abgezweigt wird«. Die Welt ist davon, wie in Kapitel 8 dargestellt, weiter denn je entfernt. Die weltweiten Rüstungsausgaben befanden sich 2024 auf einem Allzeithoch, Rüstungskontrolle und Abrüstung erscheinen als Themen von vorgestern. Immer mehr Staaten sind der Auffassung, nur massive Aufrüstung und in einigen Fällen sogar eine nukleare Bewaffnung könne ihre Sicherheit gewährleisten.

- ✔ So hat sich die Gefahr der unkontrollierten Verbreitung (Proliferation) von atomaren und biologischen **Massenvernichtungswaffen** samt Trägertechnologien weiter erhöht.

- ✔ Auch im Bereich der Verbreitung von **Kleinwaffen** ist eine rasante Zunahme zu verzeichnen – was die Lage insbesondere in fragilen Staaten und in Bürgerkriegen verschärft. Gegenmaßnahmen wie der 2013 verabschiedete multilaterale Vertrag über den Waffenhandel zeigen nur begrenzt Wirkung.

- ✔ Zudem intensiviert sich drei Jahrzehnte nach dem Ende des Ost-West-Konflikts eine grundsätzliche Debatte über die bisherigen Instrumente der **rüstungspolitischen Stabilität**, die sich unter anderem in der Infragestellung, Nichtverlängerung oder gar Aufkündigung wichtiger etablierter Rüstungskontrollabkommen manifestiert.

- ✔ Für **neue sicherheitspolitische Gefährdungen** wie etwa in den Bereichen Cyber, Weltraum oder autonome Waffensysteme gibt es zudem noch keine Erfolg versprechenden Rüstungskontrollinstrumentarien – auch wenn das enorm hohe Missbrauchspotenzial mit gravierenden Risiken für die Menschheit allgemein anerkannt ist.

Die Vision einer **nuklearwaffenfreien Welt**, die einflussreiche Nichtregierungsorganisationen wie die *Global-Zero-Initiative* seit Langem fordern, schien manchen zeitweise durchaus realistisch. Auch die Unterzeichnung des **Atomwaffensperrvertrages** (in Kraft seit 1970 und von 191 Staaten unterzeichnet) und des **Atomwaffenverbotsvertrages** (in Kraft seit 2021 und derzeit von 94 Staaten unterzeichnet) hat Hoffnung gemacht. Inzwischen hat sich dieser Trend offenbar wieder umgekehrt, denn die etablierten Nuklearmächte modernisieren ihre Arsenale, andere Staaten schaffen neue Fähigkeiten auf diesem Gebiet und die Rüstungskontrollvereinbarungen verlieren an Wirksamkeit – was im Ergebnis mehr nukleare Akteure und weniger Stabilität bedeutet. Denn Nuklearwaffen haben ein Schadenspotenzial, das das Überleben der gesamten Menschheit unter hohes

> Risiko stellt. Ein konkreter Einsatz wäre für alle Seiten katastrophal. Es gibt aber keine Garantie, dass diese Erkenntnis dazu führt, dass Nuklearwaffen nicht eingesetzt werden. Ganz im Gegenteil: Je mehr nukleare Akteure mitspielen, je ausgereifter die technischen Entwicklungen werden und je komplexer sich damit das strategische Entscheidungsfeld um nukleare Einsätze und Einsatzdrohungen gestaltet, desto höher wird das Risiko einer mangelnden internationalen Beherrschbarkeit der Kategorie nuklearer Waffen.

Der damalige Bundespräsident Frank-Walter Steinmeier betonte in seiner Rede vor der 76. Generalversammlung der Vereinten Nationen: »Zukünftige Generationen werden uns nicht an militärischer Stärke heute messen, sondern daran, ob wir in der Lage waren, **Probleme und Konflikte zu lösen**. Militärische Stärke ohne den Willen zur Verständigung, ohne Mut zur Diplomatie macht die Welt nicht friedlicher.«

Visionen einer künftigen Weltordnung

In welcher Form könnten in den internationalen Beziehungen die beschriebenen Herausforderungen angegangen werden? Sie werden nun abschließend einige Szenarien kennenlernen, die die Antwort auf diese Frage entscheidend mitbestimmen werden.

- ✔ Im Gegensatz zu Prognosen versuchen **Szenarien** nicht, die Zukunft vorherzusagen. Vielmehr geht es darum, denkbare zukünftige Möglichkeiten auszuleuchten sowie Entwicklungen und Trends zu identifizieren, die die Zukunft bestimmen.
- ✔ In der **Zukunftsforschung** gilt ein Betrachtungszeitraum von bis zu 20 Jahren als mittelfristig und von bis zu 50 Jahren als langfristig. Die Sprachregelung der Politik unterscheidet sich diesbezüglich erheblich, denn bereits ein Denken über eine Legislaturperiode hinaus gilt oftmals als langfristig.

Es gibt eine Reihe an Berichten zu denkbaren – in diesem Sinne mittelfristigen – Szenarien der Weltpolitik, die globale Trends, mögliche Entwicklungen und die Auswirkungen von politischen Entscheidungen auf internationaler Ebene analysieren. Dazu zählen beispielsweise:

- ✔ Berichte von internationalen Organisationen wie etwa **IWF, Weltbank, UNDP** und **UNESCO**, die Szenarien zur globalen Wirtschaft, Armut, Entwicklung und Umwelt sowie zur politischen und wirtschaftlichen Stabilität von Ländern und Regionen in den Blick nehmen,
- ✔ Berichte des **Internationalen Komitees vom Roten Kreuz** oder von **Oxfam**, die sich mit den humanitären Auswirkungen von Konflikten und Kriegen auf verschiedene Regionen befassen,
- ✔ der **Global Risk Report** des World Economic Forum zu internationalen Risiken und die **Global Trend Reports** des US-amerikanischen Geheimdienstes CIA zur künftigen Entwicklung der internationalen Beziehungen,

- ✔ Szenarien von **Denkfabriken und internationalen Forschungsinstitutionen** aus unterschiedlichen Teilen der Welt wie der Stiftung Wissenschaft und Politik in Berlin, der Carnegie Endowment for International Peace in New York, dem South Centre in Genf, dem Third World Network in Kuala Lumpur, dem BRICS Policy Center in Rio de Janeiro oder dem Institute of South Asian Studies in Singapur, die allesamt regelmäßig Szenarien zu globalen politischen Trends erstellen.
- ✔ Besonders eingänglich ist der Bericht *Global Trends 2040: A More Contested World*, veröffentlicht vom US-amerikanischen National Intelligence Council Dieser beschreibt mögliche Zukunftsszenarien für die globale Ordnung bis 2040.

Alle Studien identifizieren treibende Kräfte beziehungsweise zentrale Einflussfaktoren sowie Trends in verschiedenen Themenfeldern und entwerfen auf dieser Basis alternative Zukünfte und Szenarien. Sie basieren auf der Einschätzung von Entwicklungen, die durch technologische, wirtschaftliche und geopolitische Entwicklungen entstehen *könnten*. Sie zeigen also, welche Weltordnung denkbar wäre. Sie sehen sehr unterschiedliche Entwicklungsmöglichkeiten – von

- ✔ einer Welt, die in **unterschiedliche Machtblöcke** aufgeteilt ist, über
- ✔ einer Welt im **multipolaren Gleichgewicht**, in der begrenzte Kooperation auf Basis der Beachtung der Kerninteressen der jeweils anderen Seite stattfindet,
- ✔ einer Welt, in der die **Demokratien** eine Renaissance erleben und Probleme effektiv gelöst werden,
- ✔ einer Welt der **offenen Netzwerke**, in der Nichtregierungsorganisationen an Einfluss gewinnen, bis hin zu
- ✔ einer Welt, die als **globale Tragödie** im Chaos versinkt.

Tabelle 22.2 stellt fünf Entwicklungsmöglichkeiten und deren zentrale Ideen und Merkmale im Überblick dar.

Entwicklungs-möglichkeit	Zentrale Idee	Merkmale
Welt der getrennten Machtblöcke	Welt zerfällt in rivalisierende wirtschaftliche und politische Machtblöcke.	Rivalisierende Blöcke wie USA und China schaffen getrennte Bündnis- und Wirtschaftssysteme; internationale Kooperation wird erschwert.
Macht im Gleichgewicht	Staaten finden ein stabiles multipolares Gleichgewicht durch begrenzte Kooperation.	Mächte wie USA, China und Russland teilen Einflusszonen auf; Kooperation bei ausgewählten Themen wie Klimawandel und Pandemien; Stabilität durch Realpolitik.
Renaissance der Demokratien	Demokratien erleben einen Aufschwung durch wirtschaftliche und technologische Erfolge.	Demokratische Länder fördern Innovation und Wohlstand; enge Zusammenarbeit zwischen Demokratien stärkt die globale Stabilität, autoritäre Regime verlieren an Einfluss.

Entwicklungsmöglichkeit	Zentrale Idee	Merkmale
Welt der offenen Netzwerke	Vernetzte nichtstaatliche Akteure übernehmen zentrale Rollen, Nationalstaaten verlieren an Einfluss.	NGOs, Unternehmen und große Städte gestalten globale Politik; dezentralisierte, flexible Governance-Modelle entstehen; Technologie treibt Zusammenarbeit voran.
Globale Tragödie und Chaos	Ungelöste globale Herausforderungen führen zu Destabilisierung und einem Zusammenbruch der internationalen Ordnung.	Klimawandel, Pandemien und wirtschaftliche Krisen eskalieren; Konflikte zwischen und innerhalb von Staaten nehmen zu; internationale Institutionen versagen.

Tabelle 22.2: Entwicklungsmöglichkeiten für die Welt im Jahr 2040; Quelle: eigene Darstellung auf Basis verschiedener im Text genannter Berichte

Aus diesen allgemeinen Entwicklungsmöglichkeiten lassen sich zwei konkrete Szenarien herausarbeiten, die sich nicht gegenseitig ausschließen, die aber womöglich die internationalen Beziehungen der kommenden Jahrzehnte entscheidend prägen könnten: eine nationalstaatliche Welt mit einem zunehmenden nationalen Gegeneinander und eine veränderte globale Machtverteilung mit zunehmender Bedeutung neuer Mächte.

- ✔ **Nationalstaatliche Welt mit zunehmendem nationalen Gegeneinander:** Dieses Szenario könnte durch Ereignisse wie internationale Wirtschafts- und Umweltkrisen, Pandemien, geopolitische Konflikte oder den schleichenden Zerfall globaler Institutionen entstehen.

  Es zeigt eine Welt, in der Misstrauen und nationale Interessen dominieren. Bestandteile wären verstärkte Grenzkontrollen und Abschottung, die Betonung nationaler Identität, Kultur und Souveränität bei gleichzeitigem Bedeutungsverlust internationaler Abkommen und Institutionen. Staaten investieren massiv in Rüstung und regionale wie globale Spannungen nehmen zu. Handelsbarrieren werden auf- statt abgebaut und der internationale Handel und die internationale Vernetzung schrumpfen. Die Abhängigkeit von globalen Lieferketten wird verringert – was zwar in einzelnen Bereichen die Resilienz stärkt, insgesamt jedoch zu Wohlstandsverlusten führt. Internationale Organisationen verlieren an Einfluss und geopolitische Konflikte häufen sich. Globale Probleme wie der Klimawandel werden vernachlässigt, da Länder ihre kurzfristigen Eigeninteressen in den Vordergrund stellen.

- ✔ **Veränderte globale Machtverteilung mit zunehmender Bedeutung neuer Mächte:** Dieses Szenario erwartet eine weiter zunehmende Bedeutung von nicht-westlichen Staaten wie China, Indien und Brasilien, die Stärkung von Formaten wie BRICS und die Abkehr vieler Länder vom westlichen Multilateralismus.

  Die neuen Mächte bilden starke Allianzen, die die westliche Dominanz herausfordern. Sie wachsen weiterhin wirtschaftlich schneller als westliche Industrieländer, während die USA und Europa durch politische Instabilität, wirtschaftliche Probleme und gesellschaftliche Spaltung geschwächt werden. Ein großer Teil des globalen Handels läuft über regionale Abkommen zwischen Nicht-West-Staaten. Die neuen Mächte schaffen eigene Handels- und Finanzsysteme, unabhängig von Organisationen wie WTO oder IWF. Die neuen Mächte betonen ihre eigenen kulturellen und politischen Systemvorstellungen, die westliche Konzepte infrage stellen. Lokale Kulturen und Werte gewinnen an Bedeutung, während der Einfluss westlicher Medien und Kulturen abnimmt.

Vieles erscheint heute vorstellbar – und es ist unmöglich, eine Wahrscheinlichkeit für das Eintreffen des einen oder anderen Szenarios zu berechnen. Etliche Beobachter sehen jedenfalls mit dem russischen Angriffskrieg gegen die Ukraine ab Februar 2022 eine fundamentale weltpolitische Zäsur von ähnlichem Ausmaß wie beim Fall der Berliner Mauer im Herbst 1989 oder den Terroranschlägen vom 11. September 2001.

Der Krieg gegen die Ukraine: Ost-West-Konflikt 2.0?

Zwar haben 141 Staaten in der VN-Generalversammlung nach dem eindeutig völkerrechtswidrigen Angriff im März 2022 diesen Angriff klar verurteilt und nur fünf (neben Russland selbst noch Belarus, Nordkorea, Eritrea und Syrien) gegen eine Verurteilung Russlands gestimmt. Aber 35 Staaten (darunter China, Indien und Südafrika) enthielten sich und zwölf nahmen an der Abstimmung nicht teil. 52 Staaten – etwa ein Viertel der VN-Mitglieder, die mehr als die Hälfte der Weltbevölkerung repräsentieren – haben mithin Russlands Krieg nicht verurteilt. Auch die westlichen Sanktionen gegen Russland trägt eine Mehrheit der Staaten nicht mit, die umfangreichen Waffenlieferungen an die überfallene Ukraine kommen lediglich aus einer Minderheit von rund 50 Staaten. Staaten wie Indien und China haben Großteile der russischen Rohstofflieferungen an westliche Staaten kompensiert und das BRICS-plus-Format – in dem Russland eine führende Rolle spielt – hat wie dargestellt an weltpolitischem Einfluss gewonnen. Der deutsche Politikwissenschaftler Ulrich Menzel formuliert es in seinem Buch *Wendepunkte* folgendermaßen: »Da wir einen Vormarsch der autoritären Systeme auf der Welt erleben, stehen wir in der Übergangsphase am Beginn eines Ost-West-Konflikts 2.0, in dem sich der alte Orient mit China und der alte Okzident mit den Vereinigten Staaten als Führungsmächte gegenüberstehen. Deshalb muss Europa die USA unterstützen und darf sich nicht als dritter Pol in der Welt, gar als eine neue Art der ›Blockfreien‹ verstehen, da es sich um einen Konflikt zwischen einer autoritären und einer liberalen Weltordnung handelt. Der Westen sollte allerdings Abschied nehmen von seinem Missionarismus, das westliche Modell in autoritär geführten Ländern mit Anreizen, Druck oder gar Gewalt durchzusetzen. Stattdessen sollte er sich auf die Behauptung der liberalen Ordnung daheim beschränken, die innenpolitisch unter dem Druck der Populisten steht. Jedes neue Mitglied im liberalen Club ist willkommen. Es muss aber freiwillig kommen.«

Der Krieg gegen die Ukraine könnte also bereits länger absehbare Entwicklungen verstärken und tatsächlich zum Entstehen einer neuen Weltordnung beitragen. Denn wie immer dieser Krieg ausgehen mag: Westliche Ordnungsvorstellungen sind unter Druck geraten und der politische Westen ist zwar weiterhin eine wichtige Kategorie in den internationalen Beziehungen, aber seine Reichweite, Bindewirkung und Durchsetzungskraft nehmen sichtbar ab.

Auswege aus der »Thukydides-Falle«

Das wohl wichtigste bilaterale Verhältnis der Welt der kommenden Jahrzehnte ist die Rivalität zwischen den Großmächten USA und China (siehe Kapitel 16 und 18). Die sogenannte »Thukydides-Falle« illustriert einen möglichen Ausgangspunkt für pessimistische Überlegungen. Die Thukydides-Falle ist ein Konzept aus der internationalen Politik, das auf den antiken griechischen Historiker Thukydides zurückgeht, der in seinem Werk *Der Peloponnesische Krieg* (400 vor Christus) das Verhalten der griechischen Stadtstaaten Athen und Sparta während des gleichnamigen Krieges analysierte.

Die **Thukydides-Falle** beschreibt die Tendenz eines hegemonialen Staates, eine aufsteigende Macht als Bedrohung zu sehen. Der Hegemon fühlt sich herausgefordert, wenn eine aufstrebende Macht an wirtschaftlichem, militärischem oder politischem Einfluss gewinnt, mit dem seine Stellung in der internationalen Ordnung massiv gestärkt wird. Diese Dynamik beruht auf der Angst vor einem Machtverlust und einer möglichen Veränderung der regionalen oder globalen Ordnung. Der »Aufstieg Athens und die Angst, die dieser bei den Spartanern hervorrief, ließen den Krieg unvermeidlich werden«, so eine Übersetzung des griechischen Philosophen Thukydides. Die Angst, dass der Aufstieg Chinas langfristig die globalen Machtverhältnisse verändern könnte, wird oft als **moderne Variante der Thukydides-Falle** betrachtet. In diesem Fall könnte der westliche Druck auf China, gepaart mit wachsender militärischer Konkurrenz und geopolitischen Spannungen, zu einem Konflikt führen, ähnlich wie es bei Athen und Sparta der Fall war.

Der US-amerikanische Politikwissenschaftler Graham Allison untersuchte die These einer Thukydides-Falle in seinem Werk *Auf dem Weg zum Krieg* (*Destined for War*). In 12 von 16 Fällen innerhalb der vergangenen 500 Jahre kam es zu einer gewaltsamen Konfrontation zwischen der etablierten und der aufsteigenden Macht. Auf den ersten Blick deutet dies für die kommenden Jahre auf eine hohe Kriegswahrscheinlichkeit zwischen den USA als etablierter Supermacht auf der einen Seite und China als aufsteigendem Herausforderer auf der anderen Seite hin.

Zahlreiche Analytiker erwarten, dass ein friedlicher Aufstieg Chinas unwahrscheinlich ist. Diese Interpretation ist allerdings umstritten. China jedenfalls fordert aktiv mehr Mitsprache in den internationalen Beziehungen ein und tritt auch zunehmend machtbewusst auf. Für China ist das gleichwohl eine Art neuer und »natürlicher« Normalzustand, die USA sehen darin ein massives Problem und wollen das parteiübergreifend verhindern.

- ✔ Wie ist der Aufstieg Chinas mit Blick auf die **künftige Machtstruktur** des internationalen Systems zu bewerten?
- ✔ Wächst mit China eine **neue Weltmacht** heran, die den Hegemon USA herausfordern wird?
- ✔ Wird das internationale System gar durch eine **neue Bipolarität** geprägt sein, in der die USA und China miteinander konkurrieren?

Realisten weisen darauf hin, dass Machtverschiebungen im internationalen System selten friedlich ablaufen, und halten schlussendlich eine Konfrontation für unausweichlich. Eine liberale Perspektive betont demgegenüber die friedens- und kooperationsfördernde Wirkung von ökonomischer Interdependenz (Sie haben in Kapitel 4 mehr über diese Theorien erfahren). Demzufolge gibt es sehr unterschiedliche Szenarien, wie mit dem Aufstieg Chinas umzugehen ist und welche Konsequenzen daraus zu ziehen sind:

- ✔ Wer einen **Hegemonialkonflikt** in der Region Asien-Pazifik und darüber hinaus für unausweichlich hält, der müsste aus westlicher Perspektive auf eine Strategie der Eindämmung (*containment*) setzen.
- ✔ Wer ein **multipolares, institutionalisiertes internationales System** für wahrscheinlicher hält, der würde eher den Versuch der Einbindung (*engagement*) für sinnvoll halten.
- ✔ Wer eine **Mischung aus Eins und Zwei** erwartet, der könnte auch eine gemischte Strategie für sinnvoll erachten (*congagement*).

Zu schön, um wahr zu sein

Zu den Schwierigkeiten der Zukunftsforschung zählt, dass sich sogenannte *wildcards* – definiert als unerwartete Ereignisse, die eine geringe Eintrittswahrscheinlichkeit haben, aber wesentliche Änderungen im Verlauf von Zukunftsentwicklungen bewirken – nicht seriös vorhersehen lassen. Diese können in vielfältiger Form die Entwicklungen prägen und alte Gewissheiten schnell zu Ungewissheiten werden lassen. Niemand kann heute etwa abschätzen, wie genau sich der absehbare Aufstieg Chinas und anderer Schwellenländer auf die internationale Ordnung auswirken wird oder wann der Klimawandel seine irreversiblen und folgenreichen *tipping points* erreicht.

Dramatische Entwicklungen sind durchaus denkbar. So hat der Aufstieg der aufstrebenden Großmächte Japan und Deutschland im späten 19. und frühen 20. Jahrhundert das Chaospotenzial solcher Machtverschiebungen für die internationale Ordnung deutlich belegt. Andererseits sind auch positive Schocks vorstellbar. Die Lösung von Ressourcenkonflikten durch neue Technologien im Bereich des Recyclings oder der Energiegewinnung oder die Etablierung neuer, transnationaler Bewegungen mit stabilisierender Wirkung ist durchaus im Bereich des Möglichen.

- ✔ Niemand kann also heute absehen, welche Entwicklung die Welt nehmen wird.
- ✔ Es wird bei alledem wie stets in der Geschichte Überraschungen geben, das Unvorhergesehene und das Unvorhersehbare werden die Politik mindestens ebenso stark prägen wie das heute Erwartbare.

Sie haben es in den vorangegangenen Kapiteln gelesen: Wenn auf der Ebene der IB-Forschung weitestgehend Einigkeit darüber besteht, dass zunehmend internationale, transnationale und globale Probleme auf die Staatenwelt zukommen, so wächst auch die Erkenntnis, dass diesen Problemen erfolgreich nur mit einem über einzelne Staaten hinausreichenden Ansatz begegnet werden kann. Multilateralismus, so formuliert es der deutsche Politikwissenschaftler Michael Staack, wäre der »geeignetste Modus Operandi für ein funktionsfähiges multilaterales System«.

- ✔ Doch dabei handelt es sich zumindest in Teilen um ein klassisches **»too good to be true«-Phänomen**. Es ist zu schön, um wahr zu sein.
- ✔ Denn Sie wissen ja bereits, dass das internationale System durch eine **Machtordnung** gekennzeichnet ist, in der keine Instanz – wie es klassischerweise auf nationaler Ebene der Fall ist – über die Möglichkeit der verbindlichen Um- und Durchsetzung von als richtig erkannten Maßnahmen verfügt.
- ✔ Aus diesem Grund müssen allgemein verbindliche Verhaltensregeln aufgestellt werden, die auf dem **Prinzip der Freiwilligkeit** beruhen.
- ✔ Dies ist ein mühsamer und voraussetzungsreicher Prozess, der Empathie, Kompromissfähigkeit und Überzeugungskraft, aber auch entsprechender **Machtmittel** bedarf.

Abschließend bleibt die Frage offen, ob die internationalen Beziehungen den Herausforderungen der Zukunft mit angemessenen und kooperativen Lösungen begegnen werden – oder ob sich die Geschichte in gewisser Weise wiederholt und die vermeintliche »internationale Gemeinschaft« in alte Muster der Konkurrenz und des Konflikts zurückfällt –, aber diesmal bei zunehmend globalen oder zumindest internationalen Problemen von erheblichem Gewicht.

Internationale Beziehungen für Dummies sollte deutlich machen, dass die Antwort auf diese Frage nicht in einer eindimensionalen Theorie oder Strategie liegt, sondern in der Fähigkeit, Komplexität zu verstehen und mit Unsicherheit klug umzugehen. Letztlich liegt die Zukunft der internationalen Beziehungen nicht nur in den Händen der Entscheidungsträger, sondern in der kollektiven Verantwortung einer global vernetzten Gesellschaft.

Vielleicht denken Sie abschließend an Friedrich Hölderlin, den bedeutendsten deutschen Dichter der Romantik. In seinem Gedicht *Patmos* aus dem Jahr 1803 heißt es:

- ✔ »Wo aber Gefahr ist, wächst das Rettende auch.«
- ✔ Denn nur gemeinsam lässt sich das von Hölderlin beschriebene »Rettende« finden – und positiv gestalten.
- ✔ Doch dafür ist die akademische Disziplin der Internationalen Beziehungen nur begrenzt zuständig.

Teil VI
Der Top-Ten-Teil

Weitere *für Dummies*-Bücher finden Sie unter `www.fuer-dummies.de`.

IN DIESEM TEIL ...

- ✔ Versuch einer Priorisierung von Ereignissen und Informationsquellen
- ✔ Missverständnisse beim Verstehen der internationalen Beziehungen
- ✔ Internet und internationale Beziehungen: Schneisen im Dschungel
- ✔ Gute Bücher zum Verständnis der IB in der Breite

IN DIESEM KAPITEL

Wichtige Ereignisse der internationalen Beziehungen

Konflikt, Ordnung und Neuordnung als zentrale IB-Themen

Kapitel 23
Zehn strukturprägende Ereignisse

Westfälischer Frieden

Im Oktober 1648 wurden in Münster und Osnabrück die Verträge des Westfälischen Friedens unterzeichnet. Damit endete der Dreißigjährige Krieg und damit der größte bewaffnete Konflikt seiner Zeit. Der Westfälische Friede stellte einen äußerst wichtigen Wendepunkt in der Geschichte Europas dar: Zum ersten Mal wurde die Beendigung langjähriger militärischer Auseinandersetzungen auf einer gesamteuropäischen Friedenskonferenz erfolgreich verhandelt. Diese beendeten nicht nur einen großen Religionskrieg und einen Konflikt um Vorherrschaft in Europa, sondern schufen auch eine neue europäische Friedensordnung. Deren wichtigstes Element war die Anerkennung des Prinzips der nationalen Souveränität, das keine andere Autorität als die Macht der Herrscher auf dem Gebiet eines Staates voraussetzte. Viele der durch den Westfälischen Frieden gegründeten Staaten bestehen noch heute in denselben oder annähernd denselben Grenzen. Er markierte den Beginn des modernen Staatensystems und die Idee der staatlichen Souveränität, weshalb bis heute von »Westfälischer Ordnung« gesprochen wird.

Genfer Konventionen

Die Genfer Konventionen sind eine Reihe von internationalen Verträgen, die zwischen 1864 und 1949 in Genf geschlossen wurden, um die Auswirkungen des Kriegs auf Soldaten und Zivilisten zu mildern. Sie sollen Schutz von Personen gewährleisten, die nicht an Feindseligkeiten beteiligt sind oder nicht mehr daran teilnehmen können, wie etwa verwundete

Soldaten, Kriegsgefangene und Zivilisten. Da im Zweiten Weltkrieg die in früheren Konventionen enthaltenen Grundsätze missbraucht wurden, wurden diese auf der Konferenz des Internationalen Roten Kreuzes in Stockholm 1948 erweitert und im Abkommen von 1949 kodifiziert. 1977 wurden zwei Zusatzprotokolle angenommen. Die Konventionen und ihre Zusatzprotokolle bilden heute den Kern des humanitären Völkerrechts, das die Austragung von bewaffneten Konflikten auf der Welt regelt und das Ziel verfolgt, deren negative Auswirkungen auf Menschen zu begrenzen. Mehr als 180 Staaten sind den Konventionen bis jetzt beigetreten. Das Internationale Komitee vom Roten Kreuz (IKRK) überwacht die Einhaltung und bietet humanitäre Unterstützung. Verstöße gegen die Konventionen gelten als Kriegsverbrechen.

Zweiter Weltkrieg

Vor dem Krieg waren vor allem europäische Nationen, insbesondere Großbritannien, Frankreich, Deutschland und Italien, die wichtigsten Akteure der Weltpolitik. Der Zweite Weltkrieg zerstörte (wie auch schon der Erste Weltkrieg zuvor) dieses Machtgefüge und ließ ein neues Ordnungssystem der internationalen Beziehungen entstehen, mit Prinzipien und Institutionen wie den Vereinten Nationen, der Weltbank und dem Internationalen Währungsfonds (IWF), die bis heute prägend sind. Die Grundsätze der territorialen Souveränität und der Nichteinmischung in die inneren Angelegenheiten anderer Staaten wurden erst nach dem Zweiten Weltkrieg als universell anerkannt. Europa verlor seine Stellung als Epizentrum der internationalen Politik. Die USA hingegen gaben ihren Isolationismus auf und verstärkten ihren Einfluss in Europa und der gesamten Welt. Die Sowjetunion hat nach dem Krieg ebenso massiv an Einfluss in den internationalen Beziehungen gewonnen und stieg neben den USA zu einer Supermacht auf. Ein schwaches Europa schuf die Voraussetzungen für die Befreiung der asiatischen und afrikanischen Länder aus den Fängen des Imperialismus und Kolonialismus.

Kuba-Krise

Die Kuba-Krise im Oktober 1962 war eine gefährliche Konfrontation zwischen den Vereinigten Staaten und der Sowjetunion und der Moment, in dem die Welt einem nuklearen Konflikt am nächsten stand. Auslöser war die geplante Stationierung sowjetischer Atomraketen auf Kuba, nur etwa 150 Kilometer von der US-Küste entfernt. US-Präsident Kennedy ordnete eine Seeblockade an, um die Lieferung weiterer Raketen zu verhindern beziehungsweise deren Abzug zu erzwingen. Die USA und die Sowjetunion versetzten ihre Atomwaffenarsenale in Bereitschaft und es gab Zwischenfälle, die die Situation hätten beinahe außer Kontrolle geraten lassen. Nach Verhandlungen zog die Sowjetunion ihre Raketen aus Kuba ab und die USA verpflichteten sich, Kuba nicht anzugreifen, und entfernten später stillschweigend ihre Raketen aus der Türkei. Im Ergebnis sahen sich die Sowjetunion und die USA gezwungen, gegenseitige Interessen in der Außenpolitik zu respektieren. Die Kuba-Krise hat gezeigt, dass Nuklearwaffen die Welt sehr nahe an den Abgrund führen,

Diplomatie und Verhandlungen aber selbst in den angespanntesten Momenten eine Katastrophe abwenden können. Sie trug zur Entwicklung der Krisendiplomatie als eigenständiger Form der diplomatischen Tätigkeit bei.

Bandung-Konferenz

Im April 1955 trafen sich die Staats- und Regierungschefs von 29 asiatischen und afrikanischen Staaten zu einer Konferenz in Bandung (Indonesien). Die Abschlusserklärung ist zentraler Meilenstein in der Geschichte der Dekolonisierung und bildete die Grundlage für die verstärke »Süd-Süd-Zusammenarbeit« im wirtschaftlichen, politischen, technologischen und kulturellen Bereich. Sie legte den Grundstein für die Gründung der »Bewegung der Blockfreien Staaten« im Jahr 1961 – ein Zusammenschluss von Entwicklungsländern, die im Ost-West-Konflikt keine Partei ergreifen wollten. Im Jahr 1964 folgte die Gründung der »Gruppe der 77«, eine multilaterale Gruppierung des Südens, die es den Entwicklungsländern bis heute ermöglicht, ihre Ansichten und Perspektiven zu globalen politischen und wirtschaftlichen Fragen in den Vereinten Nationen und anderen internationalen Gremien aktiv zu artikulieren. Mehrere regionale Initiativen, die in den vergangenen Jahrzehnten in Afrika, Asien und Lateinamerika Gestalt angenommen haben, sind ebenfalls ein Ausdruck der Ideale der Süd-Süd-Zusammenarbeit und -Solidarität, die in Bandung erörtert wurden. Die Konferenz verstärkte Forderungen nach Dekolonisierung und einem gerechteren internationalen System.

Weltumweltkonferenz von Stockholm

Die »Konferenz der Vereinten Nationen über die Umwelt des Menschen« vom Juni 1972 in Stockholm war die erste internationale Konferenz, die Umweltfragen zu einem wichtigen Thema machte. Sie führt aber auch die damals wie heute existierenden Differenzen zwischen den Industrieländern im Norden und den Entwicklungsländern im Süden vor Augen. In den Entwicklungsländern des Südens stieß die Konferenz auf Widerstand, da sie Umwelt als ein Thema der reichen Länder sahen, das von ihren Hauptanliegen Armutsbekämpfung und ökonomische Entwicklung ablenkt. Die damalige indische Premierministerin Indira Gandhi – neben dem Gastgeber das einzige Staatsoberhaupt, das an dem Gipfel teilnahm – nutzte die Plattform, um in ihrer bahnbrechenden Rede den Umweltschutz mit der Armutsbekämpfung zu verknüpfen, was heute eines der wichtigsten Prinzipien der Ziele für nachhaltige Entwicklung der »Agenda 2030« ist. Eines der zentralen Ergebnisse der Konferenz war die Gründung des »Umweltprogramms der Vereinten Nationen« (UNEP).

Chinesische Reformpolitik

Nach der blutigen Kulturrevolution und dem »Großen Sprung nach vorn« mit seinen verheerenden sozioökonomischen Folgen unter Mao Zedong in den Jahren 1949 bis 1976 trug die Reform- und Öffnungspolitik unter seinem Nachfolger als chinesischem Staats- und

Parteichef, Deng Xiaoping, ab 1978 maßgeblich dazu bei, China aus einem armen Land mit einer unterentwickelten Wirtschaft und zentraler Planung in ein wirtschaftlich starkes, international eingebundenes und marktwirtschaftlich orientiertes Land zu verwandeln, das freilich keineswegs nach westlichen Demokratievorstellungen funktioniert. 2005 folgte der Beitritt Chinas zur Welthandelsorganisation. All dies schuf die Voraussetzungen für den Aufstieg Chinas zur zweitgrößten Wirtschaft der Welt und einer Großmacht in der internationalen Politik. Insbesondere durch Initiativen wie die »Belt and Road-Initiative« (Neue Seidenstraße) und die Gründung von Institutionen wie der »Asian Infrastructure Investment Bank« positionierte sich China als globaler und machtbewusster internationaler Akteur. Unter Xi Jinping, der 2012 Generalsekretär der Kommunistischen Partei Chinas und 2013 Präsident der Volksrepublik China wurde, gab es erhebliche Änderungen in Chinas innen- und außenpolitischer Ausrichtung sowie in der Wirtschafts- und Gesellschaftspolitik mit einer stärkeren Kontrolle der Partei über Staat, Wirtschaft und Gesellschaft.

Zerfall der Sowjetunion

Der Zusammenbruch der Union der Sozialistischen Sowjetrepubliken (UdSSR) kann ohne Zweifel als eines der wichtigsten geopolitischen Ereignisse des 20. Jahrhunderts bezeichnet werden. In der zweiten Hälfte des Jahrhunderts prägte die UdSSR und ihre ideologischen Verbündeten in der Welt zusammen mit den USA das gesamte bipolare System der internationalen Beziehungen, das sich nach dem Zweiten Weltkrieg entwickelt hatte. Der Kalte Krieg und die ideologische Konfrontation zwischen Sozialismus und Kapitalismus fanden mit dem Zerfall der UdSSR ihr Ende. Spätestens nach dem Dezember 1991, als die Auflösung der Sowjetunion offiziell besiegelt wurde, gehörte die bipolare Welt der Vergangenheit an, und die USA konnten sich zeitweise ohne ein machtpolitisches Gegengewicht zur dominierenden, globalen Supermacht in der Weltpolitik entwickeln. Die Folgeprobleme des Zerfalls der Sowjetunion prägen die internationalen Beziehungen aber bis heute, wie nicht nur der Krieg gegen die Ukraine ab 2022 belegt.

Europäische Integration

Die Europäische Union (EU) wurde als Nachfolgerin der »Europäischen Gemeinschaft für Kohle und Stahl« (1951) und den späteren »Europäischen Gemeinschaften« (EG) mit dem Inkrafttreten des Vertrags von Maastricht im November 1993 gegründet. Bis heute stellt sie eine weltweit einzigartige Staatenorganisation dar, die zu Wohlstand und stabilem Frieden zwischen ihren derzeit 27 Mitgliedern beigetragen hat. Sie ist ein wichtiger Akteur in den internationalen Beziehungen, Mitglied in »G20« und »G7« sowie der weltweit größte Geber humanitärer Hilfe und von Entwicklungsprogrammen. Die enge Zusammenarbeit zwischen der EU und der NATO sowie das transatlantische Bündnis zwischen der EU und den USA ist ein wesentliches Element der gegenwärtigen Struktur der internationalen Beziehungen. Zugleich steht die europäische Integration aufgrund zahlreicher innerer und äußerer Krisen unter Druck, sodass die Zukunft der EU trotz ihrer einzigartigen Erfolgsgeschichte als ungewiss gelten kann.

Multipolarisierung der Weltpolitik

Die »Multipolarisierung der Weltpolitik« beschreibt den Übergang von einer unipolaren oder bipolaren Weltordnung hin zu einer multipolaren Struktur, in der mehrere Mächte (»Pole«) Einfluss auf globale Angelegenheiten ausüben. Sie ist ein dynamischer Prozess, der die bestehenden Machtverhältnisse schleichend auf den Kopf stellt. Multipolarität prägt die geopolitischen Dynamiken der ersten Hälfte des 21. Jahrhunderts. Einst mächtige, westlich geprägte Institutionen wie WTO oder IWF verlieren an Bedeutung, während der Einfluss von Schwellen- und Entwicklungsländern wächst. Die Globalisierung und die zunehmende Bedeutung von Ländern wie Brasilien, Russland, Indien, China, Saudi-Arabien und Südafrika trugen zur Dezentralisierung der Macht bei, es bilden sich neue Bündnisse wie »BRICS-Plus« oder »Neue Seidenstraße« als Gegengewicht zu westlichen Institutionen. Eine Facette ist die »Enteuropäisierung der Weltpolitik«, also der fortschreitende Macht- und Kulturwandel, bei dem Europa nicht mehr die zentrale Rolle in globalen Angelegenheiten spielt.

IN DIESEM KAPITEL

»Missverstehen« fällt leicht, »Verstehen« ist mitunter schmerzhaft

Warum gut gedacht nicht immer »richtig« ist

Kapitel 24
Zehn Missverständnisse über die internationalen Beziehungen

Die Staaten sind souverän

Zunächst einmal ist es vollkommen richtig, auf den Umstand hinzuweisen, dass Staaten die zentralen Akteure in der internationalen Politik sind. Über ihnen gibt es keine Instanz, die sie zu irgendetwas zwingen können. Und ja: Sie sind in diesem Sinne auch formal souverän. Zugleich schränken Globalisierung und wechselseitige Abhängigkeit die Handlungsmöglichkeiten einzelner Staaten erheblich ein. Der ehemalige Präsident der EU-Kommission Juncker sagte den schönen Satz: »Es gibt zwei Kategorien von Staaten: kleine Staaten und Staaten, die noch nicht begriffen haben, dass sie klein sind.« Er wollte damit wohl sagen (wenngleich er sich auf den EU-Kontext bezog), dass selbst größere Länder im globalen Kontext oft überschätzen, wie viel Einfluss sie allein ausüben können. Kein Land, egal wie groß oder wirtschaftlich stark, sei in der Lage, die globalen Herausforderungen allein zu bewältigen. Zudem treten mit transnationalen Konzernen und einer weltweit vernetzten Zivilgesellschaft neben Staaten und internationalen Organisationen neue Akteure auf die Bühne der Weltpolitik. Staaten sind also formal souverän, aber in einer globalisierten und vernetzten Welt wird diese Souveränität neu definiert und eingeschränkt. Die Herausforderung besteht darin, eine Balance zu finden zwischen nationaler Entscheidungsfreiheit und der Notwendigkeit, globale Probleme gemeinsam zu lösen.

Demokratie ist der zentrale Wert

In den internationalen Beziehungen kommen Staaten mit unterschiedlichen Gesellschaftsmodellen und Regierungssystemen zusammen. Diese Zusammenarbeit vollzieht sich in der fortwährenden Konsenssuche zwischen allen Beteiligten. Wer glaubt, Demokratie sei dabei der zentrale Maßstab, der irrt sich. Für den primären politischen Bezugsrahmen der meisten Menschen ist Demokratie ein konstitutives Element. Das gilt jedoch nur sehr begrenzt für die Sphäre der internationalen Beziehungen. Zwar kann man von einer Demokratisierung dahin gehend sprechen, dass Werte und Elemente aus der demokratischen Kultur Einzug in die internationalen Beziehungen gehalten haben. Und dennoch bleiben die internationalen Beziehungen eine Domäne des Regierungshandelns, und bei Weitem nicht alle Regierungen sind demokratisch gewählt. Dies lässt den Schluss zu, dass an dem Argument, dass mit der Internationalisierung die Demokratie in ihrer bekannten Form an ihre Grenzen stößt, durchaus etwas dran ist. Für das Verständnis der internationalen Beziehungen bedeutet dies, dass neue Zugänge des Verstehens gefunden werden müssen. Eine kluge Strategie im Umgang mit Autokratien müsste daher sowohl Elemente der Eindämmung als auch der Kooperation enthalten. Der genaue Instrumentenmix kann – so schön das auch wäre – nicht im Sinne einer *grand strategy* erfolgen, sondern muss ad hoc von Fall zu Fall in Abwägung der Kosten und Interessen und insbesondere in realistischer Einschätzung der eigenen Handlungsmöglichkeiten bestimmt werden.

Jedes Problem hat eine Lösung

Als halbwegs vernunftbegabter Mensch könnten Sie (und womöglich ich) meinen, dass man doch über alles reden und man sich bemühen könne und müsse, für Probleme eine Lösung zu finden. Das stimmt. In den internationalen Beziehungen ist das aber oft anders. Probleme wie Klimawandel, globale Armut und Ungleichheit wären mit entsprechendem politischem Willen womöglich tatsächlich lösbar. Aber die Ausgestaltung der Lösung hängt eben oft von Perspektive, Ressourcen und Kontext ab und vor allem von den sehr unterschiedlichen Interessen und Weltbildern der Staaten beziehungsweise der Regierenden ab. Manchmal besteht die wahre »Lösung« darin, das Problem zu akzeptieren oder es in einem neuen Licht zu sehen. Das ist oft unbefriedigend und verleitet zu Zynismus, aber in der internationalen Politik scheitern Lösungen oft an einem Zusammenspiel von Machtinteressen, Komplexität und Wertunterschieden. Manche Probleme sind so tief verwurzelt in Geschichte und Ideologie, dass sich keine schnelle oder universelle Lösung finden lässt oder vermeintliche Lösungsansätze nur versprochen, aber nicht umgesetzt werden. Dennoch sind Fortschritte möglich, wenn Akteure bereit sind, Kompromisse einzugehen, Vertrauen aufzubauen und langfristig zu denken – passiert nur zu selten.

»Gut« und »Böse« sind brauchbare Kategorien

Die Geschichte der internationalen Beziehungen ist voll von eindeutigem Fehlverhalten, Menschenrechtsverletzungen, Kriegsverbrechen und so weiter. Es wäre also naheliegend, daraus einen klaren Imperativ abzuleiten. Dennoch gilt der wenig schmeichelhafte Ausdruck: »Er ist ein Verbrecher, aber er ist unser Verbrecher.« Das bedeutet, dass beispielsweise ein umstrittener oder erwiesenermaßen fragwürdiger Akteur, sei es ein Anführer einer Rebellengruppe oder ein Staat, zwar verwerfliche Eigenschaften oder Verhaltensweisen zeigt, aber dennoch für einen bestimmten Zweck oder Vorteil als »nützlich« oder als Verbündeter angesehen wird. Dies gilt etwa für den Umgang westlicher Staaten mit Menschenrechtsverletzungen. In manchen Fällen wird dies aus praktischen oder sicherheitspolitischen Gründen toleriert, etwa im Kampf gegen den Terrorismus oder bei der Bekämpfung eines gemeinsamen Feindes und in anderen Fällen gebrandmarkt. Ein anderes Beispiel sind doppelte Standards beim Umgang mit Völkerrechtsbrüchen – die auch oft pragmatisch und nicht kategorial betrachtet werden. Internationale Beziehungen sind mithin regelmäßig nicht durch feste Prinzipien, sondern durch pragmatische und strategische Überlegungen geprägt. Geopolitik und eigene Interessen stehen in der Praxis oft vor Kategorien wie »Gut und Böse«.

»Der Westen« ist das Zentrum der Welt

Diese Zeiten sind vorbei. Auch wenn »der Westen« ein unscharfer Begriff ist, ist er mehr als eine geografische Kategorie. Er steht für ein historisch gewachsenes Geflecht aus kulturellen, politischen und wirtschaftlichen Ideen. Bedeutung und Abgrenzung ändern sich insbesondere angesichts der Verschiebung globaler Machtstrukturen. »Der Westen« bleibt ökonomisch bedeutsam und auch führend bei Hochtechnologien wie künstlicher Intelligenz und Pharmazeutik. Auch die kulturelle Ausstrahlung ist weiterhin groß. Aber er ist nicht mehr das unangefochtene Zentrum der Welt, wie es während des 20. Jahrhunderts durchgängig der Fall war. Stattdessen gibt es eine multipolare Welt, in der Macht und Einfluss zunehmend geteilt werden. Der relative Einfluss westlicher Staaten nimmt ab, während neue Zentren entstehen. Wirtschaftliche Macht hat sich zunehmend dezentralisiert. Länder wie beispielsweise China, Indien und andere asiatische Staaten haben in den vergangenen Jahrzehnten erhebliche wirtschaftliche Fortschritte gemacht. China ist mittlerweile die zweitgrößte Volkswirtschaft der Welt und in vielen Bereichen ein globaler Technologieführer. Regionen wie Südostasien, Lateinamerika und Afrika gewinnen an Bedeutung, auch durch Rohstoffe, junge Bevölkerungen und aufstrebende Märkte. Damit gewinnen andere Narrative an Bedeutung, die westliche Normen und Werte hinterfragen – und herausfordern.

Eine »Weltregierung« könnte alle Probleme lösen

Die Idee einer »Weltregierung« im Rahmen eines – wie die Politikwissenschaftler Alexander Wendt und Ottfried Höffe es nennen – »Weltstaates« ist faszinierend und wird oft als mögliche Lösung für die globalen Herausforderungen der Menschheit betrachtet. Theoretisch könnte eine Weltregierung in der Lage sein, Antworten auf internationale Probleme wie Kriege, Klimawandel und Armut zu liefern. Allerdings gibt es eine Reihe von politischen und praktischen Herausforderungen, die diese Idee komplex und in der realen Welt kaum umsetzbar machen. Davon die Lösung für viele der drängendsten globalen Probleme zu erwarten, erscheint abwegig. Denn aufgrund der Strukturmerkmale der internationalen Politik müsste eine Weltregierung – jedenfalls solange es Staaten gibt – auf rein freiwilliger Zusammenarbeit und der Anerkennung der Vielfalt von Kulturen und politischen Systemen basieren. Wenn, dann eher im Sinne von *governance* und weniger als *government*. Ein realistischer Ansatz könnte also darin bestehen, internationale Institutionen zu stärken und die Zusammenarbeit zwischen Staaten zu vertiefen, ohne die nationale Souveränität aufzugeben.

Die wichtigen Probleme bekommen die meiste Aufmerksamkeit

Das stimmt oft, aber leider nicht immer. Denn in den internationalen Beziehungen gibt es regelmäßig Probleme, die trotz ihrer Wichtigkeit nicht die Aufmerksamkeit erhalten, die sie verdienen – oft, weil sie weniger dramatisch erscheinen, schwerer verständlich oder weniger unmittelbar spürbar sind. Langfristige Auswirkungen und unklare Zuständigkeiten verhindern zudem oft eine angemessene Priorisierung, insbesondere wenn das kollektive Interesse der Menschheit nicht mit den Einzelinteressen der beteiligten Akteure übereinstimmt. Beispiele hierfür sind viele langfristige oder systemische Herausforderungen, wie etwa der Schutz der Artenvielfalt und des Weltklimas oder die Bekämpfung von struktureller Ungleichheit. Auch bei Kriegen und Krisen wird der Blick oft hauptsächlich auf diejenigen Themen gelenkt, die medial eine Rolle spielen – der »CNN-Effekt«. Aufmerksamkeit auf bestimmte Themen wird mithin durch die Art und Weise bestimmt, wie sie die weltweiten Machtstrukturen und die öffentliche Meinung beeinflussen.

Weltgeschichte folgt einer inneren Logik

Der deutsche Philosoph Georg Wilhelm Friedrich Hegel (1770–1832) entwickelte eine Theorie, nach der die Weltgeschichte kein chaotischer Zufall, sondern ein kontinuierlicher Fortschritt sei, der sich in einem dialektischen Prozess durch Widersprüche und deren Aufhebung entfalte. Dies geschehe zwar über zerstörerische Umwege, Brüche und Konflikte, die aber letztlich notwendig seien, um eine neue, fortschrittlichere Ordnung hervorzubringen. Auch Karl Marx (1818–1883) argumentiert, dass die Entwicklung der Gesellschaft zwar nicht durch den Hegel'schen »Weltgeist«, aber doch deterministisch durch materielle Kräfte und Klassenkämpfe vorbestimmt werde. Tatschlich spricht aber vieles dafür, dass Geschichte weder einem bestimmten Ziel noch einer bestimmten Vernunft folgt. Sie ist wohl eher Produkt von Zufällen, individuellen (Fehl-)Entscheidungen und komplexen, oft unvorhersehbaren Wechselwirkungen. So angenehm ein optimistischer Fortschrittsglaube sein mag, so wenig entspricht er den regelmäßigen Rückschritten in den internationalen Beziehungen – etwa bei der Wahrung von Menschenrechten oder der Verhinderung von Kriegen.

NGOs haben die Macht übernommen

Nichtregierungsorganisationen (NGOs) sind wichtige Akteure bei einer Vielzahl an internationalen Themen. Sie können durch ihre Expertise, ihre Netzwerke, ihre Finanzkraft und ihre Fähigkeit, die öffentliche Meinung zu beeinflussen, großen Einfluss auf die internationale Politik ausüben. Das gilt auch für finanzstarke Philanthropen wie Bill Gates, Warren Buffet oder George Soros, die jeweils mächtige Organisationen gegründet haben. Die wichtigsten Entscheidungen in der internationalen Politik werden aber immer noch von Staaten und in wenigen Bereichen von internationalen Organisationen, die Staaten repräsentieren, getroffen. Zudem sind NGOs oft von politischer Unterstützung abhängig, um ihre Arbeit durchzuführen. Ihre Einflussmöglichkeiten werden durch politische, rechtliche oder wirtschaftliche Rahmenbedingungen oft sogar eingeschränkt, insbesondere in autoritär geführten Staaten. Dort verkleinert sich der Raum für Zivilgesellschaft, Aktivismus und freie Meinungsäußerung zunehmend (die *shrinking spaces*). Von »die Macht übernommen« kann also keine Rede sein.

Militärische Macht ist entscheidend

Man könnte meinen, dass Staaten mit den größten Armeen oder der schlagkräftigsten Militärmacht zwangsläufig den größten Einfluss haben. Das ist auch nicht falsch und Militär ist zweifellos ein zentraler Aspekt von Macht in den internationalen Beziehungen. Aber militärische Macht allein reicht nicht aus, um Dominanz oder Erfolg in der internationalen Politik zu sichern. Wirtschaft, Diplomatie, *soft power* und Allianzen spielen eine ebenso zentrale Rolle. Außerdem ist militärische Macht oft unwirksam gegen unkonventionelle oder asymmetrische Bedrohungen (Terrorismus, Guerilla, hybride Bedrohungen). Die Projektion von Macht – also die Fähigkeit, sich in Konflikten durchzusetzen und Widerstände zu überwinden – beruht in den internationalen Beziehungen mithin auf unterschiedlichen Quellen. »Harte Macht«, also die Androhung oder Anwendung militärischer Gewalt unter Wahrung der Fähigkeit zur Eskalationsdominanz wie auch »weiche Macht«, also die Einflussnahme über wirtschaftliche (Handel, Technologie, Wettbewerbsfähigkeit) und kulturelle Ausstrahlungskraft. Grundlage dafür sind beispielsweise die Fähigkeiten zur geschickten Mitwirkung an multilateralen Formaten. Um in den internationalen Beziehungen mächtig zu sein, bedarf es also eines breiten Werkzeugkastens.

IN DIESEM KAPITEL

Seriöse Informationsmöglichkeiten im Internet

Brauchbare Recherche-Tools

Kapitel 25
Zehn gute Internetadressen und Informationsquellen

Internationale Politik ist hoch dynamisch und das Internet grundsätzlich eine großartige Informationsquelle, angesichts dieser Dynamik aktuelle wie auch zeitlose Informationen zu finden. Leider ist es aber auch voll mit Schrott. Diese Linkliste enthält gute und verlässliche Informationsquellen aus dem »Dickicht des Internets«.

Fachinformationen in deutscher Sprache

Der »Fachinformationsverbund Internationale Beziehungen und Länderkunde« ist ein Zusammenschluss von zehn unabhängigen deutschen Forschungsinstituten, die zusammen ein Informationsnetzwerk bilden. Ihr gemeinsames Produkt ist die Datenbank »World Affairs Online«, eine der größten sozialwissenschaftlichen Literaturdatenbanken in Europa mit Schwerpunkten auf globalen und regionalen, außen- und sicherheitspolitischen, wirtschaftlichen und sozialen Entwicklungen: `https://fiviblk.de`.

International Affairs Online

»International Affairs Resources« ist ein Internet-Verzeichnis mit über 2000 kommentierten Links zu qualitativ hochwertigen englischsprachigen Informations- und Analysequellen zu vielen Themen der internationalen und globalen Studien. Die Websites werden sorgfältig nach ihrem langfristigen Wert ausgewählt, wobei diejenigen bevorzugt werden, die kostenfreie, maßgebliche Informationen und Analysen online bereitstellen: `https://internationalaffairsresources.com/index.html`.

Deutsche Welle

Die »Deutsche Welle« (DW) ist Deutschlands internationale Informationsanbieterin und verbreitet weltweit journalistische Angebote. Sie gibt deutschen und anderen Sichtweisen zu wesentlichen Themen vor allem der Politik, Kultur und Wirtschaft sowohl in Europa als auch auf anderen Kontinenten ein Forum. Ziel ist, das Verständnis und den Austausch der Kulturen und Völker zu fördern. Die Internetseite enthält tagesaktuelle Analysen und Hintergrundberichte: `https://www.dw.com/de/`.

Deutsche Gesellschaft für die Vereinten Nationen

Die Internetseite der Nichtregierungsorganisation »Deutsche Gesellschaft für die Vereinten Nationen« (DGVN) informiert einerseits über die Arbeit der Vereinten Nationen und betreibt zugleich Lobbyarbeit für die Stärkung der Weltorganisation. Sie ist aber darüber hinaus auch ein nützliches Informationsportal zu den Bereichen Frieden, Menschenrechte und Nachhaltigkeit mit Analysen und belastbaren Fakten: `https://dgvn.de`.

Stiftung Wissenschaft und Politik

Die »Stiftung Wissenschaft und Politik« (SWP) mit Sitz in Berlin ist das größte deutsche Forschungsinstitut in diesem Bereich und berät Bundesregierung und Bundestag zu außenpolitischen Fragen. Die Internetseite stellt Studienergebnisse in Form von Analysen zur internationalen Politik bereit: `www.swp-berlin.org`.

Friedensforschung

Das »Stockholm International Peace Research Institute« (SIPRI) ist eines der wichtigsten Friedensforschungsinstitute weltweit. Es erforscht Konflikte, Rüstung, Rüstungskontrolle und Abrüstung und stellt – unter anderem in seinen Jahrbüchern – Daten, Analysen und Empfehlungen zur Verfügung: `www.sipri.org`.

Globale und Regionale Studien

Das »German Institute for Global and Area Studies« (GIGA) mit Sitz in Hamburg widmet sich der vergleichenden und bereichsspezifischen Forschung zu globalen und regionalen Entwicklungen. Es ist unabhängig und wird vom Bund sowie vom Land Hamburg finanziert: `https://www.giga-hamburg.de/de`.

International Crisis Group

Die »International Crisis Group« (ICC) ist eine unabhängige Nichtregierungsorganisation, die sich dafür einsetzt, Kriege zu verhindern und eine Politik zu gestalten, die zu einer friedlicheren Welt führt. Sie beobachtet und analysiert zahlreiche internationale Krisenherde und stellt Hintergrundinformationen dazu bereit: `http://www.crisisgroup.org/`.

Strategische Studien

Das »International Institute für Strategic Studies« (IISS) mit Sitz in London ist eines der wichtigsten Forschungsinstitute zu den Themen internationale Sicherheit, geopolitische Analysen und Verteidigungsfragen. Es veröffentlicht Statistiken zu Militärausgaben und Rüstung: `www.iiss.org`.

Berichte des VN-Sicherheitsrats

Die Internetseite stellt Informationen und Dokumente über die Tätigkeiten des VN-Sicherheitsrats und seiner nachgeordneten Gremien zur Verfügung und ist ein unabhängiges und unparteiisches Informationsportal für zahlreiche internationale Themen: `http://www.securitycouncilreport.org/`.

IN DIESEM KAPITEL

Bücher zur vertieften Beschäftigung mit internationalen Beziehungen

Unterschiedliche Ansätze, Lehrbücher und zeitlose Klassiker

Kapitel 26
Zehn gute Bücher zu den internationalen Beziehungen

Internationale Beziehungen für Dummies ist ein Einführungswerk. Hinter allen Themen verbergen sich – Sie ahnen es – komplexere Zusammenhänge, denen es auf den Grund zu gehen lohnt. Wenn Sie Gefallen daran gefunden haben, sich richtig reinknien wollen und im Dickicht der Abertausend guten Büchern einen (freilich von mir subjektiv justierten) Kompass wollen, dann kann ich Ihnen diese zehn Werke ans Herz legen. Es sind zeitlose Klassiker und gelungene Hand- und Lehrbücher.

Kriegsgeschichte zeitlos

Der Peloponnesische Krieg (431–404 vor Christus) war ein bedeutender militärischer Konflikt im antiken Griechenland zwischen den beiden mächtigen Stadtstaaten Athen und Sparta sowie ihren jeweiligen Bündnissystemen, dem Delisch-Attischen Seebund und dem Peloponnesischen Bund. Die *Geschichte des Peloponnesischen Krieges* wurde detailliert vom Historiker Thukydides beschrieben, dessen Werk als Meilenstein der Geschichtsschreibung gilt. Es betreibt eine zeitlose und scharfsinnige Ursachenforschung und leitet aus diesen Erfahrungen Regeln über Krieg und Frieden sowie internationale Stabilität ab. Im darin enthaltenen »Melier-Dialog« wird grundlegend über die Wechselwirkung zwischen Recht, Macht und Moral nachgedacht: *Thukydides: Geschichte des Peloponnesischen Krieges, herausgegeben von Georg Peter Landmann, München 1993: Verlag Artemis und Winkler.*

Friedensgeschichte zeitlos

Immanuel Kants Schrift *Zum ewigen Frieden* entwickelt 1795 eine normative Vision einer internationalen Rechts- und Friedensordnung und einer dauerhaft friedlichen Weltordnung.

In dieser sollen Souveränität, Recht und Freiheit miteinander versöhnt werden. Mit ihren sechs »Präliminarartikeln«, die praktische Regeln zur Vermeidung von Kriegen aufstellen, und drei »Definitivartikeln«, die institutionelle Voraussetzungen eines dauerhaften Friedens definieren, stellt die Schrift ein ideengeschichtliches Fundament für den Liberalismus in den internationalen Beziehungen dar. Zwei Zusatzartikel verankern den Frieden im Denken und Handeln der Aufklärer; zwei Anhänge diskutieren das Verhältnis von Politik und Moral. Kants Konzept basiert auf der freiwilligen Selbstbindung souveräner Staaten an das Völkerrecht und der Etablierung republikanischer Verfassungen – beides ambitionierte Forderungen, die bis heute kontrovers diskutiert werden: *Immanuel Kant: Zum Ewigen Frieden. Ein philosophischer Entwurf, Ditzingen 2013: Reclam Verlag.*

Klassiker des politischen Realismus

Der US-amerikanische Politikwissenschaftler Hans J. Morgenthau entwickelt in seinem 1948 im englischsprachigen Original erschienenen Werk *Politics Among Nations* eine realistische Theorie der internationalen Politik. Politische Handlungen würden im internationalen System nicht von moralischen oder ideologischen Überzeugungen, sondern von der Suche nach Macht und dem Schutz der nationalen Interessen bestimmt. Morgenthau entwickelt daraus sechs zeitlose Grundsätze des politischen Realismus – mit einer kritischen Haltung gegenüber utopischen Theorien der internationalen Politik. Denn es seien vielmehr die menschliche Natur und die Struktur der internationalen Beziehungen, die den Verlauf der internationalen Politik bestimmen: *Hans J. Morgenthau: Macht und Frieden. Grundlegung einer Theorie der internationalen Politik, Gütersloh 1963: Bertelsmann Verlag.*

Kulturen der Anarchie

Gestützt auf Philosophie und Sozialtheorie entwickelt der US-amerikanische IB-Forscher Alexander Wendt in seinem Buch *Social theory of international politics* eine Theorie des internationalen Systems als soziale Konstruktion und die zentralen Thesen des konstruktivistischen Ansatzes. Anarchie führe nicht zwangsläufig zu Konflikten. Stattdessen hängt das Verhalten von Staaten von den sozialen Konstruktionen, Normen und Identitäten ab, die sie miteinander entwickeln. Internationale Politik werde nicht nur durch materielle Macht bestimmt, sondern auch durch geteilte Ideen, Werte und soziale Strukturen, Identitäten und Interessen: *Alexander Wendt: Social Theory of International Politics, Cambridge 1999: Cambridge University Press.*

Revolutionen in Geschichte und Gegenwart

In *The Age of Revolutions* analysiert der US-amerikanische Publizist Fareed Zakaria, wie eine Reihe von revolutionären Ereignissen nicht nur die westliche Welt, sondern die gesamte globale Struktur veränderten. Dabei wird besonders der Einfluss der Amerikanischen Revolution (1776), der Französischen Revolution (1789) und der Industriellen Revolution hervorgehoben. Diese förderten die Entstehung von Nationalstaaten, die Betonung individueller Freiheiten und die Verbreitung von Demokratie und Rechtsstaatlichkeit. Die Auswirkungen der Revolutionen waren nicht immer nur positiv. Viele endeten mit Diktaturen oder Bürgerkriegen und die versprochenen Ideale von Freiheit und Gleichheit wurden oft nicht in dem Maße verwirklicht, wie es sich die Revolutionäre erhofft hatten: *Fareed Zakaria: Age of Revolutions. Progress and Backlash from 1600 to the Present, New York 2024: Penguin Books.*

Handbuch internationale Beziehungen

Das Handbuch ist die wohl umfassendste deutschsprachige Gesamtdarstellung zu nahezu allen Aspekten der internationalen Beziehungen in gehaltvollen und kompakten Einzelbeiträgen. Die Abschnitte »Grundlagen und Theorien« und »Zugriffe und Methoden« geben Einblicke in den Stand der Forschung mit Blick auf die theoretische und methodische Diskussion des Faches Internationale Beziehungen. Die Kapitel im Abschnitt »Akteure und Problemfelder« beleuchten die zahlreichen Facetten des Untersuchungsgegenstands der internationalen Politik: *Frank Sauer, Luba von Hauff und Carlo Masala (Hrsg.): Handbuch Internationale Beziehungen, Wiesbaden, 3. Auflage 2024: Verlag Springer/VS*

Handwörterbuch internationale Politik

Das Handwörterbuch vermittelt in 62 Stichwörtern wie Abschreckung, Außenpolitikforschung, Energiepolitik, Frieden, Geopolitik, internationaler Terrorismus, Nahostkonflikt, Rüstungskontrolle, transatlantische Beziehungen, Weltkulturerbe, Weltordnungsmodelle bis Weltwirtschaftssystem grundlegendes Wissen zur Politik jenseits staatlicher Grenzen und analysiert auf verständlicher und doch substanzieller Weise Begriffe, Prozesse, Theorien und Herausforderungen: *Wichard Woyke und Johannes Varwick (Hrsg.): Handwörterbuch internationale Politik, Opladen, 13. Auflage 2015: Budrich Verlag/UTB.*

Gelungenes IB-Lehrbuch

Der deutsche IB-Forscher Christian Tuschhoff führt mit seinem besonders für IB-Studierende geeigneten Lehrbuch anschaulich in die Grundlagen und die Analyse der internationalen Beziehungen ein. Im Zentrum stehen die Ursachen und die Folgen von Kriegen, Armut und Reichtum, Handels- und Finanzkrisen sowie die Bereiche Menschenrechte, Migration und Umwelt: *Christian Tuschhoff: Internationale Beziehungen, Konstanz 2015: UVK Verlag/UTB.*

Weltordnungsfragen

Die Ordnung der Welt ist das Opus magnum des deutschen IB-Forschers Ulrich Menzel. Es geht ihm um die Analyse weltpolitischer Strukturen und Prozesse in langen Linien. Menzel beschäftigt sich mit der Frage, wie Staaten und andere Akteure miteinander interagieren und welche Prinzipien und Dynamiken diese Interaktionen bestimmen. Zentrales Thema ist die internationale Ordnung, also die Art und Weise, wie die weltpolitische Gemeinschaft organisiert ist. Menzel untersucht verschiedene Ansätze, um diese zu verstehen, und stellt die wichtigsten Theorien der internationalen Beziehungen vor. Vor dem Hintergrund von Globalisierung, technologischem Fortschritt und der Rolle neuer Akteure wie internationalen Organisationen und multinationalen Unternehmen werden die globalen Machtverhältnisse anschaulich vermessen: *Ulrich Menzel: Die Ordnung der Welt. Imperium oder Hegemonie in der Hierarchie der Staatenwelt, Berlin 2024: Suhrkamp Verlag.*

Kritische Theorie der internationalen Beziehungen

Das Buch bietet eine systematische Auseinandersetzung mit kritischen Ansätzen der internationalen Beziehungen. Es untersucht zentrale Denkschulen, darunter poststrukturalistische, feministische, postkoloniale und marxistische Perspektiven und beleuchtet deren Beitrag zur Analyse globaler Machtstrukturen, Ungleichheiten und normativer Grundlagen. Auth analysiert, wie kritische Theorien die dominanten Paradigmen wie Realismus und Liberalismus hinterfragen, indem sie die vorherrschenden Machtstrukturen und deren normative Annahmen problematisieren: *Auth, Günther: Kritische Theorien der internationalen Beziehungen, Berlin/Boston 2023: Verlag De Gruyter.*

Abbildungsverzeichnis

Tabellenverzeichnis

Stichwortverzeichnis

F

G

H

I

J

K

L

M

U

V

W

X

Z

www.ingramcontent.com/pod-product-compliance
Lightning Source LLC
LaVergne TN
LVHW061936220826
846092LV00004B/1018
9783527721924